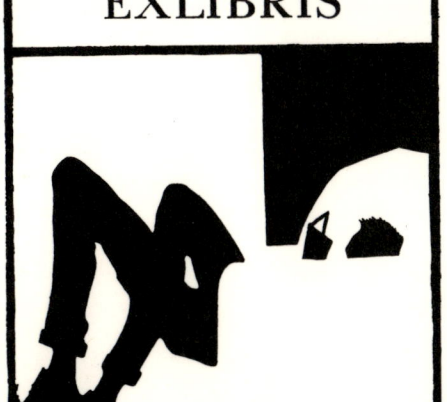

EXLIBRIS

Ulrich F. Grüne

Die Seelenmaschine

Paul M. Churchland

Die Seelenmaschine

Eine philosophische Reise ins Gehirn

Aus dem Englischen übersetzt von Markus Numberger

Mit einem Vorwort von Gerhard Roth

Spektrum Akademischer Verlag · Heidelberg · Berlin · Oxford

Originaltitel: The Engine of Reason, the Seat of the Soul
Aus dem Englischen übersetzt von Markus Numberger. Mit einem Vorwort
von Gerhard Roth

Amerikanische Originalausgabe bei Massachusetts Institute of Technology
© 1995 Massachusetts Institute of Technology

Die Deutsche Bibliothek – CIP-Einheitsaufnahme

Churchland, Paul M.:
Die Seelenmaschine : eine philosophische Reise ins Gehirn /
Paul M. Churchland. Aus dem Engl. übers. von Markus
Numberger. – Heidelberg ; Berlin ; Oxford : Spektrum, Akad.
Verl., 1997
    Einheitssacht.: The engine of reason, the seat of the soul <dt.>
    ISBN 3-8274-0125-9

© 1997 Spektrum Akademischer Verlag GmbH
Heidelberg · Berlin · Oxford

Die Stereobrille, die das dreidimensionale Betrachten einiger Abbildungen
in diesem Buch erleichtert, kann u.a. über die Firma A. Schlüter, Haus für
Biologie, Gerberstr. 11, D-71364 Winnenden (Tel. 07195/2224, Fax
07195/8838) bezogen werden.

Es konnten nicht sämtliche Rechteinhaber von Abbildungen ermittelt werden. Sollte dem Verlag gegenüber der Nachweis der Rechtsinhaberschaft
geführt werden, wird das branchenübliche Honorar nachträglich gezalt.

Lektorat: Merlet Behncke-Braunbeck, Sabine Loss (Ass.)
Redaktion: Monika Niehaus-Osterloh
Produktion: Susanne Tochtermann
Einbandgestaltung: Kurt Bitsch, Birkenau
Gesamtherstellung: Druckerei Bitsch GmbH, Birkenau

For Pat,

Who, years ago, would lie awake
And wonder with me
How the brain works

Inhalt

Vorwort zur Originalausgabe

Wie funktioniert unser Gehirn? Wie denken wir, wie fühlen und träumen wir? Wie entsteht unser Selbstbewußtsein? Die jüngsten Ergebnisse der Neurowissenschaften und die Arbeiten zu künstlichen neuronalen Netzwerken liefern uns Antworten auf diese Fragen. Selbst wenn diese Antworten noch unvollständig und vorläufig sind, werden sie für unser Leben weitreichende Konsequenzen haben. In diesem Buch möchte ich diese neuen wissenschaftlichen Erkenntnisse klar und anschaulich erläutern und die Konsequenzen, die sich daraus für uns im philosophischen, sozialen und persönlichen Bereich ergeben, aufzeigen.

Ich habe dieses Buch vor allem aus purer Begeisterung geschrieben, aus Begeisterung über dieses neue Bild, das sich uns auftut, und aus Begeisterung über die neuen Möglichkeiten, mit denen wir jetzt Fragen beantworten können, die so lange rätselhaft schienen. Diese Begeisterung hat nicht nur mich erfaßt, sondern Wissenschaftler in einem halben Dutzend verwandter Forschungsrichtungen, und ich hoffe, auch Sie, liebe Leser, werden davon bald ergriffen werden.

Ich habe dieses Buch aber auch deshalb geschrieben, weil ich der Meinung bin, daß die Öffentlichkeit von diesen neuen Erkenntnissen und Entwicklungen erfahren muß. Wir alle sollten die möglichen Perspektiven verstehen und das weitere Vorgehen steuern können, denn wir alle werden die Folgen der daraus entstehenden neuen Technologien mit Sicherheit bald zu spüren bekommen. Wir sollten uns also damit beschäftigen, je schneller, desto besser.

Die Anregungen für meine philosophischen Studien in den letzten dreißig Jahren kamen aus vielen Quellen, die sich in diesem Buch wiederfinden, wie in meinen bisherigen Veröffentlichungen auch. An dieser Stelle möchte ich jedoch vier Kollegen besonders erwähnen, denen ich nicht nur viele neue Einsichten verdanke, sondern denen ich auch große Zuneigung entgegenbringe. Als erster wäre da Francis Crick, der mir und meiner Frau und Kollegin Patricia als „Naturphilosoph" ein wunderbares intellektuelles und persönliches Vorbild ist. Ich habe seinem glänzenden Beispiel nicht immer folgen können, aber ohne ihn wären meine Gedankengänge weniger klar und meine Wege verschlungener gewesen. Zweitens die Neurowissenschaftler Antonio und Hanna Damasio. Sie waren in Neurobiologie unsere Lehrer, in Philosophie unsere Schüler, sie waren aber auch Mitarbeiter und sind vor allem Freunde für uns. Aus unseren regelmäßigen Kaffeerunden entstanden mehrere Bücher, und ihr Anteil daran ist unschätzbar. Schließlich bleibt noch die andauernde Inspiration durch meine Frau und Kollegin Patricia Churchland zu erwähnen. Nach 25 Jahren Partnerschaft und Zusammenarbeit gleichen wir, so finde ich, oft der rechten und linken Hemisphäre eines einzigen Gehirns. An den folgenden Seiten hat sie einen ganz wesentlichen Anteil.

La Jolla, Kalifornien,
im April 1994

Vorwort zur deutschen Ausgabe

Die im vorliegenden Buch behandelte Frage nach der Natur des Geistes und nach seinem Verhältnis zur Welt, zu unserem Körper und zu unserem Gehirn ist eine Grundfrage abendländischen Denkens. Dieses Denken ist seinen Wurzeln nach dualistisch: Die Welt zerfällt in einen Bereich des Geistes, in dem wir Zustände wie Bewußtsein, Denken und Erinnern ansiedeln, und in einen Bereich des Materiellen oder „Physischen". Für die Beschreibung und die Erklärung der Dinge und Prozesse dieser zweiten Welt sind die Naturwissenschaften zuständig; der Bereich geistiger Zustände scheint sich solchen Erklärungsmöglichkeiten völlig zu entziehen.

Wichtige Erkenntnisfortschritte der Hirnforschung aufgrund neuartiger experimenteller und theoretischer Methoden scheinen nun die Kluft zwischen Geist und Materie überspannen zu können. Hier sind vor allem die Positronen-Emissions-Tomographie (PET) und die funktionelle Kernresonanz-Spektroskopie (fNMR) zu nennen. Diese Methoden beruhen auf der bemerkenswerten Tatsache, daß neuronale Erregungen von einer lokalen Erhöhung der Hirndurchblutung und des Hirnstoffwechsels begleitet sind. Man kann über PET und fNMR feststellen, welche Hirnteile bei bestimmten kognitiven beziehungsweise geistigen Leistungen tätig sind. Geistige Aktivität ist demnach untrennbar an die anatomischen und physiologischen Gegebenheiten des Gehirns gebunden, sie ist etwas, das sich im Rahmen und auf der Grundlage physikalischer und physiologischer Prozesse abspielt.

Ist damit eine naturwissenschaftliche Erklärung des Geistes bereits gelungen oder zumindest in greifbare Nähe gerückt? Hier zögern viele neurobiologisch kundige Philosophen und auch viele Hirnforscher. Gehirnprozesse determinieren ihrer Meinung nach nicht geistige Prozesse, sie lassen sie nur zu, und diese Autonomie des Geistes ist die Grundlage unserer Handlungsplanung und des freien Willens. Freilich gerät man mit einer solchen Auffassung in das bekannte Dilemma des Dualismus, denn wie kann der autonome Geist auf physikalische Gegebenheiten einwirken, ohne selbst physikalisch zu sein? Zuflucht bei Wahrscheinlichkeitsprozessen im Bereich der Quantenphysik zu suchen, wie Sir John Eccles und Roger Penrose es tun, ist vergeblich, denn es gibt keinerlei Hinweise dafür, daß quantenmechanische Prozesse an einer einzelnen Synapse oder bei der Bewegung sogenannter Mikrotubuli für kognitive Leistungen des Gehirns eine wichtige Rolle spielen. Bei geistigen Akten kommt es auf Millionen oder gar Milliarden von Neuronen an und überhaupt nicht auf eine einzige Nervenzelle, geschweige denn auf eine Synapse, und alle möglichen quantenphysikalischen Wahrscheinlichkeiten mitteln sich dabei völlig aus.

Viele Neurophilosophen und Neurobiologen sehen Geist als eine „emergente" Eigenschaft des materiellen Gehirns an, als etwas, das als Systemeigenschaft aus der überaus großen Komplexität des menschlichen (und vielleicht auch tierischen) Gehirns auftaucht. Emergenztheoretiker wie Lorenz, Popper, Searle, Nagel und Dennett (um nur einige zu nennen), aber auch bedeutende Hirnforscher wie der kürzlich verstorbene Otto Creutzfeldt wurden und werden nicht müde, Geist und insbesondere das subjektive Erleben als eine letztlich „unerklärliche" Eigenschaft zu beschreiben. Eine solche Haltung verwechselt das Wesen einer wissenschaftlichen Erklärung mit der Möglichkeit, etwas anschaulich oder gar gefühlsmäßig nachvollziehen zu können.

Der moderne neurobiologische Materialismus geht hingegen davon aus, daß geistige Zustände physikalische Zustände sind und letztlich in physikalischen Termini beschrieben werden können. Aber auch unter den Vertretern dieses Standpunktes gibt es wichtige Unterschiede. Die einen sind radikale Reduktionisten wie Pierre Changeux, Francis Crick und Christoph Koch. Für sie ist Geist vollständig auf die Eigenschaften von Nervenzellen oder gar von deren Teilen (zum Beispiel Typen von Synapsen) zurückzuführen. Andere Materialisten, zu denen Paul Churchland gehört, sehen geistige Zustände als das Resultat der Aktivität großer und komplexer Netzwerke im Gehirn an, während es auf der Ebene einzelner Neurone „noch" keine geistigen Phänomene gibt.

Paul Churchland ist zusammen mit seiner Frau und Kollegin Patricia Churchland als Vertreter eines eliminativen Materialismus bekannt geworden. Dieser unterstellt, man könne „mentalistische" Begriffe der „Alltagspsychologie" aus unserem Vokabular eliminieren und durch präzisere neurobiologische Termini ersetzen. Dagegen wird von philosophischer Seite argumentiert, psychische Zustände seien gegenüber physiologischen derart andersartig, daß eine Ersetzung der Beschreibung der einen Zustände durch eine Beschreibung der anderen prinzipiell unmöglich sei. Zumindest im Falle einfacher Wahrnehmungen kann man aber unter günstigen Bedingungen angeben, was im Gehirn einer Person vor sich geht, wenn sie zum Beispiel einen runden, farbigen, bewegten Gegenstand sieht. In diesem Fall könnten wir in der Tat den Satz „Herr X sieht gerade einen runden, farbigen, bewegten Gegenstand" vollgültig ersetzen durch „in Herrn Xs Gehirn feuern zur Zeit T1 bestimmte Neurone in Area Y und Z". Wir können auch davon ausgehen, daß „dispositionalen" Zuständen wie „etwas hoffen, wünschen, befürchten" und so weiter ein bestimmter neuronaler Prozeß entspricht, denn solche Zustände haben eine klare emotionale Komponente.

Paul Churchland ist der Überzeugung, man werde die kognitiv-geistigen, psychischen, emotionalen und sogar sozialen Leistungen des menschlichen Gehirns irgendwann einmal mit naturwissenschaftlichen Methoden in einem Modell simulieren und letztlich sogar nachbauen können. Woher nimmt Churchland seine Optimismus? Neben den Möglichkeiten, die sich mit der Entwicklung der bildgebenden Verfahren auftun, gründet sich seine Zuversicht auf die Erklärungskraft der Theorie neuronale Netze. In den klassischen Kognitionswissenschaften (Kognitionspsychologie, Linguistik, Computerwissenschaften, analytische Philosophie, Anthropologie) herrschte lange die Vorstellung vor, kognitive geistige Leistungen bestünden im regelgeleiteten Verarbeiten definierter Symbole, Begriffe und Wissensinhalte. Grundbeispiel hierfür ist das sprachlich repräsentierte logische Denken. Künstliche neuronale Netze hingegen ähneln in ihrer Struktur den Gegebenheiten des Gehirns: sie bestehen aus einer großen Zahl von Verarbeitungselementen („abstrakte Neurone"), ebenso wie im Gehirn beruht ihre Leistung (Mustererkennung, Klassifikation, Bewegungssteuerung und so weiter) auf der spezifischen Verknüpfung der Elemente. Ihr Wissen

XV

und Können ist in der Struktur verteilt, es ist subsymbolisch. Die Netzwerke benötigen keine expliziten Regeln, sondern leiten diese schrittweise in einem Lernprozeß ab, genauso wie dies im Gehirn der Fall ist.

Im vorliegenden Buch schildert Churchland sehr anschaulich die weitreichenden, oft überraschenden Eigenschaften neuronaler Netze, insbesondere derer, die auf dem Prinzip der Rückkopplung beruhen. Hierdurch werden die zuvor statischen Netze in die Lage versetzt, zeitliche Abläufe zu repräsentieren. Erst eine solche Struktur bringt nach Churchland die künstlichen Netzwerksysteme in die Nähe echter kognitiver Leistungen, insbesondere des menschlichen Bewußtseins. Ob ein „Nachbau" geistiger Leistung wirklich einmal der Fall sein wird, bezweifeln viele Netzwerktheoretiker und sehen – wenn überhaupt – Fortschritte eher in einer Kombination klassisch-symbolischer und verteilt-subsymbolischer Ansätze (aber auch hierbei ergeben sich viele Schwierigkeiten). Für Churchland sind die Eigenschaften künstlicher neuronaler Netze primär ein Mittel, um Leistungen im Bereich von Denken, Sprache, Wissenschaft, Politik und Kunst ihrer Verklärung als „einzigartige menschliche Fähigkeiten" – eine durchaus noch übliche Sichtweise – zu entledigen. Churchland entlarvt die Tendenz, menschliches Verhalten von vorneherein als zu komplex und naturwissenschaftlich unerklärbar anzusehen. Die moderne Systemtheorie hat gezeigt, daß sich Verhaltensweisen, die wir intuitiv für völlig unvorhersagbar halten, aus den Verknüpfungsstrukturen relativ einfacher Systeme ergeben können (nicht müssen).

Churchland geht im vorliegenden Buch über die Perspektive, mit Hilfe der Theorie neuronaler Netze das Gehirn verstehen zu können, weit hinaus. Er ist der Meinung, daß dieses Instrument uns in naher Zukunft in die Lage versetzen wird, Beeinträchtigungen des menschlichen Gehirns – etwa in Form von neurologischen Erkrankungen (wie der Alzheimerschen Demenz), Geisteskrankheiten oder kriminelle Neigungen – nicht nur zu diagnostizieren, sondern auch zu behandeln und letztendlich zu heilen. Bei neurologischen Erkrankungen wird wohl jedermann einen derartigen Fortschritt begrüßen. Bei Geisteskrankheiten und kriminellen Neigungen hingegen wird mancher Leser erschrecken, aber die Argumente Churchlands verdienen eine genaue Beachtung. Zum einen ist es seit langem gesellschaftliche Praxis, Geisteskranke einerseits und Kriminelle andererseits auszugrenzen, und Fehldiagnosen, Justizirrtümer und eklatanter Mißbrauch derartigen Vorgehens sind nicht selten. Bei Geisteskrankheiten ist aufgrund neuer Untersuchungen ein Zusammenhang zu anatomischen und physiologischen Störungen eindeutig (ohne schon Ursache und Wirkung festzulegen). Dies wird die diagnostischen Möglichkeiten stark erweitern, natürlich auch unter Einsatz künstlicher neuronaler Netzwerke und ihrer erstaunlichen Erkennens- und Klassifikationsleistungen, die im klinischen Bereich bereits heute genutzt werden. Ob sich aber hieraus erfolgversprechende Eingriffs- und Heilmöglichkeiten ergeben, ist unklar, und nicht jeder mag den Optimismus von Churchland teilen. Immerhin hat die Hirnforschung die Pflicht, daran zu forschen; das Unverständnis und die Proteste von Teilen der Psychiatrie und der Sozialpsychologie hat sie dabei gelassen hinzunehmen.

Ob es je gelingen wird, auf der Ebene der Hirnanatomie und Hirnphysiologie kriminelles Verhalten eindeutig zu diagnostizieren, ist ganz ungewiß, aber auch hier wird man vorurteilsfrei vorgehen müssen. Die mögliche Erkenntnis, daß kriminelles Verhalten erfahrungsunabhängig genetisch-hirnorganisch bedingt ist, wäre ebenso bedeutsam wie die alternative Erkenntnis, daß es erfahrungsbedingte und soziale Ursachen hat, oder daß beide Ursachen komplex zugrundeliegen könnten. Die Betroffenen und die Gesellschaft müssen dann entscheiden, ob sich hieraus Maßnahmen ergeben und – wenn ja – welche. Es ist Churchland zuzustimmen, daß wir objektivere diagnostische Möglichkeiten besitzen müssen, damit solche Entscheidungen verantwortungsbewußt getroffen werden können, und ein Mißbrauch mag dadurch eher verringert als vergrößert werden. In jedem Fall aber hat Churchland zu einer unausweichlichen Debatte einen wichtigen Beitrag geleistet.

Sein Buch trägt in klarer und eindrucksvoller Weise dazu bei, den Bereich unserer kognitiven Leistungen zu entmystifizieren, ohne das Eindrucksvolle, das Faszinierende daran zu verkleinern. Niemand verliert seine Begeisterung für eine Fuge von Bach, wenn er erfährt, wie sie aufgebaut ist, und niemand verliert sein Staunen über die Natur, nur weil die moderne Biologie gezeigt hat, daß Lebewesen komplexe physikalisch-chemische Systeme sind und nicht von geheimnisvollen Lebenskräften angetrieben. Ebensowenig werden neue Erkenntnisse über das Gehirn und seine Leistungen Selbstachtung und Mitmenschlichkeit zerstören; sie werden uns aber im Verständnis unseres Platzes in der Natur bescheidener werden lassen.

Gerhard Roth
im Oktober 1996

I Das Gehirn – ein kleiner Computer

1. Einführung

Dieses Buch handelt von Ihnen und mir und von allen anderen Lebewesen mit Bewußtsein. Allgemeiner ausgedrückt, handelt es von allen Wesen, die je im Wasser schwammen, auf dem Land liefen oder durch die Luft flogen. Denn all das sind kognitive Systeme, die bereits ihre Umwelt wahrnehmen und Gedanken fassen konnten, Äonen Jahre, bevor der Mensch die Szene betrat. Auch sie müssen wir verstehen, denn wir werden unser eigenes Denken wohl nie begreifen, ohne zu verstehen, wie sich verschiedene Kognitionsstufen in der Evolution entwickelt haben.

Das transparente Gehirn

Die Arbeiten an künstlichen und biologischen neuronalen Netzwerken haben uns in den letzten Jahren erste Ansätze zu einem wirklichen Verständnis dafür geliefert, wie unser Gehirn funktioniert. Diese Vorstellung mag bedrohlich erscheinen, könnten doch unsere innersten Geheimnisse dadurch offenbart werden. Sie können aber in diesem Punkt ganz beruhigt sein: Unser Gehirn ist bei weitem zu komplex und launisch; wir werden sein Verhalten – wenn überhaupt – nur in groben Grundzügen und stets nur für sehr kurze Zeiträume vorhersagen können. Ein biologisches Gehirn reagiert so außergewöhnlich dynamisch, daß es wohl nie ein Gerät in diesem Universum geben wird, das unser Verhalten und unsere Gedanken exakter als lediglich statistisch voraussagen kann.

Wir müssen also nicht befürchten, jemals zu klappernden Robotern oder leeren Blechhülsen reduziert zu werden. Aber wir sind heute in der Lage zu erklären, wie unsere lebhaften Wahrnehmungen in einem Teil unserer Großhirnrinde, dem sensorischen Cortex, entstehen, wie der Duft gebackenen Brotes, der Klang einer Oboe, der Geschmack eines Pfirsichs oder die Farben des Sonnenuntergangs

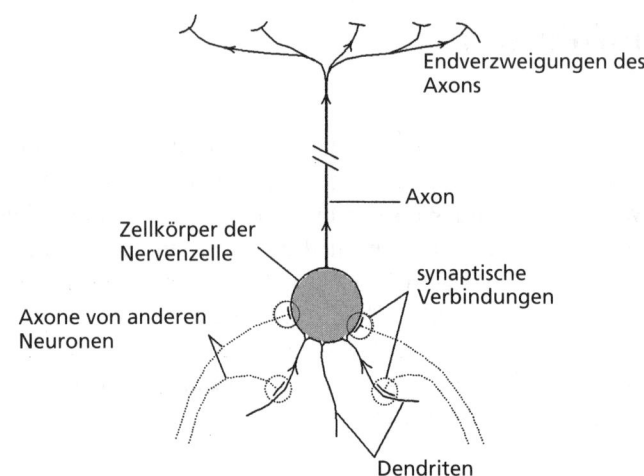

1.1 Eine typische Nervenzelle. Sie erhält über viele Synapsen erregende (exzitatorische) und hemmende (inhibitorische) Signale von anderen Nervenzellen. Diese synaptischen Kontakte (Kreise) liegen am Zellkörper des Neurons und an seinen Dendriten. Die ankommenden Signale werden miteinander verrechnet, worauf die Nervenzelle gegebenenfalls ein eigenes Signal erzeugt und über ihr Axon weiterleitet, das wiederum mit anderen Neuronen Kontakte ausbildet.

vom vielköpfigen Chor der Nervenzellen dargestellt werden. Wir können heute erklären, wie motorische Großhirnrinde, Kleinhirn und Rückenmark gemeinsam das Orchester der Muskeln zum Sprint des Geparden, zum Stoß des Falken oder zum „sterbenden Schwan" einer Ballerina dirigieren. Mehr noch, wir können jetzt verstehen, wie das Gehirn eines Neugeborenen langsam ein Gerüst von Konzepten entwickelt, mit denen es seine Umwelt verstehen lernt, und wie das Gehirn des Erwachsenen diese Konzepte benutzt, um Ähnlichkeiten zu erkennen, Analogien zu erfassen und die unmittelbare oder weiter entfernte Zukunft vorherzusagen.

Wie solche Konzepte entstehen, ist besonders wunderbar, denn das menschliche Gehirn mit seinem Volumen von nur etwa einem Liter umfaßt einen Raum von Möglichkeiten, der vergleichsweise größer ist als das gesamte Universum. Diese erstaunliche Eigenschaft beruht auf dem Zusammenspiel seiner 100 Milliarden Nervenzellen, den *Neuronen*, und ihren 100 Billionen Verbindungen untereinander, den

Synapsen (Abbildung 1.1). Die Stärke dieser Verbindungen zwischen zwei Neuronen kann von sehr stark bis sehr schwach reichen. Das Gesamtmuster der Verteilung und Stärken dieser Synapsen legt die charakteristischen Merkmale eines jeden Individuums fest. Das Verbindungsmuster der Synapsen bestimmt, wie ein Gehirn auf sensorische Informationen und emotionale Zustände reagiert und sein zukünftiges Verhalten plant. Wir können vielleicht berechnen, wieviele verschiedene Schachpartien auf einem Schachbrett mit 64 Feldern und 32 Figuren möglich sind: genug, um zwei Schachspieler ihr ganzes Leben zu beschäftigen. Wieviel mehr „Partien" kann ein Gehirn mit 100 Billionen veränderbaren synaptischen Verbindungen ersinnen! Die Antwort ist mathematisch leicht lösbar: Angenommen, jede Synapse kann zehn verschiedene Stärken annehmen, dann beträgt die Gesamtzahl möglicher Verbindungsmuster der Synapsen im Gehirn ungefähr zehn hoch 100 Billionen, oder $10^{100\,000\,000\,000\,000}$. Der Exponent dieser Zahl ist weit größer als derjenige des Volumens des Universums, das schätzungsweise „nur" 10^{87} Kubikmeter umfaßt.

Jedes einzelne Gehirn entspricht einer einmaligen Partie auf diesem monumentalen Schachbrett. Jede dieser fast unendlich vielen Spielarten stellt eine individuelle Persönlichkeit dar, eine individuelle Form religiöser, ethischer und rationaler Vorstellungen oder kultureller Eigenarten. Wenn ein Kind aufwächst und lernt, werden Myriaden synaptischer Verbindungen kontinuierlich so angepaßt, daß es sich später wie ein typisches Mitglied seiner Gesellschaft verhält, daß es seine Welt physisch, sozial und ethisch so wahrnimmt, wie man es in seiner Umgebung als normal definiert.

Wie das Gehirn seine Umwelt darstellt: konstante Eigenschaften

Allgemein gültige und konstante Aspekte der Umwelt repräsentiert das Gehirn mit dem dauerhaften Verbindungsmuster seiner Myriaden Synapsen; und dieses Muster bestimmt auch, wie das Gehirn auf seine Umwelt reagiert. Jedes Lebewesen trifft tagaus, tagein auf immer dieselben Situationen: Beeren müssen aufgepickt, Eindringlinge verjagt, die Jungen versorgt, Hindernisse umgangen, Gefahren vermieden, Behausungen gereinigt, Telephongespräche müssen geführt werden und so weiter und so fort. Diese alltäglichen Situationen gehorchen mehr oder weniger verständlichen Kausalzusammenhängen und erfordern standardisierte, aber ausreichend wandelbare Formen der Wahrnehmung und des Verhaltens.

Um diese Fähigkeiten zu erwerben, muß man diese kausalen Beziehungen in seiner Umwelt erlernen oder zumindest diejenigen, die für die eigene Person von praktischer Bedeutung sind. Dieses Wissen wird in der individuellen Konfiguration der 10^{14} Synapsen eines Menschen „gespeichert". Während ein Kind sich entwickelt und lernt, werden die Stärken dieser Verbindungen, die *Gewichte*, wie sie auch genannt werden, immer weiter optimiert. Diese Anpassungsvorgänge werden teilweise von genetischen Faktoren gesteuert (also ererbt); in viel stärkerem Maße werden sie jedoch von den individuellen Erfahrungen des Kindes geprägt (also erworben). Diese synaptischen Feinabstimmungen, die während der Entwicklung eines jeden Kindes auftreten, stellen insgesamt eine enorme kognitive Umwälzung dar, wie sie im Leben eines Erwachsenen nie wieder stattfindet, nicht einmal im Gehirn eines Einstein.

Sicherlich kommt es auch später noch zu synaptischen Veränderungen im Gehirn, denn auch Erwachsene lernen natürlich noch, aber Häufigkeit und Geschwindigkeit dieser Vorgänge nehmen mit zunehmendem Alter offenbar stetig ab. Mit dreißig Jahren stehen unser Grundcharakter, unsere Fähigkeiten und unsere Weltanschauung weitgehend fest. Zwar bleibt ein Wandel in unserem Denken möglich, aber schon das alte Sprichwort „Was Hänschen nicht lernt, lernt Hans nimmermehr" zeigt, daß größere Veränderungen unwahrscheinlich sind, und diese Tatsache läßt sich auch statistisch belegen. Warum das so ist und wie man diese mentale Inflexibilität im Alter gelegentlich überwinden kann, werden wir in späteren Kapiteln besprechen. Denn auch für die über Vierzigjährigen unter uns bleibt noch Hoffnung: In wenigstens einem Punkt könnte ein altes Gehirn dem eines jungen Menschen überlegen sein.

Wie das Gehirn seine Umwelt darstellt: variable Eigenschaften

Die grundsätzlichen und konstanten Eigenschaften unserer Umwelt werden also im Gehirn in relativ dauerhaften Mustern synaptischer *Verbindungen* gespeichert. Wie sieht es aber mit flüchtigen Eindrücken und Wahrnehmungen aus? Wie mit gerade ablaufenden Geschehnissen, dem Kommen und Gehen des Augenblicks? Diese vorübergehenden Aspekte werden durch die veränderlichen *Aktivitäten* in den *Nervenzellen* des Gehirns repräsentiert. Betrachten wir zum Beispiel die Netzhaut oder Retina (die auch ein Teil des Gehirns ist) und die visuelle Großhirnrinde. Wie bereits gesagt, ändern Neurone ihre Verbindungen untereinander nicht sehr schnell. Ähnlich den Verkabelungen in einem Fernseher sind diese Verbindungen relativ stabil. Nervenzellen können aber ihre *Aktivität* von einem Moment auf den anderen ändern und tun dies auch. Wie die Bildpunkte auf einem Bildschirm wird die Aktivität eines Neurons andauernd durch Erregung und Hemmung (*Exzitation* und *Inhibition*) beeinflußt, also von Faktoren, die letztendlich aus der Umwelt stammen. Wie die Bildpunkte des Fernsehers stellt das *Aktivitätsmuster* aller Neurone in jedem Augenblick das Bild dar, das sich das Gehirn von der momentanen Lage macht. Und genau wie beim Fernseher schafft die *Aufeinanderfolge* dieser Bilder die Eindrücke, die das Gehirn von den Veränderungen in der Umwelt gewinnt.

Gehirn und Fernseher – ein Vergleich

Lassen Sie uns für einen Moment innehalten, um die Fähigkeiten des menschlichen Gehirns den im Vergleich dazu lächerlich geringen Fähigkeiten eines Fernsehers gegenüberzustellen. Ein Bildschirm nach US-Norm hat eine Auflösung von 525 mal 360 Bildpunkten (Pixel), die man leicht erkennen kann, wenn man sehr nahe an den Bildschirm herangeht. Ein solcher Bildschirm besteht also aus insgesamt etwa 200 000 Pixeln, von denen jeder einzelne verschiedene Helligkeitswerte annehmen kann. Das ergibt die Repräsentationsfähigkeit (Abbildungsqualität) eines Fernsehbildschirms. Ein menschliches Gehirn jedoch hat, grob geschätzt, 100 000 000 000 oder 100 Milliarden Nervenzellen, von denen jede ebenfalls – entsprechend den Helligkeitswerten – unterschiedliche Aktivitätsstufen annehmen kann. Betrachtet man jedes Neuron als Pixel und dividiert diese 100 Milliarden durch die Anzahl der Pixel eines Fernsehers (200 000), dann findet man, daß die Repräsentationsfähigkeit unseres Gehirns etwa 500 000mal größer ist als die eines Bildschirms.

Um diese Überlegenheit anschaulicher zu machen, können wir den Vergleich noch weiterführen: Wollen wir einen Bildschirm haben, der mit der Repräsentationsfähigkeit eines einzigen Gehirns konkurrieren könnte, müßten wir die gesamte Oberfläche eines der Türme des *World Trade Centers* in New York mit einer halben Million 17-Zoll-Bildschirmen verkleiden. Die Bildschirme würden die gesamte Oberfläche des Gebäudes fast vollständig mit winzigen Bildpunkten in der Dichte eines normalen Bildschirms bedecken – insgesamt 100 Milliarden flimmernde Pixel (Abbildung 1.2)! Stellen Sie sich vor, Sie würden auf ein Bild mit so imposanten Ausmaßen blicken. Eine um das Gebäude gewickelte Leinwand von so gewaltigen Dimensionen und mit einer so außergewöhnlichen Auflösung könnte jedes Bild in einmaliger Detailgenauigkeit darstellen. Das entspricht genau der Repräsentationsfähigkeit, die Sie und ich bereits besitzen. Aber anders als der zusammengesetzte Bildschirm auf dem *World Trade Center* beschränkt sich die Fähigkeit unseres Gehirns nicht nur auf visuelle Repräsentationen. Es stellt die Realität vielmehr auch in ihren vielen anderen Erscheinungsformen sowie in ihren verschiedenen sozialen, ethischen und emotionalen Aspekte dar.

Es gibt zwei Gründe dafür, daß Sie sich trotz der bescheidenen Größe Ihres Gehirns die Welt in einem Maßstab vorstellen können, der einem Wolkenkratzer angemessen wäre: Erstens sind die Pixel Ihres Gehirns – Ihre Nervenzellen – wesentlich kleiner als die eines

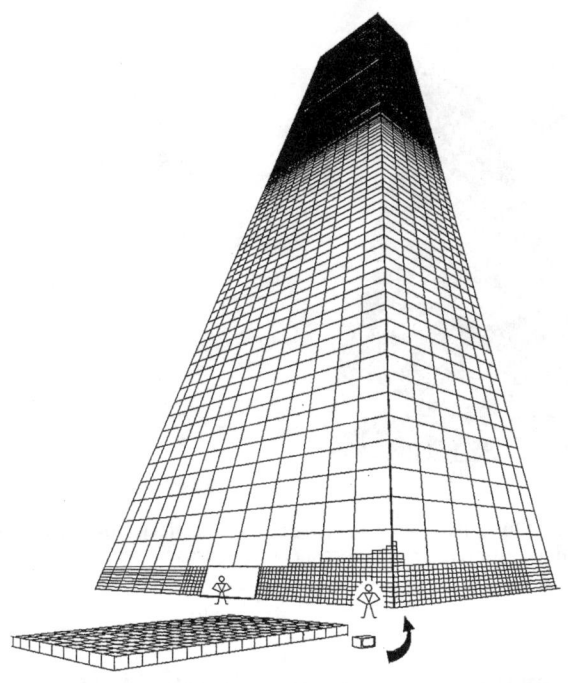

1.2 Einer der beiden Türme des World Trade Center in New York, wie er gerade mit 500 000 Bildschirmen verkleidet wird.

Bildschirms, nämlich nur etwa zehn Tausendstel Millimeter (10 μm) im Durchmesser. Zweitens sind diese 100 Milliarden Pixel Ihres Gehirns in einen dreidimensionalen Raum gepackt und nicht auf einer zweidimensionalen Fläche ausgebreitet. Stellen Sie sich die Pixel auf dem Wolkenkratzer auf einer dünnen Alufolie vor, die das gesamte Gebäude umhüllt. Nun nehmen Sie die Folie und knüllen sie zu einem Ball zusammen. In Ihrem Gehirn ist diese Pixeloberfläche des Wolkenkratzers zu einer vielfach geschichteten und stark eingefalteten Struktur komprimiert, die etwas größer ist als eine Grapefruit (Abbildung 1.3). Diese 100 Milliarden flimmernde Pixel sind durchaus in der Lage, die Welt zu repräsentieren, auch wenn sie so zusammengefaltet werden, daß sie von außen nicht mehr zu sehen sind.

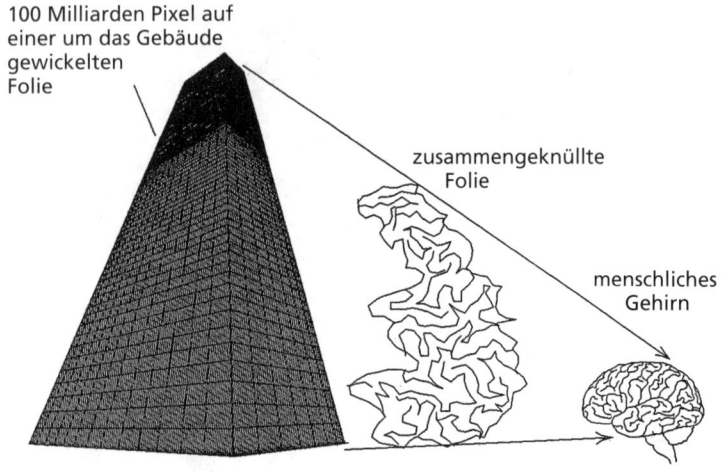

100 Milliarden Pixel auf
einer um das Gebäude
gewickelten
Folie

zusammengeknüllte
Folie

menschliches
Gehirn

1.3 Die mit 100 Milliarden Pixeln bedeckte Oberfläche des Wolkenkratzers wird auf das Volumen eines menschlichen Gehirns zusammengepreßt.

Rechenleistungen im Gehirn: Musterbildung

Wer aber *sieht* dieses Pixelbild? Die Antwort ist sehr einfach: Niemand! Es gibt kein eigentliches „Selbst" in uns, das noch über dem Gehirn steht und in dieses „hineinsieht". Andererseits wird jedoch jeder Teil des Gehirns von einem anderen Teil „beobachtet", oft sogar von mehreren Teilen gleichzeitig. Die Aktivitätsmuster in den Neuronen der Retina werden zum Beispiel von einer bestimmten Neuronenschicht in zwei kirschgroßen Strukturen des Mittelhirns überwacht, den *seitlichen Kniehöckern* (im Singular: *Corpus geniculatum laterale*) (Abbildung 1.4). Fällt ein Bild auf die Retina, senden die retinalen Neuronen ihre Erregungsmuster über ein Kabel ultradünner Fasern, *Axone* genannt, ins Gehirn. Dieses Kabel aus Axonen stellt den bekannten Sehnerv dar. Während der frühkindlichen Entwicklung wachsen aus den Enden jedes dieser Axone zahlreiche Seitenäste, die mit den Nervenzellen im seitlichen Kniehöcker viele synaptische Verbindungen ausbilden. Über diese Synapsen erhalten

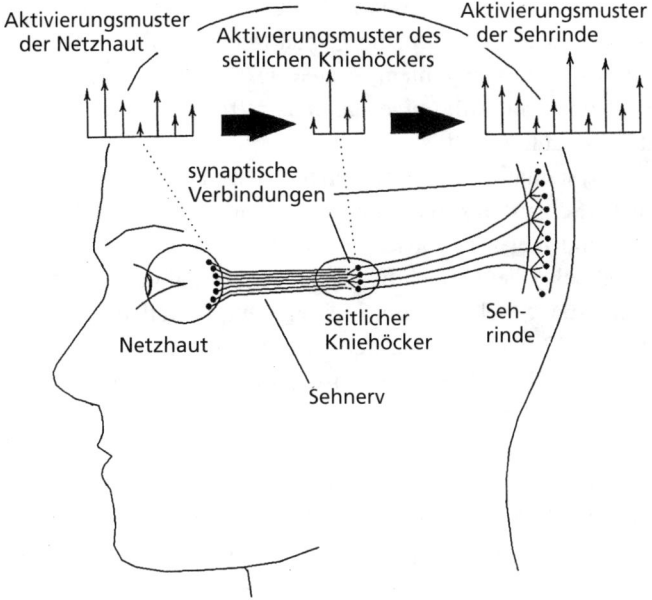

1.4 Die neuronalen Aktivitätsmuster aus der Retina werden bei der synaptischen Übertragung in mehreren Verarbeitungsschritten umgeformt.

die Nervenzellen im seitlichen Kniehöcker detaillierte Informationen über die Aktivitätsmuster der Neurone in der Retina.

Die Nervenzellen im seitlichen Kniehöcker ihrerseits sind mit einer größeren Population von Neuronen an der Hirnoberfläche verbunden, der sogenannten Sehrinde oder dem *visuellen Cortex*, der im Hinterkopf liegt. Diese Neurone erhalten also durch Nervenzellen im seitlichen Kniehöcker Informationen über die retinalen Aktivitätsmuster; der visuelle Cortex „überwacht" somit diesen Kern. Wie schon vorher wird der Informationsfluß von einer Struktur zur nächsten auch hier durch eine komplizierte Anordnung von Synapsen vermittelt, wobei die Axone aus der Umschaltstation im seitlichen Kniehöcker schließlich mit den Nervenzellen der Sehrinde Kontakt aufnehmen. Synapsen sind für die Funktion des Gehirns extrem wichtig, denn sie geben die Informationen nicht nur an die nächste Neuronengruppe in der Signalkette weiter, sondern wandeln das Informationsmuster, das sie erhalten, gewöhnlich auch um. Sie *modifizieren* also die Information, unterdrücken Teile davon, wählen andere aus oder – allgemein ausgedrückt – sie interpretieren die Informationen mit Hilfe einer überaus raffinierten Technik, die in Kapitel 2 erläutert wird.

Diese systematischen Verbindungen zwischen den verschiedenen Teilen des Sehsystems sind für die Verarbeitung optischer Reize sehr wichtig, und hier hinkt unser Vergleich mit den Bildschirmen auf dem Wolkenkratzer beträchtlich. Der Monitor auf dem Fenster ganz rechts im 103. Stock zum Beispiel hat keine Möglichkeit, mit dem Monitor im 57. Stock am Fenster ganz links in Verbindung zu treten oder diesen zu beeinflussen. Es gibt in diesem System keine Wechselwirkung zwischen den einzelnen Teilen.

Um solche Interaktionen zu ermöglichen, müßten wir zum Beispiel ein dickes Kabel von den Bildpunkten im 103. Stock die Front des Gebäudes hinunter zum 57. Stock führen. Um die Kabellänge zu verkürzen, wäre es günstig, alle Kabel innerhalb des Gebäudes zu verlegen; noch günstiger wäre es, die gesamte Pixeloberfläche des Gebäudes – wie mit der Alufolie beschrieben – zu einer grapefruitgroßen Kugel zusammenzuknüllen. Dann könnten wir die Kabellängen wirklich reduzieren, denn jeder Pixel würde Seite an Seite an mehrere andere gedrückt, und das längste notwendige Kabel quer durch die Kugel wäre nur noch knapp 15 Zentimeter lang. Mit dieser Anordnung haben wir endlich etwas erhalten, das in etwa der Organisation des Gehirns entspricht.

Um die *Funktion* des Gehirns besser nachzuahmen, müssen wir uns aber noch eines weiteren Tricks bedienen. Wenn die Pixel, die von anderen Pixeln Informationen erhalten, nicht nur einfach deren Aktivitätsmuster wiederholen sollen, sondern ein neues Muster entstehen soll, dann muß das Kabel die Informationen nicht nur weiterleiten, sondern auf irgendeine Art modifizieren. Und genau das passiert im Gehirn!

Der Vorgang, den ich leger als „überwachen" oder „beobachten" bezeichnet habe, ist also genaugenommen eine neue und veränderte Repräsentation des Aktivitätsmusters der vorhergehenden Neuronengruppe. Das ist durchaus kein passiver Prozeß, sondern ganz im

Gegenteil ein außerordentlich aktiver! Das ursprüngliche gepixelte Muster auf den Retinaneuronen wird von einer Neuronenpopulation zur nächsten und zur übernächsten weitergeleitet und bei jeder synaptischen Übertragung zunehmend umgeformt. An den Synapsen findet der Löwenanteil der *Verrechnungen* im Gehirn statt. Hierbei spielen vorangegangene Lernvorgänge eine Rolle, hierauf basieren Charakter und Einsicht und letztendlich auch die Intelligenz. Sie können dieses Prinzip in Abbildung 1.4 erkennen: Jede der aufeinanderfolgenden Neuronenpopulationen zeigt ein neues und anderes Aktivitätsmuster. Die Abbildung ist natürlich nur eine Schemazeichnung; Retina, Kniehöcker und Sehrinde enthalten in Wirklichkeit jeweils viele Millionen Nervenzellen, doch das Prinzip der Verrechnung sollte klar werden.

Der Trick des Gehirns: parallelverteilte Verarbeitung

Man nennt diese Form der Verrechnung, bei der ein Muster in ein anderes umgeformt wird, indem man es gleichzeitig durch eine große Anzahl von Synapsen schickt, *parallelverteilte Verarbeitung*, kurz PDP *(parallel distributed processing)*. PDP wird aus gutem Grund überall im Tierreich verwendet; sie zeichnet sich nämlich gegenüber dem anderen Typ der Verrechnung, der *seriellen Verarbeitung*, wie sie von Personalcomputern und Großrechnern benutzt wird, durch eine Reihe entscheidender Vorteile aus. In den folgenden Kapiteln werden wir die einzelnen Vorteile der PDP detaillierter untersuchen, doch zwei von ihnen sollten wir schon jetzt besprechen.

Geschwindigkeit und Leistung

Ein PDP-Rechner ist viel schneller als ein serieller Computer, zumindest bei den meisten Aufgaben, mit denen ein Lebewesen normalerweise konfrontiert wird. Er ist schneller, weil er Hunderte von

Millionen einzelner Rechenoperationen *gleichzeitig* und nicht in aufeinanderfolgenden, zeitaufwendigen Einzelschritten durchführt. Ich möchte dies am Beispiel der neuronalen Bahn vom seitlichen Kniehöcker zum visuellen Cortex illustrieren, die Sie bereits kennen. Wenn das kollektive Aktivitätsmuster aus dem Kniehöcker im visuellen Cortex ankommt, wird es durch rund 100 Milliarden (100 000 000 000) einzelne Synapsen gefiltert und zwar gleichzeitig und als Gesamtheit. Jede Synapse der Großhirnrinde führt einen winzigen Teil der Gesamtverrechnungen durch, die das Aktivitätsmuster des seitlichen Kniehöckers in das neuronale Aktivitätmuster des visuellen Cortex umwandelt.

Betrachtet man den seitlichen Kniehöcker als Startloch, dann dauert der Sprint zum visuellen Cortex nur etwa zehn Millisekunden, und alle Signale überqueren die Ziellinie gleichzeitig. Dieser Zeitraum von zehn Millisekunden ist typisch für die Informationsübertragung von einer Neuronenpopulation zur nächsten. Das Ergebnis dieser Übertragung ist ein neues Aktivitätsmuster in den Nervenzellen des visuellen Cortex, ein Muster, das nun zum Beispiel die *dreidimensionale Struktur* des Gesehenen darstellt. In den beiden Aktivitätsmustern der Retinae war diese dreidimensionale Information ursprünglich nur implizit vorhanden; sie lag in den feinen Unterschieden zwischen den beiden Bilder versteckt. Zwei oder drei Umformungen später, im visuellen Cortex, wird diese versteckte Information jedoch wieder „sichtbar". (Ein Teil der Verrechnungen des visuellen Systems beim Menschen entfällt auf das Stereo- oder räumliche Sehen. Wir werden im nächsten Kapitel erfahren, wie das funktioniert.)

Einhundert Milliarden einzelner Berechnungen auf einen Schlag ist eine beachtliche Leistung. Ein typischer Personalcomputer mit 60 MHz braucht für einhundert Milliarden Rechenoperationen etwa drei volle Minuten, während eine einzelne Stufe im visuellen System des Menschen dazu nur zehn Millisekunden (eine Hundertstel Sekunde) benötigt, denn das Gehirn führt diese vielen Rechenschritte unabhängig voneinander und gleichzeitig durch. In der Küche verwendet man oft einen ähnlichen Trick, wenn man zum Beispiel Schnittlauch kleinhackt. Anstatt jeden Halm einzeln zu schneiden, packt man sie alle parallel zu einem Bündel zusammen und zerkleinert sie dann.

Wenn wir nun über den relativ kleinen visuellen Cortex hinausblicken und das gesamte Gehirn betrachten, dann stellen wir fest, daß es (theoretisch) entsprechend der Gesamtzahl seiner Synapsen insgesamt 100 Billionen einzelne Rechenoperationen in einer Hundertstel Sekunde ausführen kann, denn jede Synapse trägt unabhängig ihren eigenen winzigen Anteil zur Berechnung bei. Ein PC würde dafür über zwei Tage lang ununterbrochen rechnen. Die Evolution hat bei der parallelverteilten Verarbeitung mit Sicherheit „auf das richtige Pferd gesetzt".

Funktionelle Konstanz

Aber es kommt noch besser! Ein PDP-Computer kann eine fehlerhafte Funktion oder die Inaktivierung, ja sogar den Verlust einer großen Zahl von Synapsen tolerieren und büßt dabei nur unwesentlich an Leistungsfähigkeit ein. Wenn wir einen Rambo auf die Größe einer Nervenzelle verkleinern und ihn mit einem kleinen MG in unserem visuellen Cortex amoklaufen lassen, dann könnte er wahllos vielleicht zehn Prozent (also fast zehn Milliarden) Synapsen auf den corticalen Neuronen zerstören, ohne daß wir viel davon bemerken würden. Unsere grundlegenden visuellen Fähigkeiten wären vielleicht geringfügig beeinträchtigt, was man allenfalls mit einigen sensitiven Tests nachweisen könnte, aber größere Beeinträchtigungen würden wir nicht verspüren.

Der Grund dafür ist einfach: Jede Synapse trägt nur einen so winzigen Teil zur gesamten Musterumwandlung bei, daß das Gesamtsystem selbst dann, wenn zufällig jede zehnte Verbindung verlorengeht, fast dieselbe Umformung wie im unbeschädigten Zustand durchführt. Jeder zufällig ausgewählte, ausreichend große Teil der Gesamtpopulation an Nervenverbindungen führt annähernd dieselben Umformungen durch wie jeder beliebige andere Teil. Ziemlich viele unserer Synapsen können also überaktiv, inaktiv oder tot sein, und dennoch zeigt die verbleibende Mehrheit ein normales menschliches Input-Output-Verhalten.

Diesen glücklichen Umstand bezeichnet man als *funktionale Konstanz* oder Fehlertoleranz, und auch in diesem Punkt unterscheiden sich PDP-Rechner grundsätzlich von seriellen Computern. Versagt nur eine einzige Verbindung innerhalb der zentralen Rechnereinheit eines PCs, so beeinträchtigt dies fast sicher die Funktion des Rechners. Bei den ständigen kleineren Unfällen, denen Menschen und Tiere ausgesetzt sind, könnten wir uns ein derart anfälliges System gar nicht leisten. Sogar beim normalen Alterungsprozeß verlieren wir jeden Tag etwa 10 000 Nervenzellen, die nicht mehr ersetzt werden. (Das ist heute umstritten, aber auch wenn es zutrifft, wäre es nicht so dramatisch, wie es scheint. Da wir bei unserer Geburt etwa 100 Milliarden Nervenzellen aufweisen, würden wir bei dieser Abbaurate im Laufe unseres Lebens insgesamt weniger als ein Prozent unseres Ausgangskapitals verlieren.)

Da ein biologisches Gehirn aus sehr unzuverlässigen Komponenten aufgebaut ist, hatte die Evolution gar keine andere Wahl, sie „mußte" die parallelverteilte Verarbeitung entwickeln und die Fehlertoleranz sowie die funktionale Konstanz ausnutzen, die diese automatisch bietet. Anders als die relativ verläßlichen elektronischen Bauteile in einem modernen seriellen Digitalrechner, sind Nervenzellen und ihre synaptischen Verbindungen eher unstete und unzuverlässige Gesellen. Würde ein serieller Rechner aus realen Nervenzellen bestehen, wäre dies ein großes Problem. Ein serieller Computer ist intolerant für Fehler, denn eine Kette – in diesem Fall von Rechenoperationen – kann nur so stark sein wie ihr schwächstes Glied. Aus diesem Grund ist es schlichtweg unmöglich, einen funktionierenden seriellen Computer aus biologischen Komponenten herzustellen. Im Durchschnitt würde er wahrscheinlich nur ein paar Sekunden pro Woche korrekt funktionieren, nämlich nur dann, wenn alle seine Komponenten zufällig gerade einmal gleichzeitig richtig funktionieren.

Das ist nicht nur scherzhaft gemeint, die Computerentwickler haben tatsächlich frustrierende Erfahrungen mit dieser Art von Problemen gemacht. Unzuverlässigkeit war eine entscheidende und fatale Eigenart der ersten, auf Röhren basierenden Rechner. Eine Elektronenröhre, wie wir sie auch in alten Radios finden, ähnelt in vielem einer Glühbirne, besonders darin, zum unpassendsten Zeitpunkt durchzubrennen. Wenn Tausende von Röhren ständig funktionieren müssen und jede einzelne für die Funktion eines seriellen Rechners essentiell ist, dann garantiert schon die Statistik, daß ein derartiges Gerät dauernd ausfällt. Natürlich wurde dieses Problem immer schlimmer, je leistungsfähiger die Computer und je größer damit die Anzahl dieser Bauteile wurden.

Glücklicherweise entwickelten die Bell Laboratories den Transistor, ein sehr schnelles, elektronisches Schaltelement, das nicht durchbrennt und auch wesentlich kleiner als eine Elektronenröhre ist. Ohne diese außerordentlich verläßlichen „elektronischen Ventile" befände sich die Computertechnologie heute noch immer in der Steinzeit.

Das gilt natürlich nicht für diese wunderbare alternative Technologie, die im Nervensystem jeder lebenden Kreatur wirkt. Diese Technik wurde bereits vor Millionen von Jahren entwickelt und hängt nicht von der Perfektion ihrer einzelnen Komponenten ab. Ihre hohe Rechnergeschwindigkeit verdankt sie der weitgehend parallelen Informationsverarbeitung, ihrer Fehlertoleranz und der Dauerhaftigkeit der weitverteilten Informationskodierung und -speicherung. Die unvermeidlichen und vereinzelt auftretenden fehlerhaften Signale werden einfach von einer gewaltigen Flut korrekter Informationen überspült. Durch die Kombination dieser Eigenschaften stellt das menschliche Gehirn jeden heute existierenden Supercomputer bei vielen Aufgaben in den Schatten – und das, obwohl es aus Komponenten aufgebaut ist, die, jede für sich genommen, langsam und unzuverlässig sind. Durch diese geniale Strategie schafft so ein Trupp lahmer Igel, den Hasen zu überholen.

Weitere Eigenschaften paralleler Verarbeitung

Hohe Geschwindigkeit und Zuverlässigkeit sind wichtig, aber sie stehen nur am Anfang einer Liste faszinierender Eigenschaften, die parallelverarbeitende Computer besitzen. Diese Liste umfaßt all die entscheidenden kognitiven Fähigkeiten biologischer Gehirne:

- Die Fähigkeit, Eigenschaften und Muster trotz Rauschen und Verzerrungen oder nur bruchstückhafter Information zu erkennen;
- die Fähigkeit, komplexe Analogien zu erfassen;
- die Fähigkeit, relevante Informationen in neuen Situationen sofort abrufen zu können;
- die Fähigkeit, die Aufmerksamkeit auf verschiedene Aspekte der Wahrnehmung zu richten;
- die Fähigkeit, in einer problematischen Situation verschiedene Modelle gedanklich durchzuspielen;
- die Fähigkeit, subtile und undefinierbare sensorische Qualitäten zu erkennen, wie die Stimme des eigenen Kindes oder den Duft von Fichtennadeln;
- die Fähigkeit, den Körper koordiniert und elegant zu bewegen;
- die Fähigkeit, sich sozial und ethisch verantwortungsbewußt zu verhalten.

Lange Zeit war man der Meinung, daß solche und ähnliche Fähigkeiten über die Möglichkeiten eines jedweden physikalischen Rechensystems hinausgingen. Das ist ein grundlegender Irrtum. Solche Fähigkeiten mögen außerhalb der Reichweite eines konventionellen seriellen Computers liegen, obwohl man auch darüber streiten kann. Sie gehen jedoch keineswegs über die Fähigkeiten eines PDP-Computers hinaus – ganz im Gegenteil! Wie wir später noch sehen werden, sind diese biologisch relevanten Fähigkeiten für die Arbeitsweise eines PDP-Systems geradezu charakteristisch. Solche Verhaltensweisen sind sogar der sicherste Hinweis darauf, daß wir es mit parallelverteilten Verarbeitungsprozessen zu tun haben.

Wie das im Einzelnen funktioniert, werden wir in den nächsten Kapiteln sehen. Diese Kapitel sind jedoch nur als Einführung gedacht, und ich kann Ihnen gleich von Anfang an versichern, daß Sie sich nicht auf ein Buch einlassen, das hauptsächlich von Computertechnik oder von künstlicher und biologischer Intelligenz handelt. Zuerst und vor allem handelt dieses Buch von Menschen und ihrem Verhalten. Mir geht es um die Eigenschaften der menschlichen Kognition in allen ihren bekannten Facetten: Wahrnehmungsvermögen, praktische Fähigkeiten, wissenschaftliches Verständnis, soziales Verhalten, Selbstbewußtsein, moralische Verantwortung, religiöse Überzeugung, politische Einsicht wie auch mathematische Fertigkeiten und ästhetisches Empfinden.

Die meisten dieser kognitiven Bereiche werden zumindest bisher selten – wenn überhaupt – von Wissenschaftlern diskutiert, die sich mit künstlicher Intelligenz, mit neuronalen Netzwerken (die sogenannten Konnektionisten) oder mit Neurowissenschaften beschäftigen. Man überläßt das Nachdenken darüber gewöhnlich den Philosophen, die leider oft weder etwas von Computern noch von Gehirnen verstehen. Neurowissenschaftler und Forscher, die sich mit künstlicher Intelligenz befassen, haben sich zu Recht bisher auf engere und besser faßbare Probleme beschränkt, wie auf Computer, die hochklassiges Schach spielen können, oder auf die Frage, wie ein hungriger Frosch eine Fliege entdeckt. Im letzten Jahrzehnt, besonders in den letzten fünf Jahren, haben sich die theoretischen wie auch die praktischen Ansätze jedoch dramatisch gewandelt. Mit neuen Theorien und neuen Experimenten können wir jetzt nämlich beginnen, den vollen Umfang der menschlichen und tierischen Kognition zu erforschen. Wir sind heute in der Lage, mit überprüfbaren künstlichen Modellen und detaillierten neurobiologischen Daten Fragen anzugehen, die früher ausschließlich der Philosophie vorbehalten waren.

Theorie und Praxis: historische Parallelen

Wenn sich derartige Möglichkeiten eröffnen, dann sollten wir sie ergreifen. Als Nicolaus Copernicus eine neue Theorie unseres Sonnensystems skizzierte und gleichzeitig Galileo Galilei ein noch sehr unvollkommenes Teleskop entwickelte, führte dies zum Untergang einer kurzsichtigen und geistig repressiven Theorie des Kosmos: Das alte geozentrische Weltbild, wie es Aristoteles, Ptolemäus und die römisch-katholischen Kirche der Renaissance vertreten hatten, mußte weichen. Diese Epoche voller Umwälzungen ließ uns zu einer astronomischen Entdeckungsreise aufbrechen, die noch nicht zu Ende ist. In ähnlicher Weise führte die Entwicklung des Mikroskops im 17. Jahrhundert dazu, daß Antony van Leeuwenhoek die Mikroorganismen entdeckte. Daraus erwuchs rasch eine neue Theorie über die Ursachen von Krankheiten und löste damit die bis dahin geltende Anschauung ab, Krankheiten seien eine Strafe Gottes oder eine Plage des Teufels. Einfache Entdeckungen, wie „Kocht man Wasser ab, tötet man die krankheitserregenden Bakterien darin", lösten einen Prozeß aus, der uns viele Errungenschaften der modernen Medizin und Hygiene bescherte. In neuerer Zeit schließlich entlarvten neben Charles Darwins Theorie über den Ursprung der Arten und fossilen und geologischen Daten auch moderne Protein- und DNA-Analysen frühere Vorstellungen vom Alter der Erde und der privilegierten Stellung des Menschen als Mythos.

In all diesen Fällen warfen eine überprüfbare Theorie und systematische Experimente ein neues Licht auf eine Fragestellung, die vorher als rein philosophisch oder theologisch galt. Und in all diesen Fällen wurden wir von vielerlei unsinnigen Vorstellungen befreit, die vorher nicht als solche ersichtlich waren. Im Gegenteil, die Schwachpunkte dieser oft weitverbreiteten und allgemein akzeptierten Ansichten waren zuvor selbst für hochintelligente Menschen nicht erkennbar. Aber während sich die Menschen langsam mit diesen befreienden Erweiterungen ihres Weltbildes vertraut machten und ihren Erkenntnisgewinn im praktischen Leben genossen, wurde ihre Welt für immer verändert und damit auch ihre sozialen und ethischen Werte.

Wenn wir aber mit unserer Auffassung über den Aufbau des Sonnensystems, über die Bedeutung von Krankheiten, über das Alter der Erde und den Ursprung des Menschen so offensichtlich falsch lagen, sollten wir die Möglichkeit in Rechnung ziehen, daß auch unsere gegenwärtigen Anschauungen über das Wesen von Kognition und Bewußtsein fehlgeleitet oder gar grundsätzlich falsch sind. Wir müssen nicht weit blicken, um solche Irrtümer zu finden. Nach einer immer noch weit verbreiteten und akzeptierten Meinung zum Beispiel beruht die menschliche Kognition auf einer immateriellen

Grundlage, dem Geist oder der Seele. Allein dieser hypothetischen, nichtphysikalischen Substanz schreibt man Bewußtsein und rationale oder moralische Urteilsfähigkeit zu. Viele Menschen glauben auch, daß die Seele den Tod des physischen Körpers überlebt und dann eine Form von Belohnung oder Bestrafung für ihr irdisches Verhalten erfährt. Es wird im Verlaufe dieses Buches deutlich werden, daß diese verbreitete Anschauung nur schwer mit der sich gerade entwickelnden Theorie kognitiver Prozesse und mit den experimentellen Befunden aus verschiedenen Bereichen der Neurowissenschaften in Einklang zu bringen ist. Um es frei heraus zu sagen: Die Doktrin einer immateriellen Seele scheint mir, wie jeder Mythos, nicht nur oberflächlich, sondern im Kern falsch zu sein.

Das ist tragisch, denn dieser Mythos beherrscht auch heute noch das soziale und moralische Bewußtsein von Milliarden Menschen ganz verschiedener Kulturen. Wenn er aber falsch ist, dann wird sich die Menschheit früher oder später mit der Frage auseinandersetzen müssen, wie wir das Wesen des Menschen und den Sinn unseres Lebens neu definieren können und auf welche ethische Fundamente sich unser Zusammenleben in Zukunft am besten gründen sollte. Die Geschichte lehrt uns, daß solche Revolutionen oft schmerzhaft sind. Auf der anderen Seite aber eröffnen sie uns ebenso häufig neue Freiheiten und lassen uns zu höheren Ebenen moralischer Einsicht und gegenseitigen Verständnisses gelangen. Diese Hoffnung hege ich, wenn ich mich mit den kognitiven Neurowissenschaften beschäftige.

Der neue Spiegel unserer Selbstwahrnehmung

Einfache religiöse Glaubenssätze liefern uns jedoch nicht den interessantesten Ausgangspunkt für eine theoretische Debatte oder eine mögliche Veränderung unserer Denkmodelle. Die religiöse Annahme eines Leib-Seele-Dualismus wird bereits seit mehr als hundert Jahren von der Evolutionsbiologie und verschiedenen anderen Naturwissenschaften in Frage gestellt. Es bedarf nicht eigens der künstlichen Intelligenzforschung oder der Neurowissenschaften, um zu erkennen, daß diese Vorstellung wissenschaftlich nicht plausibel ist. Ich erwähne dieses Beispiel nur, weil der Leib-Seele-Dualismus eine populäre und wichtige Anschauung ist, die gegenwärtig von der modernen Wissenschaft angegriffen wird und sich dieses Beispiel wiederholen könnte. Tatsächlich ist die theoretische Auseinandersetzung auf einem anderen Gebiet viel interessanter, ein Gebiet, das viel stärker von der sich entwickelnden Kognitionstheorie tangiert wird. Das Thema liegt uns auch viel näher und hat – wenn überhaupt möglich – noch weitreichendere Konsequenzen als die Theorie des Leib-Seele-Dualismus. Es handelt sich um unsere Selbstwahrnehmung, das Bild, das wir uns gegenwärtig noch von uns selbst machen, als selbstbewußte Kreaturen mit Ansichten, Wünschen, Emotionen und Vernunft.

Dieser konzeptionelle Rahmen ist ohne Frage jedem normalen Menschen zu eigen, der nicht von Geburt an wie Kaspar Hauser aufwuchs. Er ist die Grundlage unserer Sozialisation, das wichtigste Mittel unseres sozialen und psychologischen Umgangs und bildet den Hintergrund unserer moralischen und rechtlichen Diskussionen. Philosophen sprechen in diesem Zusammenhang oft von „Völkerpsychologie", nicht abwertend, sondern um anzudeuten, daß dieser konzeptionelle Rahmen die Grundlage und das Gerüst darstellt, mit dem wir das Verhalten und die geistige Verfassung unserer Mitmenschen ebenso wie unsere eigene verstehen und erklären

Wir sehen plötzlich in einen Spiegel. Nicht in das Weltall, nicht in die Hallen der Evolution oder in einen wimmelnden Mikrokosmos, wir sehen geradewegs in uns selbst. Ist unser grundlegendes Konzept vom Denken und Wesen des Menschen nur ein weiterer Mythos, einigermaßen nützlich in der Vergangenheit, aber teilweise oder sogar insgesamt falsch? Wird uns eine richtige Theorie des Gehirns ein völlig anderes oder mit unseren bisherigen Vorstellungen unvereinbares Bild des Menschen liefern? Sollten wir uns innerlich auf eine erneute ideelle Revolution vorbereiten, die uns stärker berühren wird als alle vorangegangenen?

Ziel dieses Buches

Wie bald deutlich werden wird, neige ich zu einem „Ja" auf alle diese Fragen, und ich sehe auch optimistisch in die Zukunft, wissenschaftlich wie ethisch. Es ist in jedem Fall nicht das primäre Ziel dieses Buches, irgendeine philosophische Doktrin aufzustellen. Mein Hauptanliegen ist es, der interessierten Öffentlichkeit in lebendiger und verständlicher Form die experimentellen Ergebnisse der Neurowissenschaften und der sich daraus ableitenden Theorien zu erläutern und ihre mögliche Bedeutung für unser aller Leben zu beleuchten. Ich hoffe, Ihnen so umfassende und genaue Informationen liefern zu können, daß Sie wenigstens einen Teil Ihres eigenen Denkens mit den Begriffen der Neuroinformatik neu begreifen können. Sie werden dann in der Lage sein, selbst die möglichen Konflikte und Umwälzungen zu beurteilen, die zu erwarten sind. Und Sie werden besser an den Debatten teilhaben können, die unausweichlich über medizinische Versorgung, Psychiatrie, Gesetz, Moral, Verantwortung, Strafvollzug, Erziehung und das Wesen der Freiheit entbrennen werden. Das sind Themen, die in einer demokratischen Gesellschaft von überragender Bedeutung sind und von uns allen soviel Urteilsfähigkeit wie möglich verlangen. Daher halte ich es für außerordentlich wichtig, einem breiten Publikum die dafür notwendigen Informationen zur Verfügung zu stellen.

Es ist viel darüber geschrieben worden, was Computer nicht können. Von Descartes und Leibniz im 17. Jahrhundert bis zu meinen Kollegen Dreyfus, Searle und Penrose in den letzten Dekaden des 20. Jahrhunderts ist wiederholt die Meinung vertreten worden, daß rein mathematische Prozesse ungeeignet sind, um die volle Bandbreite des menschlichen Verstandes zu erklären. Nicht alle diese Arbeiten waren umsonst, denn es gibt tatsächlich Typen, Klassen und Arten von Computern, die solches nicht leisten können. Aber dieses Buch handelt nicht von ihnen, es handelt von *dem* Computer, der dazu in der Lage *ist*. Lassen Sie uns ansehen, wie er das macht.

2. Sensorische Wahrnehmung: Die unglaubliche Leistungsfähigkeit der Vektorcodierung

Menschen können bekanntermaßen ihre Wahrnehmungen – Geschmacksrichtungen, Gerüche oder Töne – nur schwer genau beschreiben, aber wir können sie hervorragend unterscheiden, genießen oder eventuell auch ertragen. Die Fülle unserer Sinneseindrücke macht unser Leben erst lebenswert. Aber während wir alle diese Fülle von Sinneswahrnehmungen genießen, können wir sie anderen nur ganz unvollkommenen vermitteln. Unsere Fähigkeit, Sinneseindrücke in Worte zu fassen, hinkt unserer Wahrnehmung weit hinterher.

Diese Diskrepanz beruht darauf, daß unsere Sprache völlig andere Codierungsstrategien verwendet als unser Nervensystem. Sprache besteht aus einem engumgrenzten Wortschatz und kann sich daher nur mit mehr oder weniger treffenden Metaphern behelfen, wenn ihr für die subtile Vielfalt sinnlicher Wahrnehmungen die normalen Begriffe ausgehen, wie es oft der Fall ist. Das Nervensystem dagegen benutzt ein kombinatorisches *System von Repräsentationen*, das eine detaillierte *Analyse* der Feinheiten jedes Sinneseindrucks erlaubt. Dadurch können wir weit differenzierter wahrnehmen und unterscheiden als wir gemeinhin in Worten auszudrücken vermögen.

Geschmack

Obwohl unser Wahrnehmungssystem derartig leistungsfähig ist, liegt dem kein besonderer Trick zugrunde. Betrachten wir zuerst den Geschmackssinn. Geschmacksqualitäten sind komplex und vielfältig, während das System, das sie codiert, recht einfach ist. Wir besit-

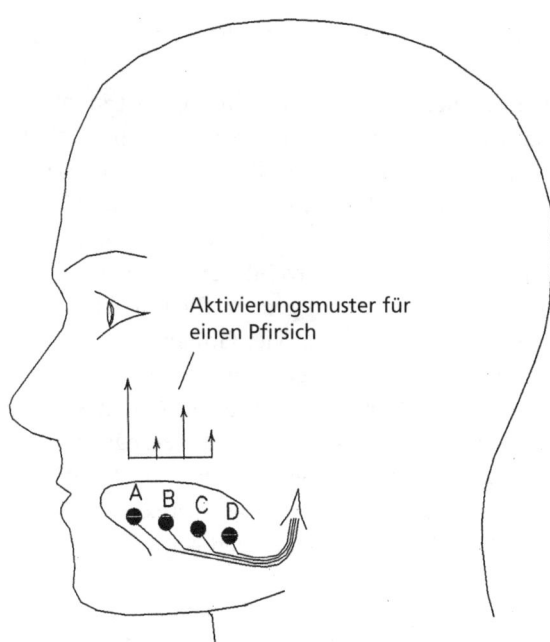

Aktivierungsmuster für
einen Pfirsich

A B C D

2.1 Schematische Darstellung der vier Geschmacksrezeptoren auf der menschlichen Zunge.

zen nur vier Typen von Geschmackssinneszellen in der Zunge; die Rezeptoren für süß, sauer, bitter und salzig (Abbildung 2.1). (In neuerer Zeit gibt es Hinweise auf einen fünften Rezeptor, den ich jedoch außer acht lassen möchte.) Die Bezeichnungen der einzelnen Rezeptortypen sind nicht ganz zutreffend, aber sie erfüllen ihren Zweck. Wenn ein bestimmter Geschmack eindeutig einer der vier genannten Geschmacksrichtungen zugeordnet werden soll, muß er eine relativ hohe Aktivität im jeweiligen Rezeptortyp hervorrufen.

Nehmen wir ein alltägliches Beispiel: Sie beißen in einen reifen Pfirsich. Sobald der Pfirsichsaft auf die Zunge gelangt, erregt er dort die Rezeptoren – er verändert deren Aktivität –, jedoch nicht bei jedem der vier Typen in gleichem Umfang. Zellen des Typs A zum Beispiel antworten stark, fast maximal auf den Pfirsich. Typ B antwortet kaum, Typ C reagiert deutlich stärker, aber nicht so stark wie

A, und die Rezeptoren vom Typ D nehmen bei ihrer Reaktion eine Mittelstellung ein.

Für das Erkennen des Pfirsichgeschmacks ist nicht so sehr von Bedeutung, wie stark ein einzelner Rezeptortyp reagiert, sondern vielmehr, wie das *Gesamtmuster* aller vier Rezeptortypen aussieht (vergleichen Sie die Pfeilgrafik über der Zunge in Abbildung 2.1). Jeder reife Pfirsich ruft ein fast identisches Aktivierungsmuster der vier Rezeptortypen hervor. Dieses Muster stellt eine Art Unterschrift oder Fingerabdruck dar, der allgemein für Pfirsiche spezifisch ist, und nicht nur eine Mischung der vier Grundgeschmacksrichtungen, wie man vielleicht annehmen würde. Vielmehr wird jeder Geschmack einschließlich der vier reinen Grundgeschmacksrichtungen durch ein charakteristisches Aktivierungsmuster aller vier Rezeptortypen gemeinsam hervorgerufen. Damit etwas süß schmeckt, ist also eine hohe Aktivierung des Zelltyps A erforderlich, aber zusätzlich auch eine enstsprechend geringere Aktivierung von B, C und D.

Solche Aktivierungsmuster oder Signaturen zeigen eine weitere Besonderheit. Das Wort „Pfirsich" hat keinerlei Ähnlichkeit mit dem Wort „Aprikose", aber die beiden aus vier Parametern bestehenden neuronalen Aktivierungsmuster, die vierdimensionalen Aktivitätsvektoren, von Pfirsich und Aprikose sind einander sehr ähnlich. Deswegen schmecken diese beiden Früchte auch so ähnlich: der subjektive Geschmack entspricht exakt dem Aktivierungsmuster der vier Rezeptortypen auf der Zunge, wie es im geschmackssensitiven Bereich der Großhirnrinde repräsentiert wird.

Auf diese Weise sind die Repräsentationen der verschiedenen Geschmacksqualitäten im Gehirn systematisch in einem virtuellen „Raum" von Ähnlichkeiten und Unterschieden angeordnet. Nah verwandte Geschmacksrichtungen, wie die von Pfirsichen und Aprikosen, werden in diesem „Raum" aller möglichen Muster dicht beieinander codiert. Sehr unterschiedliche Geschmacksrichtungen, wie die von Pfirsichen und schwarzen Oliven, liegen weit auseinander. Eine schwarze Olive ruft auf den vier Rezeptortypen ein völlig anderes Aktivierungsmuster als ein Pfirsich hervor; gleiches gilt für einen Löffel Senf oder eine Gabel Sauerkraut.

Wir können uns nun ansehen, wie sich die verschiedenen Geschmacksempfindungen graphisch in diesem „Raum" verteilen, dessen vier Dimensionen die Aktivität der vier Zelltypen auf der Zunge darstellen; man spricht in diesem Zusammenhang von einem *Aktivierungs-* oder *Merkmalsraum*. (Abbildung 2.2). (Wir vernachlässigen hier die vierte Dimension, weil wir keinen vierdimensionalen Raum auf einer zweidimensionalen Fläche darstellen können, das beeinträchtigt unser Ergebnis aber nicht.) Süße Aromen konzentrieren sich hinten oben rechts, bittere am Ursprung, also vorne unten links (die Achse des Bitter-Rezeptors war die vierte Dimension, die wir weggelassen haben), Salziges findet sich unten rechts und saure Aromen hinten rechts. Wie zu erwarten, liegen die vier Grundgeschmacksrichtungen jeweils ganz am Rand. Jeder vom Menschen wahrnehmbare Geschmack hat seine charakteristische Lage in diesem Gittersystem, das alle potentiell möglichen Aktivierungsmuster der vier Rezeptortypen umfaßt.

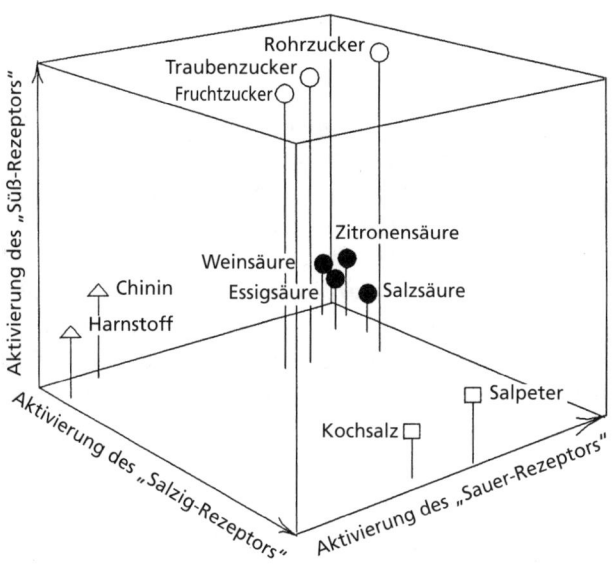

2.2 Die Lage einiger bekannter Geschmacksrichtungen im Merkmalsraum (verändert nach Jean Bartoshuk).

Dieses einfache Prinzip birgt unerwartete Stärken. Wenn man zum Beispiel nur zehn verschiedene, diskrete Aktivitätsniveaus auf jeder Achse unterscheiden könnte, dann würde die Gesamtzahl unterscheidbarer *Muster* aus vier Parametern $10 \times 10 \times 10 \times 10 = 10\,000$ betragen. Mit nur vier verschiedenen Rezeptortypen auf der Zunge könnte man also zwischen 10 000 verschiedenen Geschmacksrichtungen differenzieren. Aus so bescheidenen Quellen erwächst damit eine gigantische Vielfalt an Wahrnehmungs- und Unterscheidungsmöglichkeiten. Das ist der erste wichtige Gewinn, den die Codierung von Sinneswahrnehmungen durch das Aktivierungsmuster einer Neuronenpopulation erbringt. Die vielfältigen Kombinationsmöglichkeiten bringen dem Gehirn hier nur Vorteile und komplizieren die Materie nicht unnötig, wie dies bei klassischen Ansätzen in der künstlichen Intelligenzforschung, so oft der Fall ist.

Farbensehen

Die Methode, die bei der Geschmackscodierung verwendet wird, ist viel zu effektiv, um sie nicht auch anderswo zu benutzen, und wir finden sie in vielfältigen Abwandlungen wieder. Das visuelle System zum Beispiel nutzt offenbar denselben Trick, um Farben zu codieren. Die Netzhaut des Auges enthält drei unterschiedliche Typen zapfenförmiger Lichtrezeptoren, die auf verschiedene Wellenlängen des sichtbaren Lichts optimal reagieren und daher als Rot-, Grün- und Blau-Rezeptoren bezeichnet werden. Diese Zapfen übertragen ihre Erregung auf die nachgeschaltete Neuronenpopulation, die ebenfalls aus drei funktionellen Typen besteht. Hier liegt – nach der *Gegenfarbentheorie* – unser eigentliches Farbempfinden, das in einem dreidimensionalen Aktivierungsraum codiert ist. Jede der Achsen in diesem Raum stellt das „Tauziehen" zwischen zwei antagonistischen Prozessen in der Retina dar: die erste ist die Rot-Grün-Achse, die zweite die Gelb-Blau-Achse und die dritte repräsentiert die lokale Helligkeit, die alle drei Zapfentypen wahrnehmen, die Schwarz-Weiß-Achse. Jede vom Menschen wahrnehmbare Farbe erzeugt also ein charakteristisches Aktivierungsmuster in diesen drei Typen nachgeschalteter Neurone.

Bei dieser Codierungsstrategie sind alle sichtbaren Farben oder Farbtöne in einem kugelförmigen Raum um eine zentrale vertikale Achse lokalisiert (Abbildung 2.3). Die Leuchtkraft einer Farbe wird durch den horizontalen Abstand von der zentralen Achse angezeigt; je näher sie an der Achse liegen, um so mehr geht der Farbton in ein farbloses Grau über. Bewegt man sich an irgendeinem Ort dieses Raumes nach oben, wird die Farbe, die an diesem Punkt codiert ist, heller und pastellartiger; nach unten wird sie dunkler und schließlich schwarz.

Auch im Falle der Farbcodierung nutzen wir wie beim Geschmack die Vorteile, die die Kombinationsmöglichkeiten dieses Systems bieten. Wenn das Gehirn, sagen wir, nur zehn verschiedene Positionen entlang jeder Achse unterscheiden kann, dann beträgt die Gesamtzahl der differenzierbaren Farbtöne: $10 \times 10 \times 10 = 1000$. (Tatsächlich können wir mindestens 10 000 Farbtöne unterscheiden,

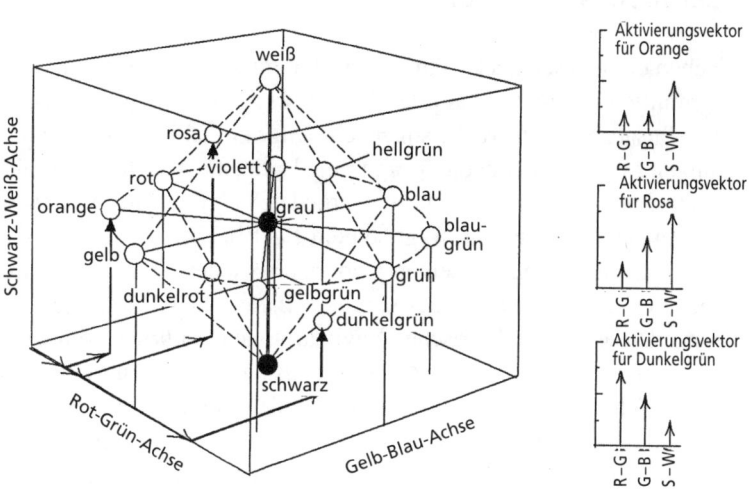

2.3 Der Merkmalsraum der Farbwahrnehmung beim Menschen. (R–G: Rot-Grün, G–B: Gelb-Blau, S–W: Schwarz-Weiß)

daher sollte man besser entsprechend der 3. Wurzel aus 10 000 ungefähr 20 unterscheidbare Positionen entlang jeder Achse annehmen.) Auch in diesem Fall lassen sich also mit nur wenigen Rezeptortypen eine große Anzahl von Reizqualitäten codieren.

Beachten Sie eine weitere Eigenschaft, die in diesem Beispiel deutlich wird. Die Codierung jeder Farbe durch ein spezielles Triplett neuronaler Aktivitäten sorgt nicht nur dafür, daß Ähnlichkeiten wahrgenommen werden können, wie im Fall des Geschmackssinnes, sondern sie erklärt auch andere phänomenologische Beziehungen. Intuitiv ordnen wir die Farbe Orange zwischen Gelb und Rot und Rosa zwischen Rot und Weiß ein, und genau das entspricht auch ihrer Lage innerhalb des Merkmalsraums (Abbildung 2.3). Diese und viele andere wohlbekannte Beziehungen folgen direkt aus dem einfachen Codierungsschema unseres Gehirns.

Geruchswahrnehmung

Neben dem Geschmackssinn ist der olfaktorische oder Geruchssinn vermutlich der evolutiv älteste Sinn. Das zeigt sich in der eigenartigen Tatsache, daß Gerüche sogar sehr lange zurückliegende Erinnerungen wachrufen können. So spürt ein Lachs noch nach vielen Jahren in den Weiten des Ozeans am Geruch den Fluß auf, in dem er seine Jugend verbracht hat, folgt seinem Lauf bis in die Nebenflüsse und erkennt schließlich seinen Geburtsort wieder: ein stilles Flußbecken mit seiner charakteristischen chemischen Zusammensetzung. Diese Art olfaktorischer Navigation geht natürlich weit über die Fähigkeiten des *Homo sapiens* hinaus, aber auch wir verspüren ein Gefühl der Vertrautheit, wenn wir den Geruch unseres alten Klassenzimmers oder den Duft von Großmutters Küche schnuppern.

Die Fähigkeit, alle diese subtilen Gerüche zu unterscheiden, liegt wieder in der Kombinationsmöglichkeit vektorieller Codierung begründet. Menschen besitzen vermutlich etwa 1 000 verschiedene Typen von Geruchsrezeptoren, und ein bestimmter Duft wird offenbar als Aktivierungsmuster vieler dieser Rezeptoren codiert. Nehmen wir an, wir würden nur sechs verschiedene Rezeptortypen besitzen und jeder dieser Typen hätte zehn diskrete Aktivitätsniveaus, dann könnten wir allein damit 10^6 oder eine Million verschiedener Gerüche unterscheiden.

Bemerkenswert daran ist die exponentielle *Explosion* der insgesamt möglichen Unterscheidungen, die mit der zunehmenden Zahl an Rezeptortypen (und zunehmender Zahl diskreter Aktivitätsniveaus eines jeden Typs) einhergeht. Damit steigt die Zahl der Achsen (die der Zahl der Rezeptortypen entspricht) und die Zahl der Gitterpunkte auf den Achsen (die mit den unterscheidbaren Aktivitätsniveaus korreliert ist) in unserem Merkmalsraum. Auf diese Weise erklärt sich vermutlich auch, warum manche Tiere, wie Mäuse oder Spürhunde, eine so überaus feine Nase besitzen, wenn auch nicht bekannt ist, wie viele Gerüche diese Tiere tatsächlich unterscheiden können. Wegen der großen Anzahl vorhandener Rezeptortypen, die alle unterschiedlich aktiv sein können, sind theoretisch fast unendlich viele verschiedene Gerüche unterscheidbar. Es ist daher auch kein Wunder, daß ein Hund jeden beliebigen Menschen allein am Geruch von allen anderen Menschen auf diesem Planeten unterscheiden kann.

Abbildung 2.4 soll den Unterschied zwischen dem olfaktorischen Repräsentationsraum eines Menschen und dem eines Hundes verdeutlichen; dabei gehen wir davon aus, daß der Hund nur einen Rezeptortyp mehr aufweist als der Mensch (also sieben anstatt sechs) und 30 anstatt zehn verschiedene Aktivitätsniveaus unterscheiden kann. Da, wie bereits mehrfach diskutiert, die *Kombination* aus der Anzahl der Rezeptortypen und der Abstufung ihrer Aktivität die Größe des Merkmalsraumes bestimmt, ergibt sich folgendes Bild: Würde der olfaktorische Raum, in dem ein Hund seine Gerüche codieren kann, der Größe einer Scheune entsprechen, dann wäre unser olfaktorischer Raum nur etwa so groß wie ein Schuhkarton. Hunden müssen wir Menschen in der Welt der Gerüche fast „blind" erscheinen. Wer weiß, wieviel Geduld sie für uns aufbringen müssen und wie unbeholfen ihnen unser Verhalten manchmal erscheinen mag?

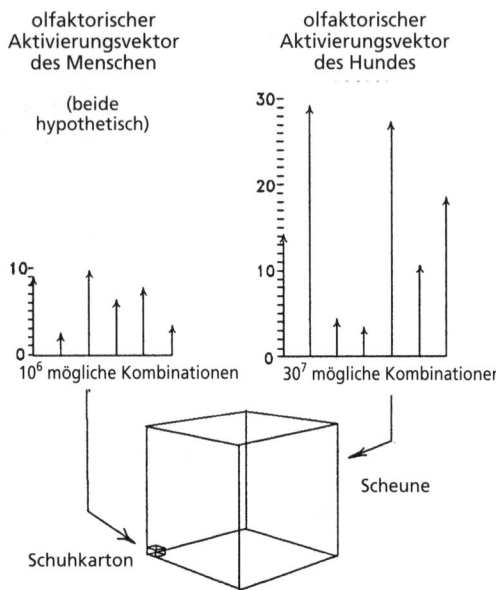

2.4 Die relativen Volumen der „Geruchsräume" von Mensch und Hund.

Gesichtserkennung

Wenn Hunde hervorragend Gerüche unterscheiden können, so sind wir Menschen Meister darin, Gesichter zu erkennen und deren emotionalen Ausdruck zu deuten. Ein menschliches Gesicht ist sehr komplex, dennoch können wir ein bekanntes Gesicht von fast jeder Blickrichtung aus in weniger als einer Viertelsekunde erkennen. Anders als Aromen, Farben oder Gerüche lassen sich Gesichter zumindest teilweise in ihre einzelnen Komponenten zerlegt beschreiben, wie Nasenlänge, Fülle der Lippen, Augenabstand und so weiter. Aber genauso wie bei den einfacheren Sinneswahrnehmungen können wir verschiedene Gesichter wesentlich besser analysieren als verbal charakterisieren. Ein Bankangestellter wird wahrscheinlich das Gesicht eines Bankräubers nicht so exakt und detailliert beschreiben können, daß man es unter hunderttausend anderen

Gesichtern herausfinden könnte, obwohl er den Mann bei einer Gegenüberstellung sicher wiedererkennen würde.

Auch Gesichter erkennen wir vermutlich, indem wir sie im Gehirn durch Aktivitätsvektoren repräsentieren, also durch das Aktivierungsmuster einer großen Neuronenpopulation darstellen. Diese Neuronen befinden sich in einem speziellen Gebiet der Großhirnrinde, das etwas höher im visuellen System, nämlich im Scheitel-Schläfen-Bereich (dem inferior-temporalen Cortex) angesiedelt ist. Die einzelnen Parameter dieses Musters korrespondieren mit verschiedenen regelmäßig vorkommenden Eigenschaften oder Merkmalen der betrachteten Gesichter. Wir wissen nicht, worum es sich bei diesen Erkennungseigenschaften handelt, ja nicht einmal, ob sie bei uns allen identisch sind. Wir wissen jedoch, daß die *Augen* und ihre unmittelbare Umgebung für die Gesichtserkennung eine entscheidende Rolle spielen, gefolgt von verschiedenen Charakteristika des Mundes und der Gesichtsform. Die Nase ist zumindest in der Frontalansicht offenbar nicht so wichtig.

Abbildung 2.5 demonstriert die Gesichtserkennung in einem Raum mit nur drei Variablen: dem Augenabstand, der Nasenbreite und der Lippenfülle. Das ist natürlich sehr unrealistisch (unser Merkmalsraum für Gesichter im Gehirn umfaßt wahrscheinlich mindestens zwanzig Parameter) aber es zeigt, wieviele Gesichter man schon anhand dieser wenigen Eigenschaften unterscheiden kann. Einige bekannte „Gesichter" sind in diesem Schema karikiert und befinden sich neben ihren Positionen im Merkmalsraum. In der hinteren unteren Ecke des Würfels finden Sie zum Beispiel das englische Modell Twiggy, oder ist es vielleicht die Schauspielerin Michelle Pfeiffer? An der vorderen oberen Ecke könnten Sie das bekannte Gesicht des Boxers Mike Tyson entdecken; George Bush ist unten links, und vielleicht erkennen Sie auch ein paar Freunde wieder.

Auch diese Art der Repräsentation von Gesichtern nutzt die Vorteile beliebiger Kombinationsmöglichkeiten, die wir schon bei den anderen Beispielen kennengelernt haben. Wenn wir Gesichter mit einem zehndimensionalen Merkmalsraum und jeweils nur fünf verschiedenen Stufen auf jeder Achse codieren würden, dann könnten

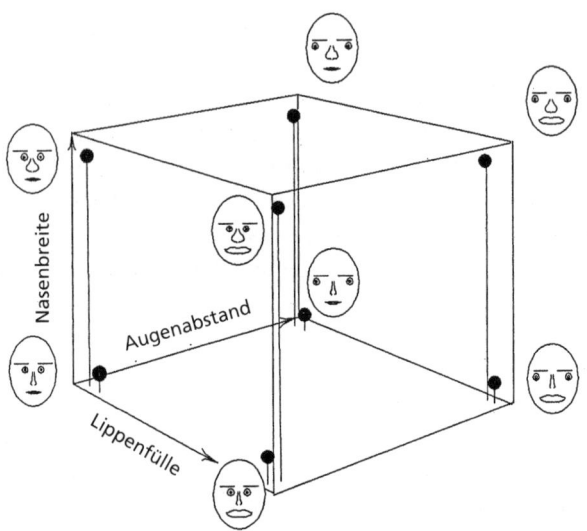

2.5 Ein vereinfachter Merkmalsraum für Gesichter mit nur drei Dimensionen oder Variablen.

wir schon 5^{10} oder rund zehn Millionen verschiedene Gesichter unterscheiden, und dazu sind wir anscheinend tatsächlich fähig.

Die anderen Vorzüge der Vektorcodierung finden sich hier ebenfalls wieder. Die Gesichter von Mitglieder derselben Familie liegen im Merkmalsraum meist relativ nahe beieinander, eine Folge – oder besser die Ursache – ihres ähnlichen Aussehens. Genauso findet man die Gesichter von Kindern häufig an Punkten, die etwa in der Mitte zwischen den beiden Codierungspunkten ihrer Eltern liegen, eine Folge ihres zur Hälfte väterlichen, zur Hälfte mütterlichen Erbgutes.

Am Beispiel menschlicher Gesichter lassen sich zwei weitere Vorzüge der Vektorcodierung illustrieren: die durchschnittliche (*prototypische*) und die übersteigerte Repräsentation. Beide Phänomene finden innerhalb des multidimensionalen Merkmalsraums, den wir gerade kennengelernt haben, auf natürliche und einleuchtende Weise ihren Platz. Lassen Sie mich erklären, was ich meine.

Die Menschheit zeigt eine wunderbare Vielfalt von Gesichtern, doch jedes Gesicht unterscheidet sich in charakteristischer Weise von dem, was man als prototypisches Gesicht, Standard- oder Durchschnittsgesicht bezeichnen könnte. Wir erhalten dieses Standardgesicht, wenn wir die Bilder einer großen Zahl zufällig ausgewählter Gesichter – von Männern und Frauen, Weißen, Schwarzen und Asiaten, großen und kleinen, alten und jungen Menschen – kombinieren und anschließend mitteln.

Das ist nicht schwer: Wir bestimmen von jedem dieser vielleicht hundert Gesichter die jeweiligen Werte auf den verschiedenen Achsen des Merkmalsraums, also die Nasengröße, den Augenabstand, die Lippenfülle und so weiter. Dann zählen wir die hundert verschiedenen Werte für jede Eigenschaft zusammen und teilen das Ergebnis durch Hundert. So erhalten wir die *durchschnittliche* Nasengröße, den *durchschnittlichen* Augenabstand und so weiter. Kombinieren wir diese Durchschnittswerte, entsteht aus den hundert Gesichtern das Durchschnittsgesicht, das wir zeichnen können. Abbildung 2.6 zeigt ein Gesicht, das auf diese Weise erstellt wurde. Beachten Sie,

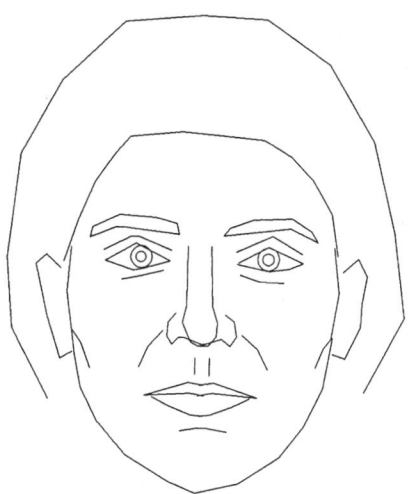

2.6 Das typische menschliche Durchschnittsgesicht, das durch Vektorisierung hergestellt wurde (verändert nach Susan Brennan).

daß Geschlecht, Rasse und Alter dieses Gesichts sonderbar unbestimmt sind. Es ist ein nichtssagendes, geschlechts- und rassenloses Standardgesicht und dabei nicht einmal schlechtaussehend.

Genauso kann man auch nur männliche oder nur weibliche Gesichter kombinieren und erhält dann das männliche beziehungsweise weibliche Durchschnittsgesicht. Die grundsätzlichen Unterschiede zwischen beiden sind die Unterschiede zwischen den entsprechenden Elementen der beiden Durchschnittsgesichter. Männer unterscheiden sich dabei offensichtlich am meisten in folgenden Punkten von Frauen: ihre Augenbrauen sind niedriger und dicker, ihr Kiefer ist markanter, und der relative Abstand zwischen Nase und Oberlippe ist bei ihnen etwas größer.

Auf solchen quantifizierbaren Unterschieden beruhen auch witzige oder bösartige Karikaturen. Abbildung 2.7 gibt den (unvollständigen) Merkmalsraum für die Repräsentation von Gesichtern wieder, in dem die Lage des Durchschnittsgesichts als schwarzer Punkt eingezeichnet ist. (Die Abbildung zeigt wieder nur drei der für die Gesichtserkennung relevanten Dimensionen.) Wo befindet sich nun

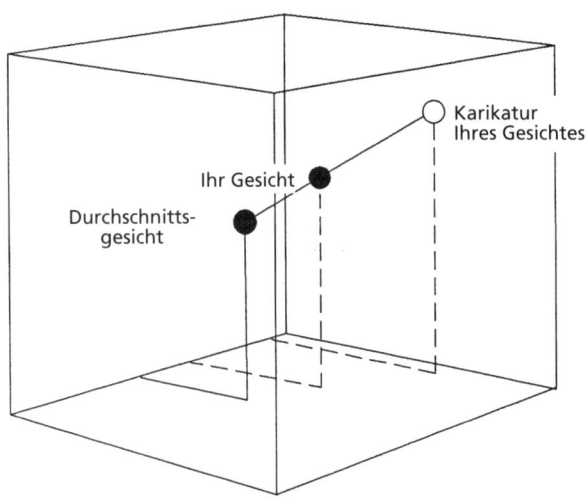

2.7 Lage verschiedener Gesichter im „Gesichtsraum".

Ihr eigenes Gesicht? Es liegt nicht an der gleichen Stelle wie das Durchschnittsgesicht, denn Sie haben natürlich kein Durchschnittsgesicht, sondern irgendwo anders, zum Beispiel dort, wo der zweite schwarze Punkt ist.

Stellen Sie sich nun eine Linie vor, die vom Punkt des Standardgesichtes durch den Punkt führt, der Ihr Gesicht kennzeichnet, und noch etwas darüber hinaus verlängert wird. Was repräsentieren die Punkte auf dieser Linie? Gesichter natürlich! Jeder Punkt in diesem Raum steht für ein entsprechendes Gesicht. Aber welche Arten von Gesichtern liegen auf der Verlängerung dieser Linie? Natürlich Gesichter, die in den gleichen Punkten vom Durchschnittsgesicht abweichen wie Ihr eigenes, nur eben etwas stärker. Alle sind Karikaturen Ihres Gesichtes. Sie sind das, was Zeitungscartoonisten aus Ihnen machen würden, wenn Sie das Pech hätten, zur Zielscheibe ihrer spitzen Feder zu werden.

Wir wollen dies an einem realen Beispiel verdeutlichen. (Wir danken an dieser Stelle Susan Brennan, *Scientific American*, 1985) Abbildung 2.8 zeigt das Gesicht von Ronald Reagan, wie es im

2.8 Die genau Nachzeichnung eines Photos von Ronald Reagan (verändert nach Brennan).

2.9 Eine Karikatur Reagans, die mit Hilfe des im Text beschriebenen Computerprogramms erstellt wurde. (Verändert nach Brennan.)

beschriebenen multidimensionalen Raum codiert wird (entsprechend dem Durchschnittsgesicht in Abbildung 2.6). Brennan hat nun ein einfaches Computerprogramm namens *Face Bender* entwickelt, das die Linie vom Durchschnittsgesicht durch Ronald Reagans Gesicht berechnet und zu einem dritten Punkt darüber hinaus verlängert. Man kann nun diesem Programm den Befehl geben: „Zeichne mir das Gesicht, das auf diesem dritten Punkt liegt." Mit den Daten, die diesem Punkt entsprechen, zeichnet das Programm dann das Gesicht in Abbildung 2.9 auf dem Bildschirm.

In dieser freundlichen Karikatur kann man Reagan leichter und schneller erkennen als in der nicht übertriebenen, originalgetreuen Zeichnung in Abbildung 2.8. Das liegt daran, daß die Karikatur weniger zweideutig ist (sie liegt weiter entfernt von jedem anderen realen Gesicht im Merkmalsraum) als Reagans eigenes Gesicht. Die Karikatur *kann* niemand anderen darstellen als Reagan.

Abbildung 2.9 besitzt auch diese Prise Schärfe, die wir alle gerne bei einer guten Karikatur sehen. Das bringt uns sofort auf die Idee,

2.10 Eine noch stärker übertriebene Karikatur Reagans. (Verändert nach Brennan.)

die Linie zu einem noch weiter entfernten Punkt zu verlängern, um ein noch pointierteres Bild zu erhalten. Wenn wir dem Programm diesen Punkt als Koordinaten eingeben, dann zeichnet es uns das verzerrte Gesicht in Abbildung 2.10.

Man kann kaum anders, man muß dieses Programm einfach lieben. Aus Jux und um Brennans Methode zu testen, stellte ich eine ähnliche Karikatur meiner Frau her. Sie hat mir aber verboten, sie irgendjemandem zu zeigen.

Zum Schluß möchte ich die Eigenschaften „ähnlich" und „intermediär" in diesem Bereich an einem weiteren Beispiel verdeutlichen. Lassen Sie uns die Gesichter von J. F. Kennedy und Bill Clinton an die entsprechenden Positionen in einem Merkmalsraum für Gesichter setzen (Abbildung 2.11). Denken Sie sich eine Linie durch diesen Raum, die beide Punkte miteinander verbindet. Stellen Sie sich nun vier Punkte auf dieser Linie vor, die diese in fünf gleiche Abschnitte teilen, und dann die vier Gesichter, die diesen Punkten entsprechen. Die beiden wohlbekannten Endpunkte samt der vier „Zwischengesichter" sind in den Abbildungen 1 bis 6 gezeigt; sie bilden eine aufeinanderfolgende Reihe von Porträts, die fast nicht zu unterscheiden sind, wenn man sie paarweise betrachtet. Obwohl es schwierig oder gar unmöglich ist, die Änderungen zwischen den sechs Gesichtern *verbal* auszudrücken, erlaubt uns die Methode der Repräsentation von Gesichtern mit mehrdimensionalen Vektoren, das auf andere Weise Unfaßbare zu erfassen.

Die vier Gesichter zwischen Kennedy und Clinton wurden tatsächlich von einem Programm erstellt, das genauso funktioniert, wie wir es bereits besprochen haben. Man nennt die Methode *morphing* (Gestaltänderung); der Trick dabei ist sehr einfach. Wir beginnen damit, die beiden ineinander zu verwandelnden Objekte zu vektorisieren. Dann ziehen wir eine Linie zwischen diesen beiden Punk-

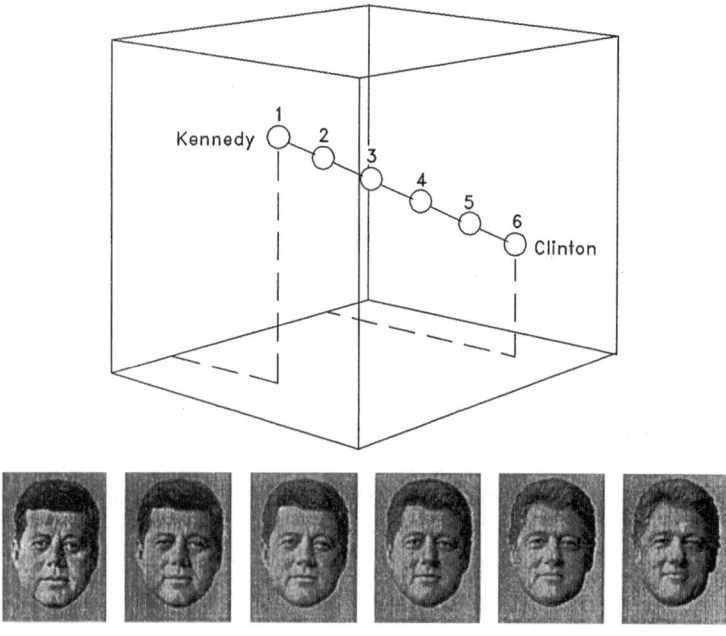

2.11 Oben: Ein Merkmalsraum, in dem sechs Repräsentanten für Gesichter auf einer Geraden liegen. Unten: Die sechs Gesichter, die diese Punkte darstellen. Kennedy (ganz links) wird langsam in Clinton (ganz rechts) umgewandelt und vice versa. (Mit freundlicher Genehmigung von James Beale und Frank Keil.)

ten im Merkmalsraum und wandeln zum Schluß einige Punkte auf dieser Linie wieder in die entsprechenden Gesichter um (Abbildung 2.11). Für Grafiker ist diese Technik neu und voller interessanter Möglichkeiten. Für das Gehirn jedoch ist die Methode, komplexe Muster in einem multidimensionalen Merkmalsraum zu repräsentieren, sehr alt, viel älter als die Dinosaurier. Und dennoch birgt sie auch heute noch eine Fülle von Möglichkeiten, wie die folgenden Kapitel zeigen werden.

3. Vektorverarbeitung: Wie sie funktioniert und warum sie unverzichtbar ist

Menschliche Gesichter mit Hilfe von Aktivitätsvektoren in einem Merkmalsraum zu erkennen, mag zwar ein geniales Prinzip sein, wirft aber einen ernstes Problem auf. Menschen besitzen nicht etwa zwanzig verschiedene Typen optischer Sinneszellen für jeden Aspekt eines Gesichtes. Es gibt in diesem Bereich kein sensorisches Analog zu den vier Geschmacks- oder den vielen Geruchsrezeptoren. Wir besitzen nur unsere Augen, um Gesichter zu sehen, und Zellen auf der Retina, die auf Farbe, Helligkeit und deren Veränderungen reagieren; sie kümmern sich aber überhaupt nicht um die Gesichter selbst. Wie gelingt es dem Gehirn also, Gesichter intern zu repräsentieren und zu erkennen?

Wo und wie werden Gesichter codiert?

Die Hypothese, die im folgenden dargestellt werden soll, ist immer noch vorläufig und unbewiesen, aber man kann mit ihr plausibel erklären, wie Menschen Gesichter erkennen, und – für unsere Zwecke ebenso wichtig – sie ist ein sehr anschauliches Beispiel dafür, wie Vektorverarbeitung funktioniert. Obwohl keine Retinazelle (Netzhautzelle) spezifisch und explizit auf irgendein Gesichtsmerkmal reagiert, enthält die Gesamtheit der Retinazellen natürlich implizit Informationen über das wahrgenommene Gesicht als Teil ihres gesamten Aktivitätsmusters. Diese impliziten Informationen senden die Netzhautzellen dann weiter zu nachfolgenden Neuronenpopulationen im seitlichen Kniehöcker, zur Sehrinde und letztendlich in ein spezialisiertes Gebiet des Parietallappens, das für die Gesichtserkennung verantwortlich ist. Wäre es möglich, daß die Zellen, die Gesichter explizit codieren, erst auf nachgeschalteten Verarbeitungsebenen liegen und nicht in den peripheren Sinnesorganen, wie es beim Geruchs- oder Geschmackssinn der Fall ist?

Das ist nicht nur möglich, es ist offenbar tatsächlich der Fall. Die Schädigung bestimmter Regionen des Parietallappens, beispielsweise durch einen Tumor oder einen Schlaganfall (durch Platzen oder Verstopfen eines Blutgefäßes im Gehirn), ruft eine eigenartige Symptomatik hervor, die als *Prosopagnosie* bezeichnet wird. Diese sonderbare Krankheit ist Neurologen aus der Klinik wohlbekannt. Patienten, die an dieser Krankheit leiden, zeigen einen höchst spezifischen Verlust der Fähigkeiten, *Gesichter* zu erkennen – selbst solche, die ihnen zuvor völlig vertraut waren. Sie können sich auch keine neuen Gesichter mehr einprägen, obwohl ihre Augen normal funktionieren und sie die meisten anderen Dinge optisch rasch und problemlos identifizieren können. Das Gesicht seines Bruders, seiner Frau oder sein eigenes Spiegelbild erkennt der Patient aber nicht mehr. Er identifiziert diese Person zwar meist leicht an der Stimme, an der Kleidung oder an irgendeinem anderen typischen Merkmal, doch das Typische ihrer Gesichter und derjenigen aller anderen Menschen liegt jetzt und für immer jenseits seines visuellen Zugriffs. Es gibt offenbar tatsächlich eine bestimmte Gruppe von Nervenzellen zur Gesichtsrepräsentation und -erkennung, die vielleicht fünf oder sechs Schaltstationen hinter der Retina liegt.

Diese vielen synaptischen Verbindungen zwischen den Retinazellen und jenen entfernt liegenden „Gesichtserkennungszellen" in der Großhirnrinde filtern und transformieren die ankommenden Informationen so, daß die „Gesichtserkennungszellen" ausschließlich auf die unterschiedlichen Charakteristika der Gesichtsstrukturen reagieren. Diese ganz speziellen Merkmale sind im gesamten Erregungsmuster der Netzhaut implizit codiert; aber die Retinazellen empfangen natürlich auch Unmengen anderer Informationen: über Bäume, Straßen, Ampeln, Türen... Erst auf dem Weg von der Netzhaut in die Cortexareale zur Gesichtserkennung werden alle diese Informationen unterdrückt oder ignoriert, mit Ausnahme derjenigen, die für *Gesichts*merkmale entscheidend sind. Die nachgeschaltete Neuronenpopulation antwortet deutlich auf eben diese Merkmale – gleich wie diffus und versteckt ihre retinale Repräsentation auch sein mag.

Einfache Mustererkennung

Wie ist das möglich? Man kann in wenigen Sätzen keine vollständige und allgemeingültige Antwort darauf geben, aber in erster Näherung ist die Lösung einfach. Wir können sie sogar graphisch darstellen. Lassen Sie uns mit etwas Einfacherem als einem Gesicht beginnen. Angenommen, wir wollten das Aufleuchten des Buchstabens T auf einem kleinen Bildschirm mit neun lichtsensitiven Zellen oder Pixeln erkennen. (Vergleichen Sie Abbildung 3.1; die dunklen sind die leuchtenden Felder.)

Lassen wir nun die neun Axone der Retinazellen auf einer einzelnen großen Zielzelle zusammenlaufen und dort neun Kontakte bilden, die alle dieselbe Eingangsstärke haben, sich aber in ihren Polaritäten unterscheiden. Wir verschalten die Verbindungen der Zellen A1, A2, A3, B2 und C2 (die „T-Element-Zellen") positiv oder erregend (exzitatorisch) und die der Zellen B1, C1 und B3, C3 negativ oder hemmend (inhibitorisch), und schon sind wir fertig. Die einzige Möglichkeit, die Zielzelle zu aktivieren, besteht nun darin, eine oder mehrere Zellen der ersten Gruppe zu erregen, die „T-Element-Zellen". Sobald eine dieser fünf Zellen durch Licht aktiviert wird, steigt die Erregung der Zielzelle. Die maximale Erregung wird erreicht, wenn alle T-Element-Zellen Licht empfangen, ohne daß gleichzeitig eine oder mehrere der hemmenden „Nicht-T-Zellen" ebenfalls beleuchtet werden. Das würde die Zielzelle entsprechend hemmen und somit ihr Aktivitätsniveau senken.

Wir beobachten hier ein typisches Tauziehen zwischen den erregenden T-Element-Zellen und den hemmenden Nicht-T-Zellen. Solange gegensätzliche Signale die Zielzelle erreichen, wird sie nicht maximal aktiviert, denn die hemmenden Synapsen neutralisieren jeweils eine entsprechende Zahl der exzitatorischen Eingänge. Nur wenn die gesamte Antwort des retinalen Feldes eindeutig ist – die T-Element-Zellen also alle aktiv sind und die Nicht-T-Zellen ruhig – wird die Zielzelle maximal erregt.

Auf diese Weise wird die Zielzelle zu einer Erkennungszelle für den Buchstaben T. Obwohl keine der einzelnen Retinazellen das Bild eines T erkennt oder sich in irgendeiner Weise darum kümmert,

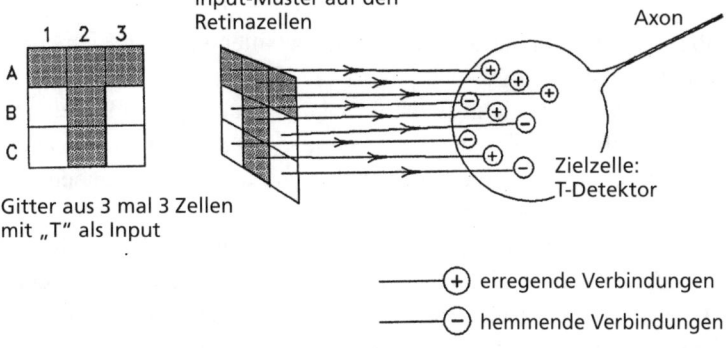

Input-Muster auf den
Retinazellen

Axon

Zielzelle:
T-Detektor

Gitter aus 3 mal 3 Zellen
mit „T" als Input

⊕ erregende Verbindungen

⊖ hemmende Verbindungen

3.1 Eine einfache Anordnung zur Mustererkennung. Die Zelle rechts wird nur dann maximal aktiviert, wenn ein "T" auf das Gitter der „Retinazellen" links projiziert wird.

ob ein T auf die Gesamtpopulation der Retinazellen projiziert wird, *erkennt* die Zielzelle das T. Sie erkennt vor allem perfekte Ts, das heißt, vollständige Ts, die nicht von zusätzlichen Leuchtpunkten im übrigen „Gesichtsfeld" gestört werden. Der Fachbegriff für das Reizmuster, auf das Zellen am besten reagieren, ist der sogenannte *Vorzugsreiz* einer Zelle. Dieser Terminus erlaubt es uns auf sehr einfache Weise, über die Unterscheidungsspezifität einer Zelle zu sprechen: Wir bestimmen einfach ihren Vorzugsreiz.

Man muß natürlich im Auge behalten, daß unsere fein abgestimmte Zielzelle auch deutlich auf Lichtmuster reagiert, die einem perfekten T sehr ähnlich sind: zum Beispiel auf ein T, bei dem ein Pixel fehlt, oder auf ein vollständiges T, das nur von ein paar zusätzlichen Lichtpunkten außerhalb gestört wird. Die Zielzelle wird in diesem Fall nicht mehr maximal, aber immer noch stark erregt werden. Demgemäß reagiert unsere Zielzelle nicht nur auf ihren Vorzugsreiz, sondern in abgestufter Weise auf alles, was einem perfekten T nahe genug kommt.

Wir hätten unsere Zielzelle auch genausogut auf U-, L- oder O-förmige Muster reagieren lassen können. Sie müssen die Muster erregender und hemmender synaptischer Verbindungen, die von der Retina auf die Zielzelle führen, lediglich entsprechend verändern (vergleiche Abbildung 3.1), und Sie können die Zelle jedes der 2^9 möglichen Muster auf unserem retinalen Gitter aus neun Elementen erkennen lassen.

Und was noch wichtiger ist: Wir können eine ganze Population von Zielzellen annehmen, von denen jede mit den Retinazellen verbunden ist und jede eine andere Konfiguration aus erregenden und hemmenden synaptischen Verbindungen aufweist, mit der sie genau eines der möglichen Muster erkennt. Jedes Mitglied dieser Gruppe von Zielzellen ist dann für die Erkennung eines spezifischen Musters verantwortlich. Komplexe Muster, die in den *einzelnen* Retinaneuronen nicht vorhanden sind, werden so aufgrund der effektiven und konzertierten Zusammenarbeit der nachgeschalteten Zielzellen wahrgenommen. Dank der Filteraktivität sinnvoll konfigurierter Synapsen können so Eigenschaften, die auf der Ebene der Retinazellen zerstreut vorliegen, auf den nachfolgenden neuronalen Ebenen gezielt „herausgepickt" werden. Dies ist einer von mehreren wichtigen Gründen, warum die Aktivitätsmuster der Rezeptorzellen oft noch ein Netz von synaptischen Verbindungen durchlaufen müssen, wo sie verrechnet und umgeformt werden.

Gesichtserkennung

Wir sprachen aber über die Gesichtserkennung und wollen jetzt wieder darauf zurückkommen. Die Prinzipien, die wir gerade bei der Mustererkennung kennengelernt haben, treffen hier genauso zu. Betrachten Sie das etwas komplexere Muster in Abbildung 3.2. Auch hier finden wir ein T-Muster, diesmal zusammen mit einem Paar Augen und darunter einem Mund. Das T sieht also wie eine Nase mit zwei Augenbrauen aus. Dieses gesichtsähnliche Muster wird von nachgeschalteten Zielzellen ebenso einfach erkannt wie der Buchstabe T in unserem vorhergehenden Beispiel. Das retinale Feld besteht nun nicht mehr aus drei mal drei, sondern aus neun mal sieben Zellen, aber das Prinzip der Wahrnehmung und der späteren Erkennung ist

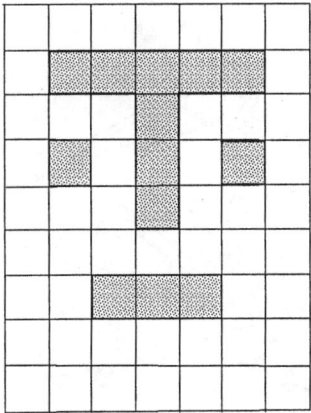

3.2 Ein vereinfachtes gesichtsähnliches Muster auf einem Gitter aus 9 × 7 Zellen.

dasselbe. Wir benötigen Verbindungen zwischen den Nervenfortsätzen aller 63 Sinneszellen auf der Retina und der entsprechenden Zielzelle. Für die Retinazellen, die in Abbildung 3.2 die dunklen Felder wahrnehmen, verwenden wir erregende Verbindungen, für die der hellen Felder hemmende. Eine derartig verschaltete Zielzelle stellt also einen sehr primitiven „Gesichtsdetektor" dar. Ihr Vorzugsreiz – also das Reizmuster, auf das sie maximal reagiert – entspricht genau dem Gesicht in Abbildung 3.2. Dieses System perzipiert und erkennt ein derartiges oder ähnliches Gesicht genauso schnell, wie die Information benötigt, um die Leitungen und die synaptischen Verbindungen zu passieren – in unserem Fall etwa eine Hundertstelsekunde.

Zugegeben, das ist immer noch nichts Besonderes. Das Gesicht in Abbildung 3.2 ist extrem skizzenhaft, und die nachgeschaltete Zielzelle kann nicht viel mehr als feststellen, ob das Gesicht da ist oder nicht. Sie kann keine realen Gesichter wahrnehmen und noch viel weniger zwei Geschwister voneinander unterscheiden; dazu ist etwas mehr erforderlich. Ganz offensichtlich benötigen wir dazu sensorische Felder mit vielen Tausenden von Pixeln oder Sinneszellen, und wir brauchen Pixel, die fließende Helligkeitsübergänge wahrnehmen, nicht nur „an" oder „aus". Weniger offensichtlich ist,

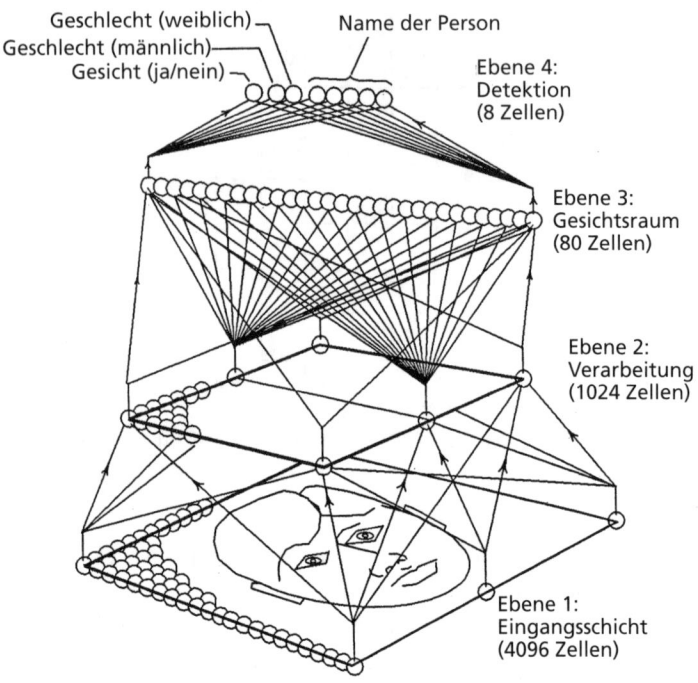

3.3 Ein künstliches neuronales Netzwerk zur Gesichtserkennung.

daß wir auch eine größere Anzahl nachgeschalteter Zellen benötigen, die verschiedene Gesichtsmerkmale auf der größeren retinalen "Leinwand" erkennen können. Dies würde uns erlauben, verschiedene Gesichter innerhalb des Raumes der Gesichtsmerkmale zu codieren, den wir im vorhergehenden Kapitel (Abbildung 2.5) besprochen haben. Dort haben wir für die Gesichtsmerkmale nur drei Variablen angenommen und konnten daher auch nur Strichzeichnungen codieren. Ein System zum Erkennen und Unterscheiden realer Gesichter muß erheblich komplexer sein.

Modellnetzwerke, die so etwas leisten können, wurden in letzter Zeit entwickelt. (Ich möchte an dieser Stelle Garrison Cottrell und seinen Mitarbeitern an der Universität von Kalifornien in San Diego danken.) Abbildung 3.3 zeigt Cottrells dreistufiges künstliches Netzwerk. Seine Eingabeschicht oder „Retina" ist ein 64 mal 64 Pixel großes Gitter, dessen Einzelpunkte jeweils 256 verschiedene Helligkeitswerte darstellen können. Diese höhere räumliche Auflösung und die größere Zahl an Helligkeitsstufen ermöglicht es dem Netzwerk, Bilder von realen Gesichtern zu codieren. Abbildung 3.4 zeigt einige der Photographien, an denen das System trainiert wurde. Dieses Trainingsset enthielt insgesamt 64 Photos von elf verschiedenen Personen und 13 Photos mit anderen Motiven. (Cottrell selbst ist der Herr mit Brille unten rechts.)

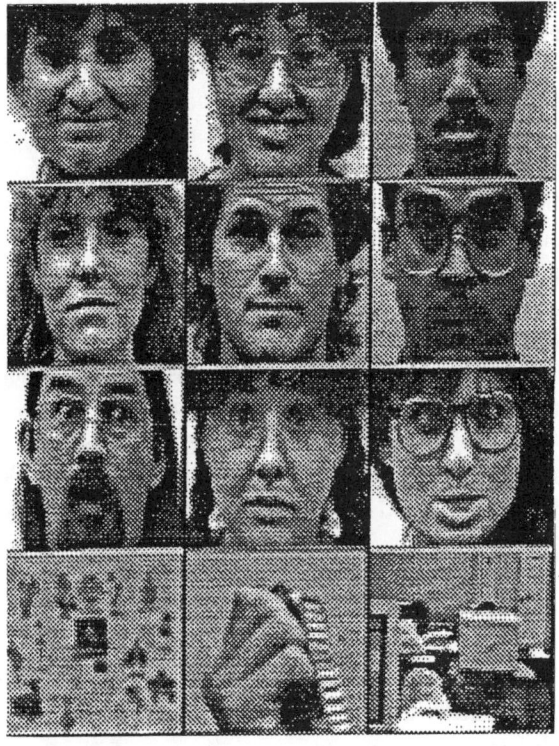

3.4 Einige der Bilder, die dem Gesichtserkennungsnetzwerk in der Trainingsphase vorgelegt wurden. (Mit freundlicher Genehmigung von Garry Cottrell.)

Jede sensorische Zelle in der Eingabeschicht ist strahlenförmig mit jeder der 80 Zellen in der zweiten Schicht verbunden. Diese zweite Schicht stellt einen abstrakten „Raum" aus 80 Dimensionen dar (nicht nur drei, wie in unserem letzten Beispiel), in denen die dargebotenen Gesichter explizit codiert werden. Diese zweite Schicht, die manchmal auch „versteckte Schicht" genannt wird, sendet ihre Signale schließlich zu einer Ausgabeschicht aus nur acht Zellen. Die Verbindungen dieser Endzellen sind sorgfältig darauf abgestimmt, (1) zwischen Gesichtern und anderen Motiven zu unterscheiden, (2) zwischen männlichen und weiblichen Gesichtern zu diskriminieren und (3) den Gesichtern, die das System in der Trainingsphase kennengelernt hat, bei Wiedervorlage die richtigen Namen (eine Codenummer) zuzuordnen.

Wie bei dem einfachen Erkennungssystem für T-Muster funktioniert auch Cottrells Gesichtserkennungssystem durch das Zusammenspiel aller synaptischen Verbindungen – positiven und negativen, schwachen und starken. Allein über diese Verbindungen wird das ursprüngliche Muster aus 64 mal 64 Einzelpunkten (der Eingangs- oder Input-Vektor) in einen zweiten und schließlich in einen dritten Aktivitätsvektor umgewandelt, der explizit angibt, ob das jeweilige Photo ein Gesicht zeigt, welches Geschlecht die dargestellte Person hat und wie sie heißt. Während jedoch klar war, wie man die neun Verbindungen des einfachen zweistufigen T-Muster-Erkennungssystems verbinden und einstellen mußte, ist keineswegs offensichtlich, wie die Verbindungsstärken in diesem viel größeren Netzwerk aussehen müssen. Insgesamt enthält es schließlich $(64 \times 64) + 80 + 8 = 4184$ Zellen und sage und schreibe 328 320 Verbindungen!

Lernen bei Netzwerken: Veränderungen synaptischer Verbindungsstärken

Auch Cottrell und seine Mitarbeiter hatten keine Ahnung, wie sie die synaptischen Verbindungen verknüpfen sollten. Das war ein Teil des

Problems, das sie lösen mußten. Glücklicherweise gibt es jedoch eine allgemeine Methode, um herauszufinden, wie die Verbindungen bei einem Umformungsproblem gewichtet werden müssen, eine Methode, die Neuroinformatiker häufig anwenden. Biologisch gesehen ist sie nur in dem Punkt realistisch, daß auch hier die Synapsen des Netzwerks anhand neuer Erfahrungen ständig angepaßt werden. Solange wir nicht herausgefunden haben, wie das Gehirn wirklich lernt, müssen wir eben auf Zwischenlösungen zurückgreifen. Die Interimstechnik nennt man „synaptische Anpassung durch Fehlerrückführung" oder *Backpropagation* (von englisch „zurückfließen", da hier der Informationsfluß im Netzwerk entgegen der üblichen Richtung läuft). Das Verfahren hat zwei entscheidende Stärken. Erstens arbeitet es – wenigstens bei kleinen Netzen – sehr effizient, und zweitens können diese Anpassungen von einem konventionellen seriellen Computer berechnet werden, was dem Wissenschaftler mühevolle Rechnereien erspart.

Was will man von einem solchen Netzwerk? Es soll jeden einzelnen der vielen möglichen Eingabevektoren (Input-Vektor) in einen dazu passenden Ausgabevektor (Output-Vektor) umwandeln (je nach der jeweiligen Fähigkeit, die das System lernen soll). Wie macht man das? Man legt die Verbindungsstärken, oder Gewichte, so fest, daß sie gemeinsam die gewünschte Umwandlung vollziehen. Und wenn man nicht weiß, wie die Gewichte verteilt sein müssen? Dann setzt man alle Verbindungsstärken auf zufällige, sowohl positive (exzitatorische) als auch negative (inhibitorische) Werte, die alle nicht zu weit vom Nullwert entfernt liegen sollten. Das ist natürlich ein „Schuß ins Blaue" und hilft uns allein nicht weiter. Haben Sie aber noch ein wenig Geduld.

Dieser „Schuß ins Blaue" zeigt uns eigentlich nur, wie weit er danebengegangen ist, das heißt, er produziert nicht die gewünschten Ausgabevektoren. Lassen Sie uns deshalb der Eingabeschicht einen der relevanten Eingabevektoren präsentieren und sehen, was uns das System am Ausgang liefert. Da die Verbindungsstärken zufällig gesetzt sind, wird das Ergebnis höchstwahrscheinlich unsinnig sein und überhaupt nicht dem gewünschten Ergebnis entsprechen. Aber zumindest wissen wir doch, wie das Ergebnis aussehen sollte. Hät-

⟨　1;　0;　1; 0,5;　1; 0,5;　0;　0 ⟩　　erwünschter Ausgabevektor
− ⟨ 0,23; 0,8; 0,39; 0,2; 0,03; 0,19; 0,66; 0,96 ⟩　　tatsächlicher Ausgabevektor
──────────────────────
= ⟨ 0,77; −0,8; 0,61;　0,3; 0,97; 0,31;−0,66;−0,96 ⟩　　Fehler
⟨ 0,59; 0,64; 0,37; 0,09; 0,94; 0,09; 0,44; 0,94 ⟩　　quadrierter Fehler
0,51　◄──────────── mittlere quadrierte Abweichung

3.5 Die Berechnung des mittleren quadratischen Fehlers, den das Netzwerk bei einer Aufgabe macht.

ten wir dem Netzwerk Janets Gesicht gezeigt, und das Gesicht würde durch die vorher festgelegte Nummer „0,5; 1; 0,5; 0; 0" repräsentiert, dann hätte das Ergebnis im Idealfall lauten müssen: {1; 0; 1; 0,5; 1; 0,5; 0; 0}. Die erste „1" codiert dabei, daß es sich bei dem gezeigten Bild tatsächlich um ein Gesicht handelt, das folgende „0; 1" codiert „nein" für männlich und „ja" für weiblich, und der Rest der Zahlenreihe codiert Janets Gesicht.

Leider haben wir dieses Resultat nicht erhalten. Wir erhalten zum Beispiel folgendes Ergebnis: {0,23; 0,8; 0,39; 0,2; 0,03; 0,19; 0,66; 0,96}. Nun vergleichen wir das gewünschte Ergebnis mit dem tatsächlichen, indem wir jedes Element des Ergebnisvektors vom entsprechenden Element des erwünschten Vektors abziehen (Abbildung 3.5). Das liefert uns einen Wert, der genau dem *Fehler* entspricht, den das Netzwerk bei dieser Aufgabe gemacht hat. Dann quadrieren wir einfach jeden dieser acht Fehlerwerte, damit sie alle ein positives Vorzeichen bekommen und die größeren Fehler gegenüber den kleineren ein relativ größeres Gewicht erhalten. (Die kleineren können wir tolerieren, die größeren müssen wir korrigieren.) Der Mittelwert dieser acht quadrierten Fehler wird als *mittlerer quadrierter Fehler* bezeichnet. Diesen müssen wir reduzieren.

Und wir können ihn auch reduzieren, allerdings nur in einer Reihe kleiner Schritte. Ich möchte im folgenden erklären, wie dieses Verfahren funktioniert. Wir halten zunächst alle Verbindungen des Netzwerks *außer einer einzigen* konstant auf ihrem anfänglichen, zufälligen Wert und überprüfen dann, welchen Effekt die Änderung dieser einen isolierten Verbindung auf den Gesamtfehler hat. Da die Umwandlungsfähigkeit des Netzwerks ausschließlich von seinen Verbindungen abhängt, können wir leicht herausfinden, ob eine geringfügige Änderung des Gewichts einer einzelnen Verbindung (also ein Hinauf- oder Hinunterregulieren ihrer Stärke) die Größe des Fehlers am Ende verändert. Ist keine positive Änderung festzustellen, lassen wir den Wert dieser Verbindung so, wie er vorher war. Wenn aber ein winziges Hinauf- oder Hinunterregulieren das Ergebnis leicht verbessert, dann führen wir diese geringfügige Anpassung durch.

Natürlich verbessert diese neue Einstellung die gesamte Leistungsfähigkeit des Netzwerks nur minimal, aber nachdem wir eine Verbindung etwas besser abgestimmt haben, wenden wir uns der nächsten zu und wiederholen die ganze Prozedur. Danach haben wir die Werte zweier Verbindungen korrigiert, und wenn wir in dieser Weise schrittweise alle Verbindungen des Systems durchgegangen sind, haben wir am Ende ein ganz „neues" Netzwerk. Es besitzt nun leicht unterschiedliche Verbindungsstärken und eine höhere Leistungsfähigkeit. Anschließend wiederholen wir diese aufwendige Prozedur mit einem anderen Bild und dessen Vektorergebnis. Mit jedem Schritt kommt das Netzwerk dem gewünschten Resultat näher. In der Regel hat es „sein Lernziel" in guter Näherung erreicht, wenn es sämtliche Trainingsdaten mehrere Male durchgegangen ist.

Das hört sich ziemlich langweilig an, und das wäre es auch, müßten wir das alles selbst machen. Glücklicherweise können wir aber diese Aufgaben – die Präsentation der Bilder, die Fehlerberechnung und die wiederholte Einstellung der Verbindungen – einem herkömmlichen seriellen Computer überlassen, uns zurücklehnen und zusehen, wie sich alles automatisch entwickelt. Alle Eingabevektoren im Trainingsset werden zusammen mit den entsprechenden Ergebnisvektoren im Computer gespeichert. Dieser ist so programmiert, daß er dem neuronalen Netzwerk jedes einzelne Bild präsentiert, jedesmal den Fehler berechnet, den das Netzwerk bei dieser Aufgabe macht, und die Verbindungen im Netzwerk wie eben besprochen optimiert. Nach jeder Präsentation eines Bildes hat der

Computer alle Verbindungen des Netzwerks auf einen geringfügig besseren Wert eingestellt.

Wir lassen den Computer diesen Vorgang für alle Bilder solange wiederholen, bis der Fehler so klein wie möglich und die Leistung des Netzwerks damit optimiert ist. Je nach der Komplexität des Netzwerks kann dieser Vorgang sogar auf den schnellsten Rechnern Stunden, Tage, ja sogar Wochen in Anspruch nehmen, aber er liefert uns Netzwerke, die wirklich die jeweilige Aufgabe oder Umwandlungsfähigkeit *gelernt* haben.

Wenn dieses Ziel erreicht ist, ist die Lernphase beendet, und die Stärken der Netzwerkverbindungen werden an ihren Endwerten eingefroren. Wir können nun anfangen, die kognitiven Fähigkeiten und internen Codierungsstrategien des Netzwerks zu untersuchen.

Leistungen des Netzwerks nach dem Training

Cottrells Netzwerk zur Gesichtserkennung zeigte eine beeindruckende Leistungsfähigkeit. Bei den im Training verwendeten Bildern erkannte es mit hundertprozentiger Sicherheit, ob es sich um ein Gesicht handelt sowie dessen Geschlecht und Identität. Das allein ist nicht besonders beeindruckend, denn das Netzwerk könnte sich die begrenzte Zahl von Photos während der Trainingsphase einfach „gemerkt" und kein „wirkliches Verständnis" dafür entwickelt haben, was ein Gesicht allgemein kennzeichnet. Ein härterer Test seiner Leistungsfähigkeit ist schon, wenn wir dem Netzwerk Photos zeigen, die es nie vorher gesehen hat, also andere Photos der Personen, die im Trainingsset enthalten waren. Auch dann bewährte sich das Netzwerk; es identifizierte 98 Prozent der neuen Photos von Personen, die es während der Trainingsphase „kennengelernt" hatte, und erkannte nur Namen und Geschlecht einer einzigen Frau nicht.

In einem zweiten, noch schwierigeren Test untersuchte man die Fähigkeiten des Netzwerks zur Generalisierung, indem man ihm

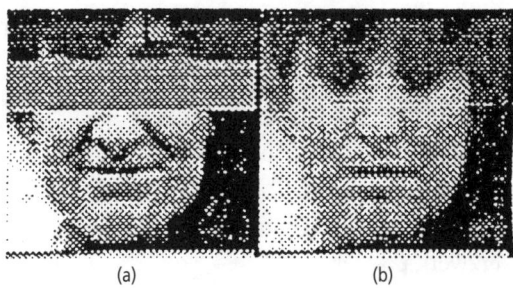

(a)   (b)

3.6 Ein Bild, bei dem ein Fünftel des Gesichts durch einen Balken verdeckt ist (a). Die mittlere Schicht von Cottrells Netzwerk füllt die fehlenden Teile mit entsprechenden Gesichtsmerkmalen auf (b). (Mit
freundlicher Genehmigung von Garry Cottrell.)

völlig neue Szenen und Menschen zeigte. Das Netzwerk konnte mit
hundertprozentiger Sicherheit entscheiden, ob es sich um ein
menschliches Gesicht handelte und mit 81 Prozent Wahrscheinlichkeit, welches Geschlecht die dargestellte Person hatte. (Es identifizierte männliche Gesichter meistens richtig, hielt aber manche weibliche Gesichter für männlich.)

In einem dritten, sehr interessanten Versuch testete man die
Fähigkeit des Netzwerks, ein „ihm bekanntes" Gesicht zu erkennen,
bei dem ein Fünftel durch einen horizontalen Balken verdeckt war
(Abbildung 3.6a). Überraschenderweise minderte dies die Leistung
des Netzwerks kaum. Trotz der Maskierung wurden die Personen
korrekt erkannt, außer bei einem Testset, bei dem der Balken in
Höhe der Stirn lag. In diesen Fällen sank die Erkennungsrate auf 71
Prozent. Das deutet darauf hin, daß charakteristische Merkmale am
Haaransatz für das Netzwerk eine relativ wichtige, wenn auch keineswegs entscheidende Rolle bei der Personenerkennung spielen.

In einem vierten und letzten Experiment trainierte man ein ähnliches Netzwerk darauf, eine Reihe von typischen emotionalen
Zuständen zu erkennen, die von derselben Personengruppe mimisch
dargestellt wurden. Wir werden die Besprechung solcher sozial-psy-
chologischer Fähigkeiten allerdings aufschieben, bis wir zum Kapitel über soziale Wahrnehmung und Verhalten kommen (Kapitel 6).

Interne Codierung und verteilte Repräsentation

Wie kann ein künstliches Netzwerk all das lernen? Was geht in einem solchen System vor, das diese überraschenden Fähigkeiten ermöglicht? Schön und gut, eine Unzahl Verbindungsstärken müssen „richtig eingestellt" werden, aber gibt es irgendeine informativere, anschaulichere Beschreibung dessen, was während der Lernphase im Netzwerk passiert?

Die Antwort lautet „ja". Konzentrieren wir uns zunächst auf die 80 Zellen in der dritten Schicht des Netzwerks (Abbildung 3.3). Wir könnten annehmen, daß die Zellen dieser Schicht – wie in der Zeichnung angedeutet – einen 80-dimensionalen Raum bilden, in dem jedes Gesicht eine charakteristische Position innehat, die durch das spezifische Aktivitätsmuster dieser Zellpopulation festgelegt ist. Und diese Vermutung ist völlig korrekt. Wie wir gleich sehen werden, funktioniert auch bei der Gesichtsrepräsentation und -erkennung der Trick, der in so vielen anderen Fällen benutzt wird, und zwar nicht nur theoretisch, sondern ganz praktisch.

Wir möchten nun wissen: Welche Merkmale eines Gesichts sind es genau, die von den Zellen dieser Schicht codiert werden? Welche effektive Codierungsstrategie hat das Netzwerk während seiner langwierigen Lernphase nach und nach entwickelt, oder, anders gefragt, welchen Vorzugsreiz hat jede dieser 80 Zellen?

Im Gegensatz zu einem biologischen Gehirn können wir bei einem künstlichen Netzwerk auf diese Frage für jede einzelne der 80 Zellen eine absolut sichere Antwort erhalten. Der serielle Computer, der die Lernphase des Netzwerks gesteuert hat, speichert nämlich die Werte aller Verbindung des Netzwerks. Er „kennt" daher also auch das Muster der Verbindungsstärken von jeder der 80 Zellen in der dritten Schicht des Netzwerks. Genauso wie bei der einfachen T-Erkennungszelle in Abbildung 3.1 definiert diese Konfiguration exakt das Reizmuster an der Eingabeschicht, auf das eine gegebene Zelle maximal reagiert. Aus den im Computer gespeicherten Endwerten für die Verbindungsstärken einer Zelle können wir also das retinale Eingangsmuster, das ihren Vorzugsreiz darstellt, sogar bildlich rekonstruieren.

Wenn wir so für alle 80 Zellen verfahren, werden wir eine Überraschung erleben. Wir haben vielleicht erwartet, daß sich jede dieser Zellen auf irgendein bestimmtes Gesichtsmerkmal konzentriert, auf die Nasenlänge, die Mundbreite, den Augenabstand und so weiter. Die Codierungsstrategie der 80 Zellen sieht jedoch ganz anders aus.

Abbildung 3.7 zeigt die Vorzugsreize von sechs typischen Gesichtscodierungszellen in der dritten Schicht von Cottrells Netzwerk. Jede Zelle berücksichtigt offensichtlich die *gesamte* Eingabeschicht und stellt ein gesamtes, gesichtsähnliches Bild dar, nicht nur irgendein isoliertes Merkmal des Gesichts. Die Vorzugsreize korrespondieren auch nicht mit bestimmten Gesichtern aus der ursprünglichen Trainingsgruppe. (Wir haben 80 Zellen, aber nur elf verschiedene Gesichter.) Die Vorzugsreize verkörpern offenbar eher eine Anzahl eindeutig *holistischer* (ganzheitlicher) Merkmale oder Dimensionen des „Gesichtseins", für die unsere Sprache kein Vokabular hat. Und dennoch aktiviert ein bestimmtes Gesicht in der Eingabezellschicht jedes dieser 80 holistischen Merkmale unterschiedlich und erzeugt so jeweils ein charakteristisches Aktivitätsmuster in

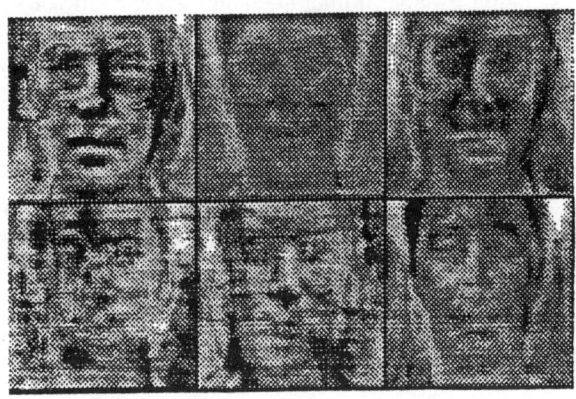

3.7 Sechs der vielen Holons, die die Zellen in Ebene 3 des Gesichtserkennungsnetzwerks in Abbildung 3.4 ausbilden. Jedes der Muster umfaßt das gesamte Eingabefeld. (Mit freundlicher Genehmigung von Garry Cottrell.)

der dritten Zellschicht. Verschiedene Photos von derselben Person erzeugen ein im Prinzip ähnliches Aktivitätsmuster auf der dritten Zellschicht, wodurch die Ausgabezellen der vierten Schicht diese Person richtig identifizieren können.

Janet Metcalfe, Cottrells Mitarbeiterin bei diesem und anderen Netzwerken, prägte den Begriff *Holon* für diese Art Vorzugsreiz, der den gesamten Input umfaßt. Wie wir noch sehen werden, wird diese Codierungsstrategie von Netzwerken sehr häufig verwendet, vermutlich deswegen, weil es eine sehr wirksame und schnelle Strategie für die Codierung von Informationen ist, die zur richtigen Input-Output-Umwandlung nötig sind. Sie hat aber neben ihrer Effizienz auch noch einen weiteren wichtigen Vorteil: Sie trägt auch dazu bei, das Netzwerk gegen Ausfall und Fehlfunktion einzelner Zellen oder Verbindungen unempfindlicher zu machen.

Jedes Pixel des Eingabebildes hat auf jede Zelle der dritten Schicht nur einen kleinen Effekt – seine Information ist sozusagen über alle Zellen verteilt –, und jede Zelle der dritten Schicht enthält einen Teil der wichtigen Informationen über das gesamte Eingabebild. Infolgedessen hinterläßt ein vereinzelter Verlust von Zellen oder Verbindungen innerhalb des Netzwerks ein System, das zwar leicht geschädigt ist, aber immer noch ähnlich wie ein vollständiges funktioniert. Da sowohl die codierte Repräsentation als auch ihre Umwandlung in die Ausgabevektoren weit über das ganze Netzwerk verteilt wird, besitzt das Netzwerk keinen „Flaschenhals", an dem sich ein kleiner Fehler gleich katastrophal auf das ganze Netzwerk auswirken würde.

Abgesehen von diesem Trick mit der verteilten Information befinden wir uns aber auf dem bekannten Terrain der Merkmalscodierung. Genau wie beim Geschmackssinn, beim Farbensehen und beim Geruchssinn besteht die neuronale Repräsentation auch hier im Aktivitätsmuster einer Population von Nervenzellen (einem Aktivitätsvektor). Was sich bei diesen zunehmend komplexeren Beispielen ändert, ist nur die Zahl der beteiligten Neuronen und damit die Anzahl der Dimensionen, die codiert werden. Außerdem beobachten wir, daß die Merkmale, die jeder Dimension zugeordnet sind, einen zunehmend holistischen Charakter annehmen. Hier zeichnet sich zum ersten Mal etwas sehr Wichtiges und Bemerkenswertes ab: unterscheidbare, hierarchisch aufgebaute *Kategorien*.

Wie Kategorien entstehen

Abbildung 3.8 versucht den 80-dimensionalen Raum der Zellen in der mittleren Schicht 3 des Netzwerks nach der Lernphase darzustellen. Natürlich lassen wir der Einfachheit halber 77 Dimensionen weg und zeigen nur drei typische Dimensionen. Interessanterweise weist das Netzwerk aufgrund des Trainings eine Grobeintei-

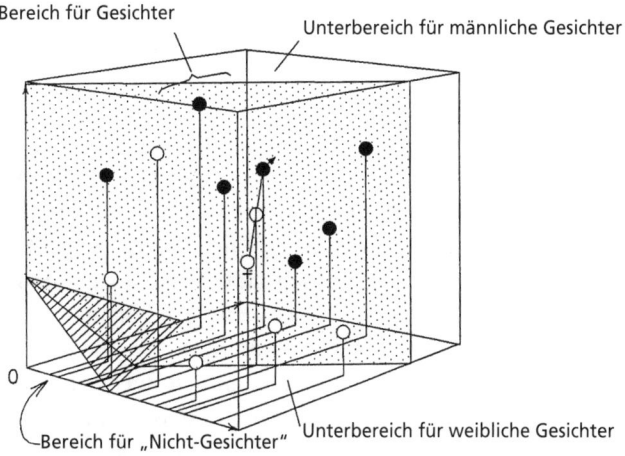

● individuelles männliches Gesicht
○ individuelles weibliches Gesicht
●′ prototypisches männliches Gesicht
♀ prototypisches weibliches Gesicht
⊕ geschlechtsneutrales Gesicht

3.8 Die Hierarchie gelernter Partitionen im neuronalen Merkmalsraum der Zellen auf Ebene 3 (schematisch).

lung des Merkmalsraums in zwei Teilräume auf: einen großen Raum, in dem alle Gesichter codiert werden, und einen kleineren am Ursprung des Koordinatensystems, in dem andere Motive, die „Nichtgesichter", liegen. Dieser letzte Bereich ist kleiner, weil die Zellen der zweiten Schicht fast nur auf Gesichter reagieren, denn zu diesem Zweck wurden die Verbindungsgewichte ja eingestellt. Wenn das gezeigte Bild kein Gesicht darstellt, wird es kaum wahrgenommen; es existiert quasi nicht, jedenfalls nicht für diese Schicht des Netzwerks. Daher nimmt die Gesichtsregion auch den größeren der beiden Teilräume ein. Ein weiteres Charakteristikum dieses Raumes besteht darin, daß es keinen festen Grenzwert bei den einzelnen Dimensionen gibt, unterhalb dessen das codierte Bild kein Gesicht mehr sein kann. Ein gegebenes Gesicht kann durchaus in Dimension 1 keine Aktivierung (also Null) hervorrufen und trotzdem als Gesicht codiert werden, wenn es in den Dimensionen 2 und 3 ausreichend hohe Werte erreicht. So codiert beispielsweise der Vektor (0; 0,5; 0,5) immer noch einen Punkt innerhalb des Gesichtsraums.

Der Gesichtsraum selbst teilt sich in zwei Unterräume auf: einen für männliche und einen für weibliche Gesichter. Diese beiden Bereiche sind etwa gleich groß, weil das Netzwerk die beiden Typen etwa gleich gut unterscheiden kann. Das ist nicht überraschend, denn es wurde mit etwa gleich vielen männlichen und weiblichen Gesichtern trainiert. Wäre das nicht der Fall gewesen, hätte die Unterteilung auch sehr gut asymmetrisch sein können (siehe unten).

Im „weiblichen" Teil des Raums liegt der „Schwerpunkt" dort, wo der Prototyp eines weiblichen Gesichtes codiert wird. Der Prototyp des männlichen Gesichtes nimmt die entsprechende Position gegenüber ein, wobei die jeweiligen Codierungspunkte (Repräsentanten) für die Gesichter im Trainingsset über die beiden Räume verteilt sind. Diese Partitionen im Merkmalsraum der Zellen von Ebene 3, diese Kategorien, (wir haben kein anderes Wort, um sie zu benennen) entstanden und stabilisierten sich in der Lernphase des Netzwerks. Und es lag an diesen Partitionen und den elf Punkten der „bekannten Gesichter", daß die Zellen der vierten Schicht langsam begannen, auf Gesichter zu reagieren.

Das Entstehen dieser hierarchisch unterteilten Regionen liefert uns eine weitere Möglichkeit, die Erkennungs- und Unterscheidungsfähigkeiten des Netzwerks zu beschreiben und zu erklären, und zwar ohne das trockene Vokabular der Neuroinformatik. Etwas vereinfacht kann man sagen, daß sich das Netzwerk während der Trainingsphase eine Reihe rudimentärer Konzepte erarbeitet hat, die durch geeignete sensorische Eingänge in unterschiedlichem Ausmaß aktiviert werden. Wir müssen noch genauer begründen, warum man hier von Konzepten sprechen kann, aber Sie sehen bereits, worauf ich damit hinaus will. Wir gehen von der Hypothese aus, daß Konzepte bei denkenden Lebewesen auf dieselbe Art entstehen und ebenfalls erlernte Partitionen in Merkmalsräumen darstellen.

Kommen wir noch einmal auf die Raumeinteilungen in Abbildung 3.8 zurück. Welche Bedeutung haben die unterteilenden „Wände" selbst? Sie stellen sicherlich keine irgendwie gearteten Grenzen oder Barrieren dar. Eher repräsentieren sie Bereiche der Unentschiedenheit oder Unsicherheit im Netzwerk. Produziert ein Bild einen Aktivitätsvektor auf Schicht drei, dessen Codierungspunkt (Repräsentant) auf der Ebene zwischen dem Gesichts- und dem Nicht-Gesichtsraum liegt, dann kann das Netzwerk nicht unterscheiden, ob es sich um ein Gesicht handelt oder nicht. Codierungspunkte an den Grenzen verschiedener Bereiche sind Punkte, an denen das Netzwerk die „Flinte ins Korn wirft". Solche Punkte stehen für ausgesprochen mehrdeutige Eingangsbilder.

Wir können derartige Bilder sogar absichtlich erzeugen. Lassen Sie uns ein Bild herstellen, das einen Mittelwert zwischen zwei anderen Bildern darstellt – dem männlichen und weiblichen Durchschnittsgesicht (vergleiche Abbildung 2.6). Präsentieren wir dem Netzwerk dieses Gesicht, produziert es in Schicht 3 einen Aktivitätsvektor, dessen Repräsentant in der Mitte zwischen den beiden Durchschnittsgesichtern liegt, genau auf der Grenze der beiden Unterregionen. Natürlich ist das Gesicht in Abbildung 2.6 nicht das einzige, das genau zwischen männlich und weiblich liegt, es gibt eine Unzahl von Möglichkeiten in diesem Bereich –, aber es ist ein leicht verständliches Beispiel.

Dieses Phänomen läßt sich leicht nachvollziehen. Wenn Sie Ihre eigene Männlich-weiblich-Grenze in Ihrem Merkmalsraum für

Gesichter „finden" möchten, sehen Sie sich einfach noch einmal Abbildung 2.6 an. Dabei gibt es gewisse individuelle Unterschiede, denn die Raumaufteilungen verschiedener Menschen weichen anscheinend geringfügig voneinander ab. Wenn Ihre Reaktion jedoch der meinigen ähnlich ist, dann stellt Abbildung 2.6 ein in geschlechtlicher Hinsicht äußerst zweideutiges Gesicht dar.

Erkennen Menschen Gesichter wirklich so? Ist das dargestellte Netzwerk zur Gesichtserkennung überhaupt biologisch realistisch? Nun, sicherlich nicht in der Art seiner vierten Schicht, der Ausgabeschicht. Die kleine Zellpopulation hier dient nur dazu, dem Forscher zu erleichtern, die Leistungsfähigkeit des Netzwerks zu untersuchen; sie korrespondiert mit keiner Struktur im Gehirn. Die groben anatomischen und funktionellen Prinzipien der Schichten 2 und 3 des Netzwerks könnten jedoch durchaus ein biologisches Korrelat haben.

Dazu muß man wissen, daß der gesichtscodierende Bereich im menschlichen Gehirn, anatomisch gesehen, mindestens fünf synaptische Schritte und fünf Neuronenpopulationen hinter der Retina liegt, und nicht nur einen Schritt, wie die 80 Zellen umfassende Schicht 3 des künstlichen Netzwerks. Das muß jedoch kein entscheidender Unterschied zwischen Realität und Modell sein. Das menschliche Gehirn vollbringt in den ersten Schichten neben dem Erkennen von Gesichtern noch ganz andere Aufgaben. Es muß Grenzlinien erkennen, Formen, typische Objekte, dreidimensionale räumliche Zusammenhänge, zeitliche Veränderungen, Bewegungen, es muß Objekte verfolgen und vieles mehr – all das anhand der Eingabevektoren der Retina. Es ist also nicht überraschend, wenn ein so vielseitig beschäftigtes Netzwerk fünf, sechs oder sogar zehn Ebenen braucht, bevor es beginnt, seine Rechnerkapazitäten einer so spezialisierten Aufgabe wie der Gesichtserkennung zu widmen.

Auch in vielen anderen bekannten Aspekten ist unser künstliches Netzwerk bestenfalls ein sehr grobes und unvollständiges Modell der Komplexität realer Nervensysteme, und zweifellos sind viele Aspekte noch unbekannt. Wir haben jedoch mit unserem künstlichen Netzwerk erreicht, was wir wollten: Es funktioniert, und wir haben uns so nah, wie momentan möglich, an die Realität des Gehirns herangetastet. Es ist eine empirische Frage, ob wir mit noch größerer Detailtreue noch erfolgreicher werden könnten. Zumindest lohnt es sich auf jeden Fall, dieser Frage nachzugehen.

Neben den Aspekten, die wir schon besprochen haben, finden wir auf rein funktionaler Ebene noch viele weitere realistische Merkmale im Verhalten des Netzwerks. So zeigen derartige Netzwerke bei ihren „Entscheidungen" das, was Psychologen „Bekanntheitseffekte" nennen. Die Arbeitsgruppe von Alice O'Tool an der Universität von Texas in Dallas trainierte Gesichtserkennungsnetzwerke ähnlich denen Cottrells mit Bildern, die viele orientalische, aber nur wenige kaukasische Gesichter enthielt. Das Netzwerk zeigte nach der Lernphase eine ähnliche Erfolgsquote wie Cottrells, doch es konnte unbekannte kaukasische Gesichter weniger gut unterscheiden oder deren Geschlecht bestimmen als orientalische. Obwohl es also bei orientalischen Gesichtern ziemlich gut funktionierte, sahen alle kaukasischen Gesichter für das Netzwerk „mehr oder weniger gleich" aus.

Ein zweites Experiment – dieses Mal überwiegend mit afrikanischen Gesichtern statt mit orientalischen – führte zu einem Netzwerk, das gut bei unbekannten Gesichtern von Afrikanern funktionierte, aber schlecht bei Orientalen. Dieses Mal sahen alle Orientalen für das System gleich aus. Auch ein drittes Experiment mit wenigen afrikanischen Gesichtern und vielen Kaukasiern führte zu einem ähnlichen Ergebnis. Das ist nicht überraschend, denn die Diskriminierungsfähigkeiten, die ein Netzwerk erworben hat, sind optimal auf die Lösung von typischen oder häufigen Problemen abgestimmt. Wenn das Netzwerk in der Lernphase viel seltener auf Gesichter vom Typ A als auf solche vom Typ B trifft und zwischen beiden Typen irgendwelche systematischen Unterschiede existieren, dann wird das Netzwerk schließlich bei Gesichtern vom Typ A schlechter abschneiden.

Dieses Phänomen ist nicht nur für ungleichmäßig trainierte Netzwerke typisch, sondern auch von Menschen bekannt. Menschen, die in einer Umgebung ohne Rassenunterschiede aufwachsen, können Gesichter anderer Rassen meist schlechter unterscheiden als Menschen aus einem multirassischen Umfeld. Solche Mängel kann man natürlich vermeiden, ja sogar korrigieren, und das gilt sowohl für künstliche Netzwerke als auch für Menschen. Man bietet dem Netzwerk einfach ein ausgewogenes Trainingsprogramm, in dem die Rassendiversität des Menschen ausgewogen repräsentiert ist. Ein funktionierendes System paßt seine Holons leicht an, mißt den Merkmalsraum für Gesichter entsprechend neu aus, und der Mangel ist behoben.

In diesem Phänomen liegt natürlich nichts Rassenspezifisches. Hätten wir das System mit einem Übergewicht von jungen gegenüber alten Gesichtern trainiert, könnte es später ältere Gesichter schlechter unterscheiden als junge. Das Gleiche gilt für weibliche und männliche Gesichter. Der entscheidende Punkt ist, daß derartige generelle Mängel des Menschen eine einfache und leicht erklärbare Folge davon sind, wie neuronale Netzwerke ihre Merkmalsräume aufgrund erworbener Erfahrung aufteilen.

Induktive Schlüsse nach Art von Netzwerken

Ein ähnlicher Trick in der Art des Lernens von Netzwerken bringt eine höchst nützliche Eigenschaft mit sich. Wie Sie erfahren haben, konnte Cottrells Netzwerk ein bekanntes Gesicht auch dann erkennen, wenn es teilweise durch einen Balken verdeckt war. Diese Fähigkeit, bekannte Gesichter korrekt zu identifizieren, auch wenn 20 Prozent der Anfangsinformation fehlen, illustriert eine wunderbare Eigenschaft neuronaler Netzwerke, die weitreichende Konsequenzen hat. Man nennt diese Fähigkeit, unvollständige Aktivitätsvektoren zu vervollständigen, *Autoassoziation*. Da das System ein Bild korrekt als „Jane" identifiziert, muß es auf einen Aktivitätsvektor in der dritten Ebene reagieren, der dem richtigen Codierungspunkt für Jane sehr nahe liegt. Er muß zumindest näher an Janes Codierungspunkt liegen als am Repräsentanten irgendeines anderen Gesichts, denn sonst hätte die vierte Schicht Jane nicht korrekt identifizieren können.

Wie kann nun diese Codierung in der dritten Schicht so nahe am richtigen Aktivitätsvektor für Jane liegen, obwohl die Eingabeschicht 20 Prozent von Janes Gesicht überhaupt nicht „sieht"? Die Antwort liegt teilweise darin, daß die Information in den übrigen 80 Prozent immer noch vollständig ausreicht, Janes Gesicht vielleicht nicht von jedem anderen Gesicht zu unterscheiden, aber doch von jedem anderen der zehn Gesichter im Trainingsset. Es wird sicher andere Gesichter geben, die – abgesehen vom verdeckten Teil – Janes Gesicht sehr ähnlich sind, aber offensichtlich kommt keines der anderen Gesichter im Trainingsset dafür in Frage.

Der zweite Teil der Antwort ist, daß das Netzwerk ja primär an Gesichtern trainiert wurde. Das heißt, auf der zweiten und dritten Schicht versucht es, jeden nicht vorhandenen Teil des Bildes mit allgemeinen Gesichtsmerkmalen zu füllen, die den unsichtbaren Teilen des Gesichtes in etwa entsprechen könnten. Abbildung 3.6b zeigt die Informationen, die Schicht 3 enthält, wenn man dem Netzwerk das teilweise verdeckte Gesicht in Abbildung 3.6a präsentiert. Vergleichen Sie dieses Gesicht mit dem unverdeckten Bild ganz oben links in Abbildung 3.3. Die Rekonstruktion ist zwar nicht perfekt, aber doch durchaus akzeptabel.

Der dritte und wichtigste Teil der Antwort ist, daß das Netzwerk während der Lernphase an den ursprünglichen elf Gesichtern seinen Merkmalsraum auf Ebene 3 in eine Gruppe von elf lokalen Attraktoren (sogenannte Anziehungsbecken) eingeteilt hat, die sich jeweils um den prototypischen Codierungspunkt für die Gesichter der elf Personen konzentrieren. Das Netzwerk war ja nicht an allen möglichen, sondern nur an diesen elf Gesichtern trainiert worden; es sollte nicht eine Million Gesichter unterscheiden können, sondern nur diese elf. Dieser Druck ließ das Netzwerk während der Lernphase extrem empfindlich auf jedes Eingangssignal reagieren, das irgendwie auf eines dieser elf Gesichter hinweist – und sei es auch nur ein bißchen. Diese hohe Sensitivität für bestimmte Merkmale des dargebotenen Reizes und diese alleinige Beschäftigung mit elf bestimmten Individuen führt dazu, daß das Netzwerk stark dazu neigt, ein Bild auch dann als eines dieser elf Gesichter zu identifizieren, wenn ihm einige normalerweise vorhandene Informationen fehlen. Oder, um es weniger vermenschlichend auszudrücken: Das Netzwerk hat eine deutliche Tendenz, auf Schicht 3 den einen oder anderen der elf Vekoren zu aktivieren, auf die es trainiert wurde, auch wenn der Eingabevektor nur teilweise vorhanden oder verändert ist. Von den bevorzugten elf Repräsentanten aktiviert es am ehesten den, der am wahrscheinlichsten dem gezeigten Bild entspricht, weil sein lokaler Attraktor am nächsten liegt.

Was wir hier am Phänomen der Autoassoziation auf den Ebenen 3 und 4 des Netzwerks beobachten, ist eine primitive Form des induktiven Schließens. Tatsächlich wäre es denkbar, daß die Autoassoziation als Grundform des induktiven Schließens auch bei Lebewesen verwendet wird. Wir werden auf diese Frage in Kapitel 7 zurückkommen, wenn wir das Wesen wissenschaftlicher Logik untersuchen. An dieser Stelle wollen wir nur festhalten, daß Autoassoziation oder induktive Schlußfolgerung offenbar ein kognitionsähnliches Phänomen ist, das schon die einfachsten neuronalen Netzwerke automatisch zeigen.

Damit wollen wir das Thema Gesichtserkennung zumindest im Moment verlassen. Ein Großteil dieses Kapitels handelte davon, wie ein Netzwerk Gesichter erkennen kann, denn Sie sollen im Detail verstehen, wie wenigstens ein vielschichtiges Netzwerk eine alltägliche kognitive Aufgabe bewerkstelligt. Dieses Gesichtserkennungsnetzwerk ist besonders gut als Lernbeispiel geeignet, denn es zeigt in einfacher und intuitiv verständlicher Art so viele der speziellen Eigenschaften, die für neuronale Netzwerke und ihre Funktionsprinzipien charakteristisch sind. Das hier Gesagte wird bei den Beispielen in Kapitel 4 größtenteils wiederholt, weswegen wir dort etwas schneller vorgehen können.

4. Künstliche neuronale Netzwerke: Die Nachahmung von Gehirnfunktionen

Die dritte Dimension: Das räumliche Sehen

Räumliches Sehen als separate, eigenständige Fähigkeit ist jedem vertraut, der schon einmal in ein Stereoskop des 19. Jahrhunderts oder durch eine moderne Stereobrille geblickt hat, der eines dieser zweifarbigen Bücher mit einer rot-grünen Pappdeckelbrille angesehen oder mit einer Polarisationsbrille in einem 3-D-Film gesessen hat. Wir genießen es immer wieder, wenn der stereoskopische Eindruck in diesen Fällen plötzlich deutlich hervortritt, denn Photos, Dias oder Filme verwehren uns sonst das dreidimensionale Sehen, über das wir normalerweise verfügen. Bei einem Photo oder auf einer Leinwand sieht jedes unserer Augen genau das Gleiche. Wenn wir aber die reale Umgebung betrachten, in der die Gegenstände verschieden weit entfernt sind, dann sehen unsere Augen immer systematisch *unterschiedliche* Szenen, denn sie betrachten alle Gegenstände von zwei unterschiedlichen, 6 oder 7 Zentimeter voneinander entfernten Punkten aus. Die oben erwähnten stereoskopischen Spielereien sollen genau dies nachahmen und die reale Situation wiederherstellen, indem sie jedem Auge ein leicht verschobenes Bild liefern.

Wie deutlich diese Unterschiede sind, können Sie leicht selbst feststellen: Blicken Sie auf einen Tisch, auf dem mehrere Gegenstände in verschiedener Entfernung liegen, und schließen Sie dann abwechselnd rasch jeweils ein Auge. In der Nähe liegende Gegenstände scheinen von links nach rechts hin- und herzuspringen, und je näher sie sind, desto großer wird diese scheinbare Verschiebung. Wir bemerken diesen permanenten Unterschied zwischen den beiden Bilder normalerweise nicht, weil unser Gehirn ihn automatisch in räumliches Sehen und Tiefenwahrnehmung verrechnet. Wie macht es das? Wie erzeugt das Gehirn Tiefenwahrnehmung aus rechts-links-Unterschieden, und wie codiert es diese Information als Teil unserer optischen Wahrnehmung?

Lassen Sie uns mit einem einfachen Beispiel räumlicher Wahrnehmung beginnen. Setzen Sie eine Stereobrille (Bezugsquelle auf Seite IV genannt) so auf die Abbildung 4.1, daß jedes Auge eines der beiden Bilder sieht. Die Buchseite soll flach liegen, und beide Bilder müssen gleichmäßig beleuchtet sein. Innerhalb von wenigen Sekunden werden die beiden Bilder zu einem einzigen Bild von beeindruckend dreidimensionaler Wirkung verschmelzen. (Das Bild zeigt meine Tochter Anne und ihre Freundin Debra vor einer Ballettstunde. Ich habe zwei 35mm-Spiegelreflexkameras Seite an Seite zusammengeklebt und die beiden Photos gleichzeitig aufgenommen.)

Sie können, sobald das Bild räumlich erscheint, die dritte Dimension erkunden, indem Sie zuerst Debra fixieren, dann die dahinterstehende Anne und schließlich ganz im Hintergrund einen der Bäume. Wir können nicht alle drei Tiefenschärfenebenen gleichzeitig fixieren, weil die Sichtlinien der Augen für jede Ebene in einem ganz bestimmten Winkel zueinander stehen müssen. Fixiert man jedoch ein bestimmtes Objekt, dann sieht man die anderen Objekte klar vor oder hinter dessen Fixierungsebene liegen. Dieses Gefühl

4.1 Ein Stereobildpaar. Wenn Sie es mit einer Stereobrille betrachten, erscheint das Bild räumlich.

für relative Abstände wollen wir erklären. Lassen Sie es uns indirekt angehen.

Die Neuroanatomie der räumlichen Wahrnehmung

Viele Tierarten können gar nicht räumlich sehen, denn ihre Augen sitzen auf gegenüberliegenden Seiten des Kopfes, wodurch sich linkes und rechtes Gesichtsfeld wenig oder gar nicht überlappen. Sie können also nicht die feinen Unterschiede zwischen zwei gleichzeitig wahrgenommenen Bildern desselben Gegenstands auswerten wie wir. Ihre beiden Augen sehen immer nur zwei unterschiedliche, nicht überlappende Bilder.

Bei diesen Tieren werden die beiden Bilder, das des rechten und das des linken Auges, getrennt über die beiden optischen Nerven und die seitlichen Kniehöcker zur visuellen Großhirnrinde geleitet. Die rechte Seite des visuellen Cortex empfängt das Bild des linken Auges und die linke Seite das Bild des rechten (Abbildung 4.2a). Die Information wird also getrennt von beiden Augen aufgenommen, getrennt weitergeleitet und am Ende in getrennten Gebieten des visuellen Cortex verarbeitet.

Bei anderen Tierarten, wie Primaten (Affen und Menschen) beispielsweise, liegen die optischen wie die neuronalen Verhältnisse jedoch anders. Die Gesichtsfelder unserer Augen überlappen sich zu 80 Prozent (nur wegen der Nase nicht vollständig), unsere beiden Foveae sogar zu 100 Prozent. Die Fovea ist die Stelle im Zentrum der Netzhaut, an der wir am schärfsten sehen.

Um dies auszunutzen, hat die Evolution die Verschaltung beim Menschen so gestaltet, daß sich beide Augen ein *gemeinsames* Zielgebiet im visuellen Cortex teilen. Wie Abbildung 4.2b zeigt, wird sowohl das Bild des linken Auges als auch das des rechten fast über dem ganzen visuellen Cortex verteilt verrechnet. Natürlich ist die linke Hälfte der visuellen Großhirnrinde immer noch für die Welt zur Rechten des Körpers zuständig und die rechte Hälfte für die lin-

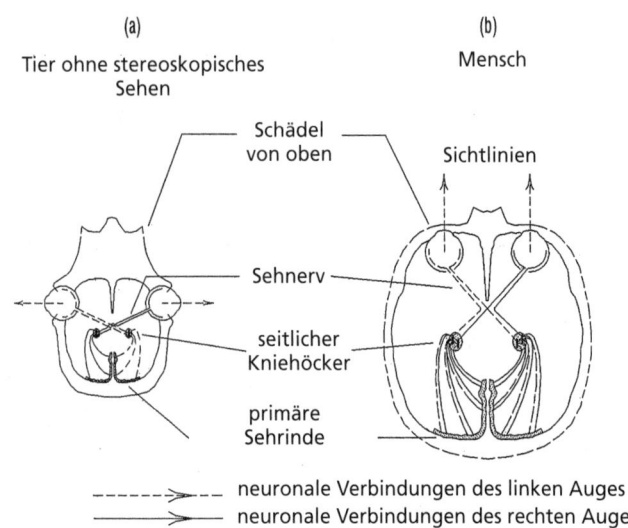

(a)
Tier ohne stereoskopisches
Sehen

(b)
Mensch

Schädel
von oben

Sichtlinien

Sehnerv

seitlicher
Kniehöcker

primäre
Sehrinde

- - - - - >- - - neuronale Verbindungen des linken Auges
————————> neuronale Verbindungen des rechten Auges

4.2 Das visuelle System eines hypothetischen Säugers ohne binokulares Sehen. Die Bilder des rechten und des linken Auges werden auf dem visuellen Cortex getrennt verarbeitet (a). Das visuelle System des Menschen. Jeder Punkt des visuellen Cortex empfängt Eingangssignale von korrespondieren Teilen des linken und des rechten Auges (b).

ke Seite, genauso wie in Abbildung 4.2a. Bei uns wird jede Seite des Cortex jedoch mit den Informationen beider Augen versorgt, nicht nur mit denjenigen eines Auges. Auf unsere „Leinwand im Hinterkopf" projizieren zwei Projektoren gleichzeitig, nicht nur jeweils einer auf eine Hälfte.

Der Vergleich mit der Leinwand ist nicht völlig aus der Luft gegriffen, denn unser visueller Cortex besteht aus einer dünnen, fast zweidimensionalen Schicht Neurone und die neuronale Aktivität auf seiner Oberfläche ist eine ziemlich getreue Wiedergabe dessen, was auf der Retina stattfindet. Das auf der Retina ankommende Bild erscheint als neuronales „Bild" auf der Großhirnrinde wieder. Abbildung 4.3. zeigt wie buchstäblich dies – zumindest bei einfachen Reizmustern – zutrifft. Injiziert man radioaktiv markierten Traubenzucker in den Blutkreislauf eines Affen und läßt ihn dann ein einfa-

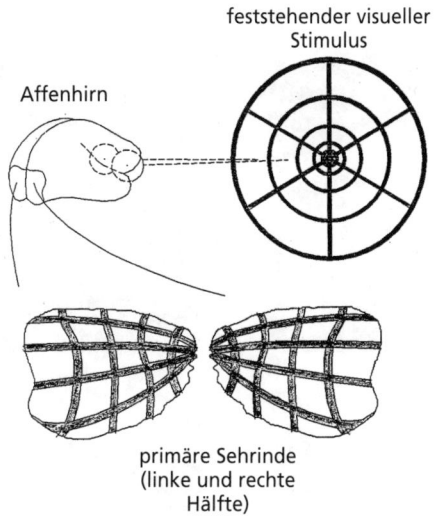

feststehender visueller
Stimulus

Affenhirn

primäre Sehrinde
(linke und rechte
Hälfte)

4.3 Neuronale Aktivität auf dem visuellen Cortex eines Affen, der ein einfaches Muster betrachtet. (Verändert nach Tootell.)

ches Muster fixieren, dann entsteht eine radioaktiv „gemalte" Kopie dieses Musters auf seiner visuellen Großhirnrinde, die auf einem Röntgenfilm sichtbar gemacht werden kann.

Unsere Großhirnrinde stellt also eine Art Projektionsleinwand mit den beiden Augen als Projektoren dar. Hier taucht aber schon ein erstes Problem auf. Wir erinnern uns, daß diese Projektoren deutlich *unterschiedliche* Bilder auf dieselbe Leinwand projizieren. Das bedeutet, daß die Abbildung dort zwangsläufig durch ein Doppelbild gestört sein muß. Dieses Problem wird anschaulich, wenn wir das linke und das rechte Photo der beiden Tänzerinnen übereinanderlegen, wie in Abbildung 4.4a. Wir können die beiden Bilder beliebig gegeneinander verschieben, sie passen einfach nicht vollständig aufeinander, denn die dargestellten Objekte sind auf den Bildern ein wenig gegeneinander verschoben.

Man nennt diese Deckungsabweichung *binokulare Disparität* oder *Querdisparation.* Dieses Phänomen tritt bei jedem Lebewesen auf, dessen Augen unabhängige und unterschiedliche Bilder in das-

(a) (b) (c) (d)

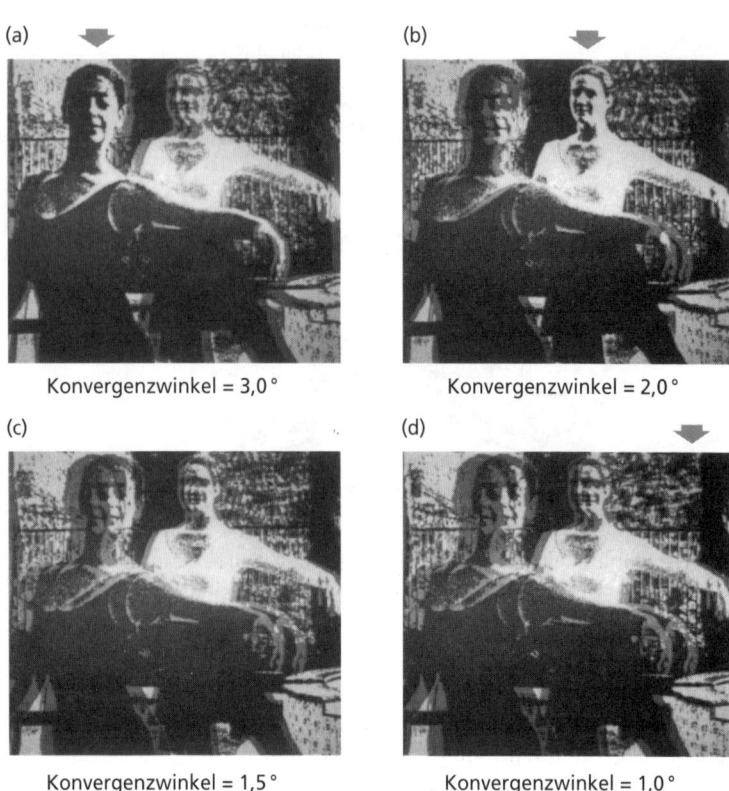

Konvergenzwinkel = 3,0 ° Konvergenzwinkel = 2,0 °

Konvergenzwinkel = 1,5 ° Konvergenzwinkel = 1,0 °

4.4 Vier verschiedene Überlagerungen des Stereobildpaars, die vier unterschiedlichen Konvergenzwinkeln der Augen beziehungsweise Fixierungsebenen entsprechen. In a, b, und d sind jeweils bestimmte Teile des Bildes in perfekter Übereinstimmung: das schwarz gekleidete Mädchen in a, das weiße Mädchen in b und Baum und Zaun in d.

selbe Gebiet der visuellen Großhirnrinde schicken – so auch bei Ihnen und mir. Wenn der binokulare Wettstreit räumliches Sehen erst möglich macht, dann ist dies im ersten Moment sehr verwirrend, denn es stellt ja offenbar zunächst einmal ein Problem dar, das einer Ente beispielsweise erspart bleibt.

Wie räumliches Sehen funktioniert

Das Problem, daß die Bilder vom rechten und linken Auge stets unterschiedlich sind, ist vollkommen real. Neugeborene scheinen anfänglich allgemein davon verwirrt zu sein. Mit acht Wochen jedoch finden sie plötzlich Wege, das wenigstens teilweise zu überwinden. Dann beginnen sie, die Augenmuskeln besser zu kontrollieren und lernen, das richtige Maß an Überlappung beider Sehfelder einzustellen.

Sie können dann Objekte in verschiedenen räumlichen Tiefen fixieren, indem sie ihre Augen leicht nach innen drehen, damit die beiden Sehlinien genau am fixierten Punkt zusammentreffen. Wenn man auf Unendlich fixiert, sind die beiden Sehlinien parallel, und der Konvergenzwinkel zwischen den Augen beträgt Null (Abbildung 4.5). Stellt man die Augen auf immer näherliegende Objekte ein, laufen die Sehlinien immer stärker zusammen, und der Konvergenzwinkel wird immer größer, bis man schließlich die Fliege auf der Nasenspitze anschielt.

Überlegen wir uns nun, was in der visuellen Großhirnrinde passiert, wenn sich der *Konvergenzwinkel* der Augen ändert. Fixiert man zum Beispiel die verschiedenen Tiefenebenen im Bild mit den Tänzerinnen, dann verschiebt man quasi die beiden übereinanderliegenden Bilder im visuellen Cortex gegeneinander. Man kann sich vorstellen, daß man die beiden Bilder als Dias hintereinander hält und dann das eine hinter dem anderen hin und her schiebt. Das Ergebnis zeigt Abbildung 4.4.

An den vier Beispielen in Abbildung 4.4 erkennt man, daß bei einigen dieser Verschiebungen ein bestimmter Bereich des einen Bildes perfekt über dem korrespondierenden Teil des anderen Bildes liegt. So passen zum Beispiel in 4.4a die beiden Bilder von Debra (im Vordergrund) genau übereinander, die beiden von Anne in 4.4b, und in 4.4d sind es der rechte Baum und der Metallzaun.

Was es bedeutet, wenn bei einer gegebenen Augenstellung ein größerer Bereich auf beiden Bildern perfekt zueinander paßt, ist klar: Wir haben in dieser *Fixierungsebene* ein *Objekt* entdeckt! Nur wenn die Augen gemeinsam auf genau dieselbe Ebene wie das

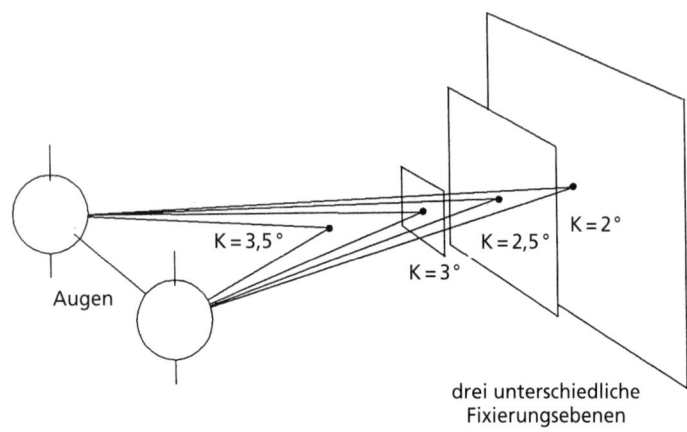

4.5 Steigende Konvergenzwinkel führen dazu, daß die Fixierungs-ebenen immer näher heranrücken.

betreffende Objekt eingestellt sind, liegen auch die beiden Bilder des Objektes auf beiden Retinae genau an derselben relativen Posi-tion. Und nur dann liegen diese projizierten Bilder, wenn sie schließ-lich den visuellen Cortex erreichen, perfekt übereinander. Tritt auf cortikaler Ebene eine solche Übereinstimmung auf, sieht das Gehirn dies als Hinweis darauf an, daß sich ein Gegenstand genau in der gegenwärtigen Fixierungsebene der Augen befindet. (Wäre dort kein Objekt, dann würden sich die Blicklinien der Augen am Fixie-rungspunkt kreuzen, im Raum weiterlaufen und vielleicht irgend-wann auf zwei weit voneinander entfernte Gegenstände treffen. Unter diesen Umständen wäre eine vollständige Übereinstimmung der beiden Bildelemente sehr unwahrscheinlich.)

Das Gehirn benötigt also etwas, um solche sehr informativen Übereinstimmungen zu erkennen, wenn sie auftreten. Hierzu besitzt es sogenannte *Fixierungszellen*, die überall im visuellen Cortex ver-teilt liegen. Man kann ihre Aktivität im Tierversuch mit Mikroelek-troden registrieren, und sie zeigen eine einzigartige Eigenschaft: Jede Fixierungszelle ist nur dann maximal aktiv, wenn der Cortexbereich, in dem sie liegt, von beiden Augen eine identische Eingangsaktivität erhält – ansonsten sind die Zellen ruhig. Eine aktive Fixierungszelle zeigt also die Anwesenheit eines Objektes in der momentanen Fixierungsebene der Augen an. Natürlich „weiß" die Zelle nicht, um was für ein Objekt es sich handelt, und das kann ihr auch gleichgültig sein; sie erkennt nur, daß sich die Bilder des rechten und linken Auges perfekt überdecken. Und das ist auch die entscheidende Information, um Objekte zu entdecken.

Bereiten Sie sich nun auf ein kleines neuropsychologisches Experiment vor. Wir wollen gleich einen bestimmten Teil der Fixierungszellen in Ihrem Hinterkopf aktivieren. Das Experiment wird Ihnen demonstrieren, daß Sie kein Objekt, keine Form und keine Bezugslinien wahrnehmen müssen, um einen Bereich von rechts-links-Übereinstimmung klar erkennen zu können. Ihre Fixierungszellen werden den relevanten Bereich für Sie herausheben, ohne daß Sie vorher wissen, was Sie sehen, und Sie werden diesen Vorgang sofort bemerken. Bereiten Sie sich also auf einen „Blick in Ihr eigenes Gehirn" vor.

Nehmen Sie die Stereobrille, die Sie bereits vorher bei den Ballettänzerinnen benutzt haben. Betrachten Sie diesmal das Stereobildpaar in Abbildung 4.6, und fixieren Sie den kleinen Kreis. Dieser (eigentlich unnötige) Referenzpunkt soll Ihnen helfen, den richtigen Konvergenzwinkel schnell zu finden – den Winkel, bei dem sich das rechte und linke Bild des versteckten Objektes auf ihrem visuellen Cortex perfekt überlagern. Wenn das der Fall ist, entdecken Ihre Fixierungszellen diese Übereinstimmung und werden in diesem Cortexbereich stark aktiviert. Was Sie subjektiv davon bemerken, ist ein kleines Quadrat, das etwa ein Neuntel der Gesamtfläche einnimmt und sich plötzlich vom Untergrund abhebt. Sie sehen ein bestimmtes Objekt, auf Ihrer momentanen Fixierungsebene, das völlig unsichtbar war, bevor Ihr stereoskopisches Netzwerk es erfaßte. Daß es bei einem bestimmten Konvergenzwinkel plötzlich sichtbar wird, verdanken wir den Fixierungszellen, die wegen der lokalen Übereinstimmung der Bilder des rechten und linken Auges in diesem Gebiet alle heftig feuern. Sie können diese Zellen sogar nach Belieben an- und ausschalten, wenn Sie mit einem

4.6 Ein Stereogramm aus zufälligen Punkten. In den Punkten versteckt liegt eine einfache geometrische Figur (nicht der kleine Kreis). Beim richtigen Konvergenzwinkel wird sie von Ihren Fixierungszellen entdeckt. (Mit freundlicher Genehmigung von Bela Julez, einem Pionier dieser Art von Stereogrammen.)

Auge zwinkern und dabei den richtigen Konvergenzwinkel beibehalten.

Das Experiment zeigt nicht nur die Aktivität Ihrer Fixierungszellen, sondern demonstriert auch, daß räumliches Sehen die Tarnung von versteckten Objekten aufheben kann. Das ist vor allem für Raubtiere, wie Katzen, Wölfe, Füchse oder Eulen, bei denen die Augen nach vorne gerichtet sind und die daher alle eine hervorragende räumliche Wahrnehmung besitzen, eine sehr nützliche Fähigkeit. Eine graugesprenkelte Echse, die sich bewegungslos auf einem graugesprenkelten Felsen sonnt, mag für einen einäugigen Jäger unsichtbar bleiben, sie hebt sich aber klar und deutlich ab, wenn der Räuber über stereoskopisches Sehen verfügt – genau wie Sie gerade das versteckte Quadrat entdeckt haben.

Die Fähigkeit, räumlich zu sehen, hat jedoch einen älteren und wichtigeren Zweck als nur den, Mäuse oder Echsen zu fangen. Für ein Neugeborenes ist die gesamte Welt nicht viel mehr als ein Stereogramm wirrer Flecken. Um die Objekte in seiner Umgebung erfassen zu können, muß das Neugeborene den binokularen Wettstreit seines visuellen Systems überwinden. Der erste Schritt besteht darin, den Konvergenzwinkel der beiden Augen zu kontrollieren. Sobald es gelernt hat, einen bestimmten Winkel einzustellen und zu halten, kann es auf die Signale seiner Fixierungszellen reagieren und erhält schließlich ein klares, ungestörtes Bild der betrachteten Objekte. Dank seiner Fixierungszellen vermag es so, den Schleier zu lüften, der anfangs seine visuellen Eindrücke verhüllt.

Wir sind jedoch noch nicht am Ende angelangt. Dieser kritische Schritt, den die meisten Säuglinge im Alter von etwa acht Wochen machen, ist nur der Anfang. Wir besitzen nämlich nicht nur Fixierungszellen, sondern auch „Nah-Zellen" und „Fern-Zellen". Diese Zellen reagieren auf rechts-links-Übereinstimmungen ein wenig *vor* beziehungsweise *hinter* der Fixierungsebene. Genau wie die Fixierungszellen ein Objekt in der momentanen Fixierungsebene lokalisieren, signalisieren diese Zellen das Vorhandensein von Objekten direkt vor oder hinter dieser Ebene. Das erlaubt uns, das Vorhandensein von mehren Objekten in verschiedenen Raumtiefen gleichzeitig wahrzunehmen und ermöglicht somit das volle Stereosehen, das den meisten Menschen eigen ist.

Sie können die Funktion dieser drei Zellarten beobachten, wenn Sie das Stereogramm in Abbildung 4.7 ansehen. Fixieren Sie wieder den kleinen Kreis, dann wird wie vorher ein Quadrat erscheinen, aber diesmal werden Sie davor ein kleineres Quadrat und dahinter ein größeres entdecken. Wenn Sie die mittlere Figur fixieren, codieren Ihre Fixierungszellen dieses mittlere, die Nah-Zellen das vordere und die Fern-Zellen das hintere Quadrat.

Sie sehen auch, daß die beiden anderen Quadrate nicht ganz scharf und klar sind, solange Sie das mittlere fixieren. Das ist so, weil die beiden anderen Objekte so auf ihrem visuellen Cortex projiziert werden, daß sie nicht ganz übereinstimmen; sie werden durch den binokularen Wettstreit etwas unscharf. Diesem Phänomen sind wir schon einmal begegnet: Nur die Bilder von Gegenständen in der Fixierungsebene sind vollständig frei von binokularem Wettstreit und Verdopplung.

4.7 Ein Stereogramm aus zufälligen Punkten. Diesmal sind drei Vierecke darin versteckt.

Sie können dieses Problem sofort lösen, wenn Sie den Konvergenzwinkel zwischen Ihren Augen auf das vorderste Quadrat einstellen. Dann erscheint diese Figur klar und scharf, das mittlere Quadrat wird ein wenig unscharf und das hintere noch unschärfer. Die Grundlage stereoskopischen Sehens beim Menschen beruht auf der konvergenzgesteuerten Kontrolle einer verschiebbaren Tiefenschärfenebene und einem System zum Codieren von Objekten vor und hinter dieser Ebene.

All das finden Sie auch im ersten Stereopaar der beiden Tänzerinnen wieder. Wenn Sie Anne fixieren (die „Unschuld in Weiß") werden Ihre Fixierungszellen in dem Cortexgebiet aktiviert, in das Annes Bild projiziert wird, Ihre Nahzellen dort, wo Debras Bild liegt, und Ihre Fernzellen in den Gebieten, in denen die Bilder der Bäume projiziert werden (Abbildung 4.8). So wird das Bild auf ihrem visuellen Cortex durch die Aktivität der jeweiligen Stereozellen je nach seiner Tiefenebene selektiv „gezeichnet".

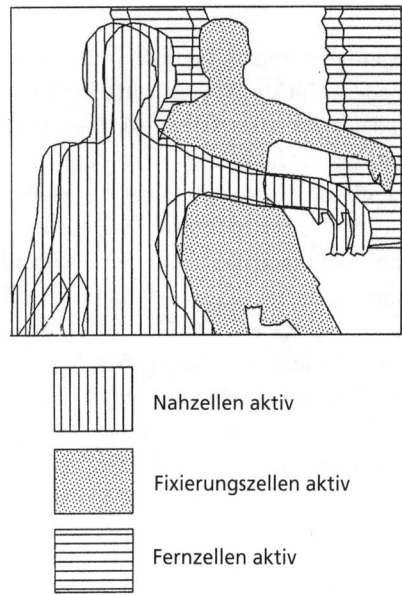

||||||| Nahzellen aktiv

░░░░░ Fixierungszellen aktiv

≡≡≡≡≡ Fernzellen aktiv

4.8 Das rechte und linke Bild der Mädchen, wie es im visuellen Cortex repräsentiert wird, während man die hintere Tänzerin fixiert (gepunktetes Bild). Das Bild des vorderen Mädchens (vertikal gestreift) wird durch die Nahzellen codiert und das der Bäume im Hintergrund (horizontal gestreift) durch die Fernzellen. Beides sind Doppelbilder.

Ausdehnung der räumlichen Wahrnehmung

Wir verstehen jetzt, wie Stereosehen funktioniert und haben „in uns hineingesehen" und dort etwas entdeckt, dessen wir uns zuvor nicht bewußt waren – die Aktivierung der Fixierungszellen im visuellen Cortex. Genauso können wir auch nach außen sehen und unsere Umwelt auf eine völlig neue Art betrachten. Ich möchte diese Entdeckungen mit zwei Beispielen einer anderen Form von Stereographie fortsetzen, die mir, seitdem ich sie zum ersten Mal vor etwa 15 Jahren gesehen habe, viel Freude bereitet hat. Lassen Sie mich das erklären.

Da unsere Augen kaum 8 Zentimeter auseinanderliegen, wird die stereoskopische Wahrnehmung räumlicher Tiefe immer schlechter, je weiter die betreffenden Objekte von uns entfernt sind. Nach etwa 100 Metern verschwindet sie völlig. Für alles, das weiter entfernt ist, könnten wir genausogut einäugig sein, denn bei größeren Entfernungen können wir räumliche Zusammenhänge nur noch anhand anderer, nicht-stereoskopischer Hinweise entschlüsseln, wie der relativen Größe der Objekte zueinander oder der Überschneidung einzelner Objekte, Details ihrer Oberfläche und so weiter. Der Grund dafür ist, daß die rechts-links-Unterschiede der Bilder auf den beiden Retinae mit zunehmender Entfernung ständig kleiner werden (das ist ja die Voraussetzung des stereoskopischen Sehens!). Diese Unterschiede werden bei Objekten, die weiter als 100 Meter entfernt sind, so klein, daß sie nicht mehr nachweisbar sind. Daher ist unser stereoskopisches Sehen auf einen Raum von etwa 100 Meter Radius begrenzt. Die großen dreidimensionalen Strukturen der Welt – alles über 100 Meter – können wir also gar nicht stereoskopisch wahrnehmen.

Könnte man diesen Raum irgendwie vergrößern? Nun, wir könnten zum Beispiel den Abstand unserer Augen operativ auf 13 Zentimeter vergrößern. In diesem Fall würde der Raum unserer stereoskopischen Wahrnehmung 200 Meter Radius umfassen, wenn alle anderen Faktoren unverändert blieben. Und wenn wir den Augenabstand auf 26 Zentimeter vergrößern würden, wären es schon 400 Meter Radius.

Aber bleiben wir ernst. Gesichtsoperationen (vielleicht Stielaugen?) sind wohl etwas unrealistisch. Es gibt glücklicherweise einen einfacheren Weg. Nehmen wir die beiden Simultanphotographien von New York City, die aus zwei etwa 70 Meter auseinanderliegenden Positionen aufgenommen wurden (Abbildung 4.10). Setzen Sie eine Stereobrille auf und präsentieren Sie jedem Auge ein Bild. Nun sehen Sie genau das, was Sie sehen würden, wenn Ihr Augenabstand 70 Meter betrüge.

Man könnte dieses Verfahren als „virtuelle Chirurgie" oder noch besser als „virtuellen Gigantismus" bezeichnen, denn das wäre genau der Blick, den ein Riese mit einem Augenabstand von 70 Metern genießen könnte (Abbildung 4.9), der damit eine räumliche Wahrnehmung bis in eine Entfernung von etwa 90 Kilometern hätte.

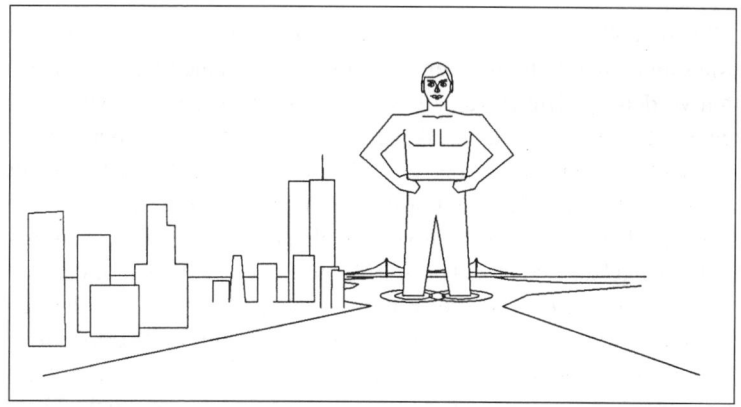

4.9 Ein 700 Meter großer Riese mit einem Augenabstand von 70 Metern nähert sich Manhatten.

4.10 Ein Stereobildpaar von New York City. Es wurde in einer Höhe von 700 Metern und im Abstand von 70 Metern aufgenommen. (Herzlichen Dank an Mike Garcia von MacDan Aircraft in New Yersey, der mich in seiner Cessna 172 mitgenommen hat.)

Ich habe diese beiden Bilder aus einer Höhe von 700 Meter und in einem Abstand von etwa 70 Meter aufgenommen. Wenn Sie beide mit einem Stereoskop betrachten, dann haben Sie genau denselben optischen Eindruck wie der erwähnte Riese, eine Sichtweise, die wir ohne diesen Trick nie erleben könnten.

Wie Sie sofort sehen, umfaßt die Dreidimensionalität fast das ganze Gebiet von Manhatten bis weit nach hinten in die Bronx. Außerdem fällt auf, daß es schwierig ist, die ganze Szene gleichzeitig anzusehen: Man muß eine Stelle fixieren und nimmt dabei einen leicht unscharfen Vorder- und Hintergrund in Kauf. Das ist man gewohnt, wenn man einen nahen Gegenstand, beispielsweise einen gedeckten Tisch, betrachtet, nicht jedoch bei einer Szene von den Ausmaßen einer Stadt. Und schließlich kommt einem die ganze Szene eher wie ein kleines, aber genaues Modell von Manhatten vor, wie eine detailgetreu nachgebaute Spielzeugstadt. Meine Frau Patricia nennt das den „Lilliputaner-Effekt". Dieser Eindruck entsteht dadurch, daß die einzigen Objekte, die wir jemals in so plastischer räumlicher Darstellung sehen können, viel kleiner und nie mehr als ein paar Meter entfernt sind. Das Gehirn interpretiert Szenen mit so starkem räumlichen Eindruck automatisch als spielzeugähnlich, weil man wirklich große Objekte niemals in dieser räumlichen Perspektive sieht.

Das galt jedenfalls bisher, doch heute können wir mit dieser Methode fast jede Szene unabhängig von ihrem Maßstab in den stereoskopischen Bereich unserer Augen bringen. Sie können das ohne weiteres selbst ausprobieren, indem Sie zwei Photographien derselben Szene mit entsprechendem Abstand voneinander aufnehmen, sie auf die richtige Größe bringen und dann mit dem Stereoskop betrachten. Die einzige Limitierung liegt in der Praxis darin, die Kameras in genügend großem Abstand voneinander aufzustellen. Um ein stereoskopisches Bild bis in eine Entfernung von 10 Kilometern zu erhalten, müssen die Standorte der beiden Kameras zum Beispiel 7 Meter voneinander entfernt auf einer Grundlinie rechtwinklig zur Photographierrichtung liegen. Ein guter Richtwert ist eine Einheit Grundlinie pro 1500 Einheiten gewünschter stereoskopischer Auflösung. Wenn Ihr Motiv unbeweglich ist, dann können Sie Ihr Ziel auch mit einer einzigen Kamera erreichen. Sie schießen ein Photo am linken Ende der Grundlinie, laufen zum rechten Ende und drücken noch einmal ab. Wenn sich währenddessen nichts bewegt hat, sollte Ihr Stereophoto perfekt werden.

Abbildung 4.11 zeigt die längste Grundlinie und den tiefsten Stereoraum, den ich Ihnen anbieten kann. Die Grundlinie beträgt etwa 64 Millionen Kilometer und die räumliche Tiefe reicht etwa 100 Milliarden Kilometer ins Weltall, weit über die Ränder unseres Son-

4.11 Ein Stereobildpaar unseres äußeren Planetensystems: Jupiter, Saturn und Mars vor dem Sternbild Jungfrau.

nensystems hinaus. Vor einigen Jahren gab es eine wunderbare Planetenkonstellation, bei der die äußeren Planeten unseres Sonnensystems mehrere Wintermonate lang hoch am Himmel standen. Die beiden Photos wurden im Abstand von 50 Tagen aufgenommen, währenddessen legte die Erde auf ihrer Umlaufbahn etwa 64 Millionen Kilometer zurück. Das lieferte die notwendige Grundlinie. Im Hintergrund, weit außerhalb des stereoskopischen Bereichs, erkennt man das Sternbild der Jungfrau, dessen Sterne zehn bis Hunderte von *Lichtjahren* entfernt sind. Die drei hellen Objekte im Vordergrund sind jedoch leicht räumlich zu sehen; es sind die Planeten Jupiter, Saturn und Mars. Um den Vergleich mit dem Riesen wieder zu bemühen: Ihr Kopf hat nun etwa den Durchmesser der Erdumlaufbahn, ihre Augen sind 64 Millionen Kilometer voneinander entfernt, und die drei äußeren Planeten liegen gerade noch in Reichweite Ihrer Arme und damit innerhalb Ihres Stereosehfeldes. Sie können also mit einem Plastikspielzeug auf Ihrer Nase und ein paar Schwarzweißfotos die dreidimensionale Struktur unseres äußeren Sonnensystems visuell erfahren.

Fusion.net: Ein Netzwerk zum räumlichen Sehen

Wie das Stereosehen im Prinzip funktioniert, darüber herrscht unter den Wissenschaftlern grundlegend Übereinstimmung. Offen bleibt

83

jedoch die Frage, wie das Gehirn verschaltet ist, um diese Grund-
prinzipien umzusetzen. Im folgenden kann ich daher nur Mut-
maßungen aufstellen. Mein Lösungsvorschlag wird aber zumindest
das Problem beleuchten, und er hat überprüfbare Konsequenzen. Es
geht um die Frage, wie Fixierungs-, Nah- und Fernzellen den beiden
retinalen Bildern Informationen über die räumliche Tiefe entnehmen. Eine mögliche Erklärung liefert ein Netzwerk, das tatsächlich
die Wahrnehmungsfähigkeiten besitzt, die wir auf den vorherigen
Seiten beschrieben haben. Ob sein physikalischer Aufbau jedoch
den realen neuronalen Verschaltungen im Gehirn entspricht, muß
erst noch untersucht werden.

Den groben Aufbau dieses Netzwerkes zeigt Abbildung 4.12.
Sieht man davon ab, daß es binokular und nicht monokular ist,
unterscheidet es sich nicht grundlegend vom Gesichtserkennungs-
Netzwerk, das Sie bereits kennen. Es besteht aus zweimal 60 × 60
Zellen in den beiden Eingabeschichten oder „Retinae", die mit einer
gemeinsamen zweiten Schicht von 120 × 120 Zellen verbunden
sind. Diese Zellen wiederum sind mit drei Ausgabeschichten verknüpft: einer Schicht aus 60 × 60 Fixierungszellen und zwei
Schichten von jeweils 30 × 60 Nah- beziehungsweise Fernzellen.
Diese drei Zellarten, die Stereozellen, sind hier künstlich auf drei
separate Ebenen verteilt, damit wir ihre unterschiedlichen Funktionen leichter voneinander trennen können. Ihre biologischen Analoga liegen natürlich alle im selben Gebiet der Sehrinde.

Lassen wir die Nah- und Fernzellen für einen Moment beiseite
und konzentrieren uns auf die wichtigen Fixierungszellen. Das Stereosehen verlangt, daß jede Fixierungszelle in dieser Ausgabeschicht genau dann aktiv ist, wenn die beiden Eingabezellen an den
entsprechenden Punkten der Retinafelder identische Signale senden,
also gleich aktiv sind. Wir können dieses Ziel mit dem Verbindungsmuster in Abbildung 4.13 erreichen.

Sie werden schnell durchschauen, wie das Ganze funktioniert.
Die Fixierungszelle am Ausgang unterliegt zwei widerstreitenden
Einflüssen: erstens einer ständigen Erregung durch die sogenannte
Bias-Zelle (von *bias*, Vorspannung), die stets maximal aktiviert ist,
und zweitens einer starken Hemmung, die von zwei Zellen der zwei-

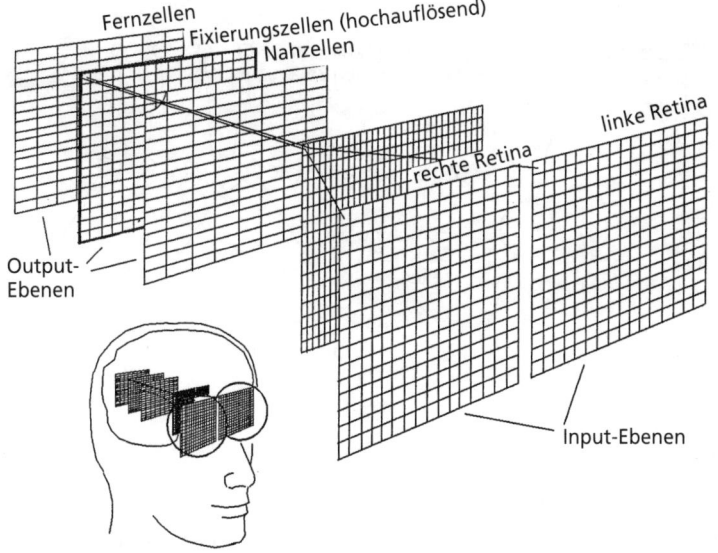

4.12 Fusion.net: ein Netzwerk zum räumlichen Sehen.

ten Schicht ausgeht. Diese beiden Zellen erhalten Signale von den beiden Retinazellen, deren Verbindungsgewichte gezeigt sind. Sie sind bewußt so eingestellt, daß sie einander neutralisieren, wenn die Signale der beiden Retinazellen genau gleich stark sind – unabhängig von der absoluten Stärke der Signale. Wenn sich deren Signale also gegenseitig aufheben, ist ihr Nettoeffekt auf die Zellen der mittleren Schicht Null, das heißt, diese werden nicht aktiviert. Das wiederum bedeutet, daß die Fixierungzelle über die beiden hemmenden Verbindungen keinerlei Signal bekommt. Daher gewinnt die immer aktive Bias-Zelle das Tauziehen, und die Fixierungszelle wird stark aktiviert.

Wenn andererseits die Stärke der retinalen Signale auch nur leicht differiert, dann heben sie sich auf der mittleren Ebene nicht gegenseitig auf. Wenigstens eine der mittleren Zellen wird also aktiviert, wenn vielleicht auch nur schwach. Diese Aktivierung wird über das Axon weitergeleitet und hat einen deutlichen hemmenden Einfluß

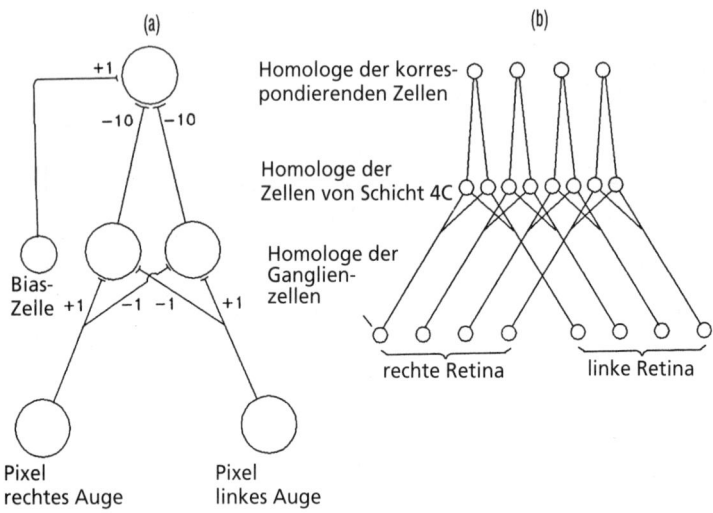

4.13 Die Bestandteile, aus denen sich Fusion.net zusammensetzt, um Übereinstimmungen zu entdecken. Die "Fixierungszelle" am Ausgang wird nur dann aktiviert, wenn die beiden Eingangszellen gleich stark aktiviert werden, unabhängig von der absoluten Aktivierung (a). Ausschnitt aus dem gesamten Netzwerk, das aus vielen solcher Elemente besteht. Jede Zelle in jeder Retina ist mit jeweils einer Cortexzelle verbunden, die eine korrespondierende relative Position innerhalb der Zielzellen einnimmt (b).

auf die Fixierungszelle (beachten Sie den hohen negativen Wert von minus zehn für das Verbindungsgewicht dieser Zellen). Dieser Effekt reicht aus, den konstanten, erregenden Einfluß der Bias-Zelle zu übertönen. Die Fixierungszelle wird abgeschaltet und bleibt auch solange gehemmt, bis das Aktivierungsniveau der beiden Retinazellen wieder vollständig gleich wird. Auf diese Weise entdeckt die Fixierungszelle, wie gewünscht, rechts-links-Übereinstimmungen auf der Eingabeschicht unabhängig von der Stärke des jeweiligen Eingangssignals.

Wir müssen das Netzwerk jetzt nur noch vollständig verkabeln, indem wir die A-förmige Verschaltung in Abbildung 4.13a 3600mal wiederholen, um jedes korrespondierende rechts-links-Zellpaar auf der Retinaebene mit der dazugehörigen Fixierungszelle im 60 × 60 Zellen großen Ausgabefeld zu verbinden.

Damit sind wir mit den Fixierungszellen fertig und können uns den Nahzellen zuwenden. Diese sollen genau dann aktiv sein, wenn ein Doppeltbild nur ein Pixel links vom perfekten Bild liegt. Kein Problem: Wir benutzen dieselbe A-förmige Verschaltung wie vorhin, aber wir verbinden die Axone nicht mit genau korrespondierenden Zellen auf den beiden Retinaebenen, sondern mit einem Paar, das sich genau ein Pixel links von der perfekten Übereinstimmung befindet. Während die Fixierungszellen also Objekte in der Fixierungsebene entdecken, nehmen Nahzellen Gegenstände wahr, die ein wenig vor der Fixierungsebene liegen.

Denselben Trick wenden wir bei den Fernzellen an, nur daß die A-förmige Schaltung jetzt Retinazellen verbindet, die genau ein Pixel rechts von der perfekten Übereinstimmung liegen. Diese Zellen entdecken also Objekte, die etwas *hinter* der Fixierungsebene liegen.

Das ist alles. *Fusion.net* hat zwar erheblich mehr Zellen als Cottrells Netzwerk zur Gesichtserkennung, nämlich 36 000, aber es braucht wesentlich weniger Verbindungen – nur 50 400 –, weil seine Umformungsaufgabe viel einfacher ist, fast schon trivial. Das Netzwerk leistet jedoch das Gewünschte. Wenn wir seinen Retinae das Stereobild aus Abbildung 4.7 im richtigen Konvergenzwinkel präsentieren, liefert es die drei Aktivitätsmuster in Abbildung 4.14. Alle drei Stereozellentypen entdecken die versteckten Objekte in ihren jeweiligen „Sichtebenen".

Um die Leistung von Fusion.net an realen Szenen, wie unseren beiden jungen Tänzerinnen, zu testen, müssen wir die Photos zuerst in 60 × 60 Pixel große Felder rastern. Dann berechnen wir die durchschnittliche Helligkeit jedes Pixels und weisen ihr eine einstellige Dezimalzahl zwischen 0 (schwarz) und 1 (weiß) zu. Das ergibt das Stereobildpaar in Abbildung 4.15a, ein ziemlich körniges Rasterbild, das zeigt, was das Netzwerk tatsächlich sieht. Den Output des Netzwerks zeigt Abbildung 4.15b. Man betrachtet die Bilder am besten aus etwa zwei Meter Abstand, um abschätzen zu können, was das Netzwerk unterscheiden kann und was nicht.

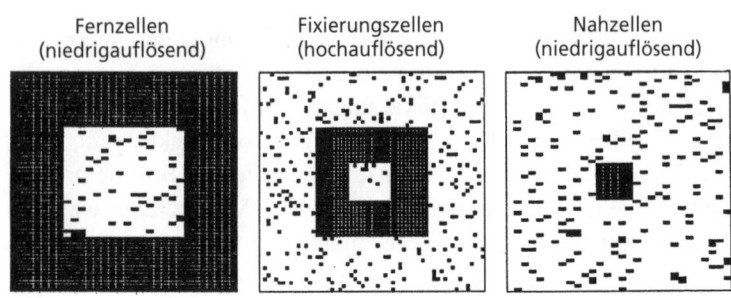

Fernzellen (niedrigauflösend) Fixierungszellen (hochauflösend) Nahzellen (niedrigauflösend)

4.14 Die Aktivierungsmuster der Fern-, Fixierungs- und Nahzellen von Fusion.net, wenn man ihm das Stereobildpaar aus Abbildung 4.7 zeigt, wobei der Konvergenzwinkel auf das mittlere Quadrat eingestellt ist.

Wie Sie sehen, wird das künstliche Netzwerk mit realen Szenen schlechter fertig als mit computergenerierten (zum Beispiel mit den Stereogrammen aus Punkten). Das liegt daran, daß weder die räumliche Auflösung (nur 60 × 60 Pixel) noch die Graustufen des digitalisierten Bildes (wir verwendeten nur 10 verschiedene Stufen) der Komplexität und Feinheit des Originalbildes gerecht werden. Aber Abbildung 4.15b zeigt auch, daß Fusion.net recht gut funktioniert, trotz der Körnigkeit und manchen mehr oder weniger falschen Übereinstimmungen, die es an einigen nun einförmig schwarzen Flächen der Kleidung registriert hat. (Sehen Sie sich das Bildpaar in 4.15a mit der Stereobrille an, um festzustellen, ob Ihr visuelles System deutlich besser funktioniert als das Netzwerk.) Die Mängel liegen sowohl in der starken Vereinfachung des Modell-Netzwerks als auch in der mäßigen Qualität der digitalisierten Bilder. Eine naturgetreuere Nachahmung einer der beiden Faktoren würde sich sofort in einer besseren Qualität des Stereosehens niederschlagen.

Mehr Realitätsnähe oder eine größere Übereinstimmung mit den biologischen Verhältnissen würden noch weitere Änderungen am Netzwerk erfordern. Erstens müssen die Bias-Zellen völlig entfernt werden. Sie sind nur ein schneller und einfacher Trick, mit dem die Konstrukteure solcher Netzwerke das Verhalten von Zellen simulieren, die irgendeine Form intrinsischer Aktivität zeigen. Zweitens

(a)

(b)

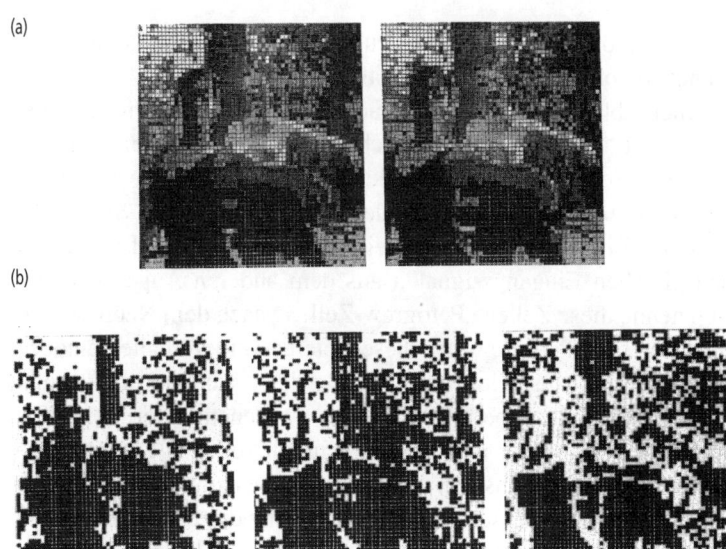

Nahzellen   Fixierungszellen   Fernzellen

4.15 Das gerasterte Stereobildpaar der beiden Tänzerinnen in Abbildung 4.1, das Fusion.net präsentiert wurde. Die Auflösung beträgt nur noch 60 × 60 Pixel, und die Helligkeiten sind auf zehn unterschiedliche Werte gemittelt und normalisiert (a). Die Aktivierungsmuster der Fern-, Fixierungs- und Nahzellen von Fusion.net, wenn man ihm das digitalisierte Stereobildpaar oben zeigt (b).

braucht das Netzwerk eine Vielzahl von Nah- und Fernzellen, die auf eine Vielzahl von Ebenen vor und hinter der Fixierungsebene reagieren. Der Mensch erkennt nicht nur drei räumliche Ebenen, sondern einen kontinuierlichen Bereich verschiedener Raumtiefen. Drittens müssen die überkreuzten, hemmenden Verbindungen zur mittleren Schicht durch dazwischenliegende hemmende Neurone (Interneurone) vermittelt werden, weil es biologisch unwahrscheinlich ist, daß ein Zelltyp sowohl inhibitorische als auch exzitatorische Signale aussendet. Und viertens müssen wir berücksichtigen, daß das hier vorgestellte Tiefenwahrnehmungssystem nur einen kleinen Teil des gesamten visuellen Systems darstellt, ein Subsystem mit einer ganz eng umgrenzten Funktion.

Werden diese verschiedenen Punkte berücksichtigt, könnte Fusion.net sowohl die anatomischen als auch die funktionellen Aspekte des menschlichen Stereosehens nachahmen. Unter den vielen Zellen in Schicht 4C, der Eingangsschicht des visuellen Cortex, befinden sich auch Zellen, die genau das gleiche Antwortverhalten zeigen wie die mittlere Schicht unseres Modells (Abbildung 4.16). Sie werden also von Eingangssignalen aus einem Auge erregt und von genau den gleichen Eingangssignalen aus dem anderen Auge gehemmt. (Ich nenne diese Zellen „Pettigrew-Zellen" nach dem Neurowissenschaftler J. D. Pettigrew, der dieses interessante Verhalten entdeckt hat.) Die direkt anschließende Schicht 3 des visuellen Cortex enthält unter anderem die experimentell nachgewiesenen Fixierungs-, Nah- und Fernzellen. (Hier möchte ich meinem Kollegen Simon LeVay danken.) Wenn wir uns nun wieder den Augen zuwenden, dann finden wir, daß die menschliche Retina vollständig mit sogenannten *Ganglienzellen* ausgekleidet ist. Diese Zellen codieren Helligkeitsveränderungen auf der Retina. Wenn die retinalen Ganglienzellen auf die Neuronen des visuellen Cortex projizieren, bleibt die rechtslinks-Übereinstimmung erhalten, genauso, wie es das Modell fordert (vergleichen Sie Abbildung 4.13b).

Schließlich sollte ich noch erwähnen, daß die Helligkeitsstufen der Pixel im Stereobildpaar von Abbildung 4.15a nicht direkt in die Input-Zellen von Fusion.net eingespeist wurden. Die Wissenschaftler verwendeten vielmehr ein Prinzip des menschlichen Auges: Jedes nicht randständige Pixel ist von acht anderen Pixeln umgeben. Wir können nun für jedes Pixel die durchschnittliche Helligkeit der acht umgebenden Pixel berechnen und diesen Wert vom Helligkeitswert des zentralen Pixels abziehen. Das sagt uns, wie stark sich die Helligkeit des zentralen Pixels vom Mittelwert seiner Umgebung *unterscheidet*. (Und dieser Vorgang findet tatsächlich so auf der Retina statt.) Diese Differenz nennt man *delta-Helligkeitswert* und es ist dieser Wert, der letztlich sowohl von den Ganglienzellen in der Retina als auch von jeder Zelle in der Eingabeschicht von Fusion.net codiert wird.

Verfahren wir bei den digitalisierten Bilder genauso, dann sehen wir, wie sich das Helligkeitsniveau verändert, wenn wir über das

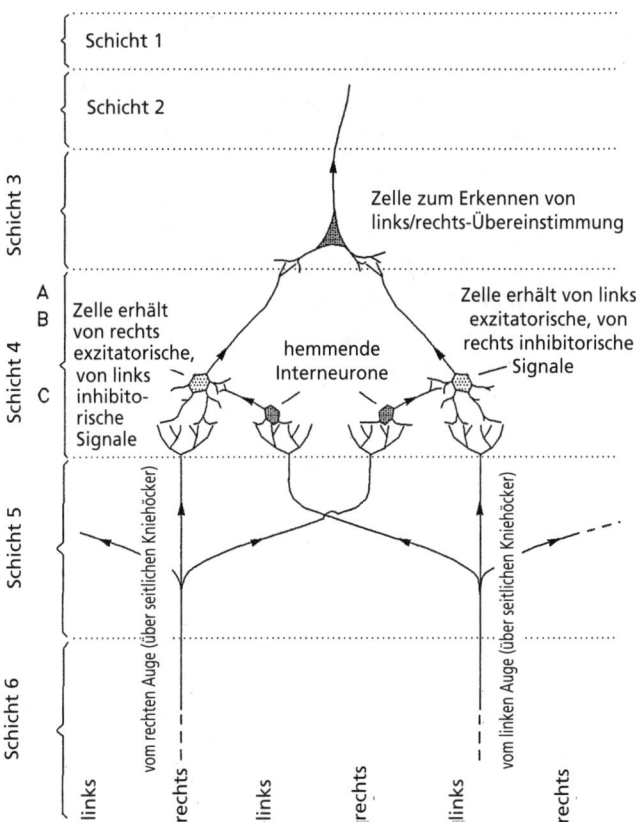

4.16 Ein vergrößerter Schnitt durch den visuellen Cortex des Menschen. Man erkennt mehrere Schichten, einige der bekannten Zelltypen und die mutmaßlichen Verbindungen zwischen ihnen.

Bild wandern: Wir erhalten ein Abbild der Gesamtstruktur der lokalen relativen Helligkeitsstufen beider Eingangsbilder. Was letztlich die Fixierungszellen in der Ausgabeschicht entdecken, ist die *Übereinstimmung in der Gesamtstruktur* zwischen dem rechten und linken Bild, nicht die Übereinstimmung in den absoluten Helligkeitstufen.

Diese scheinbar umständliche Vorgehensweise zahlt sich doppelt aus: Der erste Vorteil ist erwähnenswert, wenn auch fast trivial: Bildet man den Mittelwert der umgebenden Zellen, hilft das beim Unterdrücken des unvermeidlichen „Rauschens", das biologische Zellen immer zeigen. Der zweite Vorteil ist überzeugend: Weil die Retinae den *Bildaufbau* weiterleiten und nicht einfach die *Helligkeitsstufen* können die Fixierungszellen im visuellen Cortex auch dann noch rechts-links-Übereinstimmungen feststellen, wenn eines der beiden Stereobilder insgesamt heller oder dunkler ist als das andere!

Sehen Sie sich dazu nochmals das Bildpaar der beiden Tänzerinnen mit dem Stereoskop an, halten Sie aber jetzt eine Sonnenbrille vor die rechte Linse. (Wenn Sie keine Sonnenbrille zur Hand haben, können Sie auch bei geschlossenem linken Auge einige Zeit in ein helles Licht sehen, kurz bevor Sie das Stereoskop benutzen. Ihre rechte Pupille wird sich verengen und für vielleicht eine Minute weniger Licht durchlassen.) In beiden Fällen erscheint das rechte Bild insgesamt viel dunkler als das linke.

Wenn die Übereinstimmung der absoluten *Helligkeitswerte* auf der Retina entscheidend wäre, würden Ihre Fixierungszellen nun natürlich keine Übereinstimmungen finden, denn das rechte und das linke Bild sind jetzt unterschiedlich hell und das räumliche Sehen sollte vollständig verschwinden. Tatsächlich ist es aber – wenn überhaupt – kaum beeinträchtigt, und die dreidimensionale Struktur des Bildes bleibt erhalten. Aufgrund des Prinzips, daß die Ganglienzellen der Retina Beschreibungen der Helligkeitsstruktur weiterleiten, ist Ihr Stereosehen weitgehend unempfindlich gegenüber allgemeinen Änderungen der Helligkeit im rechten oder linken Bild, und das gilt aus demselben Grund auch für Fusion.net.

Schließlich zeigt das Verhalten unseres Netzwerks noch zwei weitere Eigenarten, die wir auch beim Stereosehen des Menschen finden. Erstens treten durch falsche Übereinstimmungen räumliche Illusionen auf (denken Sie an die schwarze Kleidung in Abbildung 4.15). Zweitens kann das System nur dann Tiefe wahrnehmen, wenn die Bilder wahrnehmbare Unterschiede in den Helligkeitswerten aufweisen (erinnern Sie sich an die Kontrastcodierung der Ganglienzellen). Ein Stereobildpaar, das korrekt von unterschiedlichen Standpunkten aus aufgenommen wurde, ruft zum Beispiel keinerlei räumlichen Eindruck beim Menschen hervor, wenn es aus verschiedenen gleichhellen *Farben* besteht. Auch Fusion.net funktioniert bei einem solchen gleichmäßig hellen Stereobild nicht. Sowohl unser Gehirn als auch dieses künstliche Netzwerk benötigen also farbunabhängige Helligkeitsunterschiede, um räumlich sehen zu können. Das liegt wohl daran, daß sich das räumliche Sehen Millionen Jahre vor dem Farbensehen entwickelt hat. Farbunterschiede waren schon immer unsichtbar für unser stereoskopisches Untersystem und werden es auch bleiben. (An dieser Stelle möchte ich Richard Gregory danken, der zwei Jahrzehnte lang Direktor des Instituts für Hirn- und Wahrnehmungsforschung in Bristol war. Als ich gegen Ende der siebziger Jahre als junger Mann sein Labor besuchte, führte er mich in diese beiden Eigenarten des Stereosehens ein.)

Unterwasser-Minen:
Ein Netzwerk zur Sonar-Erkennung

Wenden wir uns nun von der Skyline Manhattens und vom äußeren Sonnensystem ab und begeben uns etwa 100 Meter tief in den Pazifischen Ozean, in das Reich stählerner U-Boot-Kolosse. Stellen Sie sich vor, Sie seien der Kapitän eines modernen Jagd-U-Bootes mit einer hochentwickelten Sonaranlage. Heute sollen Sie herausfinden, wie Sie die Sonarechos harmloser Felsen auf dem Sandboden des Ozeans von denjenigen tückischer Unterwasserminen unterscheiden können, die ein listiger Gegner dort zwischen den Felsen ausgelegt hat. Die Felsen sind klein, Ihr U-Boot kann ohne Probleme darüber hinweggleiten, die Minen jedoch sind scharf und haben einen Magnetzünder, der auf die Stahlhülle Ihres U-Bootes reagiert. Diese Minen explodieren, wenn Ihr Boot näher als 100 Meter an sie herankommt. Es wäre also ganz praktisch, wenn Sie bereits aus sicherer Entfernung die beiden Objekte anhand ihres Sonarsignals unterscheiden könnten.

Die Schwierigkeit liegt darin, daß die Sonarechos je nach Größe, Form und Lage der auf dem Meeresboden liegenden Objekte eine beträchtliche Variabilität zeigen. Außerdem klingt das Sonarecho von Felsen und Minen mehr oder weniger gleich: ka-pinggg oder so ähnlich. Einige Sonartechniker behaupten nach einigen Jahren Erfahrung, den Unterschied zwischen Minen und Felsen anhand solcher Sonarechos erkennen zu können. Ausgiebige Tests haben tatsächlich bestätigt, daß ihnen das tatsächlich mit gewisser Wahrscheinlichkeit gelingt, aber natürlich nicht mit der Zuverlässigkeit, mit der Sie Ihr Boot und dessen Besatzung durch ein Minenfeld führen möchten. Was sollen wir also tun?

Wir stellen die Aufgabe einem künstlichen Netzwerk, das sich mit nichts anderem als mit dieser Unterscheidung beschäftigt. Dazu sehen wir uns das Hörsystem an. Seine Sinneszellen, die sogenannten Haarzellen, sind hintereinander innerhalb eines Röhrchens angeordnet. Dieses Röhrchen, die *Schnecke* oder *Cochlea*, liegt schneckenförmig aufgerollt im Kopf, sie ist hier aus Gründen der Übersichtlichkeit gestreckt dargestellt (Abbildung 4.17).

Die Gehörknöchelchen im Mittelohr übertragen die Schwingungen des Trommelfells auf eine Membran am vorderen (offen dargestellten) Ende der Cochlea und damit auf die Flüssigkeit im Inneren. Dadurch schwingt auch die Zwischenwand der Cochlea, die Basilarmembran, auf der die Haarzellen sitzen. Die Steife der Basilarmembran nimmt zur Cochleaspitze hin ab. Infolgedessen gerät jede Stelle auf der Membran durch eine bestimmte Frequenz der Schallwellen maximal in Schwingung, und die dort sitzenden Haarzellen werden erregt. Je höher die Frequenz der Schallwellen ist, desto weiter vorne in der Cochlea werden die Haarzellen maximal aktiviert. Alle Sinneszellen gemeinsam liefern damit eine Frequenzanalyse der empfangenen Schallwellen. Oder um es mit den uns jetzt geläufigen Begriffen auszudrücken, sie liefern gemeinsam einen *Aktivitätsvektor*, der für den wahrgenommenen Ton charakteristisch ist.

Genau wie das vorher beschriebene visuelle System senden auch die Haarzellen der Cochlea ihr kollektives Aktivitätsmuster zu einer Umschaltstation, dem mittleren Kniehöcker, der die Signale zu

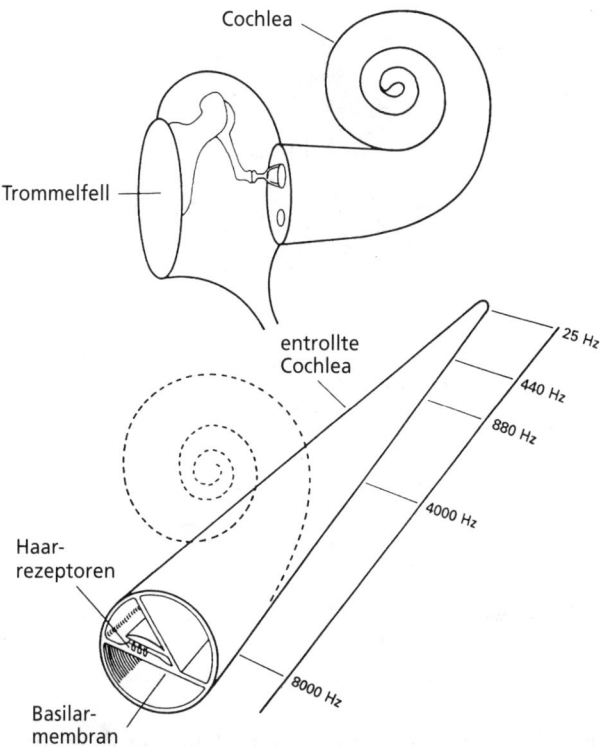

Cochlea

Trommelfell

entrollte
Cochlea

25 Hz

440 Hz

880 Hz

4000 Hz

Haar-
rezeptoren

8000 Hz

Basilar-
membran

4.17 Die Cochlea des menschlichen Ohrs. Mit ihr können wir verschiedene Schallfrequenzen gleichzeitig analysieren.

einem Gebiet der Großhirnrinde weiterleitet, das als primäre Hörrinde oder *auditorischer Cortex* bezeichnet wird.

Von hier an wiederholt sich die Geschichte, zumindest in ihren Grundzügen. Lassen Sie uns ein einfaches Netzwerk aus dreizehn in einer Reihe hintereinanderliegenden Sinneszellen konstruieren. Jede dieser Zellen codiert die Energie im Sonarecho von genau einer der dreizehn gesammelten Frequenzen. Jedes Echo wird also durch einen bestimmten Aktivitätsvektor charakterisiert, der sich aus den Reaktionen aller dreizehn Sinneszellen zusammensetzt. Die Zellen dieser Eingabeschicht senden ihre Signale zu einer zweiten Zell-

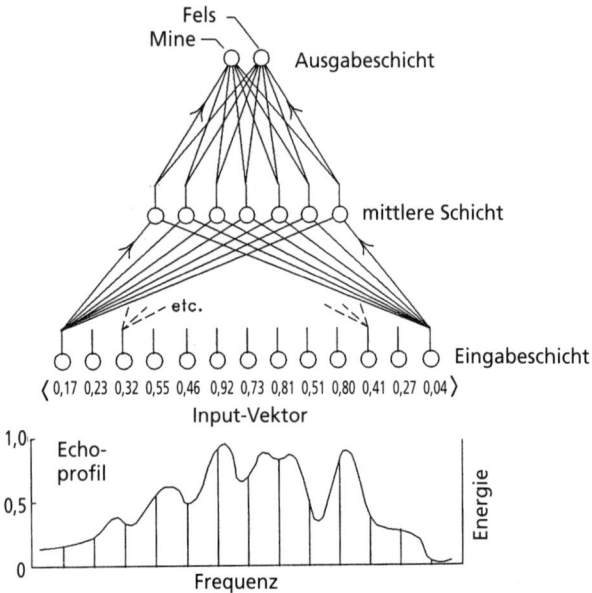

4.18 Ein einfaches akustisches Netzwerk zur Unterscheidung der Sonarechos von Unterwasserminen und Felsen.

schicht und diese wiederum zu einer dritten. Die dritte Schicht besteht nur aus zwei Zellen: eine signalisiert eine Mine, die andere einen Felsen. Diejenige der beiden Zellen, die eine höhere Aktivität zeigt, gewinnt (Abbildung 4.18).

Genau wie bei der Gesichtserkennung wissen wir auch hier nicht von vornherein, wie wir die Verbindungsstärken in diesem Netzwerk einstellen müssen. Wir wissen eigentlich nicht einmal, ob überhaupt eine Lösung für unser Problem existiert. Auf gut Glück setzen wir die Verbindungsgewichte auf kleine, zufällige Werte und lassen das Netzwerk an einer größeren Sammlung aufgenommener Sonarechos üben. Die eine Hälfte davon stammt von Minen, die wir selbst ausgelegt haben, die andere von Felsen. Wir benutzen die bereits bekannte Technik der Fehlerrückmeldung, um die Verbindungsgewichte zu optimieren, und lassen das Netzwerk solange üben, bis der mittlere quadratische Fehler minimal ist. Oder anders

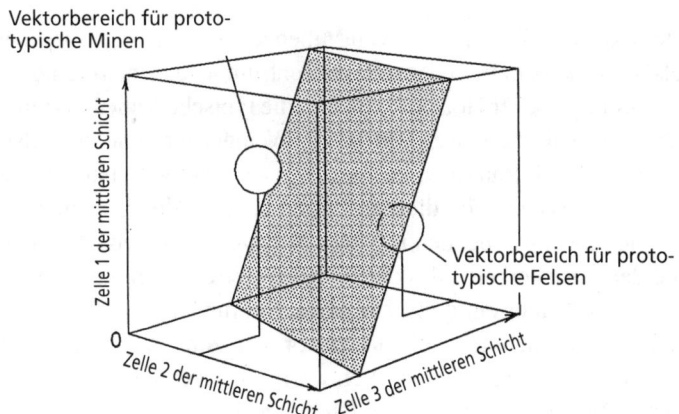

Vektorbereich für proto-
typische Minen

Zelle 1 der mittleren Schicht

0

Zelle 2 der mittleren Schicht

Zelle 3 der mittleren Schicht

Vektorbereich für proto-
typische Felsen

4.19 Der Merkmalsraum in der mittleren Schicht des Sonarerkennungsnetzwerks. Er ist in zwei Kategorien eingeteilt: Minen und Felsen, die jeweils ein prototypisches Zentrum haben, an dem die typischen und unverkennbaren Beispiele jeder Kategorie codiert sind.

ausgedrückt, wir lassen es solange üben, bis es Felsen und Minen so zuverlässig wie möglich unterscheiden kann.

Das beschriebene Netzwerk existiert übrigens tatsächlich. Paul Gorman (Grumman Corp.) und Terry Sejnowski (Universität von Kalifornien in San Diego) haben es entwickelt, und es führt die Aufgabe am Trainingsset mit hundertprozentiger Genauigkeit durch. Bei neuen, nicht im Training enthaltenen Echos erreicht es immerhin noch eine Erfolgsrate von über 90 Prozent. Es hat gelernt, irrelevante Variabilitäten innerhalb der beiden Echoarten zu ignorieren oder herauszufiltern und hat sich auf gewisse dreizehndimensionale Merkmale eingestellt, die in den Eingangsvektoren versteckt liegen, in der zweiten Zellschicht aber deutlich werden.

Überprüft man die Aktivitätsmuster, die bei den Echos von Minen oder Felsen in der zweiten Zellschicht auftreten, so erkennt man, daß hier tatsächlich reale Unterschiede existieren. Das zeigt Abbildung 4.19, die den uns bereits geläufigen Merkmalsraum darstellt. (Auch hier mußten wir zehn der dreizehn Dimensionen weglassen.) In der Lernphase des Netzwerks hat sich der Raum in zwei Unterräume geteilt, der eine für Vektoren von Minenechos, der andere für die von Felsen. Außerdem befindet sich im Zentrum jedes Unterraumes eine Art „prototypischer Hotspot", an dem die typische Mine beziehungsweise der typische Felsen codiert ist. Weniger typische, unvollständige oder durch Rauschen gestörte Signale werden in unterschiedlichen Entfernungen von diesen Zentren codiert. Völlig uneindeutige Signale fallen, wie bei den früheren Netzwerken, in das „Niemandsland der Unsicherheit", das die beiden Unterräume trennt.

Wir haben hier ein typisches Muster gefunden, auf das ich noch etwas näher eingehen möchte, bevor wir zum nächsten Beispiel kommen. Trainiert man ein Netzwerk auf irgendeine Unterscheidungsaufgabe, so führt dies auf höheren Ebenen immer zu einem Merkmalsraum, der hierarchisch in Kategorien und Unterkategorien unterteilt ist. Das Training produziert ein Gerüst aus Konzepten, das für die jeweilige Aufgabe sinnvoll ist. Das Sonar-Netzwerk erzeugt

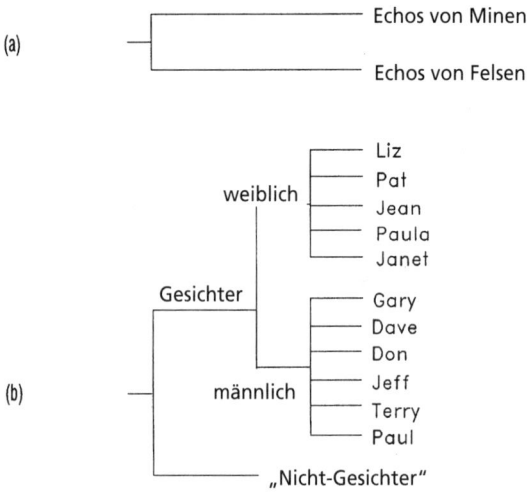

4.20 Zwei Dendrogramme: Die Kategorien im Merkmalsraum der mittleren Schicht des Sonarerkennungsnetzwerks (a). Die Kategorien und Unterkategorien im Merkmalsraum der mittleren Schicht des Gesichtserkennungsnetzwerks (b).

zwei Kategorien (Minen und Felsen) mit ihren prototypischen Zentren; das Netzwerk zur Gesichtserkennung hat zwei Hauptkategorien (Gesichter und andere Objekte) und zwei Unterkategorien (männliche und weibliche Gesichter) mit den dazugehörigen prototypischen Zentren. Das nächste Netzwerk, das wir untersuchen wollen, treibt diese hierarchische Unterteilung auf die Spitze, weswegen wir seine Unterteilungsstruktur auch graphisch anders darstellen müssen. Flächen und Unterräume in einem dreidimensionalen Raum darzustellen, ist zwar vom Konzept her korrekt, aber nur in den einfachsten Fällen optisch verständlich darstellbar. Ich möchte daher jetzt das Baumdiagramm oder „Dendrogramm" (nach dem griechischen Wort für Baum) einführen, dessen baumähnliche Struktur die hierarchisch aufgebauten Kategorien der beiden besprochenen Netzwerke darstellt (Abbildung 4.20). Wenden wir uns nun einem neuen Beispiel zu.

NETtalk: Ein Netzwerk liest vor

Vor einigen Jahren hat die Firma Digital Equipment Corporation (DEC) ein Produkt herausgebracht, mit dem Blinde lesen können. Sein Name: DECtalk, und es hält, was dieser Name (*to talk*, reden) verspricht. Man legt ein Buch oder eine Zeitschrift auf einen Scanner, und das Programm registriert die Buchstabenabfolge, die Wortzwischenräume und die Zeichensetzung des Textes. Ein Computerprogramm, das einem komplizierten Regelwerk gehorcht, errechnet dann für jeden Buchstaben das dazugehörige Lautzeichen oder Phonem. Dieses Phonem wird einem Sprachsynthesizer übermittelt, der den entsprechenden Laut produziert. Das Abtasten der aufeinanderfolgenden Buchstaben führt so zu einer Folge hörbarer Laute. DECtalk ist also eine Maschine, die geschriebenen Text laut vorliest.

Der schwierige Teil dieses Systems ist weder der Scanner am Anfang noch der Synthesizer am Ende. Er liegt im Computerprogramm, das für jeden Buchstaben das richtige Phonem bestimmen muß. Das ist besonders schwierig in der englischen Sprache, für die DECtalk entwickelt wurde, denn das Englische hat 79 Laute für nur 26 Buchstaben. Man kann also jeden Buchstaben auf durchschnittlich drei verschiedene Arten aussprechen. Der Buchstabe „c" zum Beispiel kann ein hartes „k" sein, wie in *carrot*, ein weiches „s", wie in *circuit*, oder gezischt werden, wie in *cherry*. Das gleiche trifft für Vokale und für Kombinationen von Vokalen oder Konsonanten zu. Denken Sie nur an die schwierig zu lernende, jeweils unterschiedliche Aussprache von „ou" und „gh" in Worten wie *cough*, *tough*, *dough* and *through*, ganz zu schweigen von *bough* und *thought*.

Obwohl dies einem Muttersprachler nicht auffällt, hat Englisch die bei weitem unlogischsten und verwirrendsten Ausspracheregeln aller Sprachen auf diesem Planeten. (Spanisch oder Italienisch sind dagegen viel rationaler.) Die bemitleidenswerten Programmierer bei DEC standen damit vor einem ernsten Problem. Um das richtige Phonem für einen bestimmten Buchstaben zu finden, muß das Programm den Kontext beachten, in dem der Buchstabe erscheint, genau wie Sie und ich es tun, wenn wir einen Text lesen. Wir sehen nicht nur einen einzelnen Buchstaben, sondern berücksichtigen gleichzeitig mehrere Buchstaben und Leerzeichen vor und hinter diesem Buchstaben. DECtalk benutzte ein Kontext-Fenster von sieben Zeichen, drei vor und drei hinter dem zentralen Buchstaben. Dadurch wurde das Programm zwangsläufig lang und kompliziert, voller komplexer, zusätzlicher Regeln, Unterregeln und einem Wust von Ausnahmen. Seine Größe und Komplexität wurde im Endeffekt nur durch die blitzartige Geschwindigkeit kaschiert, mit der der Computerchip die Befehle des Programms ausführt. Aber es waren natürlich einige „Mann-Jahre" nötig, um ein derartiges Programm überhaupt zu erstellen.

1986 fragten sich nun Terry Sejnowski (damals an der John Hopkins Universität) und sein Student Charles Rosenberg (heute in Princeton), ob ein neuronales Netzwerk diese schwierige Aufgabe nicht genauso gut erledigen könnte wie DECtalk. Es sollte dazu aber kein komplexes System explizit programmierter Regeln verwenden, sondern nur die unterschiedlichen Gewichte seiner synaptischen Verbindungen. Sie benutzten dieselben Eingabe- und Aus-

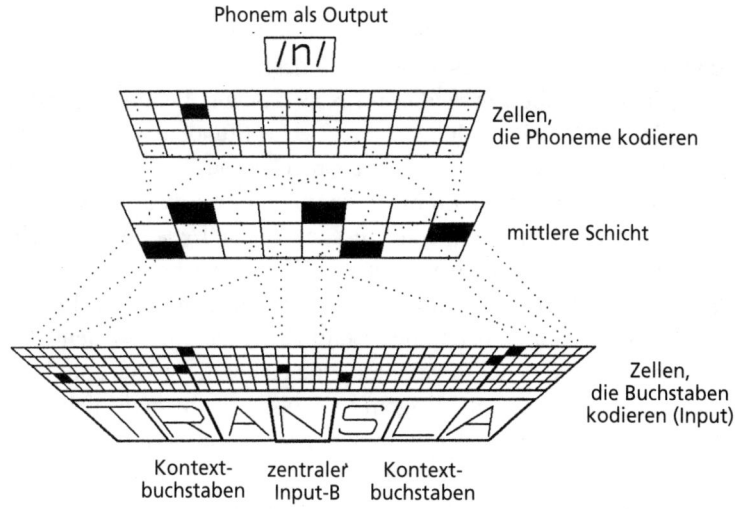

Phonem als Output

/n/

Zellen,
die Phoneme kodieren

mittlere Schicht

Zellen,
die Buchstaben
kodieren (Input)

Kontext-   zentraler   Kontext-
buchstaben Input-B buchstaben

4.21 NETtalk: ein Feedforward-Netzwerk zur Buchstaben-Laut-Umwandlung. (Verändert nach Terry Sejnowsky.)

gabemodule wie das DEC-System, ersetzten aber den dazwischenliegenden seriellen Computer und sein Programm durch das neuronale Netzwerk in Abbildung 4.21. Das Netzwerk sollte ein Phonem produzieren, wenn man ihm einen Buchstaben im Zentrum einer Kette aus sieben Zeichen präsentierte. Genau wie bei DECtalk lieferten die drei Zeichen rechts und links des Buchstabens den notwendigen Kontext.

Das Netzwerk wurde an einem willkürlich gewählten, 1 000 Worte langen Text in englischer Sprache trainiert, indem man den Text in phonetischer Schrift aufzeichnete und diese Aufzeichnung zum Ergebnisvergleich verwendete. Das ganze Verfahren wurde per Hand durchgeführt: Man betrachtete ein Fenster von jeweils sieben Buchstaben gleichzeitig, zeichnete den phonetischen Wert des zentralen Buchstabens auf und verrückte dann das Fenster um einen Buchstaben nach rechts. Alle Paare aus einem Buchstaben und seinem Phonem wurden dann in einem zusätzlichen Computer als Trainingsset für das Netzwerk gespeichert. Wieder wurden anfänglich die synaptischen Werte zufällig gesetzt, und die Lernphase konnte beginnen; wir kennen dieses Verfahren bereits.

NETtalk, wie die Entwickler ihr Netz nannten, benötigte für das Einstellen seiner Verbindungen kaum zehn Stunden und erreichte dann beim Trainingsset ein Leistungsniveau von 95 Prozent. (Man verwendete 1986 einen Computer, der nicht besser war als die heute üblichen PCs.) Nachfolgende Tests an neuen Texten ergaben ein beeindruckendes Leistungsniveau von 78 Prozent richtiger Phonetik. Und trotz dieser Fehlerrate von 22 Prozent hörte sich das Ergebnis für einen Zuhörer noch immer ziemlich verständlich an, denn das Netzwerk machte in der Regel nur kleine Fehler. Es sprach zum Beispiel *flood* fälschlich mit langem „u" aus, wie in *food*, nicht mit kurzem „a", wie *mud*, oder es sprach das „th" in *therapy* genauso weich aus wie in *there* oder *then*. Wenn man jedoch nicht genau auf solche Fehler achtete, dann hörte man sie meist gar nicht.

Machte das Netzwerk bei neuen Texten Fehler, was oft genug vorkam, dann kam es gewöhnlich der richtigen Aussprache so nahe, daß der Text verständlich blieb. Viele dieser Fehler lassen sich zudem auf den zu kleinen und nicht etwa vollständig repräsentativen Trainingstext zurückführen und nicht auf prinzipielle Leistungsgrenzen des Netzwerks. Nachfolgende Trainingsdurchläufe an viel längeren Texten steigerten die Leistungsfähigkeit des Netzwerks dann auch auf 97,5 Prozent.

Das Sprachausgabemodul, das sowohl in DECtalk wie in NETtalk benutzt wurde, verwendete die helle Stimme eines Vierzehnjährigen, *Kit the Kid*. Die computergesteuerte Stimme erinnert in beiden Systemen an Englisch mit leicht jamaikanischem Akzent. Das klingt ungewöhnlich, aber eigentlich nicht wie ein sprechender Computer.

Sejnowski und Rosenberg testeten die ständig besser werdende Sprachausgabe von NETtalk in verschiedenen Phasen des Lernprozesses. Dadurch erhielten sie eine Reihe immer besser verständlicher Sprachproben, die mit monotonem Gurren und Babbeln beginnen, als die Verbindungen zufällig gesetzt waren, und am Schluß des Trainings mit verständlichem Englisch enden. Diese Aufnahmen machten auf die Zuhörer bei wissenschaftlichen Vorträgen großen

Eindruck. Ich erinnere mich daran, wie Sejnowski sein Tonband auf einem unserer Seminare vorspielte, kurz bevor er mit seinem Labor an unsere Universität umzog. Die Zuhörerschaft – vielleicht zwei Dutzend Leute, vom Philosophen bis zum Elektroingenieur – war außer sich! Wir fanden es großartig! Bald hatte Sejnowski fast nur noch damit zu tun, Vorträge zu halten. Er erklärte die Architektur seines Netzwerks und spielte das Tonband vor vielen Zuhörern im ganzen Land und schließlich sogar in einer der Hauptnachrichtensendung des amerikanischen Fernsehens ab. Neuronale Netzwerke wurden berühmt!

Natürlich versteht NETtalk nicht, was es da liest, denn es kennt die Bedeutung der Worte nicht. In diesem Punkt ist es „dumm" wie ein Esel. Erstaunlich ist aber die Tatsache, daß es eine Leistung vollbringt, für die man normalerweise einen Wust von Ausspracheregeln und mehrere Mann-Jahre zu deren Programmierung benötigt, All das schafft das Netzwerk nur dadurch, daß es Signale durch wenige Hundert „Neurone" mit Verbindungen unterschiedlicher Stärke schickt. Schließlich gab man NETtalk nie irgendwelche spezifischen Regeln ein; zudem hatte es nie die Möglichkeit, derartige Regeln in irgendeiner Form zu bilden. Seine einzige Informationsquelle war die wiederholte Konfrontation mit den Beispielen aus dem Trainingsset, worauf es nur mit der Änderung seiner Verbindungstärken reagieren konnte. Die zentrale Frage lautet also: Wie schafft NETtalk das? Wie bringt es das Netzwerk fertig, die gewünschte allgemeingültige Buchstaben-Phonem-Umformung durchzuführen?

Wieder einmal hat die mittlere Zellschicht die Schlüsselfunktion inne. Wie wir bereits wissen, muß das Netzwerk 79 verschiedene Umformungen entsprechend der 79 Phoneme durchführen können. Wenn wir uns die Aktivierungsmuster auf der mittleren Netzwerkebene am Ende der Lernphase ansehen, dann erkennen wir, daß jede dieser 79 Umformungen durch einen eigenen Standardvektor auf dieser Ebene repräsentiert wird. (Das ist eine leichte Vereinfachung, denn jeder dieser 79 Fälle ist in Wahrheit eine kleine „Wolke" aus verschiedenen Punkten, die sich um den Durchschnitts- oder Prototypvektor scharen. Die Kontextvariabilität vor und hinter dem Buch-

staben erzeugt diese zusätzliche Streuung.) Jeden dieser 79 Vektoren
kann man sich als einen Punkt im achtzigdimensionalen Merkmalsraum der Mittelschichtzellen vorstellen (Abbildung 4.22). Auch in
diesem Fall haben wir also ein Netzwerk, das seine Kategorien mit
Hilfe einer Anzahl von Punkten lernt, die in einem Merkmalsraum
verteilt liegen. Um die gestellte Aufgabe zu bewältigen, mußte
NETtalk diese 79 Einzelfälle unterscheiden lernen und seine Verbindungen so einstellen, daß die große Vielfalt der ankommenden
Vektoren auf genau 79 Ausgangsvektoren konzentriert wird (Abbildung 4.22).

Diese Punkte sind nicht zufällig im Merkmalsraum verteilt. Ana-
lysiert man ihre Verteilung, stößt man auf eine komplexe Struktur,
die die Punkte sowohl verbindet als auch trennt. Sejnowski und
Rosenberg wunderten sich über die enge Nachbarschaft vieler der

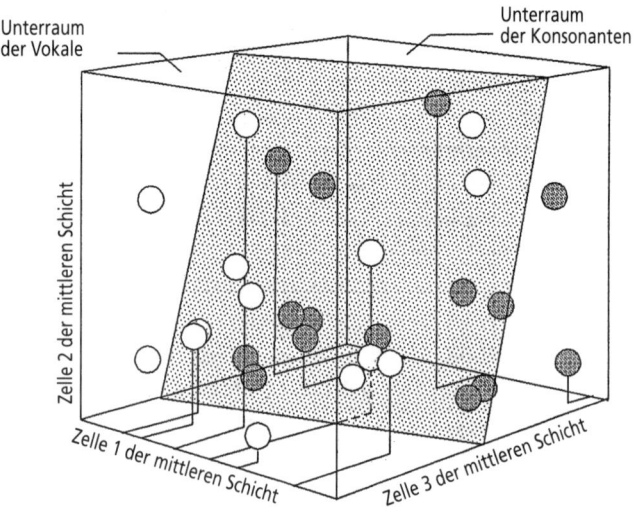

4.22 Der Merkmalsraum der Zellen auf der mittleren Schicht von
NETtalk. Jede Buchstaben-Laut-Umwandlung entspricht einem
bestimmten Punkt im Raum. Dargestellt sind nur drei der 80 Dimensionen. Einige der Punkte überlappen sich, weil sie sich nur in den
fehlenden Dimensionen unterscheiden.

Punkte in Abbildung 4.22. Speziell wollten sie wissen, welchen direkten Nachbar jeder einzelne Punkt in diesem Raum hat. Ein einfaches Programm berechnete alle Entfernungen der Punkte untereinander und bestimmte die 38 Punktpaare, die am engsten beieinanderliegen. Sie stehen für gepaarte Input-Output-Transformationen, die das trainierte Netzwerk als die einander ähnlichsten ansieht.

Die Paarbildungen des Netzwerks sind intuitiv leicht verständlich. Der auf der mittleren Schicht dargestellte Vektor, der bei der Umwandlung von „k" in den k-Laut wie in *kick* entsteht, ist dem sehr ähnlich, der bei der Umwandlung von „c" in den k-Laut wie in *cat* entsteht. Genauso sind die Vektoren bei der Transformation von „s" in das weiche „s" (wie in *busy*) und in das scharfe „s" (wie in *sissy*) einander sehr ähnlich. Keine der Paarbildungen ist ungewöhnlich, denn im geschriebenen Englisch allgemein wie auch im Trainingstext kommen „k" und „c" normalerweise in ähnlichem orthographischen Kontext vor, wenn sie wie „k" in *kick* ausgesprochen werden. Statistisch gesehen kommen auch das scharfe, stimmlose und das weiche, stimmhafte „s" in ähnlichen orthographischen Umgebungen vor. Genau auf diese orthographischen Kontexte und die phonetisch bedeutsamen Ähnlichkeiten zwischen ihnen wird das Netzwerk während der Trainingsphase abgerichtet. Auch die anderen Paarbildungen zeigen dasselbe Muster; Sie können sie rechts am Dendrogramm in Abbildung 4.23 sehen.

Wir können diese Prozedur, die uns 38 Vektorpaare lieferte, wiederholen und herausfinden, welche Paare am engsten beieinander liegen. Das ergibt 19 Gruppen von jeweils 4 Vektoren. Die Mitglieder jeder einzelnen Gruppe besitzen die eine oder andere „Familienähnlichkeit", eine Ähnlichkeit, die für das Netzwerk bei der Durchführung der Aufgabe relevant war. Wiederholen wir diesen Vorgang, bis alle 79 Vektoren eingeschlossen sind, dann erhalten wir die hierarchische Struktur in Abbildung 4.23. Bemerkenswert ist die grundlegende Unterscheidung zwischen Vokalen und Konsonanten, die das Netzwerk „entdeckt" hat. Sie wurde ihm nie vorgegeben, sondern es hat sie selbst gefunden, nur anhand der statistischen Informationen, die der Trainingstext implizit enthielt, und dem stän-

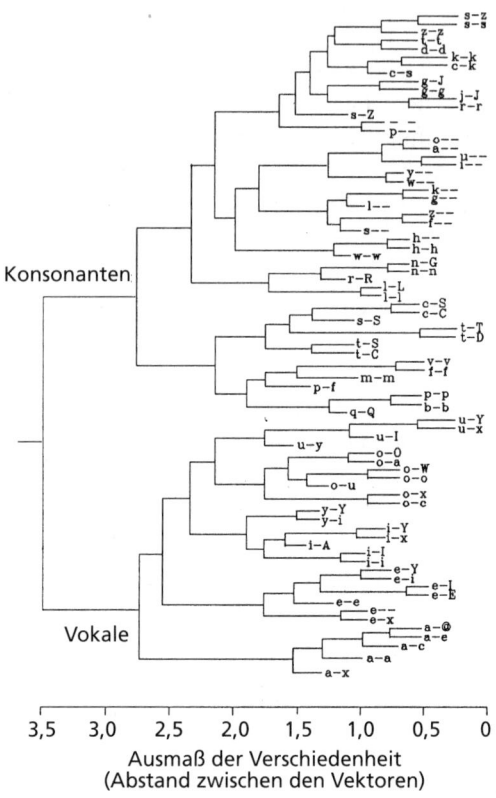

3,5 3,0 2,5 2,0 1,5 1,0 0,5 0

Ausmaß der Verschiedenheit
(Abstand zwischen den Vektoren)

4.23 Das Dendrogramm zeigt die Hierarchie der Kategorien, die im Merkmalsraum der mittleren Schicht von NETtalk entstanden sind. Rechts ist jeweils die Buchstaben-Phonem-Umwandlung angegeben. Interessant ist die spontane Unterscheidung von Konsonanten und Vokalen, die dem Netzwerk nicht vorgegeben wurden. (Verändert nach Terry Sejnowsky.)

digen Druck der Lernprozedur, die das Netzwerk langsam für die vorhandenen orthographischen Muster sensibilisiert hat. In Abbildung 4.23 sehen wir also das Gerüst aus Konzepten, das durch das Lernen in NETtalk erzeugt wurde. Es stellt ein System miteinander verwandter Kategorien oder *Konzepte* dar, die das komplexe Verhalten von NETtalk erklären. Wenn Sie eine der grundlegenden Eigenschaften unserer Kongition verstehen wollten, die in einigen Aspekten der Gehirnaktivität sichtbar werden, dann können Sie in Abbildung 4.23 damit anfangen.

Dieses Beispiel führt das einfache Muster weiter, das wir beim Sonar- und beim Gesichtserkennungsnetzwerk kennengelernt haben, bei denen der Merkmalsraum in zwei oder drei Kategorien unterteilt war. Der Raum von NETtalk ist in 79 verschiedene Kategorien unterteilt, und Sie werden jetzt verstehen, daß diese Aufspaltung in immer feinerer Kategorien regelrecht explodieren kann, wenn Netzwerke aus Millionen von Zellen pro Schicht bestehen und nicht nur aus achtzig – Netzwerke, die noch schwierigeren Transformationsproblemen gegenüberstehen. Schließlich ist NETtalk auch deshalb lehrreich, weil es etwas Reales beherrscht und nicht nur ein abstraktes Modell ist. Schließt man es an einen Sprachsynthesizer an, dann produziert es ein echtes Verhalten: es liest vor. Das beleuchtet einen weiteren wichtigen Punkt: Letztlich besitzen Tiere wie Menschen ein Gerüst aus Konzepten, um zweckmäßiges Verhalten zu erzeugen und zu steuern.

Vektorcodierung am Ausgang: sensomotorische Koordination

Stellen Sie sich eine Holzmarionette mit ihren Gelenken und Fäden vor. Ohne diese Fäden und ohne einen geübten Marionettenspieler sinkt die Puppe zu einem Häufchen in sich zusammen. Der menschliche Körper unterscheidet sich in dieser Hinsicht nur wenig von dem einer Marionette. Ohne die kontinuierliche Spannung von Tausenden von Muskeln, die an den Knochen ansetzen, und ohne die ständige Kontrolle dieser Muskelspannung durch das Gehirn, wären auch wir nur ein Haufen Fleisch und Kochen. Unser Marionettenspieler ist das Gehirn, aber wie hält es uns aufrecht? Es sendet neuronale Aktivität die langen Axone der motorischen Neurone hinunter, die innerhalb des Rückenmarks liegen. Diese Axone bilden Synapsen auf Nervenzellen, die im Vorderhorn des Rückenmarks liegen. Ihre Fortsätze treten zwischen den Wirbeln aus der Wirbelsäule heraus und enden oft an einzelnen Muskelfasern tief in den Muskeln. Hier führt die ankommende neuronale Aktivität dazu, daß der Muskel sich kontrahiert, also seine Spannung erhöht.

So funktioniert die sensomotorische Kontrolle im Prinzip, aber die entscheidende Frage bleibt immer noch offen: Wie koordiniert das Gehirn die Tausenden von Muskeln? Wie produziert es eine bestimmte Stellung des Körpers, zum Beispiel beim Zielen mit Pfeil und Bogen? Oder wie steuert es eine Reihe koordinierter Körperbewegungen, zum Beispiel beim Laufen, Reden, Ballspielen oder Musizieren?

Natürlich durch Aktivitätsvektoren und Merkmalsräume! Was schon bei der Reizwahrnehmung so überaus nützlich war, erweist sich auch bei der Motorik als sinnvoll. Um die große Zahl verschiedener Muskeln zu kontrollieren, übermittelt das Gehirn den Muskelfasern simultan ein Muster von Aktivitätniveaus (einen Aktivitätsvektor) durch die Motoneurone. Jedes Element dieses Aktivierungsmusters gelangt zu seiner jeweiligen Muskelfaser und bewirkt ihre Kontraktion. Im Endeffekt wird eine ganze Gruppe von Muskeln koordiniert und gleichzeitig gesteuert, so daß ein Gesamtbild der Muskelspannung entsteht, der Körper also den Bogen spannt, den Ball fängt oder man mit der Fingerspitze die Nase berührt.

Wir können also wieder auf dieselben Erklärungen und Begriffe zurückgreifen, die uns schon bekannt sind: Merkmalsräume, man könnte sie hier auch Aktivitätsräume, Vektorähnlichkeiten und Vektor-Vektor-Umwandlungen nennen. Die ersten beiden Begriffe tauchen auch gleich wieder in Abbildung 4.24 auf. Das Hinterbein einer Katze bewegt sich beim Laufen in einer Folge von Bewegungen durch den physikalischen Raum, wie in (a) dargestellt. Dieselbe Bewegungssequenz ist in (b) in einem abstrakten Raum dargestellt, der die Winkel der Gelenke repräsentiert, und bildet dort eine geschlossene Schleife. Die Stellung des Beines „bewegt" sich auf dieser Schleife, wenn das Bein von einer Reihe von Muskeln bewegt wird, deren Spannungsveränderungen als geschlossene Schleife im Merkmalsraum (c) dargestellt ist. Dieses Muskelverhalten wieder-

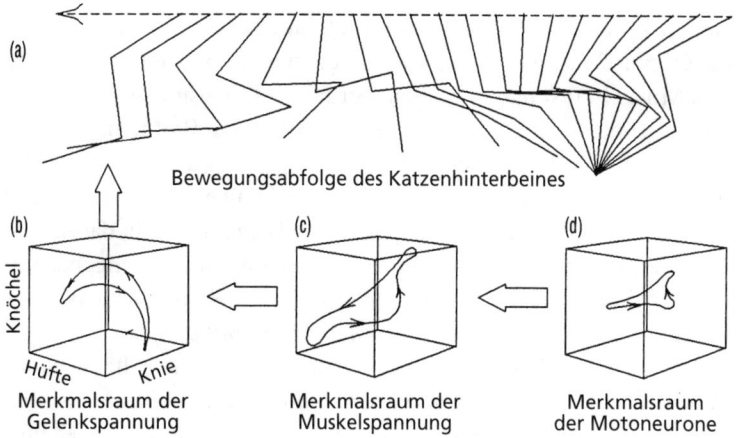

Bewegungsabfolge des Katzenhinterbeines

(b) Knöchel — Hüfte — Knie
Merkmalsraum der
Gelenkspannung

(c) Merkmalsraum der
Muskelspannung

(d) Merkmalsraum
der Motoneurone

4. 24 Die Positionen des Hinterbeines einer laufenden Katze im realen Raum während eines Bewegungszyklus (a). Die Veränderung seiner Gelenkwinkel in einer räumlichen Darstellung. Die geschlossene Schleife stellt die Positionen in diesem Raum während des Bewegungszyklus dar (b). Der Merkmalsraum für die Muskelspannung im Hinterbein der Katze (c) und für die Aktivität der Motoneurone (d). Beides sind geschlossene Schleifen. Beachten Sie, daß die Aktivität der Motoneuronen (d) die Muskelspannung (c) verursacht und diese wiederum die Gelenkstellung (b), was dann wie (a) aussieht.

um wird von Aktivitätsvektoren vieler Motoneurone gesteuert, deren Bahn im Merkmalsraum in (d) dargestellt ist.

Diese Sequenz von Aktivitätsvektoren stammt aus dem Gehirn, aber davon später mehr. Im Moment möchte ich nur darauf hinweisen, daß *ähnliche* Vorgänge, sei es nun die Position des Beines oder die Aktivierungsmuster der Neurone, wieder von Punkten repräsentiert werden, die im jeweiligen Merkmalsraum *nahe beieinanderliegen*. Außerdem hat das Bein einer Katze natürlich viel mehr Muskeln und viel mehr Motoneurone, als wir mit nur drei Dimensionen darstellen können. Das ist ein Problem, auf das wir schon früher bei der Besprechung der Geschmackswahrnehmung gestoßen sind: Wir benötigen mehr Dimensionen, als wir graphisch angemessen darstellen können. Das Gehirn selbst hat damit keine Schwierigkeiten; es dirigiert Millionen von Motoneuronen und kontrolliert Tausende von Muskeln fast mühelos, denn der multi-dimensionale Aktivitätsvektor ist die perfekte Lösung für ein komplexes Problem.

Wie perfekt das tatsächlich ist, können wir ermessen, wenn wir uns ansehen, wie ein Organismus seine Umwelt wahrnimmt und sein Verhalten entsprechend anpaßt. Das Problem besteht darin, eine Reaktion zu produzieren, die in der jeweiligen Situation angemessen oder intelligent ist. Oder, um dem Kind einen Namen zu geben: Es ist das Problem der *sensomotorischen Koordination.*

Vermutlich wissen Sie schon, worauf das Ganze hinausläuft. Wenn die externe Umwelt im Gehirn in Form von multidimensionalen sensorischen Vektoren codiert ist und wenn die vom Gehirn „beabsichtigte" Reaktion auch in den multidimensionalen Vektoren seiner Motoneurone codiert ist, dann besteht zielgerichtetes Verhalten nur in der passenden und feinabgestimmten Transformation dieser sensorischen Vektoren in motorische Vektoren!

Wie könnte man diese Transformation bewerkstelligen? Wir kennen bereits die Antwort: mit einem vielschichtigen neuronalen Netzwerk, verknüpft durch sinnvoll eingestellte synaptische Verbindungsgewichte. Aber sehen wir uns das Ganze in Aktion an.

Wir betrachten absichtlich nur ein recht einfaches Lebewesen, das mit einer sehr grundlegenden Aufgabe konfrontiert ist. Die Krabbe in Abbildung 4.25 besitzt zwei Augen, die sie nur horizontal nach rechts und links bewegen kann. Sie stellt die Lage von Leckerbissen durch einen internen Aktivitätsvektor dar, der nur aus zwei Elementen besteht: je ein Aktivitätsniveau für die Winkelpostion jedes Auges. Dieser überaus simple sensorische Vektor repräsentiert die Stellung der Augen zueinander, also die beiden Sichtlinien und damit auch deren Schnittpunkt, an dem sich das Futter befindet. So kann die Krabbe die räumliche Lage externer Objektes darstellen: mit einem aus zwei Elementen bestehenden Vektor, der die Winkelposition beider Augen codiert.

Unsere Krabbe hat auch einen Greifarm mit zwei Gelenken. Damit sie ihn sinnvoll benutzen kann, muß sie die Greifzange an die Stelle bringen, an der sich das Futter befindet, also an den Schnittpunkt der

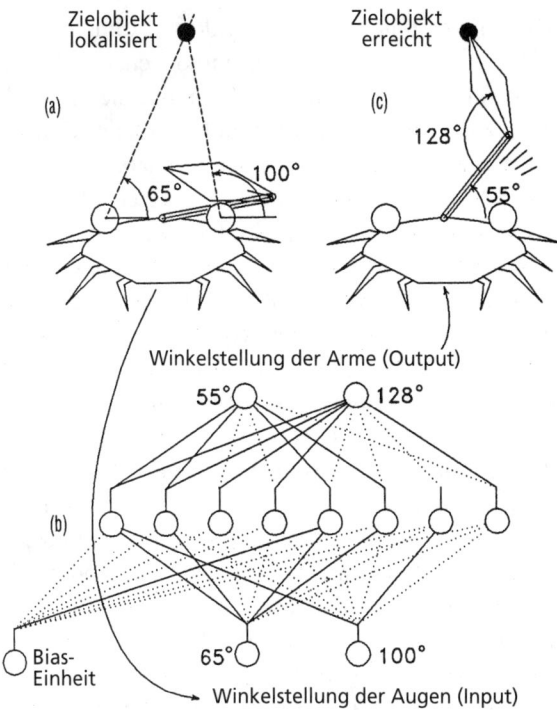

4.25 Ein Netzwerk zur sensomotorischen Koordination einer Krabbe. (a) Die Winkel der Augen zueinander definieren die Lage des Futters im Raum. Dieser Parameter stellt den Eingangsvektor für ein einfaches Netzwerk (b) dar, das diesen Eingangsvektor in einen motorischen Vektor für die Gelenkstellung (c) umwandelt, mit dem das Zielobjekt erreicht werden kann. Die durchgezogenen Linien in (b) symbolisieren erregende Verbindungen, die gestrichelten Linien hemmende Verbindungen.

beiden Sichtlinien. Diese Armstellung erfordert eine bestimmte Winkelkonstellation des Schulter- und Ellbogengelenks. Wir nehmen nun an, die Krabbe könnte einen geeigneten motorischen Aktivierungsvektor aus zwei Elementen in ihre Motoneurone schicken. Jedes dieser Elemente muß einen dieser Gelenkwinkel codieren, und die Muskeln der Krabbe müssen die Winkel richtig einstellen.

Das Problem besteht nun darin, jeden ankommenden sensorischen Vektor in den entsprechenden motorischen Vektor *umzuformen*. Dieser soll den Arm so positionieren, daß die Spitze der Greifzange genau am Schnittpunkt der Sichtlinien liegt. Kann ein Netzwerk der Art, wie wir sie bisher besprochen haben, ein sogenanntes *Feedforward-Netzwerk,* eine solche Aufgabe erfüllen? Sehr leicht sogar! Das winzige Netzwerk in Abbildung 4.25 wurde an etwa hundert Wertepaaren trainiert, die jeweils aus den beiden Augenwinkeln als Eingang und den beiden Gelenkwinkeln als Ausgang bestanden. Es lag bei einer großen Auswahl von Zielobjekten lediglich um durchschnittlich $\pm$ 7 Prozent in den Gelenkstellungen falsch. Natürlich entspricht diese Leistung nur derjenigen einer sehr unbeholfenen, geradezu tölpelhaften Krabbe, aber sie zeigt doch, daß selbst ein so kleines und unvollkommenes neuronales Netzwerk die gewünschte Input-Output-Aufgabe in hinreichender Näherung erfüllen kann. Eine so grobe Näherung kann für ein Lebewesen völlig ausreichen, wenn aber nicht, dann kann ein größeres Netzwerk die Aufgabe so exakt wie erforderlich ausführen.

Wir haben hier das erste Beispiel dafür, wie Gliedmaßen auf einen Umweltreiz hin zielgerichtet und koordiniert bewegt werden. Die Krabbe nimmt einen Futterbrocken wahr und greift nach ihm. Sie berechnet eine Position in ihrem „motorischen Raum", die der Lage des Objektes in ihrem „sensorischen Raum" entspricht. Sicherlich ist das nur ein stark vereinfachtes Beispiel, sowohl das Tier als auch das Netzwerk sind nur hypothetische Modelle. Was wir daraus aber lernen, ist allgemeingültig und führt weit über dieses Beispiel hinaus. Ob der sensorische Raum eines Lebewesens nun aus zwei Dimensionen oder aus zwei Millionen Dimensionen besteht, ob sein motorischer Raum nun zwei Dimensionen hat oder zweitausend Dimensionen, um koordiniertes Verhalten zu zeigen, muß das Gehirn stets sensorische in motorische Vektoren umwandeln.

Und hier beginnt intelligentes Verhalten: in der Fähigkeit des Gehirns, auf bestimmte Prinzipien gegründete sensomotorische Umwandlungen auszuführen, in seinem Vermögen, in der jeweiligen Situation das Richtige zu tun. Hierin liegen Intelligenz, Know-how und Fähigkeiten des Gehirns begründet – in der individuellen Konfiguration seiner synaptischen Verbindungen. Sogar bei einem sehr kleinen oder niederen Lebewesen, das kein eigentliches Gehirn besitzt und dessen Neurone entweder verstreut oder in kleinen Ansammlungen (sogenannten Ganglien) liegen, steckt seine wenn auch geringe Intelligenz in der Konfiguration der synaptischen Verbindungen. Das hier vorgestellte vektorverarbeitende System gilt für Ameisen und Schnecken genauso wie für Krabben und Menschen. Ein großes, komplex organisiertes Gehirn ist nur die letzte und größte Errungenschaft in der Evolution der sensomotorischen Koordination, keineswegs jedoch ihr frühestes oder einziges Beispiel.

Kann das aber wirklich alles sein? Ist Intelligenz nicht mehr als die Fähigkeit zu ausgeklügelten Vektorumwandlungen? Meine bisherige Argumentation scheint darauf abzuzielen, aber das trifft nicht zu. Wir haben mindestens einen Baustein des Puzzels noch nicht berücksichtigt. Ich habe mich bemüht, die Vorteile von reinen Feedforward-Netzwerken zu erläutern, weil man ihre außergewöhnlichen Möglichkeiten nicht unterschätzen sollte. Außerdem müssen wir erst klar verstanden haben, was solche Netzwerke leisten und wie sie arbeiten, bevor wir den nächsten Schritt tun. Feedforward-Netzwerke haben einen grundlegenden Nachteil: ihre eigene Einfachheit; sie sind nur schlecht für die Repräsentation von *Zeit* geeignet. Kein Lebewesen aber, dem der Zeitsinn fehlt, kann diese besondere Form von Kognition und Bewußtsein entwickeln, die höheren Tieren und Menschen zu eigen ist. Wir müssen also untersuchen, wie diese Grenze überschritten werden kann.

5. Netzwerke mit Rückkopplung: Die Eroberung der Zeit

Die zeitliche Dimension des Verhaltens

Beim Verhalten spielt natürlich auch die Zeit eine Rolle, denn jedes Verhalten hat eine zeitliche Ausdehnung. Tätigkeiten wie Greifen, Laufen und Sprechen bestehen aus einer genau aufeinander abgestimmten Folge einzelner Körperbewegungen. Das Gehirn darf den Muskeln nicht nur ein einziges Mal einen einzigen motorischen Aktivitätsvektor liefern, sondern es muß ihnen zur Steuerung eine kontinuierliche Abfolge motorischer Vektoren übermitteln, die dann wie die Einzelbilder eines Films gleichmäßige Bewegungen erzeugen.

Man könnte annehmen, daß dieser andauernden Strom von motorischen Vektoren in Ruhe oder vielleicht im Schlaf zum Stillstand kommt, aber sogar dann geht diese Aktivität rastlos weiter. Das Nervensystem muß zum Beispiel dafür sorgen, daß die Atemmuskulatur in gleichmäßigem Rhythmus weiterarbeitet, damit wir nicht ersticken. Vektorsequenzen zu erzeugen ist kein sporadischer oder neumodischer Luxus unseres Nervensystems, sondern eine fundamentale Notwendigkeit.

Das eben besprochene Beispiel mit der künstlichen Krabbe berücksichtigt die zeitliche Komponente des koordinierten Verhaltens nicht. Dagegen haben wir am Beispiel des Katzenhinterbeins die zeitliche Abfolge der Vektorensequenz aller drei Systeme kennengelernt: von Neuronen, Muskeln und Gelenken. Das Krabbenmodell der Koordination war also in einem entscheidenden Punkt unrealistisch. Zwar berechnet das kleine Netzwerk in Abbildung 4.25 tatsächlich eine richtige Zielkonfiguration für den Krabbenarm, wie der Arm aber aus einer beliebigen Position dorthin kommt, wurde dabei vernachlässigt. Ich habe dort den Eindruck vermittelt, als riefe ein einzelner motorischer Aktivitätsvektor plötzlich eine Reihe längerdauernder Muskelanspannungen hervor, so daß der Arm auf seine neue Position springt, als habe er unter Federspannung gestanden.

Sicherlich könnte man eine Roboterkrabbe bauen, die genauso funktioniert. Aber wenn der Federarm, der ja eine gewisse Massenträgheit hat, an seine Endposition gesprungen ist, dann würde er vermutlich noch etwas vibrieren, bevor er an der richtigen Stelle stillsteht. Oder noch schlimmer, er würde wahrscheinlich schon beim ersten Ausschlagen den Futterbrocken außer Reichweite kicken. Um unserer Krabbe derartige Frustrationen zu ersparen, sollten wir sie mit etwas feineren Tischsitten ausstatten. Insbesondere sollte sie nicht nur das Zielgebiet, sondern auch den geeigneten Weg berechnen können, der den Arm sicher und ohne Übersteuerungen ans Futter führt.

Aber wie war das nochmal bei NETtalk? War das nicht auch ein reines Feedforward-Netzwerk und produzierte dennoch eine Sequenz von Ausgabevektoren, nämlich die Vektoren, mit denen der Synthesizer eine kohärente Sprache produziert? Das ist richtig, aber während jeder produzierte Laut innerhalb des Netzwerks festgelegt wird, wird die Aufeinanderfolge dieser Laute nicht vom Netzwerk selbst vorgegeben, sondern ausschließlich von der Buchstabenfolge im Text und damit von der zeitlichen Reihenfolge bestimmt, mit der die Buchstaben dem Netzwerk präsentiert werden. Lieferte man dem Netzwerk die Buchstaben in umgekehrter Reihenfolge, dann würde es rückwärts lesen! Es weiß nichts über die richtige Abfolge, sondern reagiert auf jedes Fenster aus sieben Buchstaben unabhängig vom vorhergehenden oder nachfolgenden Fenster, erzeugt also einen einzelnen Laut völlig unabhängig vom vorhergehenden oder nachfolgenden Phonem.

Was fehlt solchen Feedforward-Netzwerken? Was benötigen wir noch, um den Faktor Zeit mitberücksichtigen zu können? Wir müssen Vorkommnisse in der unmittelbaren Vergangenheit erfassen und damit kognitives Verhalten beeinflussen können. Kurzum, wir brauchen eine Art Kurzzeitgedächtnis.

Die Modell-Netzwerke besitzen natürlich bereits eine Form von Gedächtnis: das Wissen oder die Fähigkeiten, die im Gesamtmuster seiner synaptischen Verbindungsstärken verschlüsselt liegt. Diese Form von Gedächtnis ist jedoch blind für die Details bestimmter Ereignisse der Vergangenheit. Ein Stein, den stetige Wassertropfen ausgehöhlt haben, bezeugt natürlich das Werk, das unzählige Tropfen über die Jahre hinweg geleistet haben, aber Aussehen, Größe, Temperatur, pH-Wert und Zeitpunkt jedes einzelnen Wassertropfens sind Informationen, die trotz der Form des Steines für immer verloren sind. Ganz ähnlich verhält es sich mit dem Muster der Verbindungsstärken in einem neuronalen Netzwerk. Das Endresultat dieses Prozesses enthält weder Informationen über die einzelnen Eingangs- und Ausgangssignale noch über die unzähligen Veränderungen der Synapsengewichte, die es in seine gegenwärtige Form gebracht haben. Wenn das Netzwerk explizit bestimmte Ereignisse in der nahen Vergangenheit erfassen will, benötigt es also einen zusätzlichen Mechanismus.

Wie könnte man einem Feedforward-Netzwerk diese Fähigkeit verleihen? Sehen wir uns dafür unser Gehirn an, und fragen wir uns, welche besonderen Eigenschaften es besitzt, die den bisher betrachteten Modell-Netzwerken fehlen. Natürlich gibt es sehr viele Eigenschaften, in denen die Modelle der biologischen Realität nicht besonders nahe kommen, aber eine fällt besonders auf – und sei es nur deshalb, weil es ein durchgängiges Strukturmerkmal ist.

In den bisher behandelten Modell-Netzwerken sind die einzelnen Neuronenpopulationen oder Schichten durch Verbindungen miteinander verknüpft, die nur in eine Richtung verlaufen, nämlich aufwärts. Auch im Gehirn ist dieser Verbindungstyp häufig, aber es besitzt zusätzlich starke axonale Verbindungen, die von „späteren" oder „höheren" neuronalen Ebenen zurück zu den davorliegenden führen. Die normalen Feedforward-Verbindungen nennt man aufsteigenden Bahnen, die zurücklaufenden (Feedbackward) Verbindungen absteigende Bahnen oder rekurrente Verbindungen.

Für das Gehirn sind rekurrente Verbindungen offensichtlich von großem Nutzen, denn es bildet sehr viele derartige Verknüpfungen aus. Neuronen, denen solche absteigenden Verbindungen völlig fehlen sind sehr selten; in manchen Fällen gibt es sogar mehr absteigende als aufsteigende Verbindungen. Sie werden sich erinnern, daß jeder seitliche Kniehöcker einen dicken Faserstrang aufsteigender Axone in den visuellen Cortex schickt. Die Nervenzellen im visuellen Cortex senden ihrerseits aber beinahe zehnmal soviele absteigende Axone zurück in die seitlichen Kniehöcker. Das Verhalten der Cortexneurone wird also nicht nur von den Nervenzellen im seitlichen Kniehöcker bestimmt, sondern es gilt anatomisch wie funktionell auch genau das Umgekehrte, sogar in noch größerem Ausmaß. Dieses Verschaltungsprinzip ist im Gehirn weit verbreitet.

Gut, werden Sie sagen, es gibt also absteigende Bahnen im Gehirn, aber wie lösen sie das Problem des Kurzzeitgedächtnisses, wie können sie Vorgänge in der Vergangenheit darstellen? Genau das wollen wir uns jetzt ansehen.

Ein Feedforward-System arbeitet wie eine Pipeline, eine Informationspipeline. Je weiter vom Beginn der Pipeline man eine Probe des Informationsflusses zieht, desto mehr Zeit ist seit der Einspeisung dieser Information in die Pipeline vergangen und desto älter ist auch das Ergebnis, das die Information beschreibt. Wenn also ein Axon an einer Nervenzelle weiter hinten in der Pipeline entspringt und zurück nach vorne läuft, liefert es Informationen über vergangene Aktivitäten des Netzwerks nach vorne. Diese Informationen stehen dann für die aktuellen Verrechnungen in der Neuronenschicht zur Verfügung, mit der die absteigegende Bahn in synaptischem Kontakt steht.

Rekurrente Bahnen bilden also eine einfache Art von Kurzzeitgedächtnis. Sie erlauben einen ständigen Zugriff auf die unmittelbare kognitive Vergangenheit eines Organismus, die mit den aktuellen sensorischen Informationen über die Gegenwart verrechnet werden kann. Eine Information, die gerade Schicht 2 durchlaufen hat, kann – normalerweise leicht modifiziert – im Bruchteil einer Sekunde wieder in Schicht 2 zurückgeleitet und dort in die momentan ablaufenden Prozesse einbezogen werden. Dadurch kann ein Lebewesen bei seiner Reaktion auf die derzeitige Situation auch unmittelbar vorhergehende Ereignisse berücksichtigen. Wie Abbildung 5.1 zeigt, erhält Schicht 2 sowohl von der sensorischen Peripherie in Schicht 1 als auch von Ebenen, die hinter Schicht 2 liegen, vor allem von Schicht 3, ständig Informationen.

Mit diesen zusätzlichen absteigenden Bahnen ist das Netzwerk nicht mehr nur in der hauchdünnen Schicht Gegenwart gefangen, sondern sein kognitiver Raum erstreckt sich nun wenigstens Bruchteile von Sekunden in die Vergangenheit.

Das allein ist schon nützlich, aber es kommt noch viel besser. Wenden wir uns der zweiten Frage zu: Wie repräsentiert das Gehirn

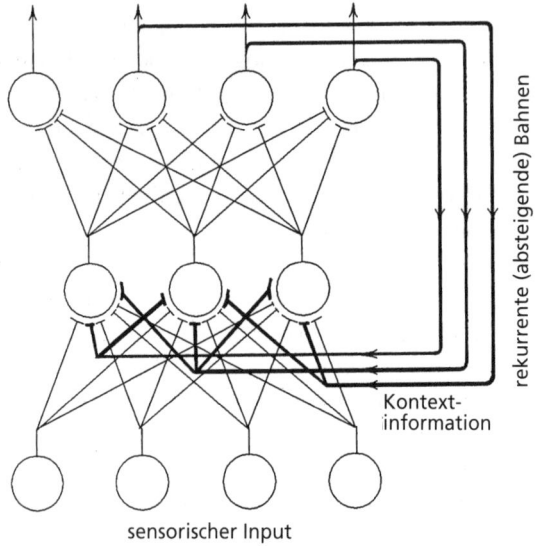

rekurrente (absteigende) Bahnen

Kontext-
information

sensorischer Input

5.1 Eine einfache Feedforward-Architektur mit drei zusätzlichen absteigenden Bahnen. Damit werden die neuronalen Aktivierungs-niveaus auf Ebene 2 nicht nur von den Aktivitätsvektoren aus der Eingangsebene, sondern auch von denjenigen aus Ebene 3 kontrol-liert, die verarbeitete Information über frühere Zustände von Ebene 2 und damit indirekt auch über die Zustände von Ebene 1 enthalten.

die zeitliche Abfolge von Ereignissen? Darauf gibt es vermutlich mehr als nur eine Antwort, denn das Gehirn kennt höchstwahr-scheinlich mehrere Methoden, um zeitliche Informationen zu codie-ren. Dennoch ist eine Antwort offensichtlich, und Sie kennen sie schon seit dem Vergleich mit den Fernsehbildschirmen im ersten Kapitel. Genau wie die Pixelbilder eines Films die zeitliche Abfolge von Ereignissen repräsentieren, kann auch eine Aufeinanderfolge von Aktivitätsvektoren im visuellen Cortex eine zeitliche Abfolge von Ereignissen darstellen.

Was unterscheidet dieses System aber von NETtalk? Auch dieses Netzwerk generiert eine Abfolge von Aktivitätsvektoren, zumindest solange, wie wir seine Eingangsschicht mit Text füttern. Diese letzte Aussage aber macht den grundsätzlichen Unterschied deutlich. Ein reines Feedforward-Netzwerk wie NETtalk kann keine Aktivität aus sich heraus erzeugen. Es ist vollständig von seinem Input abhängig. Ein rekurrentes Netzwerk hingegen ist in der Lage, auch ohne Reize von außen komplexe Abfolgen von Aktivierungsvektoren selbst zu generieren.

Es ist nicht schwer zu verstehen, wie es dazu kommt. Wenn das Netzwerk in Abbildung 5.1 seine Zellen in Schicht 2 selbst mit Eingangssignalen versorgen kann, dann gibt es keinen Grund, warum es jemals damit aufhören sollte, Aktivitätsvektoren in diesem (teilweise) geschlossenen Kreis zirkulieren zu lassen, auch wenn die Eingabezellen in Schicht 1 inaktiv sind. Tatsächlich verhalten sich viele rekurrente Netzwerke so, wenn man ihre Verbindungsstärken entsprechend einstellt und ihre Aktivität dann mit einem geeigneten Eingangsvektor anstößt. Sie gehen rasch in einen stabilen Kreislauf von Aktivitätsvektoren über und wiederholen diesen endlos oder zumindest solange, bis sie ein neuer Eingangsvektor „ablenkt". Ein derartiges periodisches Verhalten nennt man Grenzzyklus, wobei „Grenze" nur bedeutet, daß ein solcher Kreislauf stabil ist und jede ähnliche zyklische Aktivität dazu tendiert, sich auf diesen Kreislauf einzupendeln.

Grenzzyklen sind notwendig, um Muskelaktivität bei vielen üblichen Bewegungen zu steuern. Eine derartige monotone Kreisbewegung mag im ersten Augenblick vielleicht unsinnig erscheinen, aber das ändert sich, wenn man sich klarmacht, daß es zyklische Vorgänge sind, die zum Beispiel unser Herz rhythmisch und pausenlos schlagen lassen. Auch das Atmen beruht auf ähnlichen Mechanismen, ebenso Krabbeln, Gehen, Laufen, Fliegen, Kauen und fast jedes andere denkbare Verhalten, das repetitiv oder periodisch ist.

Als Codierungsstrategie ist der Grenzzyklus die direkte Weiterführung eines Ihnen bereits bekannten Prinzips. Aus den bisherigen Beispielen wissen Sie, wie ein Punkt in einem Merkmalsraum eine komplexe sensorische Realität repräsentieren oder auch ein komplexes Muster von Muskelspannungen codieren kann. Ein Grenzzyklus ist nun die kontinuierliche Abfolge genau solcher Punkte, eine zusammenhängende Linie, die sich durch den Merkmalsraum

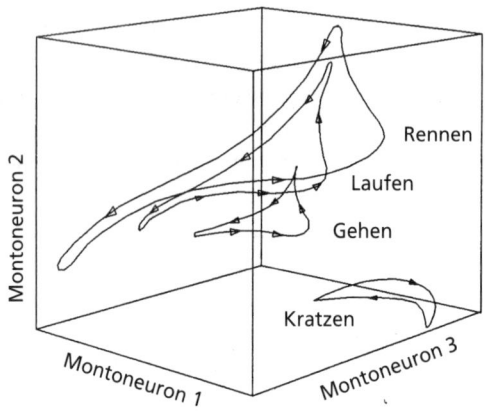

5.2 Der partielle Merkmalsraum der Motoneuronen, die das Hinterbein der Katze innervieren. Man erkennt vier verschiedene Schleifen oder Vektorsequenzen, die Gehen, Laufen, Rennen und Kratzen erzeugen.

schlängelt und sich schließlich zu einer geschlossenen Bahn oder Schleife schließt.

Einige Seiten vorher sind wir schon auf einen Grenzzyklus gestoßen: In Abbildung 4.24d stellte eine geschlossene Bahn im neuronalen Aktivitätsraum die Sequenz motorischer Vektoren dar, die die Muskeln im linken Hinterbein einer laufenden Katze steuern. Sehen wir uns das Ganze noch einmal etwas vergrößert an, und betrachten wir die verschiedenen Grenzzyklen genauer (Abbildung 5.2).

Wir erkennen wieder den Grenzzyklus, der das Laufen produziert, aber die Abbildung enthält noch einige weitere mögliche Kreisbahnen. Der kleinere und langsamere Kreis (angedeutet durch den geringeren Abstand der Pfeile) stellt den Grenzzyklus dar, der den langsamen, bedächtigen Gang der Katze erzeugt, beziehungsweise den Anteil des Hinterbeines daran. Der größere und viel schnellere Kreis produziert das erschreckte, galoppartige Rennen der Katze, wenn sie zum Beispiel vor einem Hund flieht. Der kleinste und sich am schnellsten wiederholende Zyklus schließlich ruft die Bewegung des Hinterbeines hervor, wenn sich die Katze hinterm linken Ohr kratzt.

Eine Katze kann ihr Hinterbein natürlich noch auf viele andere Arten bewegen, doch jede Bewegung ruft eine charakteristische Bahn oder Abfolge von Vektoren im Merkmalsraum des jeweiligen Netzwerks hervor. Wir sollten vielleicht noch erwähnen, daß diese Bahnen nicht immer geschlossene Schleifen sein müssen, denn nicht alle Bewegungen sind periodisch, nicht alle werden sofort wiederholt, und nicht alle enden dort, wo sie begonnen haben.

In Wahrheit werden die meisten Bewegungen im Merkmalsraum der Motoneurone von Linien codiert, die nicht geschlossen sind, deren Anfang und Ende also nicht zusammenfallen. Wenn Sie zum Beispiel eine Fliege vom Ohr verscheuchen, ist es unwichtig, wohin sich Ihre Hand danach bewegt. Oder Sie nehmen eine Gabel und holen damit ein Würstchen vom Grill. Welchem Ihrer Kinder Sie das Würstchen auf den Teller legen, ist für diese Tätigkeit irrelevant. Im Laufe der Zeit können die Vektorlinien der Motoneuronen häufig verschiedene typische Kreisläufe aufbauen – wenn Sie sich die Haare bürsten, einen Bleistift anspitzen oder radfahren. Aber genauso oft beschreibt die Bahn eine Reihe von kurzen prototypischen Linien; beispielsweise ergibt sich eine unregelmäßige Zick-zack-Linie, wenn der Brathähnchenverkäufer die Handschuhe überzieht, die Grilltür öffnet, das brutzelnde Hähnchen herausnimmt, die Grilltür schließt, das Hähnchen auf den Tisch legt, in Alufolie einwickelt... Sie verstehen schon, was ich meine. Motorische Fähigkeiten erfordern sowohl prototypische Linien als auch Kreise.

Natürlich kann kein rekurrentes Netzwerk all das oder auch nur einen Teil dessen leisten, wenn seine synaptischen Verbindungsstärken nicht entsprechend eingestellt sind. Aber selbstverständlich können rekurrente Netzwerke genauso trainiert werden wie Feedforward-Netzwerke, nämlich mit Hilfe der Backpropagation (Fehlerrückmeldung). Und wenn man sie trainiert hat, dann eröffnen sie ein ganzes Universum neuer Möglichkeiten – zumindest den Netzwerktheoretikern. Man kann ihnen nicht nur beibringen, ein unveränderliches Muster zu erkennen, wie den Schnappschuß eines Gesichts, sondern sie auch auf das Erkennen einer Abfolge von Standardbewegungen trainieren, wie Winken, Handschlag, einen springenden Ball, eine laufende Katze oder ein tanzendes Paar.

Außerdem kann man sie lehren, einen Gegenstand wahrzunehmen, seine Zielkoordinaten zu berechnen und darauf zu reagieren. Sie sind nach entsprechendem Training sogar in der Lage, glatt ablaufende Bewegungen zu produzieren, wie zum Beispiel einen Arm geschickt und elegant in seine Endposition zu überführen, ohne zu übersteuern oder mit etwas zu kollidieren.

Fügt man dem Grundaufbau eines Feedforward-Netzwerks absteigende Bahnen hinzu, dann entsteht etwas fundamental Neues. Ein solches rekurrentes Netzwerk kann externe Strukturen erfassen, die zeitlich wie räumlich unbegrenzt sind. Obwohl sein „Kurzzeitgedächtnis" nur den Bruchteil einer Sekunde in die Vergangenheit reicht, kann ein gut trainiertes rekurrentes Netzwerk zeitliche Sequenzen beliebiger Länge darstellen. Diese Fähigkeit besitzt es, weil es durch rekurrente Modulation seiner eigenen Vektoraktivität ganz spontan lange Abfolgen von Aktivitätsvektoren generieren kann.

Erkennen kausaler Zusammenhänge

Bisher haben wir uns primär auf das Erzeugen von Bewegungen und die Rolle von Vektorsequenzen konzentriert. Ich hatte zwei Gründe, damit anzufangen: Die Frage der motorischen Kontrolle ist ein guter Ausgangspunkt, um die Grundeigenschaften des rekurrenten Netzwerkaufbaus zu erklären. Zudem war die Motorik auch in der Evolution die primäre Aufgabe rekurrenter Netzwerke. Der Herzschlag (der bei manchen niederen Tieren neuronal gesteuert wird), das Pumpen von Wasser durch die Kiemen, schlängelnde Schwimmbewegungen – all das sind sehr ursprüngliche Körperfunktionen. Aber rekurrente Netzwerke haben bei weitem nicht nur motorische Aufgaben. Auf der Eingangsebene spielen rekurrente Verbindungen und Vektorsequenzen eine ebenso wichtige Rolle, insbesondere bei der Wahrnehmung. Sehen wir uns das genauer an.

Während man mit einem Feedforward-Netzwerk prototypische Objekte unterscheiden kann, kann man mit rekurrenten Netzwerken

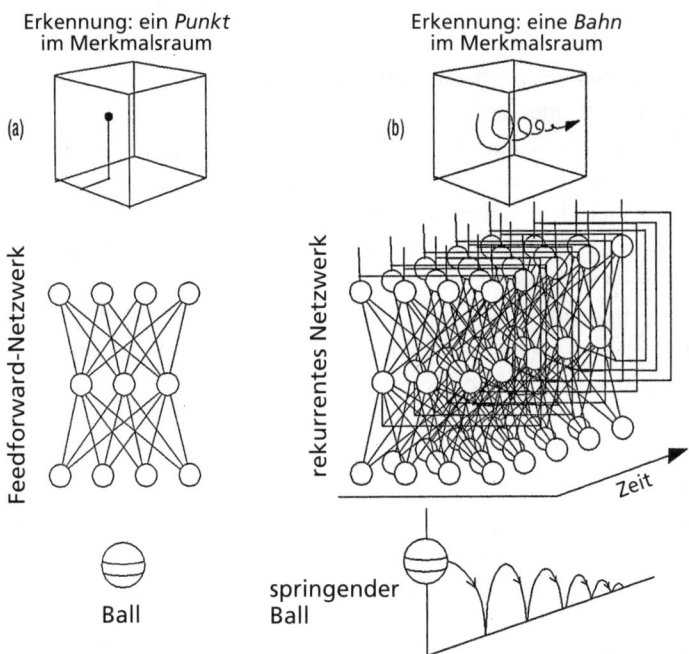

5.3 Erkennen eines Balls als Beispiel für ein statisches Objekt (a). Erkennen eines springenden Balls als Beispiel für einen kausalen, regelhaften Vorgang (b).

prototypische Vorgänge unterscheiden. Im ersteren Fall wird das Objekt erkannt, wenn es in einer Neuronenpopulation eine Aktivität hervorruft, die einem prototypischen Aktivitätsvektor ähnlich ist. Im Falle rekurrenter Systeme wird ein Vorgang erkannt, wenn er in der Neuronenpopulation eine Reihe von Aktivitäten hervorruft, die einer prototypischen Vektorsequenz ähnlich sind. Die Aktivitätsvektoren treten nämlich im Laufe der Zeit eine typische Linie, eine Art Pfad, im Merkmalsraum aus. Abbildung 5.3 veranschaulicht den grundlegenden Unterschied.

Wir haben bereits gesehen, wie rekurrente Netzwerke vielfältige Verhaltensreaktionen hervorrufen können, aber sie sind sicherlich genauso wichtig, um solche Verhaltensreaktionen bei anderen Organismen wahrzunehmen und zu erkennen. So ist es sicherlich für die meisten im Wasser lebenden Organismen wichtig, normales, entspanntes Schwimmen von raschen Flucht- oder Angriffsbewegungen unterscheiden zu können.

Die meisten Beutetiere nutzen die eine oder andere Form von Tarnung, daher muß jeder Räuber die charakteristische Fortbewegungsform seiner Beute erkennen können. Und Räuber wie Beute enttarnen sich mindestens genauso oft durch charakteristische Bewegungen wie durch Körperform oder Zeichnung. Denken Sie nur an die Fälle, in denen die Körperumrisse eines Tieres größtenteils im Schatten oder im Dämmerlicht verborgen bleiben, die besondere Art seiner Bewegung es aber sofort identifiziert.

Um jedoch eventuell vorhandene prototypischen Sequenzen erkennen zu können, benötigt das Netzwerk rückläufige Bahnen; sie sind unabdingbar, um die richtigen Vektorsequenzen innerhalb des Netzwerks zu erzeugen. Auch das erfordert vorheriges Training oder eine bestimmte synaptische Konfiguration, durch die Kategorien entstehen, die selektiv aktiviert werden können, wenn das Netzwerk eine wahrgenommene Verhaltenssequenz erkennt. Genau wie Feedforward-Netzwerke teilen auch rekurrente Netzwerke ihre Merkmalsräume in eine fein untergliederte hierarchische Struktur von Kategorien ein. Der Unterschied besteht nur darin, daß die Kategorien in ihrem Fall oft auch eine zeitliche Dimension aufweisen: Die Kategorien sind häufiger Linien, nicht nur einzelne Punkte. Und genauso, wie die Diskriminierungsleistung von Feedforward-Netzwerken auf der wahrnehmungsabhängigen Aktivierung eines geeigneten Aktivierungsvektors beruht, beruht die Diskriminierungsleistung von rekurrenten Netzwerken häufig auf der Aktivierung einer geeigneten Vektorsequenz, einer Sequenz, die jedoch primär durch die rekurrente Aktivität des trainierten Netzwerks entsteht, weniger durch von außen kommende Reize.

Auf diese Weise erkennen wir vieles im täglichen Leben: das Krabbeln eines Babys, den Flüssigkeitsstrom aus einem umgekippten Behälter, den Aufschlag eines Tennisspielers, Umarmung, Augenrollen, das Blinken eines abbiegenden Autos und Tausende anderer prototypischer Bewegungen, die jeder in dieser Gesellschaft sozialisierte Mensch als Konzepte besitzt.

Wie bereits erwähnt, bieten die rekurrenten Bahnen einen Zugang zur unmittelbaren Vergangenheit des Netzwerks. Die Tatsache, daß ein rekurrentes Netzwerk prototypische Vektorsequenzen erzeugen kann, öffnet ihm aber auch ein Fenster in die Zukunft. Im Falle der Bewegungserzeugung müssen sich die internen Vektorsequenzen in exakt demselben Takt wie die externen Vorgänge entwickelt, die sie repräsentieren. Bei der Wahrnehmung ist das jedoch nicht der Fall, ganz im Gegenteil, je mehr ein Organismus seine interne Repräsentation beschleunigen oder im voraus zeichen kann, desto eher kann er zukünftige Ereignisse voraussehen.

Vorausgesetzt, daß wir in einer Welt mit einem erlernbaren Spektrum regelrechter Verhaltensweisen oder Kausalprozessen leben, und vorausgesetzt, daß das Netzwerk eine „vorausschauende" interne Sequenz erstellen kann, wenn es die Frühstadien dieser Verhaltensweisen oder Prozesse perzipiert, kann es auch zukünftige Ereignisse voraussagen. Wenn es einmal gelernt hat, solche internen Sequenzen anzustoßen, kann es sofort damit beginnen, Reaktionen wie Flucht oder Abwehr zu erzeugen, die ihm in nächster Zukunft zugute kommen können.

Wie weit in die Zukunft sein Denken reicht, hängt von mindestens zwei Faktoren ab: von der Zeitdauer und Voraussagbarkeit der Kausalprozesse sowie von der Fähigkeit des Netzwerks, sie zu erlernen und sie schließlich bereits in ihren Anfangsphasen zu unterscheiden. Das Gefühl eines Boxers, ihn werde gleich ein linker Haken treffen, liegt nahe am einen Ende dieses Voraussagebereichs, die Aussage eines Astronomen, daß die Sonne in etwa 5 Milliarden Jahren erloschen sein wird, am anderen Ende. Zwischen diesen Extremen lassen sich die meisten praktischen Fälle einordnen, die uns im Laufe unseres Lebens begegnen.

In allen Fällen stammt die Empfindung für Zeit aus den Vektorsequenzen, die ein gut trainiertes rekurrentes Netzwerk erzeugt. Ohne diese Sequenzen hätten wir keine Vorstellung von zeitlicher Ausdehnung oder von irgendwelchen Kausalvorgängen. Wir wären blind für eine der wichtigsten und fundamentalsten Dimensionen der Realität. Mit ihnen kann eine denkende Kreatur jedoch danach streben, so weit in die Zeit zu sehen wie in den Raum.

Uneindeutige Bilder und rekurrente Modulation

Wir sind immer noch nicht am Ende mit den rekurrenten Bahnen und ihren Fähigkeiten. Absteigende neuronale Verbindungen spielen auch eine wichtige Rolle bei einer Fähigkeit, die uns trotz oft verwirrender und uneindeutiger Wahrnehmungen eine Orientierung in unserer Umwelt ermöglicht. Die beiden Zeichnungen in Abbildung 5.4. sind unterhaltsame Beispiele dafür. Jede von ihnen kann man auf zwei unterschiedliche Arten sehen. Die erste Zeichnung könnte ein Kaninchen sein, das nach rechts blickt, oder eine Ente, die nach links gewandt ist. Die beiden fingerförmigen Anhängsel sind dann dementsprechend die Ohren oder der offene Schnabel. Die zweite Abbildung kann man entweder als das Portrait einer alten Frau ansehen, die nach links sieht, oder als Kopf und Oberkörper einer jungen Dame, die sich von uns abwendet. Das linke Ohr der jungen Frau und die Kinnpartie sind uns zugewandt (sie entsprechen dem Auge und der Nase der alten Frau), hinter der linken Wange ist ihre kleine Nase kaum noch sichtbar. Diese beiden Zeichnungen illustrieren wie viele andere Beispiele auch: Wie wir etwas wahrnehmen, hängt nicht allein von den äußeren Reizen ab, die unsere Sinnesorgane empfangen. Zumindest manchmal und zumindest teilweise hängt das, was wir in einem Bild sehen, auch von verschiedenen Voraussetzungen beim Betrachter ab, von seiner Einstellung, seiner Erziehung, seiner Erfahrung oder Erwartung.

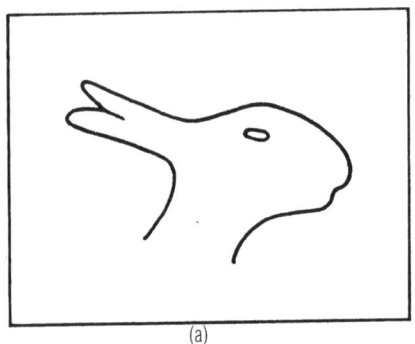

(a)   (b)

5.4 Zeichnungen mit mehreren Interpretationsmöglichkeiten: Ente/ Kaninchen (a), alte/junge Frau (b).

Dieses Phänomen, daß ein und dieselbe Situation auf verschiedene Arten wahrgenommen werden kann, stellt für reine Feedforward-Netzwerke ein ernstes Problem dar. Woran mag das liegen? Wenn wir ein Feedforward-Netzwerk für eine kognitive Leistung trainieren, müssen wir ihm vorgeben, wie es auf einen bestimmten Reiz reagieren soll; das haben wir bereits gesehen. Wir zwingen ihm eine bestimmte Input-Output-Funktion auf. Eine Funktion hat aber definitionsgemäß für jeden Eingangswert ein bestimmtes dazugehöriges Ergebnis, nicht mehrere verschiedene. Ein reines Feedforward-Netzwerk kann also unmöglich dieselbe Flexibilität bei der Interpretation solcher ambivalenter Bilder zeigen wie wir Menschen.

Rekurrente Netzwerke hingegen sind dazu sehr wohl in der Lage. Und sehr wahrscheinlich liegt darin auch die Erklärung für unsere Toleranz gegenüber uneindeutigen Wahrnehmungen und für unsere außergewöhnliche Fähigkeit, diese zu interpretieren. Sicherlich besitzen alle unsere Wahrnehmungssysteme rekurrente axonale Bahnen im Überfluß; das gilt ganz besonders für Sehen und Gehör. Wie könnten diese rekurrenten Bahnen zu dieser Fähigkeit beitragen?

Erinnern Sie sich nochmals an das einfache rekurrente Netzwerk in Abbildung 5.1. Die Aktivitätsvektoren, die Schicht 2 produziert, sind das Ergebnis der Eingänge aus zwei unterschiedlichen Quellen: Sie stammen einerseits aus der peripheren Eingabeschicht des Netzwerks und andererseits aus den verschiedenen Neuronenpopulationen der höheren Ebenen. An unserer früheren Beschreibung sehen Sie, daß eine solche Anordnung der Lösung unseres Problems schon sehr nahe kommt. Sehen wir uns das einmal genauer an.

Wenn die rekurrente Aktivität, die an Schicht 2 ankommt, eher zu einem Kaninchen tendiert, dann wird das Bild in Abbildung 5.4a viel wahrscheinlicher als Kaninchen wahrgenommen, denn als irgendetwas anderes. Wenn andererseits die rekurrente Aktivität Schicht 2 eher zum Aktivitätsvektor neigt, der für eine Ente kodiert, dann wird der Input, den Abbildung 5.4a liefert, fast sicher zu diesem Aktivierungsmuster führen, also als Ente gesehen werden. Die kognitive Aktivität in Schicht 2 wird hier also von der Information (oder der Fehlinformation) geleitet, die nicht aus der sensorischen Peripherie, sondern aus internen Quellen stammt. Es ist daher nicht verwunderlich, daß identische sensorische Informationen gelegentlich zu ziemlich unterschiedlichen Aktivitätsvektoren auf den höheren Ebenen der Sehverarbeitung führen. In einem rekurrenten Netzwerk spielen die unsichtbaren Einflüsse früherer kognitiver Erfahrungen offensichtlich mitunter eine wichtige Rolle.

Diese klassischen ambivalenten Zeichnungen illustrieren jedoch nur einen Teil unserer Fähigkeiten, mit uneindeutigen Situationen umzugehen. Die Beispiele sind nämlich rein bimodal: Es gibt genau zwei gleichermaßen ins Auge springende und gleich wahrscheinliche Interpretationsmöglichkeiten. Andere Beispiele sind dagegen weniger klar. Manchmal sehen wir etwas und erkennen zuerst überhaupt nichts. Nachdem wir es ein wenig auf uns haben wirken lassen, erkennen wir aber plötzlich, um was es sich handelt. Läßt sich dieses Phänomen auch durch Rekurrenz erklären? Das ist tatsächlich möglich; passen Sie auf!

Nehmen wir an, der Wahrnehmungsvektor von Schicht 1 komme irgendwie unvollständig oder undeutlich auf Schicht 2 an und zwar so stark beeinträchtigt, daß er dort das prototypische Muster nicht mehr aktiveren kann, das unser Netzwerk „kennt". Ein vollständiger Vektor hätte diesen Repräsentanten mit Sicherheit aktiviert. Sie erinnern sich vielleicht (von Cottrells Gesichtserkennungsnetzwerk), daß ein trainiertes Netzwerk – sogar ein reines Feedforward-Netzwerk – stark dazu tendiert, geringfügig unvollständige Vektoren zu „vervollständigen" (zum Beispiel das teilweise verdeckte Gesicht in Abbildung 3.6). In diesem Fall sollen Sie sich jedoch vorstellen, daß der Reiz derart unvollständig ist, daß er durch diese Eigenschaft allein nicht mehr wiederhergestellt werden kann.

Trotzdem könnte der unvollständige Input immer noch ergänzt werden und immer noch zur Aktivierung des zugehörigen prototypischen Vektors auf Schicht 2 führen, wenn die rekurrente Aktivität, die über die zurücklaufenden Bahnen auf dieser Schicht ankommt, die Mängel des ursprünglichen sensorischen Input irgendwie ausgleichen könnte. Das ist tatsächlich möglich! Wir benötigen dafür lediglich einen Vektor aus einer höheren Ebene, der auf Schicht 2 ein schwaches Aktivierungsmuster auslöst, das bereits in die Richtung des richtigen Repräsentanten tendiert. Die rekurrente Aktivität ließe dann das „Pendel" der Aktivierung in eine bestimmte Richtung ausschlagen. Diese Aktivität ist möglicherweise so stark, daß sogar der degradierte Input aus Schicht 1 ausreicht, um die Aktivität auf Schicht 2 vollends zum entsprechenden Prototypvektor „umkippen" zu lassen.

Natürlich liegt darin auch eine Gefahr. Falls die rekurrente Aktivität die Vektoraktivität auf Schicht 2 nämlich ungünstig beeinflußt, könnte sie einen prototypischen Vektor erzeugen, der schlichtweg falsch ist, also der externen Realität nicht entspricht. Die rekurrente Aktivität könnte somit ein gänzlich verkehrtes Bild von der Situation liefern. Nur wenn die höheren Ebenen über die momentane Situation richtig informiert sind, können sie relevante und korrekte Informationen an Schicht 2 liefern, die dem sensorischen Signal selbst fehlen. Sehen wir uns dazu einige konkrete Beispiele an.

Ich werde Sie wieder als neuropsychologische Versuchskaninchen mißbrauchen. Dieses Mal werden wir – anhand Ihrer visuellen Wahrnehmung – die Wirkung der rekurrenten Informationen untersuchen, die aus höheren nichtvisuellen, kognitiven Zentren in den visuellen Cortex gelangen. Wir beginnen mit einem ganz einfachen Beispiel, so einfach, daß Sie vielleicht überhaupt keine absteigende Information benötigen, um den richtigen Repräsentanten zu aktivieren.

Sehen Sie sich jetzt die wahllos verteilten Flecken in Abbildung 5.5 an („jetzt" heißt: bevor Sie weiterlesen). Die meisten Leute erkennen in diesem Bild zuerst einmal gar nichts. Ich will Ihnen daher einige zusätzliche Informationen nichtvisueller Art liefern, die zunächst in Ihre Kognitions- und Sprachzentren gelangen und nicht in Ihre visuellen Zentren. Diese Information oder ein Teil davon wird rekurrente Bahnen zu Ihren visuellen Zentren hinunterlaufen und dort den unvollständigen Input aus der Abbildung vervollständigen. Los geht's!

Sie betrachten einen Dalmatiner, einen dieser großen, schlanken, kurzhaarigen, weißen Hunde mit schwarzen Punkten, der auf einer sonnenüberfluteten Wiese steht. Der Hund befindet sich im Bildzentrum und schnüffelt gerade am Boden, den Kopf nach links hinten von

5.5 Beispiel für einen hochgradig unvollständigen Input. Die richtige Interpretation des Bildes wird im Text erläutert.

Ihnen abgewandt. Sie blicken genau auf sein linkes Schlappohr und sein schwarzes Halsband. Links im Hintergrund erkennt man den Stamm eines kleinen Baumes mit seinem Schatten darunter.

Betrachten Sie das Bild wenige Augenblicke, dann wird sich der schnüffelnde Hund sehr wahrscheinlich aus dem Chaos lösen und Ihnen „ins Auge springen"; die Szene bekommt Struktur und Zusammenhang, die sie beim ersten Betrachten nicht hatte. Sie sieht plötzlich ganz anders aus, und es ist schwierig, wenn nicht unmöglich, das anfängliche Chaos überhaupt noch wahrzunehmen. Sie haben trotz des nur bruchstückhaften Input Ihren Aktivitätsvektor für einen gesprenkelten Hund aktiviert. Sehen Sie Ihren rekurrenten Bahnen bei der Arbeit zu, und staunen Sie, wie diese Ihre Wahrnehmung verwandeln können!

Das ist nur eines von vielen möglichen Beispielen. Lassen Sie uns zu einem etwas schwierigerem übergehen, aber ich will Ihnen zuerst eine Fehlinformation geben. Sehen Sie sich also die Szenerie schneebedeckter Berge in Abbildung 5.6 an, bevor Sie weiterlesen. Natürlich handelt es sich nicht um schneebedeckte Berge; sehr wahrscheinlich habe ich Ihre visuellen Zentren damit sogar von der richtigen Interpretation abgebracht. Vermutlich erkennen Sie außer

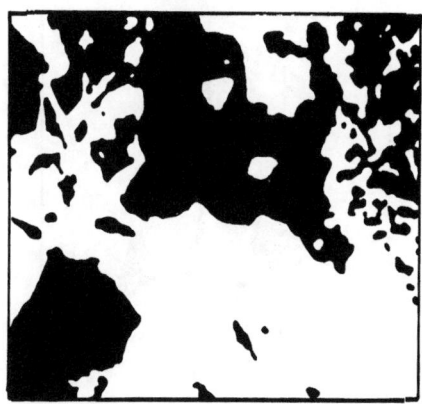

5.6 Beispiel für einen hochgradig unvollständigen Input. Die richtige Interpretation des Bildes wird im Text erläutert. (Verändert nach Russell Hanson.)

ein paar schwarzen Flecken überhaupt nichts. Jetzt will ich Ihnen die notwendigen Hintergrundinformationen liefern, um hoffentlich Ihre rekurrenten Bahnen zu aktivieren. Das sollte aus den entsprechenden Neuronenpopulationen in Ihrem visuellen System ein prototypisches Aktivierungsmuster, einen Repräsentanten „herauskitzeln". (Ich weiß natürlich nicht, welches die richtigen Neuronenpopulationen sind, aber sie befinden sich sehr wahrscheinlich im visuellen Cortex und nicht auf früheren oder viel späteren Ebenen der Sehverarbeitung.)

Sie betrachten das Bild eines bärtigen Mannes, der etwa so aussieht, wie man sich Jesus vorstellt. Sein Kopf befindet sich zentral in der oberen Hälfte des Bildes. Er sieht Sie direkt an, und seine Stirn ist in der Mitte durch den oberen Bildrand begrenzt. Helles Sonnenlicht kommt von oben rechts und beleuchtet die (von ihm aus gesehen) linke Seite seines Gesichts, wobei die beiden Augenhöhlen im Schatten bleiben, genau wie die andere Seite der Nase und die rechte Gesichtshälfte mit Ausnahme eines kleinen Bereichs seiner rechten Wange und des Kinns. Die untere Hälfte des Bildes zeigt Schultern und Oberkörper des Mannes, der sich leicht vom Betrachter abwendet. (Falls Sie die Figur auch nach längerem Betrachten nicht

5.7 Beispiel für einen hochgradig unvollständigen Input. Die richtige Interpretation des Bildes wird im Text erläutert. (Verändert nach Irvine Rock.)

sehen, könnte es helfen, wenn Sie das Gesicht isolieren, indem Sie die Seiten und die untere Bildhälfte mit den Fingern abdecken. Das wäre aber ein bißchen gemogelt, denn Sie würden dadurch genaugenommen den Eingangsvektor verändern.)

Wiederum beeinflußt eine zusätzliche Information die Neuronenpopulation, auf der die visuelle Information ankommt, und die dadurch entstehende Aktivierung führt zu einem ganz anderen Ergebnis. Sehen wir uns nun das letzte Beispiel in Abbildung 5.7 an, das dem ersten Anschein nach noch schwieriger zu verstehen ist. Wenn die zusätzlichen Informationen aber erst einmal die absteigenden Bahnen hinuntergelaufen sind und Ihre visuellen Zentren in eine bestimmte Richtung gelenkt haben, ist es letztlich sogar einfacher als die anderen Beispiele. Wahrscheinlich werden Sie sich an den Kopf fassen, daß Sie die Szene nicht sofort erkannt haben.

Sie betrachten einen Mann auf einem Pferd. Der Kopf des Pferdes befindet sich oben links und blickt nach links, seine kleinen Ohren stehen nach oben. Der Hals verläuft fast gerade nach unten, wobei die Linie sich zum Rumpf hin verbreitert. Der rechte Vorderlauf ist erhoben, der linke steht am Boden. Sie können den Umriß der rechten Stiefelsohle des Reiters vor dem Pferderumpf erkennen. Sein linker Fuß befindet sich auf der uns zugewandten Seite des Pferdes. Rechts unten im Bild fällt der buschige Schwanz des Pferdes herab, gerade hinter dessen Hinterlauf. Direkt am Hals des Tieres können sie den Unterarm und Ellbogen des Reiters erkennen, der die Zügel hält oder vielleicht auch eine Lanze: Don Quichotte auf Rosinante!

Auch hier sehen wir, wie das Gehirn über absteigende Bahnen die Aktivitätsvektoren in den neuronalen Schichten kontrolliert beziehungsweise beeinflußt, die die ersten Stufen der Sinneswahrnehmungen bilden. Einfacher ausgedrückt, das Gehirn übt eine entscheidende Kontrolle darüber aus, wie es etwas sieht oder hört. Ich habe diesen Punkt mit drei Beispielen illustriert, denn das Phänomen ist von herausragender Bedeutung für das Verständnis der menschlichen Kognition, wie wir in den folgenden Kapiteln noch wiederholt feststellen werden.

Rekurrente Netzwerke verfügen auch über eine Eigenschaft, die ich bereits auf den ersten Seiten kurz erwähnt habe: Sie sind nur mit statistischen Methoden voraussagbar. Die kreisenden Sequenzen von Vektor-Vektor-Umformungen innerhalb eines rekurrenten Netzwerks sind nichtlinear im wortwörtlichen Sinne; sie folgen keiner geraden Linie. Die sich entwickelnde Bahn eines rekurrenten Netzwerks windet sich durch den Merkmalsraum – manchmal in sanften Kurven, manchmal in scharfem Zick-Zack –, eine Bahn, die zu einem Zeitpunkt unempfindlich gegenüber kleineren Störungen ist, zu einem anderen Zeitpunkt hingegen außerordentlich empfindlich auf derartige Einflüsse reagiert. Man könnte sagen, ein nichtlineares System ist ein System, bei dem sich zumindest gelegentlich kleinste Unterschiede im gegenwärtigen Zustand sehr schnell zu sehr großen Unterschieden im Folgezustand vergrößern können. Weil wir aber niemals eine unendlich genaue Information über den momentanen Zustand eines physikalischen Systems besitzen – von einem System mit der Komplexität des menschlichen Gehirns ganz zu schweigen –, sind wir für alle Zeiten zu rein statistischen Voraussagen verdammt. Das gilt auch dann, wenn unumstößliche Gesetze das System lenken und wir diese Gesetze kennen. Solche Systeme sind streng deterministisch, gehorchen also bestimmten Kausalgesetzen, sind aber dennoch über ihre statistischen Regelmäßigkeiten hinaus nicht vorraussagbar, zumindest nicht von irgendeinem kognitiven System innerhalb dieses Universums.

Es wäre aber unklug, eine solche intrinsische Unvorhersagbarkeit als den „freien Willen" zu mißdeuten, den sich Philosophen und Theologen erhofft haben. Dieser Begriff beschrieb ursprünglich eine Fähigkeit des Menschen, über die kausale Ordnung hinauszugehen, während uns das dynamische Bild, das ich hier zeichne, tief in kausale Zusammenhänge einbettet. Dennoch ist es legitim, diese Eigenschaft als Ursache für die urmenschliche Fähigkeit anzusehen, zumindest manchmal wirklich spontan zu handeln. Wir verfügen über ein unendlich großes und unvorhersehbares Repertoire an Verhaltens- und Kognitionsmöglichkeiten. Das gilt sowohl für die Art und Weise, in der wir die Welt wahrnehmen, als auch für die Art und Weise, in der wir uns darin verhalten

Erkenntnis, theoretisches Verständnis und wissenschaftlicher Fortschritt

Im Verlauf dieses Kapitels haben wir bei den einfachsten Formen der Reizcodierung und den einfachsten Formen der Feedforward-Verarbeitung begonnen, sind weitergegangen zu Aktivitätsvektoren auf der Ebene vieler Tausender oder sogar Millionen von Neuronen, dann zur Ausbildung von Kategorien und ihren zentralen Prototypen oder Repräsentanten als Partitionen im Merkmalsraum fortgeschritten und endeten schließlich bei der rekurrenten Verarbeitung von Bewegungen und letztlich sogar bei höheren Fähigkeiten des Menschen zur visuellen Interpretation. Teilweise sind wir diese Leiter zunehmender Komplexität aus didaktischen Gründen hinaufgestiegen. Es ist sicherlich vernünftig, den einfachsten Fall zuerst zu behandeln und sich dann nach oben zu arbeiten, aber wir hatten einen noch wichtigeren Grund. Wir haben in diesem Kapitel die

Kognition bewußt so dargestellt, daß deutlich wird, wie sich das spezifisch menschliche Denken kontinuierlich aus dem Denken anderer Tiere entwickelt haben könnte. In meinem Modell gehe ich davon aus, daß keine prinzipiellen Unterschiede zwischen der Kognition höherer und niederer Tiere existiert. Jedes Lebewesen, auch der Mensch, spielt vielmehr das Spiel nach denselben Regeln –, der Mensch nur in mancher Hinsicht wesentlich besser.

Es bleibt über die menschliche Kognition noch viel zu diskutieren, und wir greifen dieses Thema in den folgenden Kapiteln auch erneut auf. Am Schluß dieses Kapitels möchte ich jedoch meine These zur Kontinuität der Kognition untermauern, indem ich ganz kurz zeige, wie eine der Kronjuwelen des Menschseins, die Fähigkeit zur Bildung wissenschaftlicher Theorien, ebenfalls als auf hohem Niveau angesiedeltes Beispiel für die eben besprochenen kognitiven Aktivitäten zu verstehen ist.

Das Grundphänomen, das wir hier erkunden müssen, ist die Fähigkeit des Gehirns zur Vektorvervollständigung von unvollständigen oder gestörten Eingängen; eine Fähigkeit, die oft durch die rekurrente Beeinflussung der beteiligten Nervenzellen unterstützt wird. Das ist der Fall, wenn Sie – vielleicht zuerst langsam, dann aber ganz plötzlich – erkennen, daß eine unbekannte, verwirrende oder irgendwie unklare Situation nur ein Beispiel oder ein Spezialfall einer Ihnen völlig geläufigen Situation ist. Der vorhergehende Abschnitt zeigte drei einfache Beispiele für dieses Phänomen. Er machte deutlich, wie ein neuronales Netzwerk mit rekurrenten Bahnen automatisch seine Wahrnehmung plastisch moduliert und plötzlich eine Interpretation liefert, wenn das in Kreisen laufende System schließlich einen Aktivitätsvektor aktiviert, der in der Nähe eines vorher gelernten Repräsentanten, eines Prototyp-Vektors, liegt. Lassen Sie uns in diesem Zusammenhang einige bedeutende, historische Beispiele betrachten.

Stellen Sie sich vor, Sie beobachten in einer klaren Neumondnacht von einem idyllischen Beobachtungspunkt aus den Sternenhimmel. Sie sehen Tausende von Sternen, wahllos verteilt und von unterschiedlicher Helligkeit. Das ist wahrlich ein „gestörter oder unvollständiger sensorischer Input"! In seinem ungeordneten Chaos übertrifft der Sternenhimmel jede der aus zufälligen Punkten bestehenden Abbildungen, die wir bisher kennengelernt haben.

Dennoch haben alle menschlichen Kulturen im Sternenhimmel irgendeine Ordnung gesehen. Sie haben Gruppen von Sternen als „Großen Wagen", als „Orion" oder als „Skorpion" bezeichnet. Nur wenige dieser Interpretationen sind anschaulich und unmittelbar naheliegend, und sicherlich hat keine von ihnen nützliche Voraussagen über stellare Konstellationen geliefert, sondern sie dienten oft komplizierten mythologischen Ideen. Der Skorpion sticht nicht, der Wagen fährt nicht, Orion zieht nie sein Schwert – in dieser Hinsicht bringen uns solche Erklärungen des chaotischen Sternenhimmels nicht weiter.

Sternbilder sind überhaupt nur erkennbar, weil die Lage der Sterne zueinander über die Zeit konstant bleibt; mit der Ausnahme der „Planeten" oder „Wanderer" nimmt jeder Stern relativ zum anderen eine fixe und absolut dauerhafte Position ein. Wegen dieser Konstanz kann jeder nächtliche Beobachter auch erkennen, daß alle Sterne, kollektiv gesehen, ein äußerst regelmäßiges Verhalten zeigen.

Schon nach einer Stunde konzentrierter Beobachtung bemerkt man, daß die Sterne am östlichen Horizont mit einer Geschwindigkeit von 15 Grad (30 Monddurchmessern) pro Stunde aufsteigen und am westlichen Himmel genauso schnell unterm Horizont verschwinden. Tatsächlich bewegt sich das gesamte Sternenfirmament einschließlich der Planeten im Verhältnis zum Horizont der Erde wie ein einziges gemeinsames Objekt; es hat den Anschein, als ob alle Sterne auf der inneren Oberfläche einer riesigen Kugel um die feststehende Erde (terra firma) fixiert seien, einer Kugel, die sich majestetisch um eine gigantische Achse durch den Erdmittelpunkt und den Polarstern dreht (Abbildung 5.8).

Hier, in der letzten Aussage des vorigen Satzes, lag die Interpretation, die plötzlich die zerstreuten Einzelphänomene des Nachthimmels vereinigt und als abgewandeltes Beispiel eines bereits bekannten Phänomens interpretiert: einer rotierenden Kugel. Ungewöhnlich an dieser Kugel sind nur ihre riesigen Ausmaße, ihre völlig regelmäßige Drehbewegung und die Tatsache, daß wir sie von innen heraus betrachten, von einem Punkt nahe ihrem Zentrum. Abgesehen davon drängt sich die Schlußfolgerung, daß wir es mit einer riesigen Kugel zu tun haben, fast zwingend auf, wenn wir die Bewegungen des Sternenhimmels beobachten. Im Gegensatz zur animistischen Mythologie der Sternbilder können wir mit dieser Theorie einer rotierenden Kugel auch die Bewegungen und die zukünftigen Stellungen aller Sterne mit großer Genauigkeit vorausberechnen. Und ungeachtet der Frage, ob sie letztlich wahr oder falsch ist, war diese Interpretation des Sternenhimmels eine sehr erfolgreiche Theorie. Das ist teilweise auch der Grund, warum sie in der einen oder anderen Form in fast allen Kulturen Europas, von den alten Griechen bis Newton, die allgemein akzeptierte Theorie des Kosmos war.

Ich behaupte hier, daß die kognitive Leistung in einer antiken astronomischen Theorie dem kognitiven Vorgang ähnelt, der am Erkennen eines bekannten Objekts oder Vorgangs in einem unklaren Kontext beteiligt ist, das heißt, wenn der Input unvollständig oder

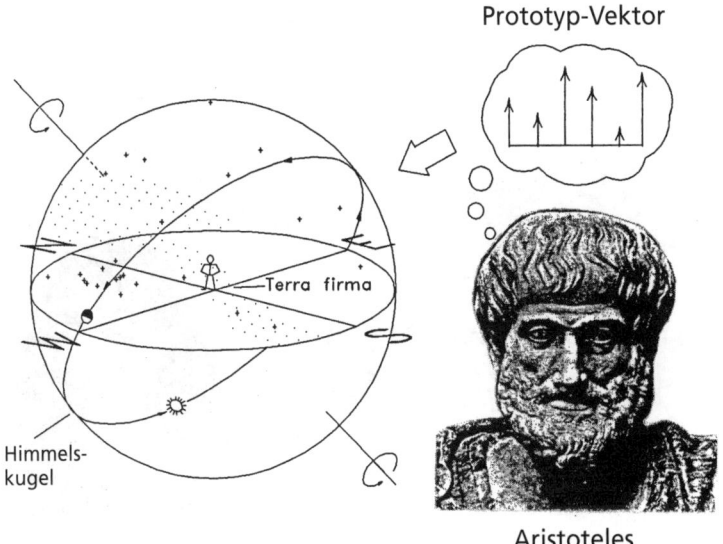

5.8 Aristoteles Erklärung des Sternenhimmels als eine Kugel, die sich mit etwa einer Umdrehung pro Tag um den Betrachter dreht und an der die Sterne fixiert sind.

gestört, die Wahrnehmungsperspektive ungewöhnlich oder irgend-ein anderer Aspekt verwirrend ist, wie in den Abbildungen 5.5, 5.6 und 5.7. Wir setzen also „theoretisches Verständnis" mit der Akti-vierung eines prototypischen Vektors oder Repräsentanten gleich. Dabei nutzen wir die Tatsache aus, daß Aktivitätsvektoren, insbe-sondere solche mit zeitlicher Komponente, in der Regel viel mehr Informationen repräsentieren als in dem sensorischen Input vorhan-den sind, der sie jeweils aktiviert hat. Solche Repräsentanten wurden ursprünglich an vielen verschiedenen ähnlichen Beispielen erlernt. Das bedeutet, daß solche Aktivitätsvektoren auch Komponenten enthalten, aus denen sich ableiten läßt, welche Eigenschaften zusätz-lich zu den bereits beobachteten in Zukunft zu erwarten sind. Diese Voraussagen können natürlich durch die spätere Erfahrung unbe-stätigt bleiben oder sich sogar als falsch erweisen. So unterliegen solche spekulativen, theoretischen Interpretationen genauso der empirischen Überprüfung wie Interpretationen ganz allgemein.

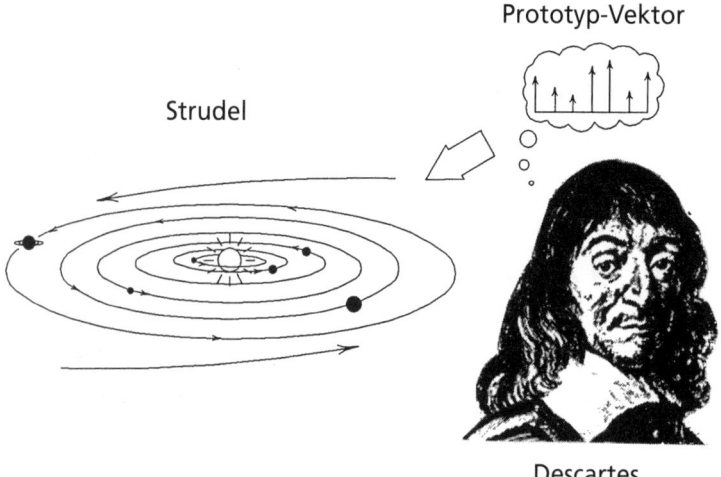

5.9 Descartes' Erklärung der Planetenbewegungen in einem "Wirbel".

Sehen wir uns nun ein weiteres Beispiel aus diesem Bereich an: René Descartes dynamische Erklärung für die Bewegungen der Sonne und der Planeten. Warum umkreisen alle Planeten die Sonne? Warum drehen sich alle in derselben Richtung? Warum sind die Umlaufgeschwindigkeiten umso geringer, je weiter der Himmelskörper von der Sonne entfernt ist? Was ist eigentlich das Sonnensystem?

Descartes nahm an, daß jeder Raum gleichmäßig von einer Art sehr dünner und farbloser Flüssigkeit erfüllt sei, und die kreisenden Bewegungen der Planeten ließen ihn an einen riesigen Wirbel in dieser universalen Flüssigkeit denken. Er stellte sich die Planeten wie Blätter vor, die von einem riesigen Wasserstrudel mitgerissen wurden, wobei die Blätter näher am Zentrum – Merkur und Venus – zwangsläufig viel schneller kreisen.

Hier haben wir eine dynamische Interpretation, die für viele der beteiligten Bewegungen eine einsichtige und allgemeingültige Erklärung liefert. Wie Descartes bereits wußte, ist die Sonne der bei weitem größte Himmelskörper des Sonnensystems, und so war es nur natürlich, daß sie stabil im Zentrum dieser rotierenden Flüssigkeit stand. Außerdem wußte er aus Galileis Beobachtungen an Sonnenflecken, daß auch die Sonne in derselben Richtung wie die Planeten rotierte, wenn auch schneller als jeder von ihnen – genau wie es das Zentrum eines Wasserstrudels tun würde. Die sekundären Bewegungen des Mondes um die Erde und der Jupitermonde um ihren Planeten waren kleinere Unterwirbel, die im größeren Wirbel mittransportiert wurden. Die Rotation von Erde und Jupiter um die eigenen Achsen entsprach der Rotationsrichtung ihrer winzigen Monde und auch der Richtung des Hauptstrudels. Insgesamt gesehen lieferte Descartes Hypothese eine überzeugende Interpretation der Materie, der Kräfte und der beobachtbaren Bewegungen. Wiederum ließ sich ein verwirrendes Phänomen als ungewöhnliches Beispiel für etwas bereits Bekanntes darstellen (Abbildung 5.9).

Und wieder einmal war die Erklärung falsch, beziehungsweise Isaac Newton fand eine weit bessere. Er interpretierte die kreisförmige Bewegung des Mondes um die Erde nicht als Folge von Wirbeln in einem flüssigen Medium, das den Mond mitriß, er betrachtete den

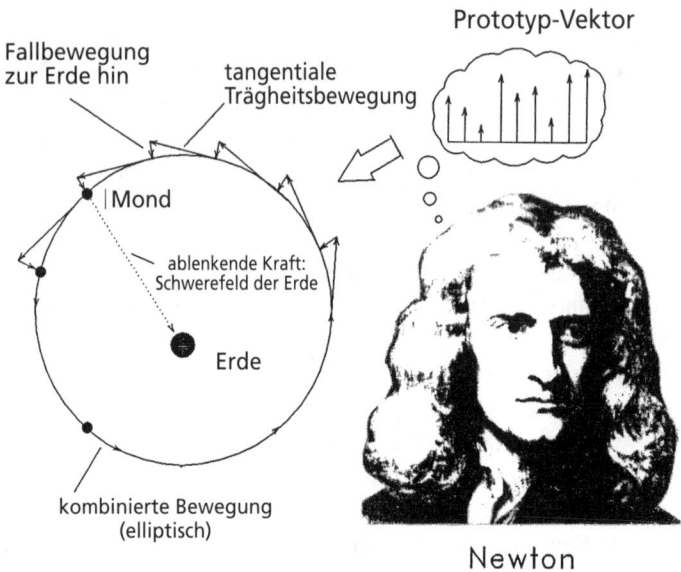

5.10 Newtons Erklärung der elliptischen Umlaufbahn des Mondes um die Erde.

Mond vielmehr wie einen Stein, der am Ende einer Schnur herumgewirbelt wurde. Dabei spielte die Anziehungskraft der Erde die Rolle des endlos ziehenden Bandes (Abbildung 5.10). Die Mondbewegungen waren demzufolge eine Kombination aus der konstant beschleunigten Bewegung zur Erde hin (Gravitationskraft) und einer tangentialen, geradeaus gerichteten Bewegung des Mondes von der Erde weg (Zentrifugalkraft), was im Endeffekt die annähernd kreisförmige Umlaufbahn des Erdtrabanten erzeugt, die wir beobachten. Die normalerweise gleichmäßige gerade Bewegung des Mondes wird also durch die zum Zentrum gerichtete Kraft der Erdanziehung zu einer geschlossenen, ellipsoiden Bahn. Dieselbe Erklärung ließ sich auch auf die viel größeren Umlaufbahnen der sechs bekannten Planeten anwenden, nur daß jetzt die Masse der Sonne die zentrale Anziehungskraft bildete. Auch die Planeten fielen unablässig aus ihrer natürlichen, nach außen gerichteten Bahn zur Sonne hin. Mit der zusätzlichen Annahme, daß die Stärke der Anziehungskraft mit dem

Quadrat der Entfernung vom Zentrum abnimmt, konnte Newton die relativen Umlaufperioden der sechs bekannten Planeten exakt berechnen, obendrein die eliptischen Formen ihrer Umlaufbahnen und die individuellen Unterschiede in ihrer Umlaufgeschwindigkeit. Insgesamt vermittelte uns die Interpretation einer „zentralen Kraft" ein viel detaillierteres und genaueres Modell der Bewegungen von Planeten und Monden als zuvor. Newtons Interpretation konnte selbst die kleinsten Irregularitäten in der Umlaufbahn der Planeten erklären. Ein Körper, der sich unter derartigen Einflüssen bewegte, würde im Rahmen der Meßgenauigkeit genau das beobachtete Verhalten zeigen. Wiederum konnte die anfänglich verwirrende Vielfalt planetarischer „Verhaltensweisen" in ein bereits bekanntes Ordnungsschema eingepaßt werden – zumindest eines, das Newton geläufig war.

Verblüffenderweise hat sich auch diese brilliante Theorie schließlich als unvollständig erwiesen, oder besser gesagt, Albert Einstein fand eine noch genauere Erklärung. Die sogenannte Schwerkraft ist eine Illusion, behauptete Einstein. Die gekrümmte Umlaufbahn eines Planeten im dreidimensionalen Raum ist in Wirklichkeit eine gerade Bahn (der sogenannte geodätische oder kürzeste Weg) innerhalb des vierdimensionalen Zeit-Raum-Kontinuums. Die vierdimensionale Raum-Zeit ist infolge der Anwesenheit von Materie gekrümmt, daher folgt eine geradlinige, unbeschleunigte Bewegung durch diese Raum-Zeit in Wirklichkeit einer gekrümmten Bahn. Da die Bahn eines Planeten aber in den vier Dimensionen eine gerade Linie ist, benötigt man zu ihrer Erklärung keine „Ablenkung" in Form einer darauf einwirkenden Kraft. Die Sonne übt keine auf irgend etwas gerichtete Kraft aus, vielmehr deformiert ihre große Masse die lokale Geometrie der Raum-Zeit. Akzeptiert man diese geometrische Deformation, so reicht der bereits bekannte Prototyp einer nicht abgelenkten oder geraden Linie aus, um alles andere zu erklären (Abbildung 5.11).

Dieser Prototyp – eine geodätische Bahn in der vierdimensionalen Raum-Zeit – ist zugegebenermaßen für die meisten von uns nicht vorstellbar. Aber das ist in unserem Zusammenhang irrelevant, denn es war ein Prototyp, der zumindest Einstein vertraut war. Und es war die Aktivierung genau dieses Prototyps als Interpretation der Plane-

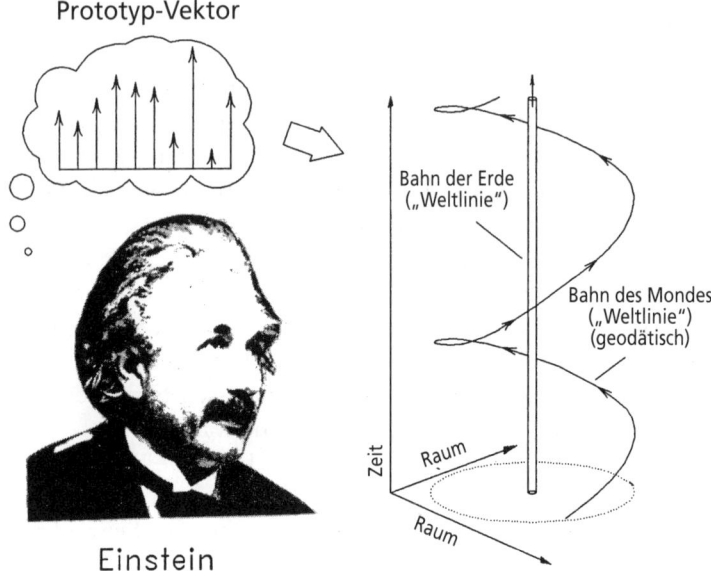

5.11 Einsteins Erklärung der elliptischen Umlaufbahn des Mondes um die Erde als gerade Linie im vierdimensionalen Raum-Zeit-Kontinuum.

tenbewegungen, die zu Einsteins neuer Einsicht über die Natur des Schwerkraftphänomens führte.

Dieser Prototyp erklärte alle beobachtbaren Planetenbewegungen, die auch von Newtons früherer Theorie erklärt wurden. Es handelte sich damit um eine alternativ mögliche Interpretation desselben Phänomens, aber Einsteins Ansatz erklärte auch einige feine Abweichungen der Planeten vom Newtonschen Verhalten, wie zum Beispiel die Perikeldrehung, die Winkeländerung des sonnenfernsten Bahnpunktes eines jeden stark ellipsoiden Orbits – Abweichungen, die Astronomen bereits früher und ganz unabhängig von Einsteins theoretischen Überlegungen bei der Umlaufbahn Merkurs beobachtet hatten. Empirisch fand man weitere Unterschiede zwischen beiden Theorien, und jedesmal unterstützte der Befund Einsteins Theorie. Wieder einmal hatte eine noch fundamentalere Erklärung eine ältere Hypothese ersetzt.

Auch Einsteins Schwerkrafttheorie ist in neuerer Zeit gelegentlich in Zweifel gezogen worden, aber ich will die Reihe erläuternder Beispiele hiermit abschließen. Unser kleiner Ausflug in die Wissenschaftsgeschichte sollte nur verdeutlichen, daß einige unserer herausragendsten intellektuellen Leistungen ebenfalls auf den besprochenen Vorgängen beruhen, nämlich der Vektorverarbeitung, der rekurrenten Beeinflussung, der Aktivierung und der Beurteilung von Prototypen. Diese Prozesse sind auch an unseren einfachsten kognitiven Aktivitäten beteiligt, wie zum Beispiel daran, einen Hund auf einem sehr schlechten Photo zu erkennen. Wissenschaftliches Denken unterscheidet sich nur darin von derart einfachen Beispielen, daß hier ungewöhnlich intensiv und ehrgeizig nach möglichen Erklärungen gesucht wird, daß viele dazu herangezogene Prototypen sehr komplex sind und daß die verschiedenen Interpretationen nach institutionalisierten Verfahren beurteilt werden. Im Grunde jedoch folgt wissenschaftliches Denken genau denselben Mechanismen, die Kognition im allgemeinen definieren. Und nach der Theorie, von der wir in diesem Kapitel ausgegangen sind, sind diese Mechanismen genau diejenigen, die ein großes und gut trainiertes, rekurrentes Netzwerk charakterisieren.

6. Wie das Gehirn soziale Aspekte darstellt

Sozialer Raum

Eine Krabbe lebt in einem aquatischen Biotop voller offener Sandflächen, Felsen und Verstecken. Eine Maus haust in Schlupflöchern, verzweigten Tunneln und unterirdischen Nistkammern. Auch wir Menschen bewohnen einen ähnlich komplexen physischen Raum, aber wir sind von einem noch komplexeren sozialen „Raum" umgeben, einer Welt aus Verpflichtungen und Ansprüchen, Verboten und Geboten, Zuneigung und Abneigungen, Verbündeten und Gegnern, Kompromissen, Erwartungen und gemeinsamen Idealen. Sich in diesem sozialen Umfeld zurechtzufinden, zu lernen, welche Stellung man gerade selbst darin einnimmt und welche die anderen, zu lernen, seinen Weg durch diesen „Raum" zu finden, ohne sich und anderen zu schaden, das ist für uns Menschen mindestens ebenso wichtig wie unser Verhalten im physischen Raum.

Ich möchte damit nicht die Leistungen von Krabben und Mäusen, von Bienen, Ameisen oder irgendwelchen anderen Lebewesen schmälern. Die sozialen Komponenten ihres Lebens sind, wenn auch einfacher als unsere, sicherlich ebenfalls sehr komplex und zweifellos ähnlich bedeutsam für sie. Lebewesen aller Entwicklungsstufen sind nicht nur von Objekten umgeben, sondern auch von anderen Lebewesen, die ihrerseits wahrnehmen, planen und agieren können – zum Vorteil wie zum Nachteil des anderen. Deswegen müssen andere Lebewesen sie permanent und systematisch beobachten und einschätzen können. Selbst Tiere, die nicht in sozialen Verbänden leben, müssen andere Lebewesen erkennen und situationsgerecht reagieren können, so zum Beispiel auf die Bedrohung durch Räuber oder auf die Gelegenheit zum Beutemachen. Tiere in sozialen Verbänden müssen darüber hinaus das Zusammenwirken erlernen, das ihr gemeinsames Leben regelt. Ihr Nervensystem muß also die vielen Aspekte ihres sozialen Umfelds repräsentieren, das für sie genauso wichtig ist wie der physische Raum. Sie müssen die ganze Hierarchie sozialer Strukturen erlernen, die Mitstreiter, Rangordnung, und Veränderungen im sozialen Gefüge betreffend. Sie müssen Beispiele für diese vielen Kategorien sozialer Aspekte erkennen lernen, obwohl die Eingangssignale oft nur unvollständig und meist uneindeutig sind und sie gelegentlich auch absichtlich getäuscht werden. Vor allem aber müssen sie lernen, in diesem sozialen Kontext angemessen zu reagieren, genauso wie sie lernen müssen, sich zu bewegen, Futter zu suchen oder eine Behausung zu finden.

Für all das muß ein soziales Lebewesen auf die Methoden zurückgreifen, die wir bereits kennengelernt haben. Die Aufgabe mag spezieller sein, aber die dafür vorhandenen Mittel sind die gleichen. Um das soziale Umfeld zu repräsentieren, muß ein Organismus die Gewichte seiner synaptischen Verbindungen in bestimmten Neuronenpopulationen einstellen. Außerdem muß er lernen, Vektorsequenzen zu generieren, die zu einem sozial akzeptablen oder sogar vorteilhaften Verhalten führen. Wie ich im folgenden noch belegen werde, ist auch das soziale und moralische Verhalten ein Aufgabenbereich des Gehirns. Soziales und ethisches Denken und Tun sind ebenso Hirnaktivitäten wie alle anderen Arten des Denkens und Handelns. Wir müssen uns dieser Tatsache ehrlich und vorbehaltlos stellen, wenn wir diesen Teil unseres Wesens jemals verstehen wollen. Wir müssen diese Tatsache begreifen, wenn wir uns jemals wirkungsvoll und human mit unseren sozialen Problemen auseinandersetzen wollen. Und wir müssen ihr ins Auge blicken, um unser volles soziales und moralisches Potential zu entfalten.

Sicherlich wird diese Ansicht bei einigen von Ihnen Unbehagen auslösen, denn viele sind der Auffassung, daß soziale und ethische Werte abgewertet werden, wenn wir sie nur physisch, als Teil des Gehirns, betrachten. Ich kann Ihnen aber nachdrücklich versichern, daß es nicht meine Absicht ist, unsere humanistischen Werte herabzusetzen. Ich meine nur, daß das soziale und ethische Verständnis mit dem gleichen Recht unter den Begriff „Wissen" (*knowledge*) fällt wie wissenschaftliches oder theoretisches Verständnis – nicht mehr und nicht weniger. Bei Herdentieren, wie dem Menschen, wird soziales und ethisches Wissen genauso mühsam erworben und ist dann ebenso stabil und notwendig für unser Wohlergehen wie jede Form wissenschaftlicher Erkenntnis. Soziales Wissen entwickelt sich im Lauf der Zeit – im Leben eines Menschen wie im Verlauf vieler Jahrhunderte. Es paßt sich ständig dem Druck negativer Erfahrungen an. Und es wird vorangetrieben von der Hoffnung auf einen friedvolleren, fruchtbareren Umgang miteinander und auf ein tieferes Verständnis unserer selbst.

Ich werde diesen Standpunkt eines „moralischen Realismus" am Schluß dieses Kapitels und dann noch einmal am Ende des Buches ansprechen. Dort möchte ich ihn philosophisch noch detaillierter vertreten und verteidigen. Nachdem ich Sie nun vorgewarnt habe, wollen wir zum Kernthema kommen und uns fragen, wie soziales und ethisches Verständnis – unabhängig von seinem metaphysischen Status – tatsächlich *physisch* im Gehirn lebender Organismen realisiert wird.

Das kann nicht allzu schwierig sein! Ameisen und Bienen haben ein recht komplexes Sozialleben, aber ihre Nervensysteme sind winzig; bei einer Ameise sind es nur 10 000 Nervenzellen. Doch wie klein das Nervensystem auch sein mag, es reicht offensichtlich aus. Wie anspruchsvoll kann die Aufgabe also sein? Der Ameisenstaat beispielsweise basiert auf einem Kastensystem, und das Verhaltensspektrum der jeweiligen Kasten ist wohl recht begrenzt. Dennoch muß das Nervensystem einer Arbeiterin eine Vielfalt sozial relevanter Dinge erkennen können: Duftspuren, denen sie folgen oder die sie meiden sollte, Antennensignale ihrer Artgenossen, Situationen, in denen die Ameisenkolonie angreift, sich verteidigt oder Tochterkolonien bildet, Weidegründe für die nesteigende Blattlausherde, die vielfältigen Bedürfnisse der Königin und ihrer Brut und so weiter.

Vermutlich unterschieden sich die kognitiven Mechanismen, die bei sozialem Verständnis und Verhalten wirksam werden, nicht grundsätzlich von denjenigen bei anderen Verhaltensweisen. Die Muster oder Vorgänge im Sozialleben, um die es geht, mögen kompliziert und manchmal schwer zu verstehen sein, aber wie immer lassen sie sich durch eine Repräsentation mehrdimensionaler Aktivitätsvektoren erfolgreich erfassen. Es mögen Störungen und Ablenkungen auftreten, doch die Fähigkeit eines Netzwerks zu Autoassoziation und rekurrenter Modulation wird normalerweise zu einem korrekten Ergebnis führen. Um zu sehen, wie so etwas funktionieren könnte, lassen Sie uns mit einem einfachen Beispiel beginnen: den grundlegenden emotionalen Zuständen, die der Mensch in seiner Mimik ausdrückt.

EMPATH: Ein Netzwerk erkennt Emotionen

Cottrell und Metcalfe trainierten eine leicht abgewandelte Variante des Netzwerks zur Gesichtserkennung (Kapitel 4) an acht Gesichtsausdrücken, die alltägliche Emotionen zeigen. Sie wurden von zehn weiblichen und zehn männlichen Studenten simuliert. Abbildung 6.1 zeigt jeweils acht Fotos von drei Versuchspersonen, eines für jede der acht Emotionen. Von links nach rechts sehen Sie: Überraschung, Entzückung, Freude, Entspannung, Schläfrigkeit, Langeweile, Trauer und Wut. (Cottrell und Metcalfe waren von den schauspielerischen Qualitäten ihrer Versuchspersonen auch nicht gerade begeistert.) Die Wissenschaftler wollten herausfinden, ob ein so einfaches Netzwerk lernen könne, diese feinen Unterschiede in einem realistischen Spektrum menschlicher Gesichter zu erkennen.

Die Antwort ist „ja", aber wir müssen sie quantitativ betrachten. Das Netzwerk erreichte nach 1 000 Trainingsdurchläufen mit dem gesamten Trainingsset von zusammen 160 Photos (8 Emotionen × 20 Gesichter) eine Erfolgsrate von 80 Prozent bei den positiv gefärbten Emotionen, aber sehr schlechte Werte bei den negativen mit Ausnahme von „Wut", die in 85 Prozent der Fälle korrekt erkannt wurde. Einen Teil dieses schlechten Ergebnisses kann man auf die unzulänglichen schauspielerischen Fähigkeiten der Studenten und die große optische Ähnlichkeit der vier negativen Emotionen zurückführen. (Versuchen Sie selbst einmal, Schläfrigkeit, Langeweile und Trauer auf den Photos voneinander zu unterscheiden.) Um

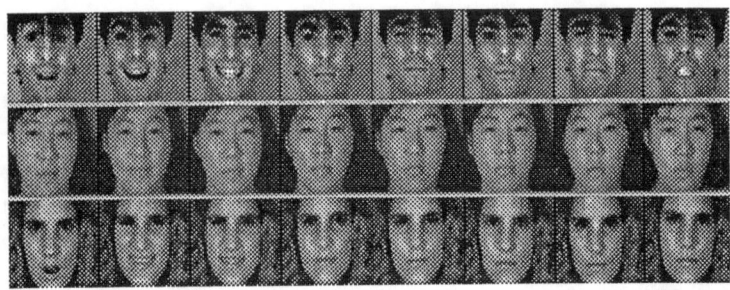

6.1 Acht Emotionen mimisch dargestellt von drei Versuchspersonen. Von links: Überraschung, Entzücken, Freude, Entspannung, Schläfrigkeit, Langeweile, Trauer und Wut. Mit diesen und den Photos von siebzehn weiteren Versuchspersonen wurde das Netzwerk EMPATH darauf trainiert, Emotionen in der menschlichen Mimik zu erkennen. (Mit freundlicher Genehmigung von Gary Cottrell und J. Metcalfe.)

diese Möglichkeit zu überprüfen, wurden dieselben Photos einer Reihe von Versuchspersonen gezeigt, die die dargestellten Emotionen genau wie das Netzwerk voneinander unterscheiden sollten. Nicht überraschend schnitten auch die Menschen bei den negativen Emotionen (wieder mit Ausnahme der Wut) am schlechtesten ab, doch sie übertrafen das Netzwerk bei weitem. Der Grund für das schlechte Abschneiden des Netzwerks muß also zumindest teilweise am Netzwerk selbst liegen, und auch andere Faktoren sprechen dafür, daß es sich an der Grenze seiner Leistungsfähigkeit befindet.

So erbrachte erstens ein erneutes Training mit nochmals 2 000 Durchläufen derselben 160 Photos zwar eine gewisse Verbesserung beim Erkennen negativer Emotionen, die aber mit einer Verschlechterung bei den positiven Emotionen erkauft wurde. Das deutet darauf hin, daß ein Netzwerk dieser Größe nicht genügend komplex ist, um die vollständige Palette der gezeigten Eigenschaften zu erlernen.

Zweitens wurde das Netzwerk um so schlechter im Deuten *neuer* Gesichter, je intensiver man es am ursprünglichen Trainingsset üben lies. Das ist ein wichtiger Test für die tatsächliche Leistungsfähigkeit eines Netzwerks. Die Generalisierungsfähigkeit von EMPATH erreichte ihr Optimum nach etwa 1 000 Lerndurchläufen und nahm dann mit weiterem Training wieder ab. Das deutet darauf hin, daß das Netzwerk nach den ersten 1 000 Durchgängen stärker damit beschäftigt war, irgendwelche kleineren und zufälligen Unterschiede bei einzelnen Photos zu finden, als seiner eigentliche Aufgabe nachzukommen, nämlich die wichtigen allgemeinen Merkmale einer emotional gefärbten Mimik zu erlernen.

Zumindest aber lernte und generalisierte es. Seine Leistung war bei fünf von acht emotionalen Gesichtsausdrücken sehr gut, und die Leistungsschwäche beim Erkennen negativer Gefühlsäußerungen zeigten auch Menschen in ganz ähnlicher Weise. Die dargestellten emotionalen Gesichtsausdrücke können also in der Tat von einem Netzwerk erkannt werden, und ein größeres Netzwerk mit einem umfangreicheren Trainingsset dürfte sicherlich noch wesentlich mehr leisten. EMPATH ist der existierende Beweis dafür, daß Netzwerke durchaus lernen können, bestimmte sozial relevante menschliche Verhalten zu unterscheiden.

Soziales Verhalten und prototypische Vektorsequenzen

Natürlich ist die Leistungsfähigkeit von EMPATH ziemlich gering. Es identifiziert Emotionen nur anhand von Photos und hat keinen Zugang zu wirklichem emotionalen Verhalten. Ganz im Gegensatz zu einem Menschen erkennt es Traurigkeit nicht verläßlicher an starkem Schluchzen als an einem einzelnen charakteristischen Photo dieser Gefühlsäußerung. Ein Photo kann für das Netzwerk wie auch für einen Menschen zweideutig sein, aber ein jammervolles Schluchzen wäre für jeden Menschen sicher eindeutig. Ohne rekurrente Bahnen kann EMPATH jedoch nicht die reiche Palette an Informationen nutzen, die insgesamt Verhalten ausmachen. Aus diesem Grund wird kein Netzwerk mit reiner Feedforward-Architektur jemals die Wahrnehmungsfähigkeit des Menschen erreichen.

Das Fehlen einer zeitlichen Dimension hat noch einen weiteren Nachteil. EMPATH weiß nicht, was solche Emotionen erzeugt und welche kognitiven, sozialen und physischen Folgen diese Emotionen für einen Menschen mit sich bringen. Daß man beim Verlust eines nahestehenden Menschen Traurigkeit empfindet und auf Trauer normalerweise eine Art mentale Lähmung folgt, das alles geht völlig über den Horizont des Netzwerks hinaus. Kurz gesagt, die prototypischen Kausalsequenzen verschiedener Gefühle überfordern die Fähigkeiten eines Netzwerks wie EMPATH. Wie wir bereits im rein physischen Bereich gesehen haben, ist auch für ein differenziertes soziales Denken und Urteilen ein Zeitgefühl notwendig, und das wiederum erfordert ein stark rekurrent verschaltetes Netzwerk.

Teilweise ritualisierte Verhaltensmuster sind für den Menschen sehr wichtig. Denken Sie zum Beispiel an Begrüßungszeremonien, den Austausch von Höflichkeiten, Verkaufsverhandlungen, Vertragsabschlüsse, Abschiede und so weiter. Um einen solchen gegenseitigen Austausch von Signalen deuten und ausführen zu können, brauchen wir ein feinabgestimmtes rekurrentes Netzwerk. Dieses Netzwerk muß zudem bereits ausreichend viel Zeit in einem sozialen Umfeld verbracht haben, um prototypische Aktivitäten zu sammeln und zu erlernen. Das erfordert instruktive Beispiele und sehr viel Zeit, diese zu verinnerlichen.

Im Endeffekt muß jeder normal sozialisierte Mensch über eine hierarchisch strukturierte „Bibliothek" sozialer Prototypen in einem Merkmalsraum verfügen, die mindestens so groß oder vielleicht sogar größer ist als die Bibliothek seiner rein physischen, nichtsozialen Repräsentanten. Man muß nur einen Roman von einem Autor wie Heinrich Böll lesen, um nachvollziehen zu können, wie komplex das soziale Umfeld des Menschen ist und wie kompliziert sein Sozialverhalten. Oder noch simpler, denken Sie an Ihre Zeit als Teenager! Unser komplexes Sozialverhalten zu meistern, ist mindestens so schwierig, wie eine Physikarbeit zu schreiben, und dennoch schaffen wir es mit wenigen Ausnahmen alle.

Gibt es „soziale" Gebiete im Gehirn?

Die experimentellen Neurowissenschaften im 20. Jahrhundert haben sich fast ausschließlich darauf konzentriert, die neuroanatomischen (das heißt strukturellen) und neurophysiologischen (das heißt funktionellen) Korrelate zu finden, die rein physischer beziehungsweise physikalischer Natur sind. Die zentrale Frage lautete: Wo und wie erkennt unser Gehirn Eigenschaften wie Farbe, Form, Bewegung, Klang, Geschmack, Geruch, Temperatur, Oberflächenstruktur, Schmerzen, relative Entfernungen und so weiter? Die Beantwortung solcher Fragen hat uns viele neue Erkenntnisse geliefert, und wir können schon seit langem eine Karte der verschiedenen Gehirnregionen zeichnen, die offensichtlich an den einzelnen Aufgaben beteiligt sind.

Die dabei angewandte Methode ist vom Ansatz her einfach. Man sticht eine Mikroelektrode in irgendeine Zelle des fraglichen Cortexbereichs (das Gehirn besitzt keine Schmerzrezeptoren, das Versuchstier empfindet also bei diesem „Lauschangriff" keine Schmerzen) und prüft dann, ob und wie die Zelle reagiert, wenn man dem Tier eine Farbe oder Bewegung zeigt, wenn es einen Ton hört, Temperaturunterschiede fühlt und so weiter. Auf diese Weise kann man nach und nach eine funktionelle Karte erstellen. In Abbildung 6.2 sehen Sie einen schematischen Lageplan mehrerer primärer und sekundärer sensorischer Rindengebiete auf dem Großhirn eines typischen Primaten.

Wie sieht es aber mit der vorderen Hälfte aus, dem sogenannten prämotorischen Cortex? Wozu dient er? Die übliche, etwas vage Antwort darauf lautet: „Um Bewegungen zu planen und diese dem motorischen Cortex zur Ausführung zu übermitteln." Wir wissen viel weniger über die Bedeutung dieser cortikalen Gebiete und ihre neuronalen Aktivitäten, denn wir können den Input dieser Gebiete nicht so einfach manipulieren wie bei den sensorischen Gebieten, weil der prämotorische Cortex letztlich Eingangssignale aus allen Teilen des Gehirns erhält. Diese Signale stammen zum Beispiel aus Gebieten sehr weit oben in der Verarbeitungshierarchie, weit weg von den Sinnesorganen, die wir leicht manipulieren können.

Andererseits könnten wir natürlich auch Mikroelektroden einstechen, dann aber nicht von den Zellen ableiten, sondern sie reizen. Im motorischen Cortex funktioniert diese Technik ganz hervorragend. Wenn wir Zellen in bestimmten Gebieten stimulieren, dann zucken

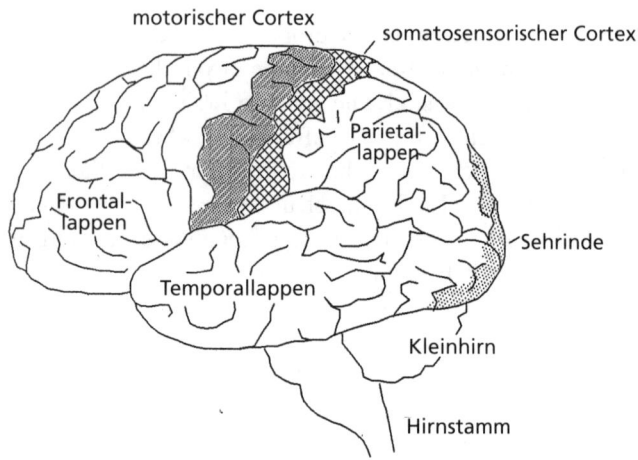

6.2 Die Lage des motorischen Cortex und einiger primärer und sekundärer sensorischer Areale auf der Großhirnrinde eines Primaten. (Subcortikale Strukturen, wie seitliche Kniehöcker oder Thalamus, sind nicht sichtbar.) Diese leicht identifizierbaren Gebiete machen nur einen sehr kleinen Teil der gesamten Großhirnrinde aus.

bestimmte Muskeln, wobei der motorische Cortex topographisch organisiert ist. Er stellt eine wohlgeordnete Karte der einzelnen Körperteile dar, ähnlich wie die primäre Sehrinde eine Karte der Retina ist. Stimuliert man dagegen eine einzelne Zelle im *prä*motorischen Cortex, findet man nur eine geringe oder überhaupt keine Reaktion, was vermutlich daran liegt, daß für wirkliches Verhalten koordinierte Sequenzen von Aktivitätsvektoren nötig sind, die Tausende von Neuronen gleichzeitig erregen. Uns fehlt aber noch die Technik, diese Art von Reizung durchzuführen.

Man fragt sich also, wie das ganze Spektrum sensorischer Informationen, das in der hinteren Hälfte des Gehirns verarbeitet wird, schließlich in der vorderen Gehirnhälfte in die passenden Bewegungsabfolgen umgewandelt wird. Es ist nicht verwunderlich, daß diese fundamentale Frage den Neurowissenschaftlern große Schwierigkeiten bereitet. Aus unserer Beschäftigung mit neuronalen Netzwerken können wir bereits erahnen, wie komplex die Vorgänge bei der Erzeugung und Umwandlung von Aktivitätsvektoren in einem Netzwerk von der Größe des Gehirns sein müssen, insbesondere dann, wenn man berücksichtigt, daß dort überall umfangreiche rekurrente Bahnen vorhanden sind.

Die vollständigen sensomotorischen Strategien des Gehirns zu erforschen wäre sogar dann eine beängstigende Aufgabe, wenn das Gehirn nur ein künstliches Netzwerk wäre, bei dem wir alle Verbindungsstärken kennen und die Aktivität jedes Neurons kontinuierlich und gleichzeitig überwachen können. Leider ist ein biologisches Gehirn nicht so entgegenkommend. Die Gewichte seiner Synapsen sind uns größtenteils unzugänglich, und man kann gegenwärtig auch nur die Aktivität weniger Zellen simultan ableiten.

Das ist einer der Gründe, warum die künstlichen Netzwerke in letzter Zeit soviel neue Erkenntnisse gebracht haben. Wir können von ihnen Dinge lernen, die wir vermutlich niemals direkt vom Gehirn gelernt hätten. So können wir uns mit neuen Experimenten und besser begründeten Fragestellungen wieder dem Gehirn zuwenden und überprüfen, inwieweit unsere Netzwerkmodelle realistisch sind, und es besteht sogar Hoffnung, daß unsere Fragen beantwortet werden. Aus diesem Grund ist es durchaus denkbar, daß wir irgendwann einmal verstehen werden, wie unser Gehirn aufgrund von Wahrnehmungen Verhalten produziert.

Wollen wir diese, uns bisher verborgen gebliebenen Transformationen ergründen, müssen wir zuerst unsere Denkmodelle erweitern. Insbesondere sollten wir der Annahme kritisch gegenüberstehen, daß sich Wahrnehmung primär und vor allem auf die physische Welt bezieht. Und wir sollten auch der damit verbundenen Annahme mißtrauen, daß Verhalten in erster Linie in der Manipulation physikalischer Objekte besteht. Wir sollten in dieser Beziehung skeptisch bleiben, weil wir bereits wissen, wie differenziert und sensitiv Menschen und andere soziallebende Tiere die *sozialen* Aspekte ihrer Umwelt wahrnehmen und damit genauso geschickt wie mit den physischen Aspekten umgehen können. Außerdem erwerben Neugeborene der meisten sozialen Tierarten ihre sozialen Fähigkeiten mindestens so früh wie ihre sensomotorische, rein auf die materielle Umgebung bezogene Koordination. Schon Babys können ein Lächeln von einer finsteren Miene unterscheiden, den freundlichen

Tonfall einer Stimme vom aggressiven, einen Scherz von einem Tadel. Und schon ein Baby kann erfolgreich Schutz, Nahrung oder Zuwendung fordern.

Ich möchte damit nicht andeuten, daß im Sozialverhalten letztlich mehr liegt als in anderen komplexen Verhaltensweisen, die sich auf die physische Aspekte beziehen, oder daß es Kausaleigenschaften besitzt, die über Physik und Chemie hinausgehen. Worauf ich vielmehr hinauswill, ist, daß Neugeborene soziallebender Tierarten in der Lernphase besonders intensiv auf die sozialen Aspekte ihrer Umwelt achten und dabei oft physische Aspekte ignorieren, die erst später für sie wichtig werden. Kinder können beispielsweise bis zum Alter von drei oder vier Jahren Farben nicht benennen, obwohl sie bereits sehr viel früher Worte für Zorn, Versprechen, Freundschaft, Besitztum oder Liebe kennen. Ich war sehr erstaunt, als ich das bei meinem eigenen Kind entdeckte und noch mehr, als ich bemerkte, daß dieses Phänomen allgemein gültig ist. Aber vielleicht hätte ich nicht so überrascht sein sollen; die erwähnten sozialen Konzepte sind für ein Kind wesentlich wichtiger als die Namen irgendwelcher Farben.

Wir können dieses Phänomen leicht erklären: Als soziale Lebewesen teilen Kinder ihren Merkmalsraum ein. Die Kategorien, die dabei entstehen, betreffen genauso oft soziale wie physische Aspekte. Das Gehirn weist der Repräsentation und Kontrolle der *sozialen* Realität etwa ebensoviel neuronale Ressourcen zu wie der der *materiellen* Realität.

Mit dieser neuen Erkenntnis sehen Sie sich nochmals Abbildung 6.2 an. Sie werden die großen unbeschrifteten Bereiche im vorderen und hinteren Teil des Gehirns bemerken. Könnten einige dieser Gebiete grundsätzlich bei *sozialen* Wahrnehmungen und Aktivitäten involviert sein? Könnte es dort von Vektorsequenzen nur so „wimmeln", die Soziales der einen oder anderen Art repräsentieren? Und wenn wir schon einmal solche Fragen stellen, warum sollten wir bei diesen Gebieten aufhören? Könnten nicht die sogenannten „primär" sensorischen Cortexgebiete – besonders für Tastsinn, Sehen und Hören – genauso gut mit sozialen wie mit physischen Aspekten beschäftigt sein? Diese beiden Funktionen schließen sich sicherlich nicht gegenseitig aus.

Ich denke, die Antwort auf all diese Fragen lautet fast mit Sicherheit „ja". Uns fehlen Gehirnkarten für soziale Aspekte, wie wir sie für die physischen haben, nicht etwa deshalb, weil es sie nicht gibt. Ich vermute vielmehr, wir haben bisher deshalb noch keine soziale Karten gefunden, weil wir danach nicht mit der gleichen Zielstrebigkeit gesucht haben wie nach den physischen Karten.

Die Sprache des Menschen

Warum die Forschung die Gehirnregionen, die für soziale Funktionen verantwortlich sind, vergleichsweise stark vernachlässigt hat, ist nicht schwer zu verstehen. Versetzen Sie sich in die Lage eines Wissenschaftlers. Einem Versuchstier eine soziale Umgebung zu präsentieren, die gut kontrollierbar und manipulierbar ist, ist viel schwieriger, als definierte Experimente mit Farben, Formen oder Tönen durchzuführen. Das gilt besonders dann, wenn uns das Sozialverhalten der Tiere fremdartig erscheint, wir kaum etwas davon verstehen oder wenn es irgendwie gestört ist, wie es sicherlich in den typischen Kolonien von Makaken oder Rhesusaffen in Gefangenschaft der Fall ist.

Definierte Experimente zur sozialen Kognition sind schwierig, aber nicht unmöglich, und tatsächlich hat man bereits einige Anfangsversuche dazu unternommen – zufälligerweise an der Fähigkeit zur Gesichtserkennung bei Affen. Bei Affen fand man ein kleines Areal der Großhirnrinde, das für die Erkennung von Gesichtern verantwortlich ist. Ihr „Gesichtserkennungscortex", wenn wir ihn so nennen wollen, liegt etwa in derselben Gehirnregion wie die entsprechende Funktion beim Menschen (Kapitel 3).

Gewöhnlich entdeckt man derartige sozial relevante Gebiete jedoch häufig beim Menschen, wenn auch nicht durch Laborexperimente. Patienten mit Schädigungen bestimmter Hirnregionen durch Unfall oder Krankheit leiden an einer Vielzahl wohldefinierter kognitiver Defekte. Ausmaß und Art dieser kognitiven und sozialen

Defizite können in psychologischen Tests überprüft werden. Untersuchungen des Gehirns nach dem Tod der Patienten oder am lebenden Gehirn mit einem der neuen, nichtinvasiven bildgebenden Verfahren zeigen uns dann, welche Regionen des Gehirns tatsächlich betroffen sind. Sammelt man solche Informationen bei einer großen Anzahl von Patienten, dann können wir eine topographische Karte der Gehirngebiete zeichnen, die auf bestimmte kognitive Funktionen spezialisiert sind, und das, ohne jemals eine Elektrode ins Gehirn einstechen zu müssen.

Diese Forschungsmethoden und ihre Ergebnisse sind Thema des nächsten Kapitels, aber einen Fall wollen wir schon jetzt besprechen. Beim Menschen ist gewöhnlich, aber nicht immer, eine Gruppe verschiedener, miteinander verbundener Cortexareale der linken Hemisphäre für das Sprechen und die Spracherkennung sehr wichtig. Eine Schädigung dieser Strukturen führt normalerweise zum Verlust der Sprache und/oder der Fähigkeit, andere zu verstehen. Zu diesen Gebieten gehören unter anderem das „Broca-Areal" und das „Wernicke-Areal", benannt nach dem französischen Chirurgen Paul Broca und dem Deutschen Neurologen Carl Wernicke, die diese Areale im 19. Jahrhundert entdeckt haben (Abbildung 6.3).

Ihre Bedeutung für die Sprache wird verständlich, wenn man sich ihre Lage im Gehirn ansieht. Das Broca-Areal liegt direkt neben dem unteren Teil des primären motorischen Cortex und ist mit diesem Gebiet, das die Muskeln des Mundes und der Kehle kontrolliert, direkt verschaltet. Das Broca-Areal gehört somit zu dem cortikalen System, das die Vektorsequenzen erzeugt, die nach der Verarbeitung im motorischen Cortex das flüssige, grammatikalisch und semantisch richtige Sprechen produzieren. Diese Aufgabe wird sicherlich nicht allein vom motorischen Cortex bewerkstelligt. Bei einem intakten motorischen Cortex können die Muskeln von Mund und Kehle zwar richtig bewegt werden, wenn aber das Broca-Areal ernsthaft geschädigt ist, dann kann der motorische Cortex allein keine zusammenhängende Sprache mehr erzeugen.

Auch die Schädigung des Wernicke-Areals ruft eine interessante Gruppe von Sprachstörungen hervor, wie wir im nächsten Kapitel noch sehen werden. Dieses Gebiet gehört also offenbar auch zu den

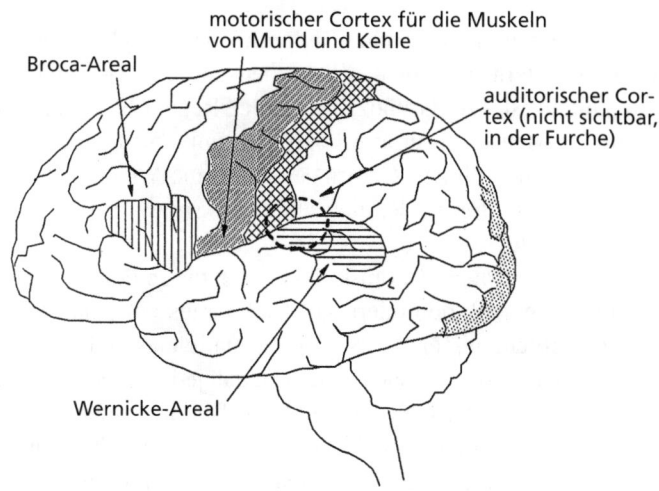

6.3 Einige Gebiete der menschlichen Großhirnrinde, die beim Sprechen und beim Verstehen von Sprache von Bedeutung sind.

Sprachzentren. Es befindet sich jedoch direkt neben der primären Hörrinde (einem Gebiet innerhalb der tiefen, horizontalen Spalte [Sulcus], die den Temporal- vom Parietallappen trennt) und liegt in der Verschaltung hinter der Hörrinde. Es ist also nicht überraschend, daß das Wernicke-Areal auch für die Sprach*erkennung* wichtig ist. Bei einer intakten primären Hörrinde und Schädigungen des Wernicke-Areals oder größerer Teile des Temporallappens, auf dem es liegt, kann der Patient zwar noch normal hören, aber sein Sprachverständnis ist ernsthaft beeinträchtigt oder gar völlig verlorengegangen.

Die menschliche Sprache ist vermutlich die außergewöhnlichste soziale Fähigkeit, die irgendeine Tierart besitzt, und einige engumgrenzte Gebiete des menschlichen Gehirns dienen offenbar fast ausschließlich dieser Aufgabe. Es gibt also tatsächlich Gebiete im Gehirn für „Soziales" – zwei oder drei mit Sicherheit und vermutlich noch mehr. Die Sprachzentren sind noch aus einem weiteren Grund für unser Thema von besonderem Interesse. Die Linguistik geht gegenwärtig nämlich davon aus, daß wir die Sprache – zumindest deren grammatikalischen Teil, mit Hilfe eines konkreten Regelwerks meistern, das für das Sprechen und das Sprachverständnis unerläßlich ist. Die Grundzüge solcher Regeln hält man bei allen gesunden Menschen für angeboren und universell vorhanden. Man glaubt, das menschliche Gehirn beinhalte eine Art „Sprachorgan", in dem die Grundform aller menschlichen Sprachen bereits bei der Geburt angelegt ist.

Das ist im Prinzip Chomskys Theorie, die in den letzten 30 Jahren die Linguistik dominiert hat. Daß daraus ein Konflikt mit den neueren Erkenntnissen der Neuroinformatik entstand, ist leicht einzusehen. Chomskys Ansatz postuliert, daß jeder sprechende Mensch ein *Regelwerk* für die Syntax, also die Bildung einer grammatikalisch richtigen Folge von Worten, besitzt. Weiterhin nimmt er an, daß das Gehirn diese Regeln *anwendet* und *ihnen folgt*, wenn es Sätze versteht oder bildet. Im Gegensatz dazu funktionieren die neuronalen Netzwerke, die wir bisher kennengelernt haben, mit Sicherheit nicht, indem sie gelernte und intern gespeicherte Regeln anwenden. Sie kennen überhaupt keine Regeln, und die Umwandlungen werden völlig anders ausgeführt, indem nämlich ein Aktivitätsvektor durch die Verrechnung in vielen synaptischen Verbindungen in einen Ausgabenvektor umgewandelt wird.

Ein Netzwerk, das eine spezifische Input-Output-Umwandlung erlernt hat, produziert im Endeffekt ein völlig regelkonformes Verhalten, und bestimmte explizite Regeln können dieses Verhalten sekundär beschreiben oder rekonstruieren. Doch die Behauptung, ein Netzwerk würde dieses Verhalten zeigen, weil es Regeln intern repräsentiert und anwendet, ist für derartige neuronale Netzwerke prinzipiell falsch; sie sind ganz anders organisiert. Der entscheidende Streitpunkt zwischen den Linguisten und den Konnektionisten bleibt jedoch die zentrale Frage: Welche der beiden Methoden verwendet das menschliche Gehirn?

Das Problem läßt sich an einem Ihnen bereits aus Kapitel 4 bekannten Beispiel erläutern: ein Computerprogramm der Firma DEC, das die komplizierten Buchstaben-Phonem-Umwandlungen in DECtalk durchführte. Dieses Programm enthielt eine Vielzahl von Regeln, die explizit in der Hardware des Computers gespeichert wurden. Immer wenn der Computer das Programm ausführte und hörbare Töne erzeugte, wandte er diese Regeln an und folgte ihnen buchstäblich. Chomskys Theorie ist in diesem Fall korrekt; DECtalk benutzt ein gespeichertes Regelwerk.

Ganz anders hingegen arbeitet NETtalk, das im Endeffekt genau das gleiche leistet wie DECtalk. NETtalk erreicht dieses Ziel jedoch auf ganz andere Weise als DECtalk, bei dem Regeln und deren Anwendung klassisch programmiert wurden. Deshalb hat NETtalk auch solches Aufsehen erregt. Es zeigte einen vollständig anderen Weg auf, um eine so komplizierte Leistung zu vollbringen, obwohl es keinerlei Regeln benutzt, weder für die anfängliche Lernphase, noch später beim funktionstüchtigen Netzwerk. NETtalks Fähigkeiten mit einer These à la Chomsky zu erklären, wäre schlichtweg falsch, denn obwohl das Netzwerk sich scheinbar nach bestimmten Regeln verhält, kennt es weder diese Regeln noch benutzt es sie.

Lassen Sie uns nun zu unserer menschlichen Sprache zurückkehren, einer Leistung, die um Größenordnungen komplexer ist als die simple Aufgabe von DECtalk und NETtalk, den „richtigen Ton zu treffen". Unter Linguisten herrscht immer noch die Ansicht vor, daß die Sprachbegabung des Menschen eher in der Art von DECtalk als in der von NETtalk realisiert wird. Die Vorstellung eines gespeicherten Regelwerks scheint ihnen offenbar die ansprechendere Theorie zu sein.

Außer der Tatsache, daß es seit 30 Jahren die dominierende Erklärung ist, sprechen aber noch weitere wichtige Gründe für Chomskys Theorie. Zum einen kann diese Schule grammatikalische Phänomene, die allen Sprachen gemeinsam sind, systematisch und detailliert erklären – eine Tatsache, die nicht gering zu schätzen ist, schon gar nicht, solange wir keine alternative Erklärungsmöglichkeit anbieten können. Die Neuroinformatik hat hier noch mehrere Jahrzehnte Nachholbedarf, und es hilft nichts, etwas anderes zu behaupten.

Das zweite, oft genannte Argument für Chomskys Theorie ist die Tatsache, daß jede menschliche Sprache potentiell unendlich viele zulässige oder grammatikalisch richtige Sätze enthält, denn es können immer neue grammatikalisch richtige Sätze beliebiger Länge und Komplexität gebildet werden. Der einzig plausible Weg, diese „Produktivität" der Sprache zu erklären, argumentiert Chomsky, besteht darin, daß jeder von uns eine Anzahl von Regeln anwendet und immer wieder benutzt und so unbegrenzt neue und kompliziertere Sätze bilden kann.

Wenn die orthodox-traditionelle Linguistik jedoch denkt, sie besitze die einzig mögliche Erklärung für grammatikalische Produktivität, dann irrt sie. Schließlich ist ein Satz eine Aufeinanderfolge von Worten, und rekurrente Netzwerke können ebenfalls darauf trainiert werden, eine sinnvolle Sequenz von Verhaltenselementen zu produzieren, auch mehrere Sequenzen nacheinander. Erinnern Sie sich an mein Beispiel in Kapitel 5, einer langen Abfolge von Aktivitäten, angefangen mit dem Anziehen von Handschuhen, bis schließlich, acht oder neun Schritte später, das Hühnchen in Alufolie eingewickelt war. In der Tat demonstrieren derartige Beispiele, daß motorisches Verhalten ganz allgemein die hier angesprochene Form von Produktivität zeigt. Bedenken Sie nur: Man kann eine unbegrenzte Zahl definierter Aktionen ausführen, angefangen vom Kopfkratzen über das Kochen eines Abendessens bis zur Alliierten Invasion in der Normandie. Solche Aktionen können von beliebiger Dauer sein, und sie bestehen aus einem begrenzten Repertoire variabler Elemente. Müssen wir auch für diese Fähigkeit eine Erklärung im Sinne Chomskys annehmen?

Wahrscheinlich nicht, aber jetzt, wo uns unsere linguistischen Fähigkeiten nicht mehr so einzigartig erscheinen, brauchen sie vermutlich auch keine besondere Erklärung. Vielleicht kann man sie einfach mit der Fähigkeit der ihnen zugrundeliegenden rekurrenten Netzwerke beschreiben. Diese können unter unzähligen Verhaltensweisen bestimmte auswählen und daraus eine endliche „Bibliothek" prototypischer Verhaltensweisen anlegen. Aus diesen elementaren Verhaltensweisen können sie dann unendlich viele mögliche Variationen und Folgereaktionen zusammensetzen. Das ist im Prinzip vorstellbar, aber ist es auch wirklich der Fall?

Das ist eine interessante Frage, auf die wir leider noch keine Antwort wissen. Sie wird aber mit Sicherheit innerhalb der nächsten drei Jahrzehnte gelöst werden. Netzwerkmodelle mit linguistischen

Fähigkeiten werden uns zeigen, ob rekurrente Netze die entsprechenden Fähigkeiten tatsächlich lernen können, und die Forschung an Anatomie und Physiologie der menschlichen Sprachzentren wird erweisen, ob solche künstlichen Netzwerke biologisch relevant sind.

Zum ersten Punkt gibt es bereits einige vorläufige Ergebnisse. Es existiert nämlich bereits ein rekurrentes Netzwerk, das man auf die Unterscheidung von grammatikalisch richtigen und falschen Sätzen beliebiger Länge trainiert hat. Seine Grammatikkenntnisse sind zwar noch geringer als die eines Durchschnittsamerikaners, aber das Beispiel ist lehrreich und ermutigend.

Rekurrente Netzwerke lernen Grammatik

Jeff Elman, Leiter des Sprachforschungszentrums an der Universität von Kalifornien in San Diego, ist ein Pionier in der Anwendung neuronaler Netze für die Sprachtheorie. Die Netze, die wir im folgenden besprechen, werden daher als *Elman*-Netze bezeichnet und gehören zu den einfachsten Formen, die rekurrente Netzwerke annehmen können. Elman wollte erstens wissen, ob ein Netzwerk aus einem großen Fundus einfacher Sätze grammatikalische Kategorien, wie *Substantiv*, *Verb*, *direktes Objekt*, entnehmen kann. Zweitens wollte er wissen, ob ein solches Netzwerk lernen kann, in einer größeren Anzahl komplizierterer Sätze grammatikalisch richtige von unrichtigen Satzkonstruktionen zu unterscheiden. In beiden Fragen geht es um des Pudels Kern, denn die Linguisten, die der orthodoxen Theorie Chomskys anhängen, streiten vehement ab, daß solche künstlichen neuronalen Netzwerke jemals abstrakte Strukturen lernen können, wie sie für grammatikalische Produktivität notwendig sind. Oder, falls doch, dann nach irgendwelchen Regeln, wie sie Chomskys Theorie fordert. Auf jeden Fall, so lautet die Schlußfolgerung, habe ihr orthodoxes Weltbild nichts zu befürchten.

Lassen Sie uns untersuchen, ob das stimmt. Elman und David Zipser gingen die erste Frage mit einem einfachen rekurrenten Netz-

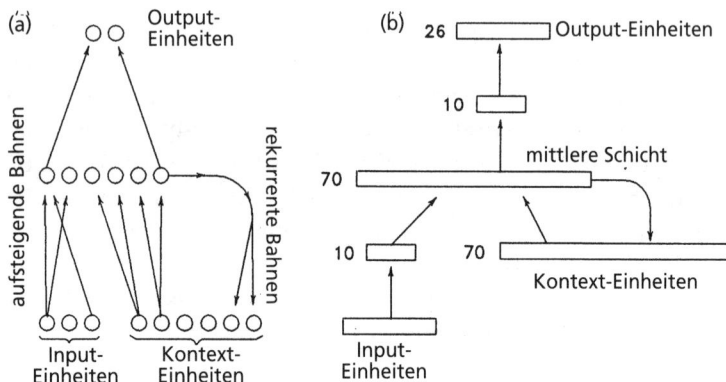

6.4 Die einfachste Form eines Elman-Netzes. Das Aktivitätsmuster der mittleren Ebene wird bei jedem Verarbeitungsschritt zurückgeführt, so daß das Netzwerk die „Kontext"-Informationen aus unmittelbar vorangegangenen Schritten mitberücksichtigen kann. Auf diese Weise kann das Netzwerk jedes Wort mit Kontext zu den jeweils vorausgehenden Worten bewerten (a). Ein etwas größeres und komplexeres Netzwerk zum Erkennen grammatikalisch richtiger Satzkonstruktionen mit mehrfach ineinandergeschachtelten Relativsätzen (b). (Verändert nach Jeff Elman.)

werk an (Abbildung 6.4a), einer Liste von 29 üblichen Verben und Substantiven und einem Fundus von 10 000 Sätzen aus zwei bis drei Worten, wie zum Beispiel *man eats bread* (Mann ißt Brot), *lion chases cat* (Löwe jagt Katze), *boy sleeps* (Junge schläft) und so weiter. Man gab dem Netzwerk derartige Sätze Wort für Wort ein, und es sollte versuchen, aus dem oder den vorangegangenen Worten das nächste Wort vorherzusagen.

Eine perfekte Voraussage ist in diesen Fällen unmöglich, weil es normalerweise mehr als eine grammatikalisch zulässige Antwort gibt. Auf die beiden Worte „Löwe jagt...." könnten statt „Katze" zum Beispiel genauso gut Worte wie „Gazelle", „Mann" oder „Auto" folgen. Trotzdem lernte das Netzwerk, die Aufgabe im Rahmen seiner statistischen Möglichkeiten korrekt zu lösen und wenn es ein Wort falsch vorhersagte, dann fand es doch fast immer die richtige *grammatikalische Kategorie*. Nach dem Satz „Löwe jagt..." würde es nie ein Verb voraussagen. Am Ende des Trainings erzeugte es eigentlich nur noch Sätze, die wir für akzeptabel halten würden.

Wie funktioniert das? Eine Analyse der Aktivitätsvektoren auf der mittleren Schicht des Netzwerks während jeder der 29 möglichen Voraussagen wies eine hierarchische Struktur auf, die Ihnen schon bekannt vorkommen dürfte. Das Dendrogramm in Abbildung 6.5 zeigt alle 29 Worte, aus denen die 10 000 Trainingssätze gebildet waren und gruppiert sie anhand der Ähnlichkeit ihrer Aktivitätsvektoren, genauso wie es vorher bei den 79 Vektoren von NETtalk der Fall war. Das Netzwerk hat aus dem umfangreichen Fundus grammatikalisch richtiger Sätze im Trainingsset erfolgreich die Kategorien erarbeitet, die bestimmen, ob und wo ein bestimmtes Wort grammatikalisch korrekt in einem Satz erscheinen kann.

Dieses bescheidene Ergebnis ist ermutigend, aber es fordert die Theorie Chomskys nicht wirklich heraus: Kann ein Netzwerk die sehr abstrakte Struktur von verschachtelten Relativsätzen und variablen Anordnungen von Subjekt und Prädikat erlernen, die der *Produktivität* der menschlichen Sprache zugrunde liegen? Um diese Frage zu beantworten, stellte Elman ein kleines Lexikon von acht Substantiven, zwölf Verben, dem Relativpronomen *who* (der, die, das) und dem Punkt am Satzende zusammen (das Lexikon enthielt nicht die direkten und indirekten Artikel *the* und *a*). Dazu erfand er eine simple, aber durchaus „produktive“ Grammatik aus ein paar Dutzend Regeln. Mit Hilfe dieser Grammatik produzierte er nach der orthodoxen Methode Chomskys ein Trainingsset aus 10 000 sinnvollen Sätzen, die unterschiedlich lang und kompliziert waren. Anders als zuvor wurde dieses Netzwerk mit Sätzen konfrontiert, die Relativsätze enthielten, wie *Boys (who chase girls) chase cats.* (Jungen, die Mädchen jagen, jagen Katzen). Mit diesem Trainingsset wurde das Netzwerk in Abbildung 6.4b gespeist – zuerst mit den einfachen und dann mit den komplizierteren Sätzen –, und wie üblich wurden die synaptischen Gewichte durch Backpropagation (Fehlerrückmeldung) eingestellt.

Die Aufgabe des Netzwerkes bestand darin, alle grammatikalisch möglichen Arten von Worten vorauszusagen, die einer vorgegebenen Wortreihe folgen könnten, wie Relativpronomen, Verb in der

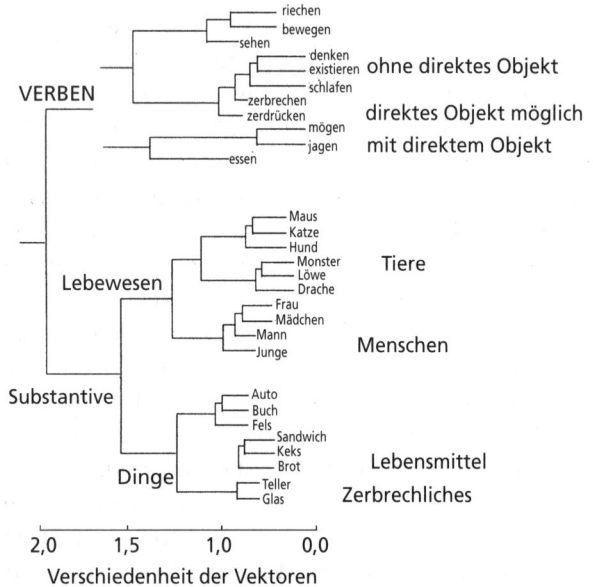

6.5 Die hierarchische Struktur des Merkmalsraums in der mittleren Ebene von Elmans Netzwerk. Die Gruppen entsprechen grammatikalisch relevanten Kategorien. So werden Verben, auf die ein direktes Objekt folgen muß, von denen unterschieden, die kein direktes Objekt haben dürfen, und solchen, die eines haben können. (Verändert nach Jeff Elman.)

Pluralform, Substantiv im Singular und so weiter. Um es kurz zu machen, das Netzwerk „lernte sein Handwerk", es lernte zum Beispiel sogar die richtige Subjekt-Prädikat-Anordnung in relativ komplizierten Satzkonstruktionen mit mehreren Relativsätzen, wie *Boys (who kiss girl [who feeds dog]) chase cats* (Jungen, die Mädchen küssen, das Hund füttert, jagen Katzen) Dabei stimmt die Pluralform *chase* mit dem Pluralsubjekt *boys* überein, obwohl beide durch sechs Worte – zwei ineinander verschachtelte Relativsätze und zwei ablenkende Substantive im Singular – voneinander getrennt sind. (Das trainierte Netzwerk bewältigt diese Aufgabe sogar ohne die Hilfe von gliedernden Klammern oder Kommata.) Im allgemeinen lernte das Netzwerk fast genauso viele Sätze grammatikalisch zu unterscheiden, wie mit Hilfe der Chomsky-Regeln produziert werden konnten.

Das Beste aber kommt noch! Wie geht das Netzwerk dabei vor? Welche *Repräsentationen* finden innerhalb eines erfolgreich trainierten Netzwerks statt und erzeugen diese komplexen Fähigkeiten? Hier schließlich können wir die sogenannte Cluster-Analyse nicht mehr anwenden, die bei NETtalk und dem früheren Elman-Zipser-Netz so nützlich war. Das liegt daran, daß diese Vorgehensweise vorsätzlich alle kontextbedingten Variationen herausmittelt. Dadurch bleibt unberücksichtigt, wie die präsentierten Worte von Fall zu Fall unterschiedlich codiert werden, wenn sie in verschiedener Reihenfolge in einem Satz auftauchen. Da wir jetzt aber auch längere, kompliziertere Sätze betrachten, benötigen wir genau diese Information.

Man braucht nicht weit nach dem dafür notwendigen Darstellungsverfahren zu suchen. (Es ist Ihnen bereits von Kapitel 5 bekannt, als wir den Lauf einer Katze in einem Modell dargestellt haben.) Anstatt einfach die Aktivitätsvektoren zu verschiedenen Zeiten zu mitteln, betrachten wir die Aufeinanderfolge solcher Vektoren und fragen uns, was die dabei entstehende Bahn im Merkmalsraum bedeuten könnte.

Elman hatte einige Mühe, um die wichtigsten Unterteilungen innerhalb des 70-dimensionalen Merkmalsraums in der mittleren Schicht seines Netzwerkes zu finden. Er verwendete die sogenannte Hauptkomponenten-Analyse. Was er fand, waren genau die einzelnen schrägen Ebenen, die beim kodieren der Inhalte am aktivsten waren, die das Netzwerk als wichtig anzusehen gelernt hatte. Aber sobald diese Ebenen einmal identifiziert waren, zeigte sich, daß jeder grammatikalisch richtige Satz durch eine charakteristische Bahn innerhalb dieser speziellen Ebenen dargestellt wurde. In Abbildung 6.6a sehen Sie auch, daß grammatikalisch ähnliche Sätze auch sehr ähnliche Spuren im Merkmalsraum zeichnen. Die Sätze:

(1) *Boy who boys chase chases boy* (Junge, den Jungen jagen, jagt Jungen) und

(2) *Boys who boys chase chase boy* (Jungen, die Jungen jagen, jagen Jungen)

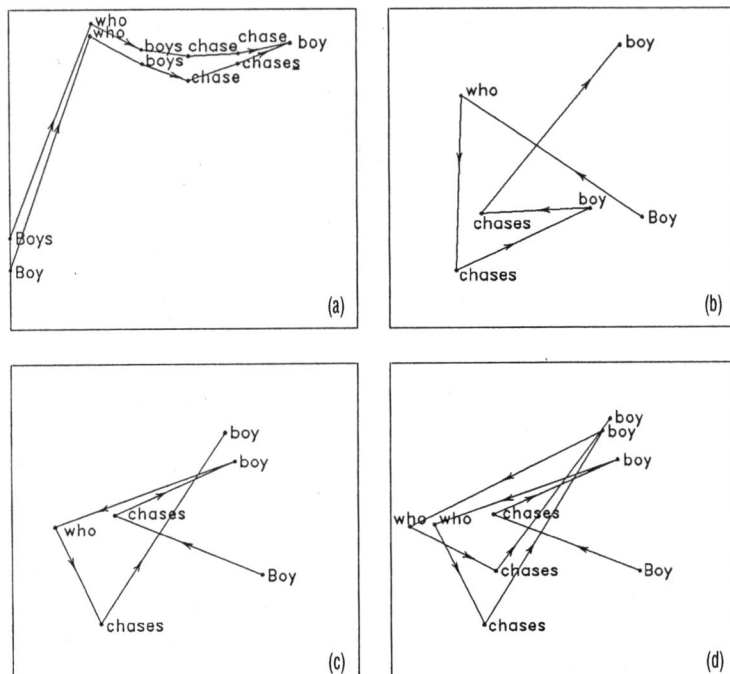

6.6 Die Bahnen verschiedener Sätze im Merkmalsraum von Elmans Netzwerk zur Erkennung grammatikalisch richtiger Sätze. Grammatikalisch ähnliche Sätze zeigen ähnliche Bahnen in Merkmalsraum (a). Grammatikalisch unterschiedliche Sätze zeigen verschiedene Bahnen in Merkmalsraum (b) und (c). Mehrfach ineinandergeschachtelte Relativsätze werden als ähnliche, aber getrennte Kreise im Merkmalsraum kodiert (d). (Verändert nach Jeff Elman.)

unterscheiden sich nur in der Anzahl ihrer Subjekte (*boy* und *boys*) und damit in der Form des dazugehörigen Prädikats (*chases* beziehungsweise *chase*). Ihre Bahnen beginnen an eng benachbarten Punkten, und dieser kleine Unterschied bleibt während der drei in beiden Sätzen gleichen Worte (*who boys chase*) erhalten, bis das zum Hauptsubjekt gehörige Verb erreicht wird. Danach laufen die beiden Linien beim Objekt (*boy*) zusammen. Die Taktik des Netzwerks in diesem Fall entspricht auch seiner Strategie im allgemeinen. Es codiert geringfügige grammatikalische Unterschiede als kleine, aber im Bahnverlauf sichtbar bleibende (dynamisch relevante) Unterschiede in der Vektorbahn. Was das Netzwerk gelernt hat, ist nicht nur einzelne Wörter zu repräsentieren, sondern Wörter in ihrem jeweiligen grammatikalischen Kontext. Es repräsentiert diese abstrakten und kontextbezogenen linguistischen Einheiten mit einem dynamisch relevanten Punkt im Merkmalsraum, einem Punkt, der das Vorangegangene berücksichtigt und der auf nachfolgend präsentierte Worte grammatikalisch richtig reagiert.

Grammatikalisch verschieden aufgebaute Sätze erzeugen dagegen ziemlich unterschiedliche Vektorbahnen. Die Sätze

(3) *Boy who chases boy chases boy* und

(4) *Boy chases boy who chases boy*

haben verschiedene Strukturen; im ersten Fall bezieht sich der Relativsatz auf das Subjekt (Junge, der Jungen verfolgt, verfolgt Jungen), beim zweiten auf das Objekt (Junge verfolgt Jungen, der Jungen verfolgt). Diese beiden Sätze haben sehr unterschiedliche Vektorbahnen, wie die Abbildungen 6.6b und 6.6c zeigen. Schließlich werden Sätze mit mehreren, ineinander verschachtelten Relativsätzen, wie

(5) *Boy chases boy who chases boy who chases boy.*

so codiert, daß die Relativsätze als ähnliche, aber räumlich voneinander getrennte Zyklen im Merkmalsraum erscheinen (Abbildung 6.6d).

Aus all dem geht eindeutig hervor, daß das Netzwerk die Produktivität besitzt, grammatikalisch richtige Sätze zu unterscheiden. Im Prinzip können die Sätze, die es codieren kann, beliebig lang sein; das rekurrente Netzwerk kennt keine obere Aufnahmegrenze. In der Praxis kann das Netzwerk nur deshalb keine perfekte (das heißt unbegrenzte) Produktivität erreichen, weil bei wiederholten rekurrenten Kreisläufen unvermeidlich die grammatikalisch relevanten Informationen verloren gehen. Bei Elmans Netz sank nach drei ineinander geschachtelten Relativsätzen – wie im Beispielsatz 5 –

die Leistung unter das Zufallsniveau ab. Aber das trifft auch für Menschen zu, denken Sie nur an Sätze, wie

(6) *The cat that the dog that the man kicked bit jumped.*

(vergleichbar: Derjenige, der denjenigen, der den Pfahl, der an der Brücke, die auf dem Wege, der nach Worms führt, liegt, steht, umgeworfen hat, anzeigt, erhält eine Belohnung. (aus Reiners, Stilfibel)). Die meisten von uns sind am Ende solcher Sätze ziemlich verwirrt, obwohl sie grammatikalisch völlig korrekt sind. Schreibt man den Satz jedoch um, wie

(7) *The cat – that the dog (that the man kicked) bit - jumped*

(Die Katze, die der Hund biß, (den der Mann trat) sprang.), dann versteht man den Sinn schon eher. Die Kommata und Klammern verbessern oder ersetzen die Informationen, die auf einer Bahn mit zu vielen ähnlichen Kreisläufen im Merkmalsraum verloren gehen.

Die Produktivität dieses Netzwerks ist natürlich nur winziger Teil dessen, was jeder Mensch an Grammatik beherrscht. Aber Produktivität ist Produktivität, und offensichtlich ist auch ein Netzwerk dazu fähig. Elmans beeindruckende Demonstration wird den Streit zwischen den auf Regeln pochenden Linguisten und den Konnektionisten nicht beenden. Die Ausgangslage beider Theorien ist jetzt aber gleich, und der Streit wird sich in absehbarer Zeit von selbst entscheiden, wobei ich kein Hehl daraus mache, auf wen ich als Sieger tippe.

Moralische Wahrnehmung und Moralverständnis

Wie bereits früher besprochen, sind erlernte Prototypen und ihre Anwendung auf neue Situationen für den wissenschaftlichen Fortschritt außerordentlich wichtig. Spezifische Regeln und „Naturgesetze" spielen zwar ebenfalls eine nicht zu vernachlässigende Rolle, sind aber meist auf die mehr gesellschaftlichen Aspekte der Wissensvermittlung und Lehre beschränkt. Das wissenschaftliche Verständnis beruht vor allem auf einer erworbenen Hierarchie von Prototypen, nicht primär auf sprachlich ausdrückbaren Formeln und Gesetzen.

Genauso könnte auch unsere Sprachbegabung auf einer Hierarchie von Prototypen für verbale Vektorsequenzen basieren, die verschiedene Anwendungen und unbegrenzt viele Kombinationen erlauben, statt auf speziellen Regeln zu beruhen, denen wir folgen. Natürlich können wir grammatikalische Regeln formulieren, und wir tun dies auch, aber ein Kind kann korrekt sprechen, ohne diese Regeln jemals gehört zu haben oder sie gar formulieren zu können. Es könnte sein, daß solche Regeln eher dazu dienen, unsere linguistischen Fähigkeiten zu beschreiben und zu verfeinern. Unsere grammatikalischen Kenntnisse könnten im Kern aus etwas anderem bestehen als einem Kanon von Regeln, den wir internalisiert haben und dem wir folgen.

Behalten wir diese beiden Punkte im Kopf, wenn wir uns der Moral zuwenden. Lassen Sie uns die Frage betrachten, woran wir moralische Konzepte erkennen, wie Grausamkeit und Barmherzigkeit, Geiz und Großzügigkeit, Verrat und Ehre, Verlogenheit und Ehrlichkeit, Feigheit und Mut. Auch in diesem Fall konzentriert sich die traditionelle westliche Moralphilosophie auf *Regeln*, auf bestimmte Gesetze und Prinzipien, die uns zu einem moralischen Verhalten hinlenken sollen. Die Diskussion drehte sich bisher immer nur darum, welche Regeln wirklich gültig, korrekt und bindend sind.

Ich möchte die laufende Diskussion in keiner Weise abqualifizieren, denn sie ist für unsere Gesellschaft sehr wichtig, und es wäre mir eine Ehre, auch nur einen kleinen Beitrag dazu leisten zu können. Dennoch wäre es denkbar, daß moralische Wahrnehmung, Einsicht, Überlegung und Handlung beim Menschen viel weniger mit Regeln – ob in uns liegend oder von außen vorgegeben – zu tun haben als allgemein angenommen.

Was aber wäre die Alternative zu einer auf Regeln basierenden Moral? Die Alternative ist eine Hierarchie gelernter Prototypen für moralische Wahrnehmung und Verhalten, Prototypen, die in der richtigen Einstellung der synaptischen Gewichte eines neuronalen Netzes liegen. Möglicherweise finden wir hier ein erfolgreiches

Erklärungsmodell für moralische Unterschiede, moralische Verfeh-
lungen und pathologisches Verhalten, ja sogar für den moralischen
Reifungsprozeß der Gesellschaft insgesamt. Lassen Sie uns diese
Alternative erkunden und sehen, wie ein vertrautes Feld von einem
ganz anderen Standpunkt betrachtet aussieht.

In den ersten Kapiteln dieses Buches haben wir schon festgestellt,
daß unserer Fähigkeiten bei der Wahrnehmung und Unterscheidung
von Sinneseindrücken weit über das hinausgeht, was wir mit Worten
ausdrücken können. Beim Geschmacks- und Farbensinn haben wir
besonders beeindruckende Beispiele dafür gefunden, aber sehr
schnell zeigte sich, daß dieses Phänomen viel universeller ist. Auch
Gesichter können wir viel besser unterscheiden, erkennen und uns
merken, als wir sie jemals verbal beschreiben können. Weitere Beispiele sind die mimische Darstellung von Emotionen und das Erkennen von Tönen. Bei näherer Betrachtung zeigt sich, daß die nicht-
verbale Kognition unseren verbalen Fähigkeiten eigentlich in fast
allen Punkten überlegen ist. Denken Sie beispielsweise an die Kategorie „Katze". Eine sinnvolle, allgemeinverständliche Definition
dafür könnte lauten:»Katze: ein kleines, vierfüßiges, jagendes Säu-
getier mit Fell, scharfen Zähnen und langem Schwanz; frißt am lieb-
sten Mäuse und hat einen 'miau'-ähnlichen Schrei.« Sicherlich könnte ein Biologe eine bessere Definition geben, aber darum geht es gar
nicht: Kinder und Otto Normalverbraucher kennen und brauchen
keine wissenschaftliche Definition. Letztendlich benötigen wir
überhaupt keine Definitionen, um eine Katze zu erkennen. Jedes
Kind wird ein stummes, zahnloses, dreibeiniges katzenartiges Tier
mit gestutztem Schwanz und dem Raubtierinstinkt eines Sofakis-
sens immer noch schnell und sicher als Katze identifizieren. Unsere
allgemeine Vorstellung von „katzenartig" muß demzufolge viel
umfangreicher und besser sein als die hier formulierte Definition,
denn wir können eine Katze auch dann noch identifizieren, wenn
fast jede in der Definition angeführte Bedingung verletzt wird.

Solche Definitionen beschreiben bestenfalls einige der wesentlichen Merkmale der Durchschnitts- oder prototypischen Katze,
umfassen aber nur einen kleinen Teil der Aspekte, an denen man diese Kategorie erkennt. Im Gehirn existiert hingegen in einem

bestimmten Abschnitt eines multidimensionalen Merkmalsraums ein viel umfassenderes Begriffsbild von „Katze". Diese spezielle Partition für „Katzenartiges" enthält das schwierig zu beschreibende „Porträt" der Durchschnittskatze und die Aspekte, in denen es variieren kann, von der flauschigen Perser- bis zur schlanken Siamkatze. Hier liegen auch die typischen Verhaltensweisen der Katzen, das Schnuppern, Gähnen, Sich-Strecken, Schnurren, Schleichen oder Rennen. Und dieser Merkmalsraum erlaubt uns auch, untypische Katzen zu erkennen, darunter solche, die sich in einem oder mehreren Punkten von der Durchschnittskatze unterscheiden.

Das ist schließlich der Vorteil von Kategorien und Konzepten: Sie ermöglichen uns, mit anderen, aber nie *vollständig* neuartigen Situationen umzugehen, mit denen wir dauernd konfrontiert werden. Genauso flexibel und abrufbereit wie unsere physischen sind auch unsere sozialen und moralischen Konzepte, und diese zeigen dieselbe Eindringlichkeit und sind genauso schlecht verbal faßbar wie die nichtmoralischen. So können wir zum Beispiel weit besser Beispiele von Grausamkeit, Geduld, Ärger oder Mut erkennen, als diese Gefühle verbal definieren. Und auch das diffuse Vorausahnen ihrer möglichen Konsequenzen ist weit detaillierter als alle verbalen Formulierungen, die man dafür finden könnte; daher sind diese Vorahnungen auch viel eindringlicher. Insgesamt gesehen zeigt moralisches Denken offenbar dieselben Eigenschaften und Phänomene, die in anderen Gebieten auf die Aktivität eines gut trainierten Netzwerks hindeuten.

Wenn das der Fall ist, dann sollten bei der moralischen Wahrnehmung dieselben Unschärfen und Zweideutigkeiten auftreten, wie bei der Wahrnehmung generell. Auch die moralische Wahrnehmung müßte dann der Modulation, der Anpassung und gelegentlich „Vorurteilen" unterliegen, wie sie bei rekurrenten Netzwerken auftreten. Auch hier sollte es gelegentlich zu solchen mentalen „Flip-Flop-Reaktionen" kommen, wie wir sie beim Bild mit der alten/jungen Frau in Abbildung 5.4b kennengelernt haben. Oder um die Gemeinsamkeiten noch weiter zu treiben: Es sollten Fälle auftreten, in denen man auf eine neuartige soziale Situation zunächst einmal verwirrt reagiert, ein wenig Hintergrundwissen oder rekurrente Infor-

171

mation diese Konfusion aber plötzlich auflöst und als bekanntes Beispiel, als einen unerwarteten Spezialfall eines geläufigen moralischen Prototyps erscheinen läßt.

Nach dieser Prämisse könnte das Lernen von Moral darin bestehen, aus ausreichend vielen moralisch relevanten Beispielen allmählich eine Hierarchie moralischer Kategorien zu entwickeln. Daher sind Geschichten und Fabeln und das elterliche Vorbild, ihre Kommentare zum Verhalten des Kindes und ihre konsequente Erziehung für das Erlernen zwischenmenschlicher Beziehungen so wichtig. Kein Kind kann den Weg zu Glück und Zufriedenheit ganz von allein finden, und keines wird die Fallgruben von Egoismus und dauernden Konflikten umgehen können, wenn die Umwelt ihm nicht die richtigen Alternativen demonstriert.

Manche Menschen haben diese Lektionen gut gelernt. Menschen mit gefestigten moralischen Maßstäben können ihr Moralempfinden vor den Fallstricken von Selbsttäuschung und Egoismus bewahren, und sie werden sich auch nicht durch Gruppenzwänge oder Fanatismus dazu verleiten lassen, die moralische Überzeugung anderer mit Füßen zu treten.

Menschen mit ungewöhnlich tiefen moralischen Einsichten können ethisch problematische Situationen von mehr als nur einem Standpunkt aus betrachten und beurteilen, inwieweit diese alternativen Interpretationen dem Problem gerecht werden. Sie verfügen über eine ungewöhnliche moralische Vorstellungskraft und sind entsprechend kritisch. Dafür benötigen sie eine umfangreiche Sammlung moralischer Prototypen, aus der sie schöpfen können, und sie sind in der rekurrenten Beeinflussung ihrer moralischen Wahrnehmung besonders geübt. Um kritikfähig zu sein, müssen sie begrenzte Abweichungen von irgendeinem mutmaßlichen Prototyp leicht erkennen können und den Willen besitzen, derartige Abweichungen als möglichen Ausdruck eines anderen Verständnisses anzuerkennen. Solche Menschen sind definitionsgemäß natürlich selten, obwohl wir alle ein gewisses Maß an moralischer Einsicht und Kritikfähigkeit besitzen.

Meiner Ansicht nach bestehen moralische Konfliktpunkte denn auch weniger darin, daß man sich uneins ist, welchen „moralischen

Regeln" man folgen soll, sondern beruhen vielmehr auf unterschiedlichen Auffassungen darüber, welche moralischer Prototyp die betreffende Situation am besten charakterisiert. Es geht eher um Divergenzen bei der Definition des Problems. In diesem Sinne zielen moralische Argumentationen in der Regel darauf ab, alternative Aspekte eines Problems klarzumachen, um so den anderen zu überzeugen, daß ein bestimmter moralischer Prototyp auf die gegebene Situation zutrifft. Ein Beispiel dafür auf anderem Gebiet bietet wiederum die Abbildung mit der alten/jungen Frau (Abbildung 5.4b). Wenn das Bild eine Photographie wäre und wir uns fragen würden, was es nun wirklich darstellt, würden wir uns vermutlich einig sein, daß die Interpretation, es handele sich um eine junge Frau, die bei weitem realistischere ist. Würde es eine alte Frau darstellen, müßten wir glauben, daß eine derartige Karikatur tatsächlich existiert.

Ein reales Beispiel aus dem ethischen Bereich ist der gegenwärtige Streit in den USA über den legalen Schwangerschaftsabbruch in den ersten drei Monaten. Die eine Seite stellt dabei den Status des Foetus in den Vordergrund und wendet auf ihn den moralischen Prototyp eines menschlichen Wesens an, einer Person, wenn auch noch winzig und unvollkommen, die aus genau diesem Grund schutzlos ist. Die andere Seite betrachtet dieselbe Situation und verwendet dabei den Prototyp eines winzigen und vielleicht unwillkommenen Gebildes, das genausowenig eine Person darstellt wie eine Zyste oder ein Haufen Hautzellen. Die erste Interpretation zwingt uns dazu, in dieser Situation alle mutmaßlichen Rechte zum Schutz der Person, besonders einer jungen und schutzlosen, anzuwenden. Die zweite Interpretation läßt die Frau entscheiden, was sie mit dem winzigen Gebilde anfangen will, je nach dem, welchen Wert sie ihm gibt und wie ihre zukünftigen Pläne als unabhängiger Mensch mit all seinen Selbstbestimmungsrechten aussehen. Die moralische Diskussion besteht in diesem wie in anderen Fällen darin, die Richtigkeit oder Unrichtigkeit der jeweiligen Prototypen zu verfechten.

Ich erwähne dieses Beispiel weder, um dieses Thema hier zu diskutieren (ich gehe darauf in Kapitel 11 ein), noch, um eine der Parteien zu provozieren. Ich möchte damit nur die Art von Nichtübereinstimmung und Streit bei ethischen Themen illustrieren. Es kommt nämlich durchaus häufig vor, daß man sich darüber streitet, welche moralischen Regeln richtig oder falsch sind. Die Widersacher in diesem Fall könnten sogar bei eindeutigen moralischen Prinzipien übereinstimmen, wie: „Es ist *prima facie* falsch, einen Menschen zu töten." Der Streit läuft hier nämlich auf einer fundamentaleren Ebene ab. Seine Ursache liegt in der unterschiedlichen Definition des Zeitpunktes, an dem menschliches Leben beginnt, in der Nichtübereinstimmung über die Kategorie „Person" und damit in der Frage, ob das eindeutige Prinzip in diesem Fall angewandt werden muß oder nicht. Sie liegt in der unterschiedlichen Art und Weise begründet, in der Menschen ihre soziale Umgebung wahrnehmen und interpretieren, und in den zwangsläufig unterschiedlichen Arten, darauf zu reagieren.

Was immer auch die Lösung dieses moralischen Konflikts sein wird, es ist von vornherein klar, daß beide Seiten verschiedene Prototypen anwenden. Aber nicht alle Konflikte sind moralisch begründet. Üblicherweise erinnern die zwischenmenschlichen Streitigkeiten eher an den Streit zwischen Schakal und Geier über einen stinkenden Kadaver oder den von brüllenden Zweijährigen um ein Spielzeug. Und damit sind wir auch schon beim letzten Punkt, nämlich der moralischen Entwicklung von Kindern und der Feststellung, daß diese gelegentlich in die falsche Richtung läuft. Wie ließen sich solche Fehlentwicklungen im Rahmen der hier besprochenen Netzwerke interpretieren?

Platon ließ in seinen Schriften einmal Sokrates behaupten, daß niemand jemals bewußt etwas Böses tun würde. Denn wenn jemand etwas als wirklich falsch ansehe – und nicht nur als „von anderen für falsch gehalten" –, welchen Grund sollte er dann haben, es trotzdem zu tun? Zu Recht wurde Platons Behauptung immer wieder zurückgewiesen, und sie war vermutlich auch ein wenig überzogen, aber der antike Philosoph hat damit einen interessanten Punkt angesprochen: Ein erstaunlich großer Teil moralischen Fehlverhaltens basiert bei uns Menschen primär auf kognitiven Fehlern der einen oder anderen Art.

Solche Fehler sind unvermeidlich, denn wir sind weder grenzenlos intelligent, noch verfügen wir über unbeschränkt viele Informationen. „Nobody is perfect", aber manche Menschen sind bekanntlich noch weniger perfekt als andere, und das führt bei ihnen dauernd zu Fehlleistungen. Es gibt tatsächlich Menschen, die man zurecht als notorische Unruhestifter, gedankenlose Rüpel oder falsche Schlangen bezeichnen kann, ganz abgesehen von den „Brutalos" und Sadisten. Woher aber kommt das?

Unsoziales Verhalten hat viele Ursachen, wie das nächste Kapitel noch zeigen wird, aber ich möchte gleich zu Beginn anmerken, daß die einfache Unfähigkeit, normale moralische Wahrnehmung und soziale Fähigkeiten zu entwickeln, viel dazu beiträgt. Stellen Sie sich einen Jungen vor, der – aus welchem Grund auch immer – nur sehr langsam die Rechte, Erwartungen, Verpflichtungen und Aufgaben richtig einzuschätzen lernt, die im Laufe des Tages im Kindergarten oder beim Spiel mit den Geschwistern ununterbrochen auf ihn einströmen. Ein solcher Junge ist zu einem dauernden Konflikt mit anderen Kindern verurteilt, dazu verdammt, bei ihnen Enttäuschungen, Frustrationen und manchmal Wut zu erzeugen, und all das wird sich letztlich gegen ihn selbst richten.

Und das wird auch im weiteren Verlauf seines Lebens so bleiben, obwohl das unakzeptable Verhalten des Kindes nicht daran liegt, daß es bewußt und rücksichtslos auf die Regeln „pfeift". Der Junge ist ein moralischer Kretin, weil er die Verhaltensweisen nicht erlernt hat, die die anderen Kinder in seinem Alter bereits besitzen. Ihm fehlen sowohl die Fähigkeiten zur sozialen Wahrnehmung als auch die Fähigkeiten, sein Verhalten der gegebenen moralischen Situation anzupassen, die er nur unzureichend versteht. Das Kind tanzt aus der Reihe, sucht unberechtigte Vorteile, reagiert aggressiv auf Zwänge, an die jeder gebunden ist, mißgönnt anderen verdiente Erfolge und ist blind gegenüber Kooperationsangeboten der anderen. Daß dieses Kind keine normale Hierarchie sozialer und moralischer Prototypen entwickeln und anwenden kann, mag tragisch sein, aber wir werden mit den anderen Kindern sympathisieren, wenn ihnen die Geduld ausgeht und sie den kleinen Spielverderber heulend vom Spielplatz jagen.

Was für Spielplätze gilt, trifft auch für die Gesellschaft der Erwachsenen zu. Wir alle kennen Leute, deren Verhalten dem des eben beschriebenen Kindes gleicht. Sie verhalten sich, um es dezent auszudrücken, sozial ungeschickt und sie alle zahlen ständig einen hohen Preis dafür. Sie werden nicht nur offen benachteiligt, sondern sie vermissen auch die wichtigen Vorteile, die mit einer erfolgreichen Sozialisation verbunden sind. Es mangelt ihnen besonders am praktischen kognitiven und emotionalen Umgang mit ihren Mitmenschen.

Diese kurze Beschreibung eines sozial unangepaßten Menschen lädt dazu ein, auch einen sozial erfolgreichen vorzustellen. Die übliche Auffassung, daß ein moralisch integrer Mensch seine moralischen Regeln von außen bekommt – von Gott vielleicht oder der Gesellschaft –, trifft mit Sicherheit nicht zu. Die unreflektierte Bindung an eine Handvoll Regeln schafft noch keine sozial erfolgreiche Persönlichkeit mit moralischen Prinzipien. Der Preis dafür ist erheblich höher und der Weg dorthin sicher beschwerlicher. Viel eher muß man sich einen moralisch integren Menschen als jemanden vorstellen, der beneidenswert subtile Fähigkeiten in ethischer Wahrnehmung, im Denken und Handeln erworben hat.

Genauso dachte auch Aristoteles, um wieder einen Philosophen der Antike zu zitieren. Moralische Tugenden, so meinte er, werden durch Lebenserfahrungen erlangt und verfeinert und gründen sich nicht auf eine höhere Autorität. Moral umfaßt ein ganzes Spektrum sich langsam entwickelnder Fähigkeiten, die größtenteils nicht in Worte zu fassen sind: Moral ist praktizierte Weisheit. Hier trifft sich Aristoteles' Sichtweise mit der der Konnektionisten. Aus dieser Perspektive sieht die Frage des Skeptikers: „Warum soll ich moralisch sein?" eigenartig und unverständlich aus. Ebenso könnte ein Fisch fragen: „Warum soll ich schwimmen lernen?" In beiden Fällen würde die Antwort knapp lauten: „Schau Dir die Umgebung an, in der Du leben mußt!" Sicherlich läßt diese Antwort die Frage offen, welche motorischen Fähigkeiten den besten Schwimmer ausmachen und welche moralischen Fähigkeiten den sozial maximal Erfolgreichen. Aber so ist es eben, denn nur die Erfahrung kann diese Frage beantworten – die individuelle Erfahrung jedes einzelnen und die kollektive Erfahrung der Menschheit.

7. Das Gehirn in Schwierigkeiten: kognitive Störungen und psychische Krankheiten

Das transparente Gehirn: diagnostische Techniken

Die Natur selbst führt immer wieder Experimente an Tieren wie Menschen durch, die in ihrer Grausamkeit beinahe noch über die des Menschen hinausgehen. Die Neurologieabteilungen der Krankenhäuser sind voll von Patienten mit Gehirnschädigungen, die von Ärzten als *Läsionen* bezeichnet werden. Läsionen können durch Tumorwachstum entstehen, durch ein geplatztes oder verstopftes Blutgefäß, eine Schädelverletzung, Vergiftung oder Drogenmißbrauch, einen genetischen oder entwicklungsbedingten Defekt oder auch durch eine Virusinfektion. In all diesen Fällen stößt die moderne Medizin fast unweigerlich an ihre Grenzen und muß sich meistens auf Pflege und symptomatische Behandlungen der Kranken beschränken. Zunächst gilt es, die Schäden zu begrenzen, und dann versucht man, möglichst viele kognitive Funktionen wiederherzustellen. Ethische Überlegungen verbieten gefährliche Experimente am Menschen grundsätzlich – außer in den seltenen Fällen, in denen es zum Nutzen des Patienten erforderlich scheint.

Trotz dieser Einschränkungen haben wir gerade in Krankenhäusern einen Großteil dessen gelernt, was wir über die Lage oder die regionale Spezialisierung der kognitiven Funktionen im Gehirn des Menschen wissen. Bis vor wenigen Jahrzenten konnten Gehirnschädigungen nur durch Autopsien exakt nachgewiesen werden. Man versuchte, bei einer großen Anzahl von Verstorbenen Korrelationen zwischen den geschädigten Gehirnbereichen und den vorher festgestellten kognitiven Ausfällen zu finden. Dadurch lernte man zu verstehen, welche Gebiete des Gehirns auf welche Funktionen spezialisiert sind, eine Erkenntnis, die für den Patienten zu Lebzeiten aber nur selten von Nutzen war.

Erst Röntgengeräte erlaubten uns schließlich, durch die Schädeldecke lebender Patienten zu sehen, aber auch mit dieser Technik konnte man abgesehen von Knochenverletzungen, Geschossen und anderen eingedrungenen Objekten wenig entdecken. Das Gehirn ist ein gleichmäßig weiches Gewebe und damit fast vollständig durchsichtig für Röntgenstrahlung. Auf einer herkömmlichen Röntgenaufnahme sieht der Schädel daher aus, als sei er leer.

Computertomographie (CT)

Die Computertechnologie führte hier in den siebziger Jahren zu einer deutlichen Verbesserung. Mittels eines speziellen Röntgenverfahrens, der sogenannten computerisierten axialen Tomographie (CAT) oder kurz *Computertomographie* (CT), erzeugt man viele Röntgenbilder von dünnen Schichten des Gehirns, wobei der Tomograph um eine gedachte Achse durch den Kopf des Patienten rotiert. Ein Computerprogramm berechnet anschließend die feinen Unterschiede in der Durchsichtigkeit des Gewebes, die auf einem normalen Röntgenbild praktisch unsichtbar sind, und setzt sie dann so zusammen, daß ein dreidimensionales Bild vom Gehirn des Patienten entsteht. Mit diesem Verfahren konnte man endlich größere Läsionen oder Tumore schon vor einer Autopsie sehen und eine geeignete Operation oder Therapie planen. Die Auflösung früher CT-Bilder war schlecht, aber verschwommene Details sind besser als gar keine. Moderne Geräte arbeiten viel effizienter und lösen anatomische Strukturen bis zu einem Millimeter auf. Diese „Arbeitspferde" der Neurologen sind relativ billig und werden heute in jedem modernen Krankenhaus für Gehirnuntersuchungen eingesetzt.

Positron-Emissions-Tomographie (PET)

Die Positronen-Emissions-Tomographie (PET) öffnete eine neue Tür, diesmal nicht zur Struktur des Gehirns, sondern zu seiner momentanen Stoffwechselaktivität. Wenn die Neuronen in einem bestimmten Gehirngebiet ungewöhnlich aktiv sind, weil der Patient irgendeine spezielle kognitive Aufgabe löst, dann verbrauchen die Neuronen in diesem Moment mehr Energie. Diese Energie stammt letztlich aus dem Abbau energiereicher Verbindungen im Blut, weswegen der Blutstrom als Reaktion auf diesen erhöhten Energiebedarf lokal ansteigt. Wenn man also lokale Veränderungen der Durchblutung innerhalb des Gehirns sichtbar machen kann, so läßt sich ein Anstieg neuronaler Aktivität in den Gehirnbereichen messen, die bestimmte kognitive Funktionen aufweisen.

Genau das leistet PET-Technik. Man markiert das Blut mit einer von außen nachweisbaren Substanz, indem man eine wäßrige Lösung ins Blut injiziert, die ein radioaktives Isotop enthält (zum Beispiel Sauerstoff, O^{15}, Kohlenstoff, C^{11}, oder Fluor, F^{18}). Diese radioaktiven Isotope werden kurz vor der Untersuchung mit einem Teilchenbeschleuniger (Cyclotron) durch Protonenbestrahlung hergestellt und stellen keine Gefahr für den Patienten dar, da sie kaum radioaktiv sind und in kurzer Zeit zerfallen. Die Lösung verteilt sich nach der Injektion schnell im gesamten Blutkreislauf.

Während der kurzen radioaktiven Zerfallszeit emittiert jedes markierte Molekül früher oder später ein Partikel, das man als Positron bezeichnet, ein positiv geladenes Elektron. Jedes freigesetzte Positron trifft unmittelbar auf ein Elektron, wodurch sich beide in einer Materie-Antimaterie-Reaktion in Energie umwandeln und Gammastrahlung einer charakteristischen Wellenlänge frei wird. Diese Strahlung durchdringt Gehirngewebe und Knochen und kann nach Verlassen des Körpers nachgewiesen werden.

Der Detektor oder *Scanner* – ein Ring, etwa so groß wie ein riesiger Lastwagenreifen – enthält viele Gammazähler, die für die charakteristische Emissionsstrahlung empfindlich sind. Man bringt den Kopf des Patienten in das Zentrum des Ringes, und die vielen Meßfühler bestimmen den Radioaktivitätslevel in den verschiedenen Bereichen des Gehirns, wodurch Gebiete mit erhöhter Durchblutung und damit auch erhöhter neuronaler Aktivität sichtbar werden. Ähnlich wie bei der Computertomographie werden auch hier durch Drehung des Rings verschiedene „Schnittebenen" im Gehirn erfaßt (daher der Name Tomographie, vom griechischen „tomos"

Schnitt). Ein Computerprogramm sammelt die Einzeldaten und erstellt daraus ein Schnittbild des Gehirns, bei dem die Menge an emittierter Gammastrahlung und damit die Höhe des neuronalen Energieverbrauchs durch unterschiedliche Farben dargestellt wird.

Die räumliche und zeitliche Auflösung eines PET ist ziemlich gering, das bedeutet, ein Punkt erhöhter neuronaler Aktivität bleibt normalerweise unsichtbar, wenn er kleiner ist als ein halber Kubikzentimeter oder weniger als 30 Sekunden andauert. Nur ausgedehntere und länger dauernde Aktivitätserhöhungen können mit der PET festgestellt werden. Dennoch ist diese Technik unersetzlich, denn sie ermöglicht es, neuronale Aktivität zu beobachten, dem Gehirn also „bei der Arbeit" zuzusehen und nicht nur seine anatomische Struktur darzustellen. Da PET im Gegensatz zu Mikroelektroden nichtinvasiv ist, kann man an lebenden, normalen, kognitiv aktiven Menschen arbeiten. Man läßt die Versuchsperson einfach eine definierte Aufgabe ausführen, während sie es sich im Detektorring gemütlich macht, und mißt dann, welche Gebiete des Gehirns während der Aufgabe eine erhöhte Aktivität zeigen.

PET-Experimente beweisen, daß die funktionellen Spezialisierungen des menschlichen Gehirns mehr oder weniger genau den Karten entsprechen, die man bereits früher aus Läsionsstudien ermittelt hatte (als man Verhaltensdefizite von Patienten bestimmte und nach deren Tod untersuchte, welche Gehirnschädigung jeweils vorlag). Mit PET-Untersuchungen können wir jedoch die kognitive Aktivität im Gehirn viel detaillierter erforschen und das sogar am völlig gesunden, wachen Gehirn.

Wenn wir das Aktivierungsmuster eines gesunden Gehirns kennen, dann können wir mit Hilfe von PET-Scans auch ein abnormes Muster identifizieren und lokalisieren. Das bringt uns zur Medizin zurück und zu Patienten mit neurologischen und psychiatrischen Krankheiten. Weil PET das Unsichtbare sichtbar macht, kann ein Arzt damit neurologische Probleme lokalisieren, deren Ursache zu subtil oder zu weiträumig verteilt ist, um mit der Computertomographie oder anderen Techniken zur Bestimmung großräumiger Strukturveränderungen (wie bei Läsionen oder Tumoren) erkannt zu werden. Wenn die Erkrankung des Patienten zum Beispiel daran liegt, daß irgendein wichtiger Neurotransmitter abnorm verteilt ist oder einzelne Neurone weiträumig zugrunde gehen, dann wird ein Computertomogramm, das nur die Gehirnstruktur zeigt, völlig normal aussehen. Im PET-Scan jedoch, der die neuronale Aktivität darstellt, werden solche Unregelmäßigkeiten sofort offensichtlich, wie subtil oder diffus ihre Ursachen auch sein mögen. Wir werden Beispiele dafür gleich erörtern.

Magnetresonanz-Tomographie (MRT)

Das letzte bildgebende Verfahren im Arsenal der modernen Medizin ist vielleicht auch das spektakulärste von allen. Es wird Magnetresonanz-Tomographie (MRT) oder Kernspinresonanz-Tomographie (NMR von *nuclear magnetic resonance*) genannt. Genau wie die Computertomographie lieferte auch diese Technik ursprünglich strukturelle Bilder, aber ihre Auflösung war wesentlich besser (bis zu Bruchteilen eines Millimeters). Sie ist außerdem für die geringen Strukturunterschiede im weichen Gewebe empfindlicher, weswegen man auf MRT-Bildern den inneren Aufbau des Gehirns sehr gut erkennen kann. Außerdem treten tote oder geschädigte Gehirnbereiche deutlich hervor, und auch die Knochen stören nicht mehr so wie bei der Computertomographie, da sie im MRT unsichtbar sind.

Oberflächlich betrachtet sehen die Geräte für MRT und PET ähnlich aus: Der Kopf des Patienten wird in einen massiven Ring mit vielen Detektoren gebracht, aber es müssen weder radioaktive Substanzen injiziert, noch Röntgenstrahlen eingesetzt werden. Statt dessen verwendet man ein starkes, pulsierendes Magnetfeld, das von Elektromagneten innerhalb des Rings erzeugt wird. Durch dieses Magnetfeld werden die Atomkerne der Wassermoleküle im Gehirn alle in derselben Richtung ausgerichtet – etwa so, wie sich Eisenfeilspäne auf einem Blatt Papier ausrichten, wenn man einen Magneten darunter hält, eben nur auf subatomarer Ebene. Wenn das Magnetfeld abgeschaltet wird, „schnellen" die Kerne in ihre ursprüngliche Lage zurück und geben die dabei freiwerdende Ener-

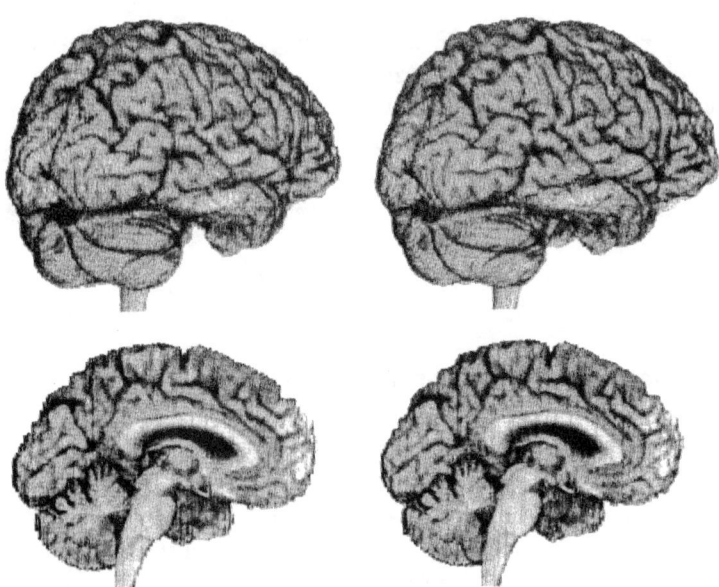

7.1 Oben: Ein MRT-Bild eines gesunden menschlichen Gehirns – lebend, wach und intensiv denkend. Mit einem Computer wurden die aufgezeichneten Daten verarbeitet und aus zwei unterschiedlichen Perspektiven dargestellt, so daß man die Bilder mit einer Stereobrille räumlich betrachten kann. Unten: Dasselbe Gehirn im Längsschnitt, der auch mit Hilfe des Computers erstellt wurde. (Mit freundlicher Genehmigung von H. Damasio, T. Grabowski und Mitarbeitern für die MRT-Aufnahmen.)

gie in Form von Photonen ab, die von den umgebenden Detektoren aufgefangen werden. Erzeugt man viele solcher Magnetpulse pro Sekunde, kann man daraus ein Bild des Gehirns zusammensetzen. Da der Wassergehalt in verschiedenen Bereichen des Hirngewebes variiert, besonders in inaktivem, vernarbtem oder geschädigtem Gewebe, liefert die MRT eine Fülle von Details über den Zustand der verschiedenen Gehirnregionen.

Ein Beispiel eines solchen MRT-Bildes von einem menschlichen Gehirn zeigt Abbildung 7.1. Ich kenne dieses Gehirn recht gut (aufgrund etwas konventionellerer Anschauungsmethoden) und schätze es, denn es handelt sich um das Gehirn meiner Frau und Kollegin Patricia Churchland. (Für die MRT-Aufnahme und den Spaß, den wir dabei hatten, möchte ich unseren Kollegen Dr. Hanna und Antonio R. Damasio von der Medizinischen Fakultät der Universität Iowa danken.)

Da uns die MRT Informationen über jeden Kubikmillimeter des Gehirns liefert, die in einem Computer zur späteren Bilderzeugung gespeichert werden, können wir nicht nur Bilder von der Oberfläche des Gehirns herstellen. Das Computerprogramm, das in Damasios Labor benutzt wird, kann auch Schnittbilder durch das Gehirn in jeder beliebigen Ebene und in jedem Winkel herstellen und diese beliebig drehen, was der untere Teil der Abbildung 7.1 zeigt – wiederum an Patricias Gehirn. Mit diesem Verfahren lassen sich die charakteristischen strukturellen Eigenschaften eines jeden Gehirns aufdecken, einschließlich der exakten Lage, Form und Größe jeder eventuell vorhandenen Läsion oder jedes Tumors. Diese Technik erlaubt dem Arzt oder Neurowissenschaftler daher, „chirurgische Gehirnforschung" am Computer zu betreiben, ohne daß er jemals ein Skalpell in die Hand nehmen müßte.

Abbildung 7.2 zeigt das Stereobildpaar eines MRT-Scans von einem der berühmteren Patienten Damasios. Er ist unter dem Namen „Boswell" in die medizinische Fachliteratur eingegangen, weil sein Gedächtnis nicht mehr als 30 Sekunden weit in die Vergangenheit zurückreicht. Wir werden in diesem Kapitel noch auf ihn zurück-

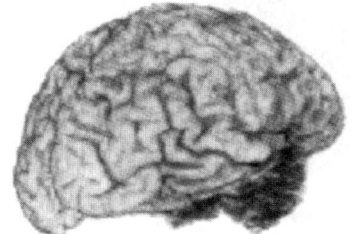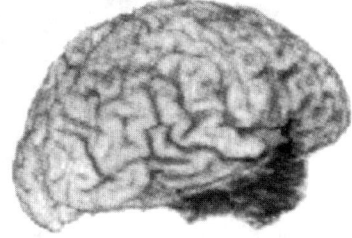

7.2 Das computergenerierte MRT-Bild des Gehirns eines Patienten namens "Boswell", das ausgedehnte Läsionen zeigt. Die geschädigten und zerstörten Bereiche erscheinen dunkel. Besonders deutlich sind die Schädigungen im vorderen Teil beider Temporallappen und im unteren Teil des Frontalcortex zu erkennen. (Mit freundlicher Genehmigung von H. Damasio, T. Grabowski und Mitarbeitern.)

kommen, aber sehen Sie sich auf der Abbildung schon einmal die ausgedehnten Schädigungen des unteren Teils des frontalen Cortex an, die bis in die angrenzenden Gebiete, den sogenannten Temporallappen, reichen. Die geschädigten Teile sind schwarz dargestellt.

Kombiniert man MRT- und PET-Bilder, dann können wir Struktur und Funktion eines jeden Gehirns während kognitiver Aktivitäten darstellen. Das ist wichtig, denn jedes Gehirn unterscheidet sich in seinen Details, und das war auch der Grund, warum das MRT von Patricia gemacht wurde. Den Damasios half es, die Daten nachfolgender PET-Aufnahmen zu interpretieren, die Patricias Gehirnaktivität während verschiedener Testaufgaben zeigten (Abbildung 7.3). Man wollte lokale Aktivitätserhöhungen beobachten und miteinander vergleichen: während (1) einer rein optischen, (2) einer rein akustischen und (3) einer Aufgabe ohne Sinneseindruck, die nur die visuelle Vorstellungskraft erforderte.

Die MRT-Bilder erlaubten es den Damasios, die exakte Lage und Ausdehnung von Patricias visuellem und auditorischem Cortex zu

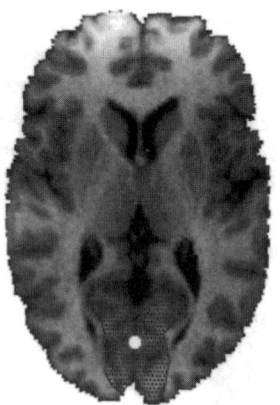

7.3 Eine PET-Aufnahme der neuronalen Aktivität im primären und sekundären visuellen Cortex. Die Bilder wurden aus den Daten von fünf Personen gemittelt, die eine kognitive Aufgabe mit visueller Vorstellung, aber ohne externe visuelle Reize durchführten. Das Gebiet mit erhöhter Aktivität ist gepunktet über einem MRT-Bild von Patricias Gehirn eingezeichnet. (Mit freundlicher Genehmigung von H. Damasio, T. Grabowski und Mitarbeitern.)

bestimmen, und die PET-Bilder zeigten sämtliche Aktivitätserhöhungen in diesen Gebieten an. Wie erwartet, produzierte die optische Aufgabe eine erhöhte Aktivität im visuellen Cortex und die
akustische im auditorischen; das waren die Kontrollversuche. Interessanter war, was die PET-Bilder während der dritten Aufgabe ergaben: Patricias visueller Cortex zeigte bei der Durchführung dieser
Aufgabe tatsächlich eine erhöhte Aktivität, die zwar nicht ganz so
hoch war wie während der Stimulation des visuellen Cortex durch
einen externen optischen Reiz, aber deutlich höher als im Ruhezu-
stand bei der rein akustischen Aufgabe. Bei der visuellen Vorstellung werden offenbar genau dieselben Gehirngebiete stark aktiviert,
die auch bei der optischen *Wahrnehmung* eine Rolle spielen.

Was könnte eine solch deutliche Aktivität in den Nervenzellen
von Patricias visuellem Cortex hervorrufen? Ihre Augen waren
geschlossen, und sie trug während der dritten Aufgabe eine Maske;
die Netzhäute lieferten also keine Informationen und dennoch waren
ihre Zellen im visuellen Cortex anhaltend aktiv. Vermutlich bringt
Sie dieser Befund sofort auf den Gedanken, daß rekurrente Bahnen
aus anderen Teilen des Gehirns für die Stimulierung des visuellen
Cortex bei einer solchen Aufgabe eine Rolle spielen könnte, und
genau das ist auch Damasios Hypothese. Offensichtlich beginnen
auch Sie gerade damit, einige Konzepte der Neuroinformatik auf
eine neue, erklärungsbedürftige Situation anzuwenden, Konzepte
oder Prototypen, die Sie in Kapitel 5 gelernt haben. Wenn das der
Fall ist, dann habe ich damit eine meiner Absichten beim Schreiben
dieses Buches erreicht: Der Leser soll lernen, eigenständig in den
Begriffen der Neuroinformatik zu denken.

Apraxie und motorische Fehlfunktionen

„Praxis" ist das altgriechische Wort für erworbene oder erlernte Fertigkeiten und praktische Kenntnisse, also das Wissen, wie man Dinge ausführen muß. Apraxie ist daher der Begriff für jeden definier-

ten Verlust von Fähigkeiten oder praktischem Wissen aufgrund einer Gehirnschädigung. In der Praxis benutzen Neurologen den Terminus eher für Defizite bei Willkürbewegungen, also bewußt und absichtlich ausgeführten Bewegungen. Ich möchte ihn hier jedoch in seiner alten und allgemeineren Definition verwenden, um den Leser daran zu erinnern, daß alle Fehlfunktionen, die wir jetzt besprechen werden, auf Fehlern realer Netzwerke beruhen, die ihre erworbenen Fähigkeiten nicht mehr ausüben.

Hierunter zähle ich auch die sogenannte *Aphasie*, einen Sprachverlust, der leider allzu häufig auftritt. Aphasie wird normalerweise durch einen Gehirnschlag (ein blockiertes oder geplatztes Blutgefäß im Gehirn) oder durch eine andere Unterbrechung der Gehirndurchblutung verursacht, die innerhalb von Minuten zum Tod der betroffenen neuronalen Netze führt. Aphasie stellt speziell den Verlust der Sprache dar, obwohl der Patient dabei oft noch in der Lage ist, andere zu verstehen und die Muskeln von Mund und Kehle richtig zu kontrollieren. Er kann zum Beispiel immer noch normal kauen, ein paar Substantive ohne Schwierigkeiten aussprechen und vielleicht sogar ein wenig singen; das heißt, er ist offenbar grundsätzlich noch in der Lage, diese komplexe Muskelgruppe zu kontrollieren.

Das höhere Sprachsystem – das rekurrente System, das normalerweise die komplexen Vektorsequenzen erzeugt, die zusammenhängendes Sprechen produzieren – ist bei diesen Patienten jedoch zerstört. Ein PET zeigt den Verlust neuronaler Aktivität in einem Areal des rechten Frontallappens (dem Broca-Areal), das neben dem Areal für Mund und Kehle des primär motorischen Cortex liegt. Häufig zeigt sich zusätzlich ein Aktivitätsverlust in einer Region des Temporallappens (Wernicke-Areal), die für das Sprachverständnis entscheidend ist (Abbildung 7.4). Ist diese Region geschädigt, zeigt der Patient eine sensorische Aphasie, kann also Sprache nicht verstehen. Kommt beides zusammen, so spricht man von globaler Aphasie. Das MRT-Bild eines solchen Patienten zeigt einen dunklen Fleck abgestorbenen Nervengewebes in einem oder beiden Arealen. Der Patient mag immer noch seinen Mund richtig bewegen können, aber der hochspezialisierte „Dirigent", der diesem Instrument eine kohärente Sprache entlocken könnte, ist tot.

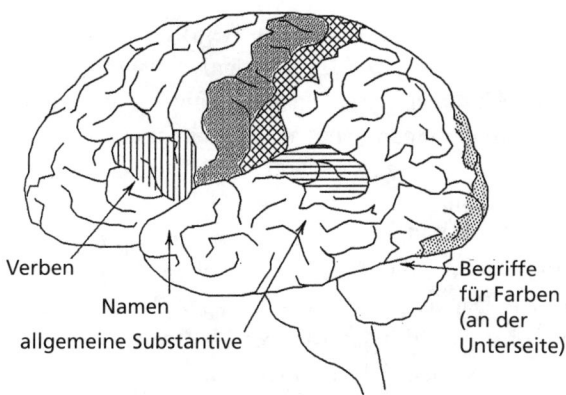

Verben

Namen

allgemeine Substantive

Begriffe
für Farben
(an der
Unterseite)

7.4 PET und MRT-Untersuchungen zeigen Gebiete verringerter oder erloschener Aktivität (Zelltod), die mit dem selektiven Verlust bestimmter Teile der Sprache verbunden sind. (Verändert nach A. und H. Damasio.)

Bei einigen Patienten ist dieser Dirigent jedoch verschont geblieben oder nur leicht geschädigt; das Broca-Areal ist noch intakt. Aber wegen Läsionen höher in der Verarbeitungshierarchie hat dieses Sprachproduktionszentrum die normalen Verbindungen zu den anderen kognitiven Zentren des Gehirns verloren, oder sie sind zumindest stark beeinträchtigt. Die daraus resultierenden Sprachdefizite variieren in Abhängigkeit vom Ort der Schädigungen. Wie empirische Studien von Damasio und seiner Frau gezeigt haben, ist nicht nur das Wernicke-Areal für die Sprachkompetenz wichtig, sondern praktisch der gesamte Temporallappen von vorne bis hinten.

Wenn eine Läsion oder eine andere Schädigung beispielsweise im hinteren unteren Bereich des Temporallappens in der Nähe des visuellen Cortex auftritt, dann verliert der Patient sein Farbvokabular, obwohl er Farben immer noch unterscheiden kann. Tritt die Schädigung im mittleren Teil auf, unter dem primär auditorischen Cortex, dann kann er allgemein keine Substantive mehr verwenden. Wenn die Schäden etwas weiter vorne liegen, verschwinden sehr spezifische Substantive aus seiner Sprache. Schließlich führt die Schädigung der vorderen Spitze des Temporallappens zum Verlust von

Namen, den spezifischsten aller Begriffe. (Genau dieses Defizit sowie den Verlust spezieller Substantive zeigt der Patient Boswell, wie wir noch sehen werden. In Abbildung 7.2 sind die Schädigungen seines linken Temporallappens deutlich zu erkennen: Der gesamte vordere Bereich ist zerstört und die Schädigung reicht noch etwas weiter nach hinten.)

In all diesen Fällen sind die *vorsprachlichen Konzepte* der Patienten offenbar nicht signifikant beeinträchtigt. Zeigt man zum Beispiel einem von Damasios Patienten, der speziell den Zugriff auf Namen verloren hat, ein Bild von Marilyn Monroe, dann antwortet er: „Ich kenne ihren Namen nicht, aber ich weiß, wer sie ist. Ich habe ihre Filme gesehen; sie hatte eine Affäre mit dem Präsidenten, beging Selbstmord oder vielleicht hat sie jemand getötet, die Polizei vielleicht?" Solche Patienten können durchaus Gesichter erkennen, haben aber die Fähigkeit verloren, ihnen die richtigen Namen zuweisen. Dasselbe gilt für Leute mit einem allgemeinen Verlust von Substantiven. Obwohl sie offensichtlich keine Schwierigkeiten haben, Dinge zu erkennen, können sie Standardkategorien nicht mehr sprachlich ausdrücken, auch wenn ihre Sprache ansonsten normal ist.

Oft verlieren sie ihr Vokabular nur teilweise. Boswell zum Beispiel hat vor allem Substantive verloren, bei denen es um Dinge aus der Natur geht. Zeigt man ihm derartige Aufnahmen, dann kann er „Waschbär", „Pfirsich", „Pinie", „Karotte", „Löwe" usw. nicht benennen. Er hat jedoch keinerlei Schwierigkeiten bei Gebrauchsgegenständen, wie „Gabel", „Auto", „Radio", „Hammer", „Zahnbürste". Zeigt man ihm Bilder solcher Gegenstände, identifiziert er sie ohne Probleme – mit einer Ausnahme allerdings: Musikinstrumente. Aus irgendeinem Grund hat er neben den Begriffen aus der Natur auch die Namen von Musikinstrumenten, wie „Trompete", „Gitarre" usw., verloren.

Diese bestimmten Bereiche, die in einzelnen Fällen verloren gehen können, erinnern an die manchmal unerwartete hierarchische Struktur der Merkmalsräume, die bei vielen der bisher diskutierten Netzwerke für komplexe Unterscheidungsaufgaben entsteht. Denken Sie zum Beispiel an NETtalks Zweiteilung seines Merkmalsraums in Konsonanten und Vokale.

Bei solchen Netzwerken kann man künstlich einen partiellen kognitiven Mangel ähnlich dem von Boswell herbeiführen, indem man selektiv die Verbindungen der Zellen unterbricht, die in der mittleren Schicht für die Repräsentation der Vokale eine wichtige Rolle spielen. Da diese Zellen bei den Konsonanten inaktiv oder nur durchschnittlich aktiv sind, läßt diese Unterbrechung das Netzwerk immer noch richtig auf Konsonanten reagieren, vermindert aber seine Leistungsfähigkeit bei Vokalen. Könnte die Tatsache, daß bei teilweiser Schädigung von Neuronenpopulationen im Gehirn bestimmte Fähigkeiten selektiv überleben, darauf hindeuten, daß es auch vergleichbare Einteilungen innerhalb unserer Merkmalsräume gibt? Diese Vorstellung ist nur eine Mutmaßung, aber sie liefert uns Denkanstöße. Boswells Fall ist nicht einzigartig.

Wenden wir uns nun der Parkinson-Krankheit zu. Sie stellt eine viel allgemeinere Art von Apraxie dar, die nicht auf spezifische Sprachfähigkeiten beschränkt ist und sich allmählich entwickelt. Bei über sechzig- oder siebzigjährigen Menschen beobachtet man häufig ein chronisches Zittern der Hände oder Arme mit einer Frequenz von drei bis vier Hertz. Später kommt es zu einer deutlichen Verschlechterung der Lokomationskontrolle, und in fortgeschrittenen Fällen verlieren die Patienten die Fähigkeit, Bewegungen in Gang zu setzen oder einmal begonnene Bewegungen zu stoppen.

Die Parkinson-Krankheit ist ein Beispiel für die langsame Degeneration eines robusten und fehlertoleranten Netzwerks – im Gegensatz zu dem plötzlichen und katastrophalen Verlust eines gesamten Netzwerks, wie er beispielsweise bei einer schlaganfallinduzierten Aphasie auftritt. Parkinson-Patienten zeigen normalerweise eine Degeneration der *Substantia nigra* (wörtlich: schwarze Substanz), zwei winzigen Gebieten im Mittelhirn, deren Neuronen den Neurotransmitter Dopamin produzieren. Die übliche Therapie der mit Parkinsonismus verbundenen Symptome besteht daher in einer Gabe von L-Dopa, das im Körper zu Dopamin umgesetzt wird. Diese Therapie ändert zwar nichts an den Ursachen der Erkrankung – der neuronale Abbau ist bisher irreversibel –, lindert aber die Symptome, denn die permanente L-Dopa-Gabe vermindert wenigstens zeitweise den Tremor und andere motorische Auffälligkeiten.

Bei jungen Patienten, die normalerweise von Hirnschlag oder Parkinsonscher Krankheit verschont bleiben, tritt eine andere Erkrankung relativ häufig auf: *Multiple Sklerose* (MS). (Davon sind bereits einige meiner besten Freunde betroffen.) MS greift die vielen Millionen pfannkuchenförmiger Zellen an, die sich normalerweise eng um die Axone fast aller Neurone wickeln, und zerstört sie allmählich.

Diese „Verhüllungskünstler" des Nervensystems umhüllen die Axone mit einer dünnen, mehrlagigen Isolierungsschicht, dem *Myelin*. Das bringt dem so isolierten Axon einen entscheidenden Vorteil: Die Geschwindigkeit der Signalleitung erhöht sich mindestens um das Zehnfache. Die feinabgestimmten rekurrenten Netzwerke, die für die sensomotorische Kontrolle verantwortlich sind, haben die Verbindungsstärken ihrer Motoneurone und sensorischen Neurone auf diese Leitungsgeschwindigkeit eingestellt.

Wenn die Myelinisolierung nun durch MS kontinuierlich und wahllos zerstört wird, dann ändert sich die Leitungsgeschwindigkeit der vielen Axone in diesem sensomotorischen Netzwerk signifikant. Dadurch verändern sich natürlich auch die sensorischen Informationen, die das Gehirn aus dem Körper empfängt, und die Aktivitätsvektoren, die es zu den Muskeln schickt, was zu einer zunehmend gestörten sensomotorischen Koordination führt. Beim Patient entwickelt sich ein Gefühl von Taubheit in den Extremitäten, und er kommt sich zunehmend ungeschickt vor. Er läuft dann häufig auf eine „sichere", aber sichtbar angestrengte Art und bewegt auch seine Hände verkrampft; dennoch kommt es in der Folgezeit immer häufiger zu motorischen Fehlleistungen. Der Patient entwickelt eine zunehmende Muskelschwäche, da die ständig abnehmende Energie und Komplexität seiner Bewegungen zu einem Muskelabbau führt.

Die genauen Ursachen für diesen Myelinverlust liegen immer noch im Dunkeln. Es könnte sich um ein Virus handeln oder um eine Autoimmunkrankheit, bei der das Immunsystem die Myelinzellen fälschlicherweise als fremd identifiziert und angreift. Jedenfalls ist es nicht überraschend, daß die sensomotorische Koordination beeinträchtigt wird, wenn die neuronale Kommunikation zunehmend und wahllos gestört wird.

MS ist nicht einmal die schlimmste Erkrankung des Bewegungssystems; das dürfte die *amyotrophe Lateralsklerose* (ALS) sein. Bei dieser Erkrankung werden die Motoneurone selbst angegriffen, nicht die Myelinscheide, die sie umgibt. Mit dem fortschreitenden Tod der Motoneurone im Rückenmark wird die motorische Kontrolle nicht nur gestört, sondern völlig vernichtet. Das Endresultat ist vergleichbar mit dem Abschneiden der Fäden einer Marionette: Sie wird schlaff und unbeweglich. Im Endstadium dieser Erkrankung kann der Patient nur noch die Muskeln der Augäpfel, der Harnblase und den Schließmuskel des Darmes kontrollieren. Diese Ausnahmen sind unerklärlich, aber vielleicht wichtig, denn wir wissen noch nicht, was diese selektive Degeneration der Motoneurone verursacht und kennen auch kein Heilmittel dagegen. Neuere Forschungsergebnisse deuten jedoch auf eine genetische Komponente bei der Entstehung der ALS hin. Die Krankheit beruht demnach vermutlich auf einer Mutation in einem Enzym, das dadurch überaktiv wird und so das Absterben der Neurone auslöst.

MS, die häufigere der beiden Krankheiten, schreitet sehr langsam fort und legt zwischen den einzelnen Krankheitsschüben oft jahrelange Pausen ein, was einem psychisch starken Patienten Zeit zur Anpassung läßt. Bei der ALS dagegen verliert der Patient seine motorische Kontrolle sehr schnell und unbarmherzig, was auch die stärksten Charaktere auf eine harte Probe stellt. Abhängig vom Ort des ersten Auftretens im peripheren Nervensystem kann die motorischen Kontrolle über die gesamte Körpermuskulatur einschließlich der Sprache innerhalb von etwa fünf Jahren fast vollständig verschwinden. Weil aber die nichtmotorischen Systeme des Gehirns davon völlig unberührt bleiben, sind sich die Opfer ihres Zustandes während der ganzen Zeit voll bewußt.

Der brillante Astrophysiker Stephen Hawking ist dafür ein eindrucksvolles Beispiel. Als junger Mann an ALS erkrankt, hielt er an seiner wissenschaftlichen Arbeit fest. Heute ist seine Bewegungskontrolle fast vollständig erloschen, und ohne moderne Computertechnik hätte er nicht einmal mehr die Möglichkeit zu kommunizieren. Und dennoch ist seine theoretische Intelligenz so ausgeprägt wie Ihre und meine – vermutlich sogar noch besser. Hawking ist der

Urheber einiger der wichtigsten und originellsten Ideen in der Astronomie und der modernen Physik. Ganz offensichtlich braucht ein ausgeprägt rekurrentes Netzwerk keine motorische Kontrolle, um neue Möglichkeiten für das Verständnis altbekannter Phänomene zu erkunden. Wenn Wahrnehmung und Gedächtnis intakt sind und die rekurrenten Bahnen arbeiten, steht uns ein endloser Raum zur Erkundung offen.

Wir haben bisher zwei allgemeine Ursachen für motorische Störungen kennengelernt: totalen Verlust eines Netzwerks durch Schlaganfall, Trauma oder einen genetischen Defekt und die Störung der neuronalen Kommunikation durch Demyelinisierung der Nervenfortsätze. Dies sind nicht die einzig möglichen Beispiele, aber sie vermitteln uns zumindest ein Gefühl dafür, was alles möglich ist.

Störungen von Wahrnehmung und Kognition

Angesichts dessen, was die bisherigen Kapitel über die Codierung visueller Informationen im Gehirn gezeigt haben, ist es natürlich nicht überraschend, daß eine großräumige Zerstörung der primären Sehrinde zu totaler und permanenter Blindheit führt, selbst wenn die Augen völlig gesund sind. Man nennt diese Krankheit Rindenblindheit, um sie von den üblicheren Formen der Blindheit zu unterscheiden, bei denen Schädigungen der Augen oder des optischen Nerven vorliegen. Überraschender ist jedoch die Tatsache, daß manche Patienten sich ihrer Blindheit nicht bewußt sind, besonders dann, wenn die Schädigung des Cortex schlagartig und vollständig aufgetreten ist. Einige streiten ihre Blindheit sogar noch Tage oder Wochen nach dem Unfall heftig ab. Obwohl sie an Gegenstände stoßen und nicht die Hand vor den Augen sehen können, erfinden sie Ausreden für ihre Ungeschicktheit, reden andauernd von ihrer Umgebung, als ob sich nichts verändert hätte, und werden erst ausflüchtig, dann ärgerlich, wenn man sie zwingt, über Dinge zu sprechen, die sie offensichtlich nicht sehen können.

Diese Verleugnung der Blindheit ist ein Beispiel, für eine sogenannte *Anosognosie*, dem mangelnden Bewußtsein dafür, daß ein größeres kognitives oder motorisches Subsystem nicht mehr vorhanden ist. Vielleicht ist dieses Phänomen gar nicht so überraschend. Bedeckt man die Augen einer Person ohne Gehirnschädigung oder hat eine solche Person ihr Augenlicht verloren, dann sieht für sie „alles schwarz aus". Ihr visueller Cortex repräsentiert korrekt, daß kein Licht ankommt. Wenn jedoch die Sehrinde selbst vollständig zerstört ist, dann existiert kein kognitives System mehr, um die An- oder die Abwesenheit von Licht darzustellen. In diesem Fall repräsentiert der visuelle Cortex also nicht „alles schwarz", sondern ist überhaupt nicht mehr aktiv. Er kann auch nicht mehr wie im ungeschädigten Zustand aktiv anzeigen, daß irgendein visuelles Problem aufgetreten ist. Ein solcher Patient wird also aus anderer Quelle lernen müssen, daß er blind ist; sein visueller Cortex kann ihm dieses Defizit nicht signalisieren. Daher verleugnet er anfangs und versucht, Ausflüchte zu finden.

Etwas Ähnliches tritt auch dann auf, wenn man den motorischen und den benachbarten sensomotorischen Cortex in der rechten Gehirnhälfte verliert (Abbildung 7.4). Dadurch verliert der Patient die Wahrnehmungs- und Kontrollfähigkeit über die gesamte linke Körperhälfte. (Beim Menschen kreuzen die sensorischen und motorischen Axone, die das Gehirn mit dem übrigen Körper verbinden, auf die andere Seite, so daß also die linke Gehirnhälfte für die rechte Körperseite zuständig ist und umgekehrt.) Ein solcher Patient ist sich seiner linken Körperhälfte also zu keinem Zeitpunkt bewußt. Zieht er sich an, dann nur auf der rechten Seite; das linke Bein und den linken Arm läßt er unbekleidet. Er rasiert nur die rechte Gesichtshälfte, wäscht nur die rechte Hälfte seines Körpers und so weiter.

Recht häufig bestreiten Patienten mit einem solchen *halbseitigen Neglekt* sogar heftig, daß die Gliedmaßen auf der linken Seite überhaupt zu ihnen gehören. Sie zögern dabei nicht, und es ist ihnen auch nicht sichtlich peinlich, obwohl sie sehen, daß Arm und Bein fest angewachsen sind. Gelegentlich reagieren Patienten mit halbseitigem Neglekt regelrecht ärgerlich auf ein fremdes Objekt so nah bei ihnen und versuchen zum Beispiel, ihre eigenen Gliedmaßen aus dem Bett zu werfen. Man kann sich eine so grundlegende Entfremdung von Teilen des eigenen Körpers wirklich nur schwer vorstellen, aber das Syndrom ist Neurologen vertraut. Vielleicht ist dieses Phänomen nicht so schwer zu verstehen, wenn man sich überlegt, daß ein Teil des innersten Selbst als kognitive Einheit völlig verschwunden ist, der Teil des Gehirns nämlich, der für die vernachlässigten Körperteile zuständig war. Und damit ist auch das gesamte Bewußtsein für diese Körperteile verschwunden, und obwohl diese Körperteile natürlich immer noch vorhanden sind, werden sie kognitiv nicht mehr als zum eigenen Körper gehörig wahrgenommen.

Diese Beispiele betreffen alle den Verlust einer physischen Wahrnehmung. Da das menschliche Gehirn ein massiv rekurrentes Netzwerk darstellt, sollten wir aber auch Störungen der zeitlichen Wahrnehmung erwarten, und dafür liefert uns die Natur ebenfalls viele Beispiele. Damasios Patient Boswell zeigt beispielsweise einen seltenen, aber einschneidenden Gedächtnisverlust, die sogenannte *anterograde Amnesie*. Die Virusinfektion, die seine Krankheit verursacht hat, zerstörte mit den Vorderteilen seiner Temporallappen und dem unteren Teil seiner Frontallappen auch ein Paar fingergroßer Strukturen, die das Mittelhirn auf jeder Seite flankieren, genau am Innenrand der sich einwölbenden Hemisphären. Diese Gebilde nennt man den rechten und linken Hippocampus (vom griechischen „Seepferdchen" wegen ihrer Form). Die Hippocampi sind auf Abbildung 7.2 (Boswells Gehirn) nicht sichtbar; sie sind im hinteren Teil der geschädigten Gebiete lokalisiert und bei diesem Patienten beidseitig vollständig zerstört.

Der Hippocampus spielt eine Hauptrolle dabei, die Inhalte des Kurzzeitgedächtnisses ins Langzeitgedächtnis zu überführen. Wie das funktioniert, ist noch unbekannt. Da bei Boswell diese Strukturen zerstört sind, kann er sich an überhaupt nichts mehr erinnern, das mehr als 30 oder 40 Sekunden zurückliegt. Sein Gedächtnis und damit sein Bewußtsein reichen nicht mehr als 40 Sekunden in die Vergangenheit; alles andere ist für Boswell für immer verloren.

Boswell kann Neues lernen, zum Beispiel, wie man ein bestimmtes Puzzle löst, und diese Fähigkeiten bleiben ihm auch ganz normal erhalten. Aber er vergißt die Lernperiode und auch die Tatsache, daß er diese Fähigkeit beherrscht, völlig. Es mag unwahrscheinlich klingen, aber Boswell hat in den 18 Jahren seiner Krankheit nicht eine einzige neue persönliche oder anderweitige Erinnerung behalten; mehr noch, er ist sich dieses Verlusts überhaupt nicht bewußt. Sie können ihm die Situation natürlich erklären, aber 30 Sekunden später hat er das Gespräch mit Ihnen wieder völlig vergessen, ohne daß auch nur irgendeine Spur davon zurückbleibt. Ja, verliert er *Sie* für mehr als 40 Sekunden aus den Augen, dann hat er auch Sie wieder völlig vergessen und Ihre sonderbare Erklärung sowieso. Einmal beobachtete ich etwa eine Stunde lang ein Experiment, das Damasio mit ihm durchführte, dann verließ ich den Raum für ein paar Minuten. Als ich wieder zurückkam, hatte Boswell keine Ahnung mehr, wer ich war, und wir mußten uns wieder wie zu Beginn begrüßen und vorstellen, bevor wir mit dem Test fortfahren konnten.

Boswell kommt die letzten 18 Jahre etwa einmal im Monat zu Antonio und Hanna Damasio zur Untersuchung, und die beiden kennen Boswell inzwischen recht gut als einen aufrichtigen und freundlichen Mann. Und dennoch, jedesmal wenn er aus seinem Krankenzimmer zu ihnen gebracht wird, dann ist es für ihn, als träfe er die beiden zum ersten Mal, und wenn man ihn zurückbringt, dann tritt er auch seinen langjährigen Pflegern gegenüber, als hätte er sie nie vorher gesehen. Bei Boswell bestehen soziale Kontakte aus nie endenden Begrüßungen und neuem Kennenlernen. Es erscheint wie ein Alptraum, aber zum Glück bemerkt Boswell selbst von alledem überhaupt nichts. Man muß an diesem Punkt allerdings eine kleine Einschränkung machen. Über eine längere Zeitspanne gesehen behandelt Boswell verschiedene Personen unterschiedlich und zeigt zum Beispiel Vorlieben für bestimmte Menschen. Das deutet wohl auf eine unter- oder vorbewußte Reflexion seiner Erfahrungen aus früheren Begegnungen mit ihnen hin. Obwohl also sein autobiographisches Gedächtnis verschwunden ist, muß irgendwo in seinem Gehirn eine Art Restlernen vorhanden sein.

Bei Hirnstörungen sind Glückszustände selten; viel häufiger überschatten Verwirrung, Frustration und sogar Schrecken das Leben der Betroffenen. Nirgends wird dies deutlicher als bei den verschiedenen Formen der Schizophrenie, der zweithäufigsten und mit Abstand behinderndsten wichtigen psychiatrischen Krankheit. Schizophrenie ist gekennzeichnet von Wahnvorstellungen – wie der festen Überzeugung, daß Geheimdienste Sie überwachen oder daß Außerirdische einen Sender in Ihr Gehirn implantiert haben. Zwar nicht immer, aber gelegentlich sind Schizophrenien auch mit Halluzinationen verbunden, wie Menschen zu sehen, die gar nicht da sind, oder Stimmen zu hören.

Chronisch schizophrene Patienten sind durch zunehmend unzusammenhängende Gespräche und Gedanken gekennzeichnet; sie springen von einem Thema zum anderen und können keinem Gedankengang länger folgen. Wenn die Krankheit fortschreitet, kann man ihnen keine verantwortlichen Positionen mehr anvertrauen, denn sie sind dauernd abgelenkt. Ihre Aufmerksamkeit schweift chaotisch umher, und sie murmeln ständig vor sich hin. Schließlich sind ihre Emotionen in keiner Weise mehr der realen Situation angemessen. Meistens erscheinen Schizophrene ungewöhnlich ruhig und teilnahmslos. Oft zeigen sie jedoch spontan Furcht, Trauer oder Wut, ohne daß es dafür irgendeine Veranlassung gäbe. Sie haben keinen Bezug mehr zur physischen oder sozialen Realität.

Schizophrenie ist für uns immer noch ein Rätsel, doch es sieht so aus, als sei dafür eine weiträumige und verhältnismäßig langsame Degeneration des Gehirns verantwortlich und nicht ein plötzlicher, katastrophenartiger Tod eines spezialisierten kognitiven Einzelsystems, wie er bei lokalen und schlaganfallinduzierten Läsionen auftritt. (Akut schizophrene Symptome können oft auch plötzlich auftreten, bei jungen Erwachsenen zum Beispiel, aber dabei scheint es sich eher um die einmalige Überschreitung einer kritischen Grenze zu handeln, als um den Anfang eines chronischen Krankheit.) Dies bringt einen neuen Aspekt in unsere Diskussion neuronaler Netzwerke, den ich bisher aus Gründen der einfacheren Darstellung bewußt vernachlässigt habe.

Die Neuronen unseres Nervensystems sind von einer komplex zusammengesetzten Lösung aus Salzen und biochemischen Substanzen umgeben. Diese biochemische „Suppe" ernährt nicht nur die Nervenzellen, wie man vielleicht annehmen könnte, sondern sie spielt auch bei fast allen neuronalen Vorgängen eine wichtige Rolle. Zum Beispiel ist der Vorgang, bei dem ein Signal von einem Neuron über den synaptischen Spalt zum nächsten übertragen wird, um dieses zu erregen oder zu hemmen, ein rein biochemischer Vorgang. Hieran sind spezielle Moleküle beteiligt, die sogenannten *Neurotransmitter,* die aus dem Ende eines Nervenfortsatzes, dem synaptischen Endknopf, freigesetzt werden. Dabei ist die freigesetzte Transmittermenge von der Aktivität des Neurons abhängig. Die freigesetzten Moleküle diffundieren sehr schnell über den synaptischen Spalt, binden an spezielle Rezeptormoleküle auf der Oberfläche des nachgeschalteten Neurons und aktivieren dieses dadurch. Sobald der Neurotransmitter die Rezeptoren aktiviert hat und sich wieder von ihnen löst, wird er – oder seine Abbauprodukte – von speziellen Transportermolekülen in den synaptischen Endknopf zurücktransportiert und dort für den nächsten Übertragungsvorgang „recycled". All diese Vorgänge finden im Bereich von Tausendstel Sekunden statt. Der Aufbau einer Synapse und die dort stattfindenden Prozesse sind in Abbildung 7.5 schematisch dargestellt.

Diese Vorgänge sind nicht mit der Situation in künstlichen neuronalen Netzen vergleichbar, die wir bisher beschrieben haben. In einem neuronalen Netz, das lediglich als abstrakte Simulation in einem konventionellen Computer existiert (und das trifft tatsächlich für die meisten Modelle zu), besteht dieser so wichtige und komplexe Vorgang der synaptischen Übertragung nur in einer simplen Rechenoperation, der Multiplikation zweier Zahlen. Eine dieser Zahlen stellt den Wert des synaptischen Gewichts dar, die andere den Wert der ankommenden neuronalen Aktivität, und ihr Produkt ergibt den Effekt auf die Zielzelle – das ist alles! Kein anderer Faktor ist dabei von Bedeutung. Bei einem realen neuronalen Netzwerk auf einem Mikrochip ist die synaptische Übertragung genauso simpel: Die vorhandene Leitfähigkeit wird lediglich mit der angelegten Spannung multipliziert. Nur gelegentliche Variationen der lokalen Temperatur oder Beleuchtung könnten diese „synaptische" Übertragung modulieren oder komplizieren.

Bei biologischen Nervenzellen und Synapsen kann der Übertragungsvorgang hingegen durch eine Vielzahl chemischer Substanzen

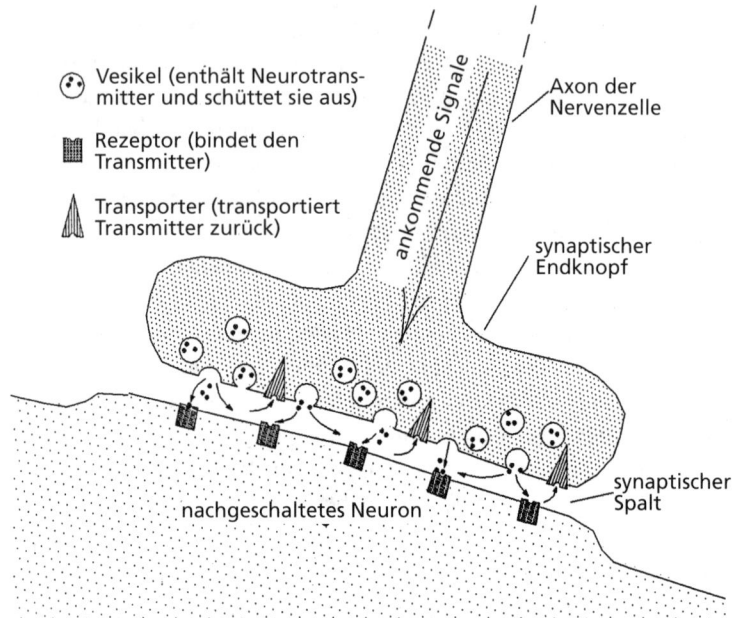

7.5 Schematische Darstellung einer Synapse.

moduliert, verstärkt, abgeschwächt oder sogar vollständig blockiert werden. Einige dieser Substanzen wirken im Bereich von Millisekunden, andere für Minuten, Stunden oder sogar Tage. Das bedeutet, daß kognitive Prozesse im Gehirn weit komplexer sind als in unseren künstlichen Netzwerkmodellen. Zusätzlich erhöht sich diese Diversität noch dadurch, daß verschiedene Subsysteme des Gehirns unterschiedliche Typen von Neurotransmittern benutzen. Die selektive Modulation jedes einzelnen dieser vielen Dutzend Transmittern kann also sehr spezifische kognitive Effekte hervorrufen.

Es gibt viele Möglichkeiten, die zu kurz- oder langfristigen Änderungen in der Verbindungsstärke der Synapsen führen können. Der präsynaptische Endknopf könnte chronisch zu viel oder zu wenig Transmitter produzieren. Die Rezeptoren der Zielzelle könnten übersensitiv auf den Transmitter reagieren oder für eine gewisse Zeit von einer anderen, dem Transmitter ähnlichen Substanz blockiert werden, die nicht abbaubar ist. Oder aber die Wiederaufnahme des Transmitters in den synaptischen Endknopf könnte blockiert werden, wodurch der Transmitter zu lange auf die Zielzelle einwirkt.

In der Regel greifen auch Drogen und Pharmaka an der Synapse an. Sie können die Umformung und Übertragung der Aktivitätsvektoren entscheidend und oft langfristig verändern, und es überrascht daher nicht, daß das normale Denken und Fühlen wenigstens zeitweilig gestört oder „aus der Bahn geworfen" wird, wenn wir solche Drogen in die „Suppe" geben. Derartige Wirkstoffe können jede synaptische Verbindung des jeweiligen neuronalen Untersystems neu einstellen oder sogar dazu führen, daß alle beteiligten Neurone in einem ausgedehnten, unkontrollierten Anfall stimuliert werden.

Psychoaktive Drogen und Pharmaka wirken auf sehr unterschiedliche Weise, aber ich will sie hier nicht näher besprechen. Ich erwähne sie nur deshalb, weil einige von ihnen – besonders nach anhaltendem Mißbrauch – kognitive und emotionale Phänomene hervorrufen, die wir auch bei den wichtigeren psychischen Krankheiten finden. Dazu gehören Halluzinationen, chaotische Gedankengänge, Depressionen, Wahn- und Zwangsvorstellungen. Auch deshalb geht die derzeitige Forschung davon aus, daß manche psychiatrischen Krankheiten, wie Schizophrenie, auf Stoffwechselstörungen beruhen, die die Neurochemie der Nervenzellen und ihrer Synapsen verändern, ähnlich wie es bei Drogen der Fall ist.

Aus dieser Hypothese lassen sich Therapieansätze für bestimmte psychiatrische Krankheiten ableiten. Wenn es uns nämlich gelänge, die neurochemischen Prozesse im Gehirn des Patienten zu regulieren, dann könnten wir vielleicht auch diese Stoffwechselkrankheiten heilen. Falls das nicht gelingt, so ließen sich doch wenigstens die Krankheitssymptome mildern, indem man je nach Krankheit entweder die fehlende Substanz nachliefert oder einen zu hohen Spiegel absenkt.

Auch als Ursache für Schizophrenie vermutete man seit längerem eine diffuse neurochemische Störung, die sich vielleicht pharmakologisch behandeln läßt. Für diese Vermutung sprechen heute einige Hinweise. Bei Obduktionen und MRT-Untersuchungen findet man keine Indizien für anatomisch begrenzte Gehirnschäden. Obwohl das Gehirn von Schizophrenen insgesamt durchschnittlich etwas kleiner ist, sieht es eigentlich wie jedes andere aus. Weiterhin wurde in den 50er Jahren entdeckt, daß das leicht psychoaktive Medikament *Chlorpromazin*, das ursprünglich als Hustenmittel bei Tuberkulose angewandt wurde, zu einer deutlichen Abnahme der Halluzinationen, der Verwirrtheit und der emotionalen Instabilität bei Schizophrenie führt.

Chlorpromazin, so stellte sich heraus, ist ein Antagonist (Gegenspieler) eines sehr häufigen Neurotransmitters, des *Dopamin*, das in vielen Hirnsystemen vorkommt, besonders im Frontallappen der Großhirnrinde und im vorderen Bereich des Hirnstamms. Eine tägliche Gabe von Chlorpromazin oder von verwandten Dopaminantagonisten führt dazu, daß die Resynthese von Dopamin in diesen Neuronen verlangsamt wird. Dadurch vermindert sich die neuronale Aktivität in diesen mit Dopamin arbeitenden Subsystemen, was aus irgendeinem Grund die charakteristischen Symptome der Schizophrenie reduziert, wenn auch nicht vollständig verschwinden läßt.

Die Entdeckung des Chlorpromazin veränderte die Behandlung psychisch Kranker in den Vereinigten Staaten drastisch. Innerhalb von zwei Jahrzehnten wurden die meisten schizophrenen Patienten aus den Pflegeanstalten entlassen, nicht etwa, weil sie geheilt worden wären, sondern weil sie mit Medikamenten ambulant behandelt werden konnten; manche konnten sogar wieder arbeiten. Sie sind zwar nicht gesund, aber wieder lebenstüchtig.

Diese neue Therapieform brachte sowohl vom ökonomischen als auch vom medizinischen Standpunkt aus Vorteile: Es ist billiger, diese Menschen ambulant zu versorgen, als sie dauernd in personalintensiven Heimen zu pflegen. Heute haben wir nicht mehr so viele psychiatrische Pflegeheime wie früher und weisen nur noch Patienten ein, die wirklich hilflos oder gewalttätig sind. Das ist die gute Seite der Medaille. Die andere ist die, daß viele einsame, nicht- oder nur unregelmäßig behandelte schizophrene Patienten, die vor vierzig Jahren sicherlich hospitalisiert worden wären, nun unter den Obdachlosen leben. In den Straßen unserer Städte ist nun sichtbar, was früher in geschlossenen Anstalten den Augen der Öffentlichkeit verborgen blieb. Wegen der Würde des Einzelnen und der Kontinuität der Behandlung ist die Gesundheitsversorgung dieser Obdachlosen sehr schwierig, selbst wenn uns eine preiswerte und sinnvolle Behandlungsmethode zur Verfügung steht.

Wie aber vermindert Chlorpromazin die Symptome der Schizophrenie? Und was ist überhaupt für die Verwirrtheit bei Schizophrenie verantwortlich? Wir wissen keine Antwort auf diese Fragen. Die Spekulationen darüber sind in letzter Zeit jedoch zahlreicher geworden, was nicht zuletzt daran liegt, daß wir immer besser verstehen, wie rekurrente Netzwerke kognitionsähnliche Vorgänge nachahmen können und warum sie gelegentlich nicht mehr optimal funktionieren. All dies ist aber noch sehr spekulativ; wir sollten also sehr vorsichtig sein. Auf der anderen Seite werden derartige Spekulationen jedoch von empirischen Ergebnissen gestützt, die an Netzwerken und mit neurophysiologischen und neuropharmakologischen Experimenten gewonnen wurden. Diese Resultate führen uns weit über das hinaus, was wir allein aus dem Verhalten schizophrener Patienten erschließen konnten. Wir dürfen also hoffen, daß unsere spekulativen Höhenflüge besser fundiert sind als früher. Jedenfalls möchte ich im folgenden eine solche Hypothese vorstellen.

Was ist für das konsistente und realitätsbezogene Denken bei einem gesunden Menschen verantwortlich? Wie wird es produziert? Nach dem grundsätzlichen Modell, das wir in diesem Buch untersuchen, stellt normale Kognition folgendes dar: Die Vektorbahnen in den neuronalen Merkmalsräumen des Gehirns folgen den gut ausgetretenen Pfaden der Prototypen, die durch frühere Lernvorgänge entstanden sind. Diese Vektorbahnen wechseln als Reaktion auf sich ändernde Wahrnehmungen von einem Prototyp zum nächsten. So ließen sich die normalen kognitiven Funktionen des Gehirns schematisch in unserem neuerworbenen Neuroinformatik-Vokabular beschreiben.

Wie können wir mit demselben Vokabular die verschiedenen Symptome der Schizophrenie erklären? Vielleicht so: Anstatt den gut ausgetretenen Pfaden der Prototypen zu folgen, findet das Gehirn des Kranken diese Pfade nicht in ihrer üblichen Stabilität vor. Das Gehirn wandert also unsicher durch den Merkmalsraum, nur lose und vorübergehend an seine gewohnten Prototypen gebunden. Es folgt somit einem Pfad, der sich nur wenig an den Pfaden der normalen Prototypen orientiert und kaum von sensorischen Eindrücken beeinflußt wird. Das Gehirn hat also den Bezug zu seiner eigenen normalen Realität verloren und wird auch durch die Wahrnehmung der externen Realität nicht korrigiert. Das liegt wenigstens teilweise daran, daß die rekurrente Modulation seiner eigenen Wahrnehmungen zunehmend gestört wird.

Bei einem so beeinträchtigten System verwischt sich zwangsläufig der Unterschied zwischen Vorstellung und Wahrnehmungen, die Unterschiede zwischen erfundenen und realen Geschichten verschwimmen. Was vorher funktionierende Vektorumformungen waren, wird jetzt gestört und unvorhersagbar. Was vorher durch rekurrente Bahnen nur wenig moduliert wurde, wird jetzt von Vorurteilen und Verwirrung beherrscht. Wegen der großräumigen und unlogischen Veränderungen der Verbindungsstärken im Netzwerk sind die normalen kognitiven Funktionen aus ihren gut eingefahrenen Bahnen geworfen. Die Vektorbahnen in den Merkmalsräumen werden fehlgeleitet und unzusammenhängend.

Welche physischen Faktoren könnten das kognitive Verhalten eines Netzwerkes derartig durcheinanderbringen? Viele, sehr viele! Alles, was die synaptischen Verbindungsgewichte des Netzwerks großräumig „verstellt", beeinflußt das Verhalten eines Netzes; das gilt besonders für das Verhalten von rekurrenten Netzwerken, bei denen sich auch kleine Fehler sehr schnell nichtlinear aufschaukeln können. Eine derartige Störung der Vektorsequenzen verstärkt sich noch, wenn das normale Gleichgewicht zwischen der sensorischen und der rekurrenten Kontrolle der primären sensorischen Rindengebiete beeinträchtigt ist. Wenn die Aktivitätsvektoren in diesen basalen auditorischen und visuellen Zentren plötzlich nicht mehr von den richtigen sensorischen, sondern von unpassenden rekurrenten Signalen dominiert werden, dann sind vorurteilsbeladene Wahrnehmung, träumerisches Bewußtsein und Halluzinationen regelrecht zu erwarten. Diese beiden prinzipiellen Störungen – die Fehleinstellung der Verbindungsstärken und die krankhafte Stimulation oder Hemmung ganzer neuronaler Teilsysteme – können von abnormen

Veränderungen der Transmitterkonzentrationen verursacht werden. Das ist eine mögliche Erklärung für die kognitive Dysfunktion bei Schizophrenie in den Begriffen der Neuroinformatik und eine mögliche neurochemische Ursache für diese Krankheit. Mehr wissen wir nicht, und die meisten Experimente in dieser Hinsicht müssen noch durchgeführt werden.

Wegen der positiven Wirkung des Dopaminantagonisten Chlorpromazin könnte man annehmen, daß das Gehirn schizophrener Patienten einfach vom eigenen Dopamin überschwemmt wird und Chlorpromazin diesen Fehler korrigiert. Das wäre eine schöne, einfache Erklärung, sieht man aber genauer hin, so paßt nicht alles zusammen. PET-Bilder von schizophrenen Patienten, die unter Chlorpromazin stehen, zeigen in den vorderen Bereichen des Gehirns eine neuronale Aktivität, die signifikant unter der von gesunden Kontrollpersonen liegt. Das ist zu erwarten, wenn man den stark inhibitorischen Effekt des Medikaments auf die Gehirnregionen bedenkt, die Dopamin als Transmitter verwenden. Es wäre sogar erstaunlich, wenn die neuronale Aktivität in diesen Systemen nicht deutlich reduziert wäre.

Die Patienten sind jedoch immer noch schizophren, obwohl sie nun Dopaminkonzentrationen aufweisen, die geringer sind als diejenigen von Gesunden. Die Symptome der Krankheit sind zwar deutlich reduziert, aber nicht verschwunden. Wenn ein Dopaminüberschuß allein für die Krankheit verantwortlich wäre, dann würde man erwarten, daß die gesunden kognitiven Funktionen wiederkehren, wenn die Dopaminkonzentration und somit die neuronale Aktivität im Frontalhirn auf ein normales Niveau abgenommen hat und nicht erst, wenn der Dopaminspiegel auf deutlich subnormale Konzentrationen absinkt, wie es zum Unterdrücken schizophrener Symptome notwendig ist. Außerdem zeigen die wenigen PET-Aufnahmen von schizophrenen Patienten, die nie mit Dopaminantagonisten behandelt wurden, im Frontalbereich des Gehirns Aktivitäten, die zwar hoch sind, aber nicht signifikant über der Norm liegen. Das bedeutet nicht, daß die frontale neuronale Aktivität bei diesen Patienten normal ist (sie ist es höchstwahrscheinlich nicht), aber es deutet darauf hin, daß die Höhe der Aktivität allein nicht das primäre Problem ist.

Es gibt noch eine andere, einfachere Erklärung dafür, warum Chlorpromazin und verwandte Dopaminantagonisten so wirksam sind. Eine drastische Reduktion der Dopaminkonzentration im Gehirn könnte irgendwelche tieferliegenden kognitiven Störungen kompensieren. Etwa so, wie ein Auto mit unausgewuchteten Reifen, einer flatternden Lenkung, ausgeschlagener Achse und kaputten Radlagern normal fährt, wenn man die Geschwindigkeit reduziert. Solche Defekte können ein Auto bei höherer Geschwindigkeit gefährlich vibrieren und unvorhersagbar schlingern lassen, beim langsamen Fahren aber nicht bemerkbar sein, obwohl sie immer noch vorhanden sind. Die niedrigere Geschwindigkeit verringert einfach die merkbaren Auswirkungen der Schäden, ohne sie zu beheben. Dennoch empfiehlt es sich, die Geschwindigkeit zu reduzieren, wenn Sie ein solches Auto fahren. Und aus ähnlichen Gründen reduziert man auch die Dopaminkonzentration bei schizophrenen Patienten. Die Analogie zeigt aber, daß die eigentliche Ursache der Störung wahrscheinlich woanders liegt.

Die gute Nachricht ist, daß wir jetzt eine reale Chance haben, die wirklichen Ursachen zu finden und in der Zwischenzeit zumindest eine, wenn auch unvollkommene Methode, um die Schizophrenie unter Kontrolle zu halten. Die weiträumige Aktivitätssenkung durch Dopaminantagonisten im Frontalcortex kann sehr fein abgestimmt und nötigenfalls sogar aufgehoben werden, wenn man das Medikament absetzt – zumindest in frühen Stadien. Darin ist diese Behandlung einer früheren Therapieform, der *frontalen Lobotomie*, überlegen. Bei dieser heute nur noch höchst selten angewandten Methode wurden große Teile des Frontalcortex operativ abgetrennt oder entfernt. Die „beruhigenden" Effekte dieser chirurgischen Körperverletzung sind nicht von der Hand zu weisen, unabhängig davon, unter welcher Krankheit der Patient ursprünglich litt. Diese entfernten Gebiete sind für die Planung von Handlungen notwendig. Ein Patient, der auf diese Weise blind und indifferent für alles bis auf die einfachsten Aktivitäten gemacht wird, kann natürlich keine Schwierigkeiten mehr verursachen, was auch immer sein restliches Gehirn ausspinnen mag. In Anbetracht von Kranken, die gewalttätig oder emotional völlig unkontrollierbar sind und denen auf andere Art nicht geholfen werden kann, könnte man für diesen chirurgischen Eingriff vielleicht sogar Verständnis haben. Wir müssen uns aber glücklicherweise nicht mehr mit diesem Problem auseinandersetzen, denn wir befinden uns bereits in einer einsichtigeren und humaneren Ära.

Affektive und emotionale Störungen

Die beiden wichtigen affektiven Störungen, die wir hier behandeln, gehören nicht zur selben Gruppe wie die Schizophrenie, wenigstens nicht, soweit es die kognitiven Fehlfunktionen betrifft. Im Gegenteil, Menschen mit depressiven oder manischen Persönlichkeiten sind oft sehr erfindungsreich, rastlos produktiv und erfolgreicher als die meisten von uns. Winston Churchill zum Beispiel war mit Sicherheit in gewissem Umfang davon betroffen, vielleicht auch Mozart. Wir sollten uns aber vor der romantischen Ansicht hüten, daß hier eine Kausalverbindung besteht. Allein die Tatsache, depressiv oder manisch zu sein, macht noch niemanden zu einem Mozart oder Churchill. Aber die primäre Ursache dieser affektiver Störungen ist offensichtlich keine allgemeine Störung der Kognition.

Die Krankheitssymptome sind eindeutig genug. Die *Zyklophrenie,* früher auch manisch-depressive Erkrankung genannt, ist eine Berg-und-Tal-Fahrt für den Patienten: immer abwechselnd Höhen wilder Energie und Erregungsausbrüche über Tage und Wochen und lange Tiefen von Lethargie, Desinteresse und Depression. Diese ausgeprägten Stimmungsschwankungen treten in unregelmäßigen Abständen auf, sind vom Kranken nicht kontrollierbar und unabhängig von äußeren affektiven (also emotionalen) Umständen. Man muß diese Stimmungsschwankungen sehr ernst nehmen, denn die Patienten vergessen besonders während der manischen Phasen jede normale Vorsicht, Weitsicht und Zurückhaltung, vor allem im sozialen Bereich.

Die sogenannte *Major Depression* ist weniger auffallend, aber nicht weniger grausam. Unabhängig von den jeweiligen Lebensumständen des Betroffenen fällt ein immer wiederkehrender oder permanenter Schatten über jeden Aspekt seines Lebens. Vorher beliebte Aktivitäten erscheinen plötzlich leer und beschwerlich. Trübsal befällt die Seele, und ein Gefühl der Nutzlosigkeit zerstört das Ego. Schlaf bringt keine Besserung; der Patient ist oft den Tränen nahe, und häufig befallen ihn Gedanken an Tod oder Selbstmord. Major Depression ist die bei weitem häufigste psychische Krankheit, die jeden zwanzigsten Menschen irgendwann im Leben befällt. Und auch sie muß überaus ernst genommen werden. Obwohl die meisten Depressiven ihre Krankheit krampfhaft verleugnen und sie meist ein streng gehütetes Geheimnis bleibt, schätzt man, daß jeder fünfte der an chronischer Depression Erkrankten Selbstmord begeht.

Willliam Styrons Buch „Sturz in die Nacht" zeigt den Charakter der Major Depression, aus der Sicht des Betroffenen; Peter Kramers beschreibt sie in seinem Bestseller „Glück auf Rezept" mehr aus der Perspektive des Psychiaters und aufmerksamen Beobachters. Beide Bücher werfen wichtige philosophische Fragen auf, die wir im letzten Kapitel angehen werden. An dieser Stelle möchte ich nur erwähnen, daß wir nicht mehr über die Ursachen von Zyklophrenie und Major Depression wissen, als über die der Schizophrenie –, vielleicht sogar eher weniger. Allein durch einen glücklichen Zufall sind wir früh auf ein recht einfaches Medikament gestoßen, das wirksam das wilde Auf und Ab der Zyklophrenie dämpft: *Lithiumsalze.* Und die Pharmaforschung lieferte uns auch ein hilfreiches Mittel gegen Major Depression: *Fluoxatin.* In keinem der Fälle verstehen wir, warum diese Pharmaka die Symptome mildern, wenn wir auch in beiden Fällen ihre neurochemische Wirkung kennen. Fluoxatin zum Beispiel hemmt die Wiederaufnahme des Neurotransmitters *Serotonin* in den synaptischen Endknopf, wodurch die Serotoninkonzentration im synaptischen Spalt erhöht wird. Warum das aber die Stimmung bei einer schweren Depression hebt, ist noch unbekannt. Fluoxatin kann bestimmte Aspekte der Persönlichkeit verändern, wirkt jedoch bei gesunden Menschen nicht euphorisierend. Außerdem hebt dieses Medikament den Serotoninspiegel innerhalb von Stunden, während die depressiven Symptome erst nach ein bis zwei Wochen verschwinden.

Wir wissen bisher nur, daß beide Krankheiten vermutlich neurochemische Ursachen haben und daß es daneben auch genetische Komponenten oder Prädispositionen gibt, denn beide treten in Familien oft über mehrere Generationen hinweg gehäuft auf. Genauso sicher kommt bei beiden noch eine Umweltkomponente hinzu; das gilt vor allem für die Major Depression, denn chronischer Streß und die daraus resultierende hohe Konzentration des Hormons *Cortisol* sind mit der Auslösung von Depressionen verbunden. Gemeinsam bewirken diese Faktoren vermutlich die neurochemischen Veränderungen, die noch erforscht werden müssen.

Nicht nur Menschen reagieren übrigens auf Serotonin-Verstärker (Agonisten) wie Fluoxatin. In Versuchen mit einer Horde Vervetmeerkatzen fand man eine deutliche Korrelation zwischen dem Serotoninspiegel im Gehirn der Affen und ihrer Stellung in der Rangordnung. Die dominanten, sogenannten Alpha-Tiere hatten die höchsten Serotoninwerte, die Omega-Tiere am unteren Ende der Rangordnung die niedrigsten.

Warum das so ist, ist noch unklar. In diesem ersten Versuch wurden die Affen lediglich untersucht, ohne ihren sozialen Rang oder ihren Serotoninspiegel zu manipulieren. Man könnte die geringeren Serotoninkonzentrationen dadurch erklären, daß die niederrangigen Tiere unter chronischem Streß durch Ausschluß, Tyranneien, Frustrationen und Entbehrungen zu leiden haben und deshalb zu hohen Cortisolwerten neigen, was wiederum den Serotoninspiegel senkt.

Nach dieser Erklärung wäre es der soziale Status des Tieres, der seinen Serotoninspiegel bestimmt. Sehen wir uns nun die alternative Erklärungsmöglichkeit an. In einem zweiten Experiment wurde mehreren Nicht-alpha-Tieren Fluoxatin verabreicht, wodurch sich ihr Serotoninspiegel künstlich erhöhte; mehrere Alpha-Tieren erhielten hingegen Serotoninantagonisten, um deren Serotoninkonzentration zu senken. Überraschenderweise tauschten daraufhin die beiden Gruppen ihren sozialen Status: Die ursprünglich in der Rangordnung niedrig stehenden Affen stiegen auf, und die Alpha-Tiere verhielten sich unterwürfiger und zurückhaltender als vorher. Es sieht also eher so aus, als bestimme der Serotoninspiegel das soziale Verhalten der Tiere und ihre Rangordnung, nicht umgekehrt.

Und diese Verhaltensänderungen wurden bei gesunden Affen erzeugt, nicht an Tieren, die bereits an Major Depression litten. Diese Befunde stimmen mit dem überein, was Psychiater bereits an depressiven Patienten beobachtet hatten, wenn sie mit Serotoninagonisten, besonders mit Fluoxatin behandelt wurden. Die Patienten werden mit der Zeit zunehmend selbstsicherer, gehen häufiger auf andere Menschen zu und schrecken nicht mehr vor deren möglichen Reaktionen zurück. Dadurch ermöglichen diese Medikamente chronisch Depressiven wieder ein normales Sozialleben. Bei einigen Patienten, berichtet Kramer, blühen Affekt und Verhalten sogar derart dramatisch auf, daß man von der Geburt einer neuen Persönlichkeit sprechen möchte.

Daß unsere soziale Umgebung – Büros, Geschäfte, Arbeitsstätten, Clubs – größtenteils von etwas so unerklärbarem und sozial irrelevantem (?) wie dem Serotoninspiegel diktiert werden könnte, bringt einen zum Nachdenken. Auch daß unser soziales Verhalten mitunter von leichten Veränderungen der Konzentration gewisser Neurochemikalien verändert werden könnte, ist interessant. Aber dieses Thema müssen wir bis zum letzten Kapitel aufschieben. Ich kann Sie jetzt nur um Geduld bitten, denn ich bin immer noch dabei, die Grundlagen für diese Diskussion zu schaffen.

Störungen des Sozialverhaltens

Wie wir im Abschnitt über ethische Wahrnehmung und Verständnis gesehen haben, braucht jeder Mensch soziale Fähigkeiten und muß stabil in eine soziale Umgebung integriert sein, damit er emotional gesund bleibt und sich wohl fühlt. Fast jedes soziale Defizit fordert im Laufe des Lebens einen hohen Preis vom Betroffenen. Die Möglichkeiten für Defizite, subtile oder schwerwiegende, sind vielfältig, und noch vielfältiger sind die möglichen sozialen Konsequenzen, genug, um Dramaturgen und Autoren bis zum Ende aller Tage mit Stoff zu versorgen. Im sozialen Bereich werden unser Wissen und unsere Kontrollmöglichkeiten stets begrenzt bleiben, denn die daran beteiligten Faktoren und Prozesse sind äußerst komplex. Das zuzugeben bedeutet jedoch nicht, daß wir die kognitiven Prozesse, die für unser Sozialverhalten relevant sind, nicht wissenschaftlich aufklären sollten oder dürften. Im Gegenteil, gerade hier könnte es reales Leid für viele Menschen bedeuten, wenn wir uns dieser wissenschaftlichen Herausforderung verschließen, wohingegen jeder Erfolg soziale Fortschritte mit sich bringen könnte. Lassen Sie uns also dieses Gebiet erkunden.

Die früheste und möglicherweise schlimmste Form sozialer Störungen ist der *Autismus*, der sich manchmal in den ersten drei Lebensjahren entwickelt. Im typischen, schweren Fall sucht oder findet das Baby keine Erfüllung im normalen Kontakt zu den Eltern, weder im physischen Kontakt, wie im Halten, Berühren oder Streicheln, noch in sozialen Interaktionen, wie dem Spielen, Scherzen oder der präverbalen Kommunikation. Die Kinder wehren häufig Berührungsversuche aktiv ab und bemühen sich selbst auch nicht um soziale Kontakte, wenn sie überhaupt reagieren. Wie Sie sich vorstellen können, ist das für die liebenden Eltern sehr hart.

Solche Kinder sehen keinen Unterschied zwischen Personen und Gegenständen. Für sie könnten wir genausogut Pfosten oder Baumstämme sein, jedenfalls erregen wir nicht mehr Interesse oder Aufmerksamkeit bei ihnen. Sie verhalten sich, als wären sie allein, so schrecklich und völlig allein, daß ihnen sogar jede Vorstellung von ihrer eigenen Isolation fehlt. Ihre Sprachentwicklung ist verzögert oder fehlt völlig. Ihre Bewegungen sind wenig differenziert, stereotyp und repetitiv. Sie können zum Beispiel stundenlang dasitzen, irgendeinen unbedeutenden Gegenstand anstarren und dabei ununterbrochen mit dem Oberkörper vor- und zurückwippen. In ihrer Welt existiert offensichtlich keine soziale Dimension.

Wir haben Agnosien bisher bei einer Vielzahl von Wahrnehmungssystemen kennengelernt, so beim Verlust der Gesichtserkennung (Prosopagnosie), und gelegentlich sind wir auf begleitende Anosognosien (also der Unfähigkeit des Patienten, solche Ausfälle zu erkennen) gestoßen. Kinder mit schwerem Autismus leiden im psychischen wie auch im sozialen Bereich unter beiden dieser kognitiven Defizite. Die Regionen, die im gesunden Gehirn die Existenz und die Aktivitäten anderer Personen repräsentieren, also die Systeme, die uns mit unseren Mitmenschen kommunizieren lassen, entwickeln sich beim autistischen Kind nicht normal.

Daraus lernen wir zumindest, daß es Systeme im Gehirn gibt, die auf die psychische und soziale Repräsentation spezialisiert sind und die isoliert geschädigt sein können. Autistische Kinder sind häufig über ihre sozialen Defizite hinaus mental zurückgeblieben, oft sind sie jedoch nicht in allen anderen Aspekten retardiert. Gelegentlich zeigen sie sogar in bestimmten Bereichen eine außergewöhnliche Begabung, wie beim Zeichnen oder bei mechanischen Fertigkeiten. Außerdem variieren die Mängel im sozialen und psychischen Verhalten von Kind zu Kind dramatisch, vom hoffnungslosen Fall bis zu Fällen, bei denen man bei kurzem Kontakt kaum etwas bemerkt. Die oben beschriebene Symptomatik ist das düstere Ende des Spektrums. Daneben existiert natürlich auch eine leichte Form und dazwischen viele Übergangsformen. So kenne ich eine autistische Frau, die promoviert ist, eine erfolgreiche wissenschaftliche Karriere mit vielen Publikationen absolviert hat und jetzt eine Beratungsfirma besitzt. Dennoch bemerkt sie selbst ganz richtig, daß ihr vieles im Verhalten ihrer Mitmenschen, das für andere schnell und leicht zu deuten ist, ein Rätsel bleibt. In ihrem Fall ist das Defizit offensichtlich ungewöhnlich isoliert und nur partiell, aber ihr fehlt ganz augenscheinlich eine spezielle kognitive Fähigkeit, die für uns selbstverständlich ist.

Natürlich hat man gehofft, daß MRT-Aufnahmen von Gehirnen autistischer Patienten Licht in diese Krankheit bringen würden, aber bisher konnte man dabei nichts Außergewöhnliches feststellen. Bei der derzeit möglichen Auflösung der MRT sehen autistische Gehirne ziemlich normal aus; weniger gut entwickelt ist nur ein engumgrenztes Gebiet im Kleinhirn. Dieser Befund ist eigenartig, denn man nimmt an, daß das Kleinhirn (eine große, blumenkohlähnliche Struktur, die hinten unter der Großhirnrinde herausragt; siehe Abbildung 6.2), für die allgemeine Bewegungskontrolle zuständig ist. Es könnte also sein, daß diese Auffälligkeit bei autistischen Gehirnen zwar vorhanden, aber nur eine Nebenerscheinung des Autismus ist, oder daß unsere Ansicht über die rein motorische Rolle des Kleinhirns völlig falsch ist. Wir können nur hoffen, daß systematische PET-Untersuchungen an autistischen Patienten gutdefinierte Gebiete mit veränderter neuronaler Aktivität zeigen, die im MRT unsichtbar sind und so etwas mehr Licht auf die möglichen Ursachen des Autismus werfen.

Wenn man auch im autistischen Gehirn keine klaren Läsionen finden kann, so sind derartige Schädigungen doch bei vielen anderen sozialen Defiziten offensichtlich. Sie kennen bereits das Gehirn des Patienten Boswell; dieser Mann zeigt zusätzlich zu seinen sonstigen kognitiven Defiziten eine interessante *affektive Agnosie,* also die Unfähigkeit, Emotionen zu erkennen, besonders, wenn es sich um negative Emotionen handelt. Während der Sitzung, die ich vorhin erwähnt habe, beobachtete ich Boswell, als man ihm Filmplakate von Hollywood-Filmen zeigte. Er sollte beschreiben, was auf ihnen dargestellt war. Eines davon zeigte die Gesichter eines Mannes und einer Frau, wobei der Mann die Frau wütend anschrie. Boswell erklärte wie selbstverständlich, der Mann würde offensichtlich der Frau etwas vorsingen!

Ein noch eindeutigeres Bild zeigte einen Mann, der gerade mit zornigem und entschlossenem Blick ein Haus verließ. Eine Frau kniete am Boden und versuchte ihn festzuhalten, indem sie verzweifelt von hinten sein Bein umklammerte. Boswell meinte, sie sei wohl hingefallen und der Mann würde vermutlich versuchen, ihr wieder auf zuhelfen! Wir waren alle ein wenig überrascht, wie überzeugt Boswell von seiner Deutung war. Wir empfanden es als beunruhigend, wie offensichtlich er Feindseligkeit, Wut, Angst und flehendes Begehren sogar in diesen stark emotional gefärbten Bildern nicht erkennen konnte.

Es gibt noch viele andere neurologische Fallbeispiele, die man beschreiben könnte, und alle unterscheiden sich in den betroffenen Gehirnregionen und den daraus resultierenden sozialen Agnosien, Apraxien oder Persönlichkeitsveränderungen. Besonders häufig sind der Frontalcortex und in unterschiedlichem Umfang auch die

Temporallappen bei solchen Defiziten geschädigt. Aber wir können daraus keine engumgrenzten Regionen ableiten oder eine einfache Karte zeichnen, auf der sich ablesen ließe welche Gebiete für welche sozialen Fähigkeiten verantwortlich sind – und im nachhinein betrachtet wäre es auch überraschend, wenn das möglich wäre. Die soziale Kognition des Menschen ist mindestens so subtil und komplex wie die auf physische Aspekte bezogene Kognition, und in beiden Fällen bestehen die daran beteiligten neuronalen Netzwerke aus einigen, wenn nicht sogar Hunderten von Neuronenschichten, von denen jede nur einen kleinen Teil zur gesamten kognitiven Leistung beiträgt. Wir können vielleicht die Bedeutung all dieser Schichten bei der Codierung und Transformation sozialer kognitiver Leistungen herausfinden, aber wenn wir etwas derartiges für das gesamte Gehirn durchführen wollten, würden wir Jahrzehnte brauchen – mindestens!

Bisher haben wir uns auf Defizite im sozialen Bereich konzentriert, die durch Gehirnschädigungen verursacht werden, seien sie nun anatomisch oder biochemisch bedingt. In unserer Gesellschaft sind jedoch soziale Defizite häufiger und wichtiger, die bei gesunden Menschen ohne Gehirnschädigungen auftreten, Menschen, bei denen der langwierige Prozeß der kindlichen *Sozialisation* gestört oder pathologisch war. Ich meine damit nicht etwa schlechte Manieren, sondern ich rede davon, wie Kinder vollständig bei dem Versuch scheitern können, erfolgreiche Mitglieder der Gesellschaft zu werden.

Die Sozialisation des Menschen geht nicht einfach und schnell vonstatten, und es ist auch einleuchtend, daß die Erfolgskurve der Bevölkerung glockenförmig ist, wenn man die normale Verteilung kognitiver Fähigkeiten in der Bevölkerung bedenkt. Es gibt wenige sehr erfolgreiche Menschen und genauso wenige absolute Versager; der Löwenanteil liegt zwischen diesen beiden Extremen. Durch eine vorausschauende Sozialpolitik und -praxis können wir jedoch die ganze Kurve vielleicht ein wenig in Richtung zu mehr Erfolg verschieben; das wäre zum Vorteil aller. Genauso kann aber ein fehlgeleitete Sozialpolitik dazu führen, daß sich die Kurve in die andere Richtung bewegt – zum Nachteil aller, besonders derer am „Versagerende" der Kurve.

Diese Überlegungen haben heute eine ganz andere Aktualität als noch vor vierzig Jahren. Unsere Nation sieht dabei zu, wie sich mit dem Zusammenbruch familiärer Strukturen, dem Kollaps des Sozial- und Bildungssystems, falschen Vorbildern, Drogenmißbrauch, organisiertem Verbrechen und Jugendkriminalität eine ökonomisch benachteiligte Schicht langsam vom Rest der Gesellschaft löst. Wir sollten uns endlich die verschiedenen gesellschaftlichen Institutionen ansehen, die zu einer gesunden Sozialisation notwendig sind, und über deren manchmal katastrophale Leistungen nachdenken. Aber welche Fehler uns auch immer in die gegenwärtige, mißliche Lage gebracht haben, sie werden ihren vollen Preis erst noch fordern: Die Sozialisation einer ganzen Generation findet derzeit unter diesen chaotischen Verhältnissen statt, und dies wird sich noch weit in die Zukunft hinein auswirken.

Unsere Pflicht zu handeln ist doppelt dringlich, denn erstens sind angeborene Talente normal über die Gesamtbevölkerung verteilt; wir können also das unvermeidliche untere Ende der Glockenkurve nicht einfach abschreiben. Zweitens steht hier mehr auf dem Spiel als nur die Sorge um die derzeitigen Opfer. Die Stabilität der sozialen Erfolgskurve im Ganzen hängt von ihrer Lage und von ihrer Form ab. Keine Gesellschaft kann dauerhaft einen sozialen Zerfall überleben, der Ausmaße angenommen hat, wie wir sie derzeit beobachten.

Therapieformen: Gesprächstherapie, Pharmakotherapie und chirurgischer Eingriff

Unsere kurze Reise durch die vielen Formen kognitiver und emotionaler Fehlfunktionen hat bereits deutlich gemacht, warum sich die psychiatrische Praxis in den letzten 30 Jahren so grundlegend geändert hat. Der übliche Typus des Freudschen Analytikers mit Rauschebart und Monokel, der seinen auf der Couch liegenden Patienten nach frühkindlichen Erinnerungen befragt, ist heute ein Anachronismus, genauso wie auch eine professionell praktizierte Analyse, die sich hauptsächlich auf leeres Geschwätz beschränkt. Wie diese verwickelte Theorie eine so weite Verbreitung finden konnte – besonders in Anbetracht der Tatsache, daß sie weder durch systematische Befunde oder kritische Experimente gestützt wird, noch irgendwelche Therapieerfolge bei den wichtigeren psychischen Erkrankungen (Schizophrenie, Manien und Depressionen) aufzuweisen hat – ist etwas, das Wissenschaftssoziologen und -historiker noch klären müssen. In der Retrospektive ist es erstaunlich. Eine vorläufige Antwort darauf liegt wohl darin, daß man das Vokabular und die Annahmen der Freudschen Theorie gut im täglichen Leben verwenden konnte, um das eigene Verhalten und das seiner Mitmenschen zu erklären (man denke nur an den Begriff „Freudsche Fehlleistung"). Die Freudsche Theorie erfüllte viele soziale Funktionen, doch die Heilung der wichtigen psychischen Störungen gehörte nicht dazu.

Eine umfassendere Antwort könnte folgendermaßen lauten: Die Freudsche Theorie versuchte, die zentralen kognitiven Konzepte – Vorstellungen, Wünsche, Ängste und praktisches Denken – in eine neue Domäne verlagern: in das Unterbewußtsein. Das abnorme Verhalten des Geisteskranken ließ sich so in den gebräuchlichen Begriffen des gesunden Menschenverstandes erklärt. Der einzige Unterschied bestand darin, daß die Vorstellungen, Wünsche oder Ängste in den neuen Erklärungen unterbewußte Vorstellungen, Wünsche und Ängste waren. Freuds Psychoanalyse war daher sofort anschaulich und intuitiv einleuchtend: Ihre grundsätzlichen Erklärungsmuster folgten bereits bekannten Konzepten; sie waren eigentlich jedermanns andere Seite. Um die Theorie jedoch erfolgreich auf eine bestimmte Person anzuwenden, mußte man Zugang zu deren Unterbewußtsein finden. Das war nicht einfach. Nur der ausgebildete Analytiker konnte diese letzten, entscheidenden Schlüsse verläßlich ziehen. Daher rührt das Prinzip einer professionellen Analytikerschaft, und daher rührt auch die anfängliche Plausibilität des gesamten Erklärungsgebäudes. Es war eine Alltagspsychologie, die nur eine Ebene tiefer verlagert worden war.

Eine äußerst dubiose Alltagspsychologie, allerdings. Das Problem lag nicht in Freuds Postulat unterbewußter kognitiver Prozesse, ganz und gar nicht, denn die überwiegende Mehrheit unserer kognitiven Aktivitäten findet unbewußt statt. Das Problem lag vielmehr in seiner Annahme, daß die Kausalstruktur dieser unbewußten kognitiven Vorgänge der Kausalstruktur unserer bewußten kognitiven Prozesse entspricht, wie sie von den normalen Prototypen für Vorstellungen, Wünsche, Ängste und praktisches Denken representiert werden. Das Problem lag darin, daß Freud versuchte, die bekannten Konzepte der Alltagspsychologie in ein allgemeingültiges Model für das Verständnis auch unserer unbewußten kognitiven Aktivitäten umzudeuten, besonders solcher, die pathologisches Verhalten hervorrufen.

Nach allem, was wir in den vorhergehenden Kapiteln gehört haben, liegt unseren kognitiven Aktivitäten jedoch höchstwahrscheinlich keine regelhafte, satzartig kausale Struktur zugrunde. Nach dem Bild, das wir auf diesen Seiten entwickelt haben, sind die Grundeinheiten tierischer und menschlicher Kognition nicht in Sätzen ausdrückbare Zustände, wie „glaubt, daß", „hofft, daß", „fürchtet, daß" und so weiter. Vielmehr sind sie Aktivitätsvektoren in großen Neuronenpopulationen. Außerdem ist die Grundeinheit kognitiver Aktivität keine regelgeleitete Kausalfolge, die von einem Zustand zum anderen führt, sondern eher die Umformung eines Aktivitätsvektors in einen anderen. Natürlich laufen viele dieser kognitiven Aktivitäten unbewußt ab, aber Freuds Annahme, sie hätten eine kausale Struktur, war auch nicht im entferntesten korrekt.

Es ist daher nicht überraschend, daß die Freudsche Psychoanalyse eine durchweg sehr geringe Erfolgsquote bei ihren Erklärungsversuchen und Therapien aufzuweisen hat. Bei allen psychischen Fehlfunktionen sind wir viel weiter damit gekommen, nach anatomischen Defekten und Anomalien im Gehirn, nach funktionellen Störungen der Physiologie, biochemischen Veränderungen des Hirnstoffwechsels, genetischen Schädigungen oder Störungen der Gehirnentwicklung zu suchen.

Ich möchte hier nicht den Eindruck erwecken, daß ich Gesprächstherapien vollständig durch pharmakologische, chirurgische oder gentherapeutische Methoden ersetzen will, das ist durchaus nicht meine Absicht. Ich wollte primär die Schwäche eines großen Zweiges der Gesprächstherapie aufzeigen und außerdem darauf hinweisen, wie wichtig die Auswahl der richtigen Therapieform für das jeweilige psychische Problem ist. Es besteht in diesem Punkt kein grundlegender Konflikt zwischen den Fachrichtungen; man muß nur die Arbeit richtig aufteilen. Wenn wir ernsthaft davon ausgehen, daß eine gestörte Sozialisation bei vielen psychischen Problemen eine ausschlaggebende Rolle spielt, dann werden therapeutische Gespräche und Rollenspiele in der Therapie weiter eine zentrale Rolle spielen. Der intensive Kontakt zu Mitmenschen ist für jeden von uns eine notwendige Voraussetzung für eine erfolgreiche Sozialisation. Wir können Menschen nicht lediglich dadurch sozialisieren, daß wir ihnen Pharmaka verabreichen. Pharmazie und Chirurgie können diesen Prozeß zwar begleiten, aber nur die soziale Interaktion kann ihn wirklich leisten. Andererseits können wir ein wirklich krankes Gehirn nicht heilen, indem wir nur mit ihm sprechen. Ein tieferes Verständnis für die Arbeitsweise biologische Neuronennetze sollte uns dabei helfen, Fehlfunktionen auf allen Ebenen gezielter anzugehen. Und das wiederum, um den Bogen zurück zum Anfangskapitel zu schlagen, wird zu unser aller Vorteil sein.

II Schlußfolgerungen: philosophische, wissenschaftliche und soziale

8. Rätsel Bewußtsein

Zugegeben, Bewußtsein ist etwas Eigenartiges. Wir kennen aus unserer Alltagserfahrung nichts Vergleichbares, kein auch nur entfernt verwandtes Phänomen und kein eindeutiges und aussagekräftiges Modell, mit dem wir das Wesen unseres Bewußtseins irgendwie erfassen könnten. Bewußtsein erscheint somit einzigartig und steht für viele jenseits wissenschaftlicher oder wenigstens jenseits aller rein naturwissenschaftlicher Erklärungsmöglichkeiten. Bewußtsein, so wird argumentiert, ist ein notwendigerweise subjektives Phänomen, nur dem Individuum zugänglich, das es besitzt, wohingegen alles physische – zum Beispiel die Hirnaktivität – von Natur aus objektiv und somit mehreren Individuen aus verschiedenen Blickwinkeln zugänglich ist. Die Phänomene des Bewußtseins, so wird häufig geschlußfolgert, können also kaum ausschließlich mit rein physischen Phänomenen des Gehirns identisch sein, und die objektive Naturwissenschaft, die letztere untersucht, wird den prinzipiell subjektiven Charakter des Bewußtseins niemals erklären können. Diese Ansicht mag richtig sein, aber ich neige eher zur gegenteiligen Auffassung; lassen Sie mich erläutern, warum.

Parallelen, die zur Vorsicht mahnen

Wir sind schon früher mit vergleichbaren Geheimnissen konfrontiert worden; dafür gibt es mehr als nur ein Beispiel. So bestritt der Astronom Claudius Ptolemäus, der im ersten nachchristlichen Jahrhundert in Alexandria lebte, die Möglichkeit, für die Natur und die Bewegungen der Sterne und Planeten eine wirklich wissenschaftliche Erklärung zu finden, da sie zu entfernt und unerreichbar für das menschliche Verständnis seien. Wir könnten nur danach streben, das Wenige an Bewegung zu beschreiben, das wir sehen. Die Physik, so meinte er, würde nie die wahre Natur dieser Bewegung erfassen oder die zugrundeliegenden Himmelskräfte erklären können, denn diese seien aus unserer Erdenperspektive unerreichbar.

Eine ähnliche Ansicht über das Firmament vertrat der Mathematiker, Wissenschaftshistoriker und Positivist Auguste Comte sogar noch im 19. Jahrhundert. Wegen ihrer unvorstellbaren Entferung hielt er es für unmöglich, daß wir jemals etwas über den physikalischen Zustand und die chemische Zusammensetzung der Sterne herausfinden könnten.

Beide Männer waren keine Dummköpfe, ganz im Gegenteil. Ptolemäus war der größte Astronom der Antike und Comte ein vehementer und gebildeter Verfechter wissenschaftlicher Methodik. Die Beispiele sollen nur zeigen, daß sogar ein brillianter Geist zu der Schlußfolgerung kommen kann, daß sich etwas, das seine eigene Vorstellungskraft übersteigt, auch prinzipiell der wissenschaftlichen Erkenntnis entzieht.

Natürlich hatte Sir Isaac Newton zu Comtes Lebzeiten bereits gezeigt, daß Ptolemäus' Voraussage voreilig gewesen war. Die Sonne und die Planeten, so stellte sich heraus, waren reale Körper mit einer Masse, und ihre Bewegungen waren durch Gravitationskräfte erklärbar. Auch Comtes These von den Grenzen der Wissenschaft war voreilig. Denn innerhalb von 20 Jahren nach Comtes Behauptung fanden Astronomen die Emissions- und Absorptionslinien im Lichtspektrum eines jeden Sterns, auch der Sonne. Sie trennten das ankommende Licht durch ein Prisma in seine Einzelfarben auf und fanden, daß die Farbverteilung dieser „Regenbögen" nicht uniform ist; einige hellere Linien treten aus dem Hintergrund hervor, und es gibt viele dunkle, lichtlose Bereiche. Die Stellen im Spektrum, an denen sich die hellen Linien (die Emissionslinien) befinden, stellen einen charakteristischen Fingerabdruck der Elemente dar, von denen dieses Licht emittiert wurde, und die dunklen Streifen (die Absorptionslinien) sind genauso charakteristische Fingerabdrücke der gasförmigen Elemente, die das Licht auf seiner langen Reise zur Erde durchwandert hat. Nachdem die Astronomen die entsprechenden Fingerabdrücke von terrestrischen Proben ausgewertet hatten, konnten sie die Photosphäre eines jeden Sterns direkt aus seinen Spektrallinien ableiten.

In Ptolemäus' Fall war die unerreich- und unergründbare Ursache der Planetenbewegungen genau dieselbe Kraft, die auch seine eigenen Füße fest auf dem Boden hielt. Ironischerweise, so stellte sich heraus, stand er jede Minute seines Lebens in engem Kontakt mit dieser Kraft. Natürlich bemerkte Ptolemäus davon überhaupt nichts, denn ihm fehlte die Theorie, die Newton später schuf.

Ptolemäus kannte die Lehre Aristoteles' und hielt die Schwerkraft für eine jedem Objekt innewohnende Eigenschaft, genau wie Form oder Farbe. Nach Aristoteles fiel ein Stein zu Boden, weil ihm ein Impuls in dieser Richtung innewohnt. So glaubte auch Ptolemäus nicht an eine Schwerkraft und schon gar nicht an eine, die von der Sonne und jedem Planeten ausging und sich im All ausbreitete. Newtons Denkansatz war in diesem Punkt revolutionär, denn damit hätte Ptolemäus seinen neuronalen Merkmalsraum teilweise in einer neuen und radikal anderen Art eingeteilt. Hätte Ptolemäus nicht Aristoteles' Gedankengebäude, sondern das Newtons verwendet, dann hätte er erkennen können, was ihn permanent am Boden hielt.

Comtes Fall war ähnlich. Die „für immer unerreichbare" Information umgab ihn in Wirklichkeit andauernd; er konnte sie sehen, wann immer er im direkten Sonnenlicht oder unter dem Sternenhimmel stand. Er badete buchstäblich sein ganzes Leben darin. Auch ihm blieb diese spektrale Information natürlich völlig verborgen, denn er kannte weder die Natur noch die Quelle des Lichtes, noch ahnte er etwas von seinem reichen Informationsgehalt. Ihm fehlte das Gedankengebäude, um das alles zu durchschauen. selbst wenn jemand Comte gezeigt hätte, wie sich das Licht der Sterne durch ein Prisma brechen läßt, hätte ihm das dabei entstehende Muster nichts gesagt. Genau wie zuvor Ptolemäus, fehlte ihm nicht der Zugang zu diesen Informationen, ihm fehlten die richtigen Konzepte, mit denen er diese Information hätte deuten können.

Vielleicht sollten wir uns also von der verwirrenden Natur des Bewußtseins nicht zu sehr beeindrucken lassen. Daß unser Bewußtsein der Wissenschaft momentan noch als einzigartiges und für immer unerreichbares Mysterium erscheint, könnte nur unsere eigene Unwissenheit und unsere gegenwärtige Konzeptionslosigkeit widerspiegeln und nicht irgendeine besondere, metaphysische Eigenschaft des Bewußtseins.

Ein letztes, modernes Beispiel soll diesen Punkt unterstreichen. Mitte bis Ende der fünfziger Jahre wurde das Wesen des Lebens in akademischen Kreisen wie in der Öffentlichkeit heftig diskutiert. James Watson und Francis Crick hatten damals (1953) gerade den molekularen Aufbau der Desoxyribonukleinsäure (DNA) entschlüsselt, der Erbsubstanz im Kern einer jeden Zelle. Als die Struktur der DNA endlich geklärt war, wurden ihre überaus wichtigen funktionellen Eigenschaften langsam, aber stetig von den Molekularbiologen enthüllt. Eine rein materialistische, reduktionistische Erklärung des Lebens – der Selbstvervielfältigung, der genetischen Vielfalt, der Evolution, der Proteinsynthese, der Regulation von Entwicklung und Stoffwechsel – schien vielen Wissenschaftlern nun in greifbarer Nähe zu liegen.

Außerhalb der Molekularbiologie herrschte jedoch eine ganz andere Einstellung vor. Die Freunde meiner Eltern, meine Mitschüler und meine Lehrer waren fast alle der Ansicht, daß man Leben nie auf diese Art erklären könne. Sogar der Biologielehrer meiner Frau teilte diese Auffassung und vertrat sie in seinem Unterricht. Nach diesem „vitalistischen" Standpunkt gibt es eine nichtphysikalische Lebenskraft, einen Lebensfunken, den Gott bestimmten glücklichen Objekten eingehaucht hat, die ohne ihn nichts als tote Materie wären. Dieser Lebenshauch sei für die Phänomene verantwortlich, die einen lebenden Organismus ausmachen.

Uneinig waren sich die Vitalisten darüber, ob Gott diesen Lebensfunken jeder Kreatur bei der Geburt von neuem einhaucht oder ob er es vor langer Zeit nur einmal getan hatte und der Funke jetzt auf irgendeine Weise von den Eltern auf die Nachkommen übertragen würde. Allen gemeinsam war aber die Ablehnung des reduktionistischen Prinzips. Die meisten Leute beharrten darauf, daß sie es sich nie und nimmer vorstellen könnten, wie eine derartige reduktionistische Erklärung des Lebens jemals Erfolg haben sollte. „Wie soll aus immanent toter Materie, irgendwie zusammengemischt, jemals Leben entstehen?!" war die entscheidende Frage. Und da niemand darauf eine exakte Antwort geben konnte, schien die Schlußfolgerung klar: „Es geht nicht!"

Aus unserer heutigen Perspektive können wir diese Auffassung durchaus verstehen, wenigstens bis zu einem gewissen Grad. Es war wirklich schwierig, wenn nicht sogar unmöglich, sich vorzustellen, wie Leben ausschließlich in molekularen und energetischen Begriffen erklärt werden sollte, besonders dann, wenn man weder in Biochemie noch in Thermodynamik bewandert ist. In unserem nicht-biologischen Erfahrungsschatz fanden sich keine naheliegenden Analogien oder Beispiele, um das Wesen des Lebens zu begreifen. In den Eisblumen am Fenster konnte man vielleicht eine gewisse Analogie zum Wachstum sehen, und in der Kerzenflamme könnte man ein Analog zum Stoffwechsel sehen. Aber das sind unzulängliche Beispiele; keines ist überzeugend, und man muß nur im Frühling durch einen Wald wandern, um das zu erkennen.

Genau wie bei unseren historischen Beispielen war die Argumentation einleuchtend, aber die Grundannahme falsch. Die eigene beschränkte Vorstellungskraft ist ein schlechter Ratgeber, um zukünftige wissenschaftliche Erkenntnisse vorauszusehen. In den letzten vierzig Jahren haben wir erkannt, wie der erste Teil der Antwort auf diese entscheidende Frage lauten muß. Die Materie selbst ist per se nie lebendig oder tot. Vielmehr ist eine bestimmte, komplex organisierte Materie lebendig, wenn sie bestimmte Funktionen zeigt, und sie ist tot, wenn das nicht der Fall ist.

Der zweite Teil der Antwort muß jedoch mehr leisten, als nur ein schwaches Argument widerlegen. Er muß wirklich die versprochene Beschreibung der molekularen Strukturen liefern, die Leben ermöglichen, und die biochemischen Mechanismen erklären, die Leben ausmachen. Das ist hauptsächlich eine Aufgabe der Molekularbiologie. Sie sollte alle zentralen Mechanismen der Lebensvorgänge biochemisch entschlüsseln und zu einem Gesamtkonzept verbinden. Dieses Ziel hat sie heute im großen und ganzen erreicht.

Und noch viel mehr! In den vierzig Jahren seit der Entdeckung der strickleiterförmigen DNA-Doppelhelix haben Biologen mehr über die Prozesse des Lebens herausgefunden und erklärt als in den Jahrhunderten vorher. Und seit Mitte der achtziger Jahre können wir diese Prozesse so detailliert kontrollieren, wie wir es uns in den Fünfzigern nie erträumt hätten. (Wir können zum Beispiel ein bestimmtes Stück menschlichen Erbmaterials isolieren und es in die DNA eines Bakteriums einbauen. Dann lassen wir dieses Bakterium sich in einer Nährlösung 25- oder 30mal teilen, bis wir Hunderte von Milliarden Tochterzellen haben. Und alle besitzen das veränderte DNA-Molekül und produzieren in großen Mengen menschliches Insulin für Diabetiker.) Das Leben hat sich als komplexes, aber rein physikalisch-chemisches Phänomen erwiesen. Könnte dem Bewußtsein ein ähnliches Schicksal bevorstehen?

Lassen Sie uns erst einmal darin übereinstimmen, daß es ein zweifelhaftes Unterfangen ist, rein theoretische Fragen auf Grundlage dessen zu entscheiden, was wir uns vorstellen können und was nicht. Das gilt besonders dann, wenn diese Fragen am Rande unseres gegenwärtigen Verständnisses liegen. Die Tatsache, daß uns ein Problem mysteriös erscheint, ist eine Aussage über uns, eine bedauerliche Folge unseres gegenwärtigen Wissens und Denkens; es sagt überhaupt nichts über das Problem selbst aus, nichts, aus dem man irgendwelche prinzipiellen Schlußfolgerungen ableiten könnte.

Zugegeben, man kann substantiell theoretische Fragen auch nicht dadurch entscheiden, daß man ein paar Beispiele aus der Wissenschaftsgeschichte herauspickt, ob sie nun Parallelen zur gegenwärtigen Diskussion zeigen oder nicht. Wir können natürlich die Vergangenheit zu Rate ziehen, aber jedes neue theroretische Problem muß letztlich für sich allein entschieden werden. Mit den historischen Beispielen wollte ich nur ein dialektisches Gegengewicht zu unserer anfänglichen Verwirrung schaffen, wenn es um das Wesen des Bewußtseins geht. Wenden wir uns jetzt also dem Problem selbst zu.

Ist Bewußtsein eine physische Eigenschaft des Gehirns? Leibniz' Ansicht

Eine philosophische Tradition, die sich mindestens bis auf den großen Mathematiker und Philosophen Gottfried Wilhelm Leibniz zurückführen läßt, besagt, daß Bewußtseinsphänomene – Gedanken, Wünsche, Empfindungen, Emotionen und so weiter – offensichtlich und fundamental verschieden von physischen Phänomenen sind. In seinem metaphysischen Hauptwerk, der Monadologie, führt Leibniz ein Gedankenexperiment durch, das in diesem Zusammenhang interessant ist. Er schreibt, wir sollen uns vorstellen, auf die Größe eines winzigen Zwerges zu schrumpfen und dann die Maschinerie des Gehirns zu betreten, wie man die riesige Maschinenhalle einer Mühle betritt, mit ihren Hebeln, Rädern Laufbändern und all den anderen Dingen, die man in physikalischen Maschinen findet (Abbildung 8.1). Auch dann, meint Leibniz, würden wir darin sicherlich nie auch nur den leisesten Hauch eines Gedankens, eines Wunsches oder eines Gefühls entdecken, wie sorgfältig wir die Funktionsweise dieser riesigen Mühle auch immer beobachten. Diese Phänomene seien Teil einer ganz anderen Realität.

Eine Reihe moderner Philosophen unterstützten Leibniz' Schlußfolgerungen mit Argumenten, die wir noch untersuchen werden. Leibniz' Gedankengang beruhte jedoch auf einem Irrtum. Dieser Irr-

8.1 Der Philosoph und Mathematiker Leibniz sucht – geschrumpft auf die Größe eines Zwerges – nach Gedanken und Gefühlen in der mechanischen Mühle des Gehirns.

tum bezog sich jedoch nicht auf das, was wir erkennen würden, wenn wir uns ganz klein im Gehirn aufhalten würden. Es wäre in der Tat extrem unwahrscheinlich, daß wir bei der Betrachtung des arbeitenden Gehirns beobachten könnten, wie ein Gedanke oder Gefühl „vorüberzieht".

Leibniz übersieht aber, daß dieser Mißerfolg ebenso wahrscheinlich einträte, wenn Gedanken und Gefühle tatsächlich mit irgendeinem physikalischen Zustand im Gehirn identisch wären. Wir würden dieses Faktum wahrscheinlich deshalb nicht erkennen, weil uns das Verständnis für die nun sichtbar vor uns liegenden Dinge fehlen würde. Unerfahrene Beobachter „auf's Gehirn loszulassen" ist keine Lösung, denn was sie erkennen oder nicht erkennen, hängt genauso subjektiv von ihrem erlernten Wissen ab wie davon, was es objektiv zu sehen gibt. Leibniz nimmt *à priori* an, daß die zu erwartende „Blindheit" mit dem Fehlen des gesuchten Phänomens gleichzusetzen ist, nicht etwa mit der Unfähigkeit, dieses zu erkennen. Diese Annahme jedoch ist genau die ursprüngliche Behauptung in anderer Verkleidung; hier beißt sich die Katze in den Schwanz.

Das bedeutet aber nicht, daß die antireduktionistische Position falsch ist oder daß der Materialismus triumphiert hat. Es bedeutet nur, daß dieses spezielle Argument gegen den Materialismus nicht stichhaltig ist. Anders ausgedrückt: Auch wenn man Leibniz' Argumentation folgt, bleibt es denkbar, daß die Geschmacksempfindung beim Biß in einen Pfirsich mit einem vierdimensionalen Aktivierungsvektor in den Geschmackssinnesbahnen identisch ist. Und falls es uns gelingen sollte einmal herauszufinden, welche Vektoren welche Empfindungen darstellen und wie oder wo wir nach diesen Vektoren suchen müssen, dann könnten wir diese Vektoren vielleicht tatsächlich aus unserer Zwergenperspektive „im Vorbeilaufen" beobachten. Ein Beobachter mit Vorwissen könnte etwas entdecken, das einem Unwissenden entgeht, denn „man sieht nur, was man weiß".

Da Leibniz' Vergleich intuitiv so anschaulich ist, möchte ich mit einer analogen Metapher seine logische Schwachstelle beleuchten. Überlegen wir uns ein Argument ähnlich dem von Leibniz, das in dem heutzutage beigelegten historischen Disput über das Wesen des

Lebens verwendet worden sein könnte. Der Biologielehrer meiner Frau hätte 1952 folgendermaßen argumentieren können:

»Stellen Sie sich vor, Sie schrumpfen auf die Größe eines Atoms und dringen so in den menschlichen Körper ein, in die geheimen Nischen seiner Biochemie, durch die Zellwand in den Zellkern und bis zu den Windungen und Spalten seiner großen Moleküle. Aber wie genau Sie diese Moleküle auch immer dabei beobachten, wie sie sich falten und entfalten, miteinander verbinden und sich wieder trennen und wie sie ziellos in dieser Suppe herumschwimmen, Sie werden sicher nie den Lebensimpuls beobachten, der sie zum Wachsen veranlaßt, nie das Telos (griechisch: Ziel, Zweck) des Lebens, das die artspezifische Entwicklung kennt und lenkt. Sie würden nie diese Lebenskraft selbst beobachten können oder ihr Verschwinden, wenn die Kreatur stirbt. Lediglich molekulare Bewegungen könnten Sie beobachten oder das Fehlen von solchen Bewegungen. Es ist also eindeutig, daß die Merkmale des Lebens zu einer ganz anderen, nichtphysischen Realität gehören als die physikalisch-chemische Materie.«

Auch hier sehen wir Unkenntnis wiederum als Wissen verkleidet. Mit Sicherheit würde Pats Biolehrer (würde man ihn auf diese Phantasiereise schicken) nichts von dem, was er aufzählt, beobachten – genau wie er es voraussagt (Abbildung 8.2). Aber nur deswegen nicht, weil er keine oder kaum eine Vorstellung davon hat, wonach er sucht, und weil er nicht weiß, wie er das Gesuchte erkennen könnte, selbst wenn es ihm direkt ins Auge stechen sollte.

Der „Wachstumsimpuls" liegt in der Fähigkeit des strickleiterförmigen DNA-Moleküls, sich identisch zu verdoppeln, in der Proteinsynthese und in der Zellteilung. Das sogenannte Telos, das die artspezifische Entwicklung steuert, ist in der DNA-Sequenz, also in der Abfolge ihrer Bausteine verschlüsselt. Dieses Alphabet codiert die Zusammensetzung der synthetisierten Proteine. Wenn ausreichend Nährstoffe und Energie vorhanden sind, dann kann innerhalb einer kohärenten und dauerhaften physikalischen Struktur kontinuierlich ein biochemischer Stoffwechsel ablaufen – sie lebt.

Und doch sind diese chemischen Strukturen und Reaktionen außerordentlich komplex. Allein die genetische Information in der

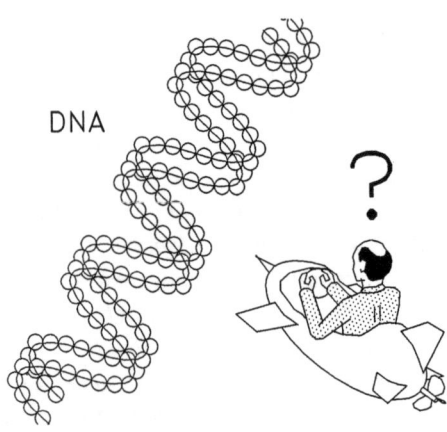

DNA

?

8.2 Patricias Biologielehrer als Vitalist sucht – geschrumpft auf die Größe eines Atoms – bei den Molekülen im Zellkern nach der Lebenskraft oder dem Lebensfunken.

DNA ist einige Milliarden Buchstaben lang. Sie zu lesen, wird Jahre in Anspruch nehmen und läßt das komplizierteste Computerprogramm der Welt wie ein Kinderspiel aussehen. Angesichts dessen wird der wissenschaftlich unerfahrene Mikrolilliputaner kaum oder gar nicht durchschauen können, was vorgeht –, genau wie das Gedankenexperiment es voraussagt. Das liegt aber nur daran, daß der Lilliputaner weder das notwendige Wissen besitzt, noch es entsprechend anwenden könnte, und nicht etwa daran, daß die ganze biologische Maschinerie von irgendeinem nichtphysikalischen Agenz betrieben wird. In diesem Fall wenigstens wissen wir ganz genau, daß das nicht der Fall ist.

Natürlich gibt es keine Garantie dafür, daß wir im Fall des Bewußtseins zu ähnlichen Ergebnissen kommen wie beim Leben, aber das wird uns die zukünftige Forschung beantworten, so oder so. Wir können jedoch sicher sein, daß uns ein Gedankenexperiment à la Leibniz keine Antwort geben wird, weder in der einen noch in der anderen Richtung. Es baut nur auf unsere Unwissenheit und setzt insgeheim voraus, was es zu beweisen vorgibt. Sehen wir uns an, ob moderne Philosophen bessere Argumente haben.

Nagels Fledermaus: Die schwer zu fassende subjektive Perspektive

Vor etwa zwanzig Jahren veröffentlichte der New Yorker Philosoph Thomas Nagel einen Artikel mit dem Titel: *What Is It Like to Be a Bat?* (Wie fühlt sich eine Fledermaus?), in dem er eine ähnliche Argumentation wie Leibniz vertrat. Sein Gedankenexperiment fand im Gehirn einer Fledermaus statt, und er wählte diesen Ort bewußt, weil diese Tiere eine für uns vermutlich sehr fremde Wahrnehmungswelt haben. Fledermäuse lokalisieren, wie Sie vielleicht wissen, Objekte im Dunklen nicht optisch, sondern mit Hilfe von Ultraschallechos.

Nagels Behauptung ist nachvollziehbar und klingt prima facie plausibel. Er argumentiert, man könne unabhängig davon, wieviel man über die Neuroanatomie des Fledermausgehirns und die Neurophysiologie ihrer Echoortung weiß, immer noch nichts darüber sagen, wie es wäre, wenn man die sensorischen Erfahrungen einer Fledermaus machen könnte (Abbildung 8.3). Man würde einfach nicht wissen, wie eine Fledermaus diese Sinneseindrücke subjektiv empfindet, da diese Perspektive einzig und allein ihr selbst zugänglich ist.

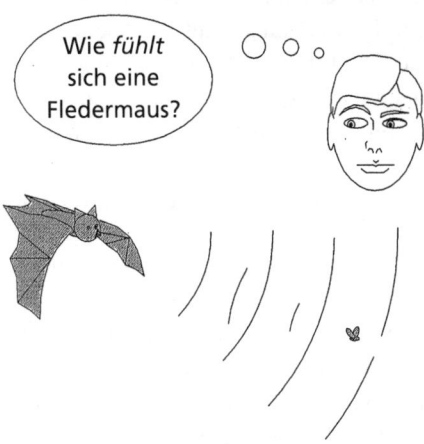

8.3 Nagels Fledermaus und ihr Geheimnis.

Wieder einmal scheint sich eine Lücke zwischen der physikalischen Realität des Gehirns und der psychischen Realität einer individuellen Bewußtseinserfahrung zu öffnen. Umfassende Kenntnisse über ersteres verleiht uns offensichtlich nicht automatisch auch umfassendes Wissen über letzteres. Demzufolge, schlußfolgert Nagel, können Bewußtseinsphänomene nicht rein materiell erklärt werden.

Das mag genau wie Leibniz' Argumentation, übertragen auf ein Fledermausgehirn erscheinen, aber das ist nicht der Fall. Zwischen beiden besteht ein grundlegender Unterschied, der Nagels Argumentation interessanter macht. Im Gegensatz zu Leibniz behauptet Nagel nämlich nicht, daß sogar ein neurowissenschaftlich vorgebildeter Betrachter die mentalen Zustände in einem Fledermausgehirn nicht erkennen und verstehen könnte. Der Beobachter könnte tatsächlich in der Lage sein, diese Zustände aus den neuronalen Aktivitäten des Fledermaushirns herauszulesen. Nagels Argument zielt, glaube ich, in eine andere Richtung: Angenommen, wir könnten die Sinneseindrücke der Fledermaus irgendwie nachvollziehen, indem wir ihre neuronalen Aktivitätsmuster verfolgen, dann würden wir immer noch nicht wissen, wie die Fledermaus sie subjektiv wirklich empfindet. Die subjektiven Eigenschaften sensorischer Empfindungen blieben uns also verborgen. Die reinen Naturwissenschaften scheinen also Grenzen zu haben, an die sie beim subjektiven Charakter von Bewußtseinsinhalten stoßen.

Nagels knappes Argument ist schon in vielen antireduktionistischen Diskussionen ins Feld geführt worden. Zeigt es wirklich, daß die Erklärungsbemühungen der modernen Neurowissenschaften fruchtlos bleiben müssen? Zeigt es wirklich, daß es einen nichtphysischen Aspekt bei Bewußtseinszuständen gibt? Sehen wir uns das einmal genauer an.

Unzweifelhaft besitzt die Fledermaus einen individuellen Zugang zu ihren ureigenen Empfindungen, der jedem Wissenschaftler verschlossen bleibt. Auch jeder von uns hat seinen ganz persönlichen Zugang zu seinen eigenen Empfindungen, den niemand sonst mit ihm teilt. Das liegt daran, daß jeder von uns, genau wie die Fledermaus, über neuronale Bahnen, die nur ihm selbst zueigen sind, Informationen über die gerade in seinem Gehirn und Nervensystem ablaufenden sensorischen Aktivitäten erhält. Andere Lebewesen haben natürlich ähnliche Bahnen, aber diese bilden Verbindungen zwischen deren Sinnessystemen und deren Gehirn. Jedes Muster solcher Verbindungen ist infolgedessen immer „gehirneigen" und damit individuell.

Das bedeutet, daß jedes Tier seine eigenen sensorischen Zustände in einer Weise kennt, wie niemand sonst. Andere können vielleicht etwas über Ihre sensorischen Zustände erfahren, indem sie Schlußfolgerungen aus dem allgemeinen Kontext oder aus Ihrem Verhalten ziehen, oder indem sie Ihr Gehirn mit Elektroden oder PET untersuchen. Das sind Alternativen, mit deren Hilfe Sie etwas über Ihre sensorischen Zustände erfahren können; andere aber können sie nicht über dieselben Informationswege erfahren wie Sie, denn nur Sie selbst besitzen genau diese Bahnen. Es sind die neuronalen Bahnen, die Ihr Gehirn und Ihr Nervensystem bilden, die Bahnen, die Ihre neuronalen Netze mit Ihrer eigenen Hierarchie, Ihrer individuellen synaptischen Konfiguration und Ihrer individuellen Aufteilung des Merkmalsraums ausbilden. Kurzum, Sie verfügen über eine interne Repräsentation Ihrer eigenen sensorischen und kognitiven Empfindungen, und Sie besitzen neuronale Verbindungen zu diesen Zentren, die andere nicht haben.

Zweifellos trifft es zu, daß man seine eigenen inneren Zustände auf eine individuelle Art wahrnimmt und kennt, aber bedeutet das auch, daß an diesen Zuständen etwas Nichtphysisches ist, etwas, das über die Darstellungsmöglichkeiten der Naturwissenschaften hinausgeht? Vielleicht, aber nicht unbedingt. Sehen wir uns dazu mehrere Analogien an, die alle allgemeingültig und alltäglich sind.

Über die Axone des sogenannten propriorezeptiven Systems erhalten Sie Informationen über die Stellung Ihres Körpers und Ihrer Gliedmaßen im Raum. Diese Informationen stammen von Millionen Sensoren in ihren Muskeln, die die Muskelspannung ans Gehirn melden. Niemand außer Ihnen nimmt Ihre Körperstellung in genau dieser Art wahr, denn nur Sie verfügen über die entsprechenden neuronalen Verbindungen zu ihrem Körper. Die anderen müssen andere Methoden benutzen, um Ihre Köperhaltung festzustellen, sei es durch Sehen, Ertasten oder Photographieren.

Auf den ersten Blick stehen wir hier vor derselben erkenntnis-
theoretischen Asymmetrie, denselben Unterschieden bei der Wahrnehmungsperspektive wie vorhin. In diesem Fall ist das Objekt der
Erfahrung aus beiden Perspektiven, der subjektiven und der objektiven, jedoch genau dasselbe, und es ist etwas paradigmatisch Physi-
kalisches, nämlich die Stellung des Körpers und der Gliedmaßen. Es
gibt hier nichts Nichtphysisches, nichts jenseits der Naturwissenschaften.

Dieses Beispiel ist nur eines von vielen. So wissen Sie über den
Füllzustand Ihrer Blase oder Ihres Darmes Bescheid. Niemand sonst
kennt ihn so wie Sie selbst. Andere können vielleicht den Säurege-
halt Ihres Magensaftes messen, aber nur Sie haben Sodbrennen. Nur
Sie selbst fühlen es, wenn die Mikromuskeln in Ihrer Haut eine Gänsehaut verursachen; andere bemerken es vielleicht daran, daß sich
Ihre Haut verändert, sehen, wie sich Ihre Körperhaare aufstellen,
aber nur Sie selbst empfinden es direkt. Die anderen können hören,
daß Sie erkältet sind, aber glücklicherweise spürt niemand sonst den
beklagenswerten Zustand Ihrer oberen Luftwege. Die anderen
bemerken vielleicht, wie Sie erröten (weil sich Ihre subkutanen
Blutgefäße erweitern), aber niemand spürt die Hitze so ins Gesicht
steigen wie Sie selbst, wenn Sie verlegen sind. Die anderen hören
vielleicht an Ihrer Sprechweise, daß Ihre Kehlkopfmuskulatur aus
Furcht oder Zorn verkrampft ist, aber nur Sie selbst spüren den Kloß
im Hals.

Es gibt noch mehr solcher Beispiele, aber diese acht mögen genügen, um den Punkt zu verdeutlichen. Die Existenz eines eigenen
subjektiven Zugangs zu irgendeinem Phänomen bedeutet nicht, daß
dieses Phänomen nichtphysischer Natur sein muß. Es bedeutet nur,
daß jemand Informationen über dieses Phänomen via neuronaler
Bahnen erhält, die sich von denjenigen außenstehender Beobachter
unterscheiden, weil ihnen diese Bahnen fehlen.

Dieser Punkt verdient besondere Betonung. Beachten Sie bitte,
daß sich Nagels Argumentation über die scheinbaren Grenzen der
Naturwissenschaften mit diesen acht rein physischen Beispielen
genauso plausibel machen läßt. Passen Sie auf: Unabhängig davon,
wieviel ein Wissenschaftler über die gegenwärtigen Gelenk- und

Muskelstellungen Ihres Körpers weiß, wird er sie nicht in der nur Ihnen eingänglichen Art und Weise kennen. Unabhängig davon, wieviel ein Wissenschaftler über den gegenwärtigen Zustand Ihrer Blase weiß – selbst wenn er jede gedehnte Zelle, jede kontrahierte Muskelfaser kennt – wird er ihn nicht so kennen, wie Sie das tun. Unabhängig davon, wieviel ein Wissenschaftler über den gegenwärtigen Zustand Ihrer Gesichtskapillaren weiß, er wird sie nicht so kennen wie Sie, wenn Sie verlegen werden.

Bedeutet die Richtigkeit jeder dieser Aussagen, daß diese körperlichen Phänomene deshalb jenseits der Erklärungsmöglichkeiten der Naturwissenschaften liegen? Sicherlich nicht. Diese Phänomene sind rein physikalisch. Es bedeutet nur, daß jede Person einen selbstbezüglichen Weg hat, ihre eigenen physischen Zustände zu kennen, einen Weg, der unabhängig davon ist, was sie hören oder sehen kann, unabhängig von externen Geräten, die sie vielleicht benutzt, und unabhängig davon, welches angelesene Wissen sie besitzt. Dieser eigentümliche, ich-fokussierte Weg, seine eigenen internen Zustände zu kennen, ist von fundamentaler Bedeutung, und jeder Organismus, von der Qualle bis zum Menschen, besitzt ihn in gewissem Umfang. Es ist ein Teil des internen Systems zur Körperregulation, das für das Überleben eines jeden Lebewesens notwendig ist.

Solche „selbst-bezogenen" (autokonnektiven) Formen der Wahrnehmung sind ursprünglich, sehr wichtig und im ganzen Tierreich fast universell verbreitet, doch sie nehmen genau dieselben rein physischen Objekte und Zustände wahr, die mitunter auch von anderen Organismen „fremd-bezogen" wahrgenommen werden. Wenn mir die Schamröte ins Gesicht steigt, liegt der Unterschied zwischen meinem und fremdem Wissen nicht im Objekt des Wissens, sondern in der Art des Wissens. Ich nehme dieses über meine „autokonnektiven" Verbindungen (mein somatosensorisches System) wahr, die anderen über ihre „heterokonnektiven" Verbindungen (ihr visuelles System). Die Schamröte selbst ist ein rein physisches Phänomen.

Vielleicht ist Ihnen aufgefallen, daß die oben erwähnten Beispiele kontinuierlich immer weiter „nach innen" führten: von Fällen, die wohlbekannt und leicht von außen zu registrieren sind, über immer schwierigere Fälle bis zu solchen, die nur noch von somatosensorischen Bahnen wahrgenommen werden können. Man darf daraus aber nicht den Schluß ziehen, daß dieses Spektrum vom Wissen zum relativen Nichtwissen eine versteckte Diskontinuität widerspiegelt, wo die physischen Objekte der Erkenntnis an irgendeinem Punkt plötzlich von nichtphysischen Objekten ersetzt werden. Genau das aber fordert Nagels Schlußfolgerung.

Wir wollen nun zu den internen Zuständen zurückkehren, von denen wir ursprünglich ausgegangen sind: den sensorischen Erfahrungen einer Fledermaus. Sicherlich nimmt die Fledermaus fliegende Insekten in einer Art wahr, die ich nicht kenne, denn sie hat ein besonderes sensorisches System, um fliegende Insekten mittels Echoortung zu lokalisieren, das ich nicht besitze. Sicherlich kennt die Fledermaus ihren eigenen Körper und ihre Sinneswahrnehmungen in einer Art, die mir fremd ist (ich habe keine autokonnektiven Verbindungen zu dieser Fledermaus). Und sicherlich werde ich diese der Fledermaus eigene Art auch nie erlernen, indem ich nur neurophysiologische Methoden anwende, auch wenn ich damit alles nur mögliche über Fledermausgehirne herausfinde. All das ist wahr.

Aber keine dieser Tatsachen läßt den Schluß zu oder deutet auch nur darauf hin, daß irgendetwas an den Sinneszuständen der Fledermaus über die Erkenntnismöglichkeiten der Naturwissenschaften hinausgeht. Der intrinsische Charakter dieser Sinneszustände wird in der Tat von der Fledermaus auf eine sehr spezifische und individuelle Weise mit Hilfe ihrer autokonnektiven Bahnen interpretiert und repräsentiert. Und trotz all unserer wissenschaftlichen Bemühungen werden wir diese Sinneszustände nicht auf diese spezifische und individuelle Weise nachvollziehen können, obwohl wir sie natürlich nachweisen (mit Mikroelektroden) und auch repräsentieren können (durch wissenschaftliche Darstellung). Die so dargestellten Zustände, also die sensorischen Wahrnehmungen der Fledermaus, sind jedoch vermutlich in beiden Fällen genau dieselben. Wie vorhin liegt der Unterschied nicht im Objekt, sondern in der Art der Erkenntnis.

Will man also behaupten, mentale Zustände hätten nichtphysische Komponenten, dann bedarf es schon besserer Argumente, als Nagel sie liefert. Es ist natürlich möglich, daß mentale Zustände nichtphysische Eigenschaften haben, und es bleibt auch weiter denkbar, daß die autokonnektiven Bahnen diese wahrnehmen, was letztlich Nagels Behauptung ist. Das ist sicher nicht unmöglich, ganz im Gegenteil. Aber die bloße Existenz autokonnektiver Wahrnehmungsbahnen bei fast jedem Tier sollte nicht zur Postulation nichtphysischer Merkmale verleiten. Falls diese wirklich existieren, müßte das durch eine andere Argumentationskette bewiesen werden.

In Wirklichkeit sind die Aussichten für Nagels Theorie noch düsterer als oben dargestellt, denn selbst wenn solche nichtphysischen Merkmale existierten, warum sollten die autokonnektiven Verbindungen sie überhaupt wahrnehmen können? Diese Verbindungen sind ja selbst ausschließlich physischer Natur; wie könnten sie mit irgendetwas Nichtphysischem interagieren? Auf jeden Fall mutet es viel wahrscheinlicher an, daß sich diese Bahnen in der Evolution entwickelt haben, um die verschiedenen Aspekte unserer internen physiologischen Vorgänge zu überwachen, sensorische wie motorische. Nichtphysikalische Erklärungsmöglichkeiten sind auch bei der Selbstwahrnehmung keine Lösung. Die Existenz autokonnektiver Wahrnehmungsbahnen, ihr Ursprung und ihre Funktionen sind ausnahmslos mit rein naturwissenschaftlichen Annahmen erklärbar.

Noch einmal sensorische Qualitäten: Jacksons Neurowissenschaftlerin

1983 veröffentlichte der australische Philosoph Frank Jackson eine neue Version von Nagels Gedankenexperiment, diesmal am menschlichen Gehirn. Es hat einen besonderen Reiz und wurde mindestens so bekannt wie Nagels Fledermaus.

Die Hauptperson in diesem Gedankenexperiment ist eine Neurowissenschaftlerin namens Mary. Mary hat zwei Besonderheiten: Erstens ist Mary so aufgewachsen, daß sie die Welt wie in einem alten Schwarz-Weiß-Film sieht. Sie hat also auch die Farbe Rot nie

8.4 Jacksons „allwissende", aber farbenblinde Neurowissenschaftlerin Mary denkt über ihr Wahrnehmungsdefizit nach.

so gesehen, wie wir das können, und weiß daher nicht, wie es ist, wenn man etwas Rotes sieht.

Zweitens wurde Mary trotz ihrer künstlich erzeugten Farbenblindheit eine hervorragende Neurowissenschaftlerin und weiß alles über das menschliche Gehirn, insbesondere über das visuelle System und seine Fähigkeit, Farben zu unterscheiden und zu repräsentieren. Trotz dieses umfassenden neurophysiologischen Wissens gibt es etwas, so Jackson, das Mary nicht kennt: Wie es ist, wenn man die Farbe Rot sieht, wie es sich anfühlt, eine normale Farbtüchtigkeit zu besitzen (Abbildung 8.4). (Dieser Mangel ist offensichtlich, denn Mary würde sicherlich etwas lernen, wenn man ihre optischen Implantate entfernen würde, so daß ihre Farbtüchtigkeit zutage träte, und man ihr eine reife Tomate zeigen würde. Sie würde auf die Dauer sicherlich auch lernen, was man empfindet, wenn man Rot sieht und ein normales sensorisches Empfinden für Rot besitzt.)

Genau wie zuvor Nagel, schließt auch Jackson aus diesem Beispiel, daß die Naturwissenschaft an Grenzen stößt, wenn wir durch sie etwas über Bewußtseinszustände erfahren wollen. Und weil bei rein naturwissenschaftlicher Betrachtungsweise etwas fehlt, so schlußfolgert er, muß die Bewußtseinserfahrung noch eine nichtphysische Komponente enthalten.

Denken wir darüber etwas nach, dann erkennen wir in dieser Argumentation dieselbe Vermengung von Art und Objekt der Erkenntnis wie bei der Nagels Beispiel. Infolge ihrer Farbenblindheit kann Mary tatsächlich keine Rot-Empfindung über ihre auto-konnektiven Bahnen erhalten. Kein Neurophysiologiewissen kann diese Rotempfindung in ihren neuronalen Bahnen jemals hervorrufen, denn diese Bahnen bleiben inaktiv, abgeschnitten von der normalen Quelle ihrer Erregung. Jedwede Repräsentation von Rotheit muß bei Mary in ganz anderen neuronalen Bahnen irgendwo im Gehirn liegen, in Bahnen, die aktiv sind, wenn sie diese Dinge theoretisch lernt. Erst dann, wenn sie jemals ihr Farbensehen wiedererlangen sollte und eine reife Tomate sieht, wird sie die Farbe Rot in einer Weise kennenlernen, wie sie sie nie vorher gekannt hat, nämlich über ihre autokonnektiven Bahnen.

Aber nochmals, diese besondere vorwissenschaftliche Art des Wissens, über die Mary verfügt, bedeutet nicht, daß dieses Wissen nichtphysischer Natur ist. Das Objekt von Marys autokonnektiver Erkenntnis ist ihre eigene Farbwahrnehmung, die sie nach Jacksons Parabel nie zuvor besessen hat. Dennoch ist ihr dieses Phänomen wissenschaftlich sehr vertraut, ein bestimmtes Erregungsmuster in den Neuronen des Areals V4 vielleicht. Diese Empfindung ist in der Tat neu für ihre autokonnektiven Bahnen, aber sie hat Ähnliches tausende Male zuvor in den autokonnektiven Bahnen anderer gesehen. Und das Erregungsmuster ist bei ihr dasselbe wie bei all den anderen: etwas Physisches.

Ich wollte hier nicht nur zwei antireduktionistische Argumente entkräften, sondern auch noch einen wichtigen allgemeinen Punkt herausarbeiten. Nicht nur Nagel und Jackson, auch viele andere Philosophen nehmen an, daß der mathematisch-physikalische Ansatz, mit dem die Neurophysiologie an die menschliche Kognition herangeht, notwendigerweise der Vorstellung von Bewußtsein und der einzigartigen, individuellen Perspektive zuwiderläuft, die jedes Tier von sich und der Welt hat. Obwohl dies eine weitverbreitete Ansicht ist, könnte sie nicht weiter von der Wahrheit entfernt sein. Wie wir gleich hören werden, ist die Aufklärung des tierischen und menschlichen Bewußtseins momentan eines der zentralen Forschungsziele der kognitiven Neurobiologie. Eine der ehrgeizigsten Aufgaben, die zu lösen sich die kognitive Neurobiologie vorgenommen hat, ist es, die komplexen und einzigartigen kognitiven Wahrnehmungsmecha-

nismen zu rekonstruieren, mit denen jede Kreatur die Welt wahrnimmt. Wie realistisch es ist zu hoffen, daß dieses Ziel erreicht wird,
ist noch umstritten; unumstritten ist jedoch, daß die Neurowissenschaftler diese Hoffnung hegen. Bevor wir darauf eingehen, wollen
wir aber noch eine letzte antireduktionistische Position überprüfen.

Kognition ohne Reduktion: Searles Zwitterhypothese

Man muß kein altmodischer Anhänger des Dualismus Descartes'
sein, um reduktionistische Bestrebungen der modernen Neurowissenschaften zurückzuweisen. Man muß also nicht darauf beharren,
daß einerseits physikalische Materie und andererseits ein immateri-
eller Geist oder eine Seele existieren und letztere das wahre Selbst
und das wahre Subjekt aller Bewußtseinszustände bildet. Es gibt
eine theoretische Option, die zwischen diesem historischen und dem
neurowissenschaftlichen Standpunkt vermittelt, nach dem alle mentalen Phänomene im Grunde rein physischer Natur sind. In seinem
neusten Buch *The Rediscovery of the Mind* („Die Wiederentdeckung
des Geistes") hat der an der University of California in Berkeley leh-
rende Philosoph John Searle versucht, eine derartige Zwitteransicht
zu formulieren und zu verteidigen. Searle unterscheidet sich von
früheren Antireduktionisten insofern, als er darauf besteht, daß
Gefühle, Gedanken und mentale Phänomene ganz allgemein Funktionen oder Eigenarten des Gehirns sind. Searle möchte nichts mit
irgendeinem Substanzdualismus zu tun haben. Das Gehirn selbst ist
der geeignete Ort oder das Subjekt aller mentaler Aktivität.

Andererseits, argumentiert er, sind diese mentalen Zustände und
Aktivitäten selbst keine physischen Zustände des Gehirns. Sie sind
weder identisch mit ihnen, noch können sie darauf reduziert werden,
sondern sie sind vielmehr metaphysisch von den physischen Zuständen des Gehirns unterschieden, mit denen sich die Neurowissenschaft beschäftigt. Nach Searle bilden mentale Zustände eine eigene
und neue Klasse von Phänomenen, mit eigenen und spezifischen

Eigenschaften (wie Bedeutung und Intentionalität) und ihren eigenen besonderen Verhaltensformen (was sich in Vernunft und Überlegung zeigt). Vergeblich würden wir versuchen, sie auf rein physische Phänomene zu reduzieren, so meint er.

Welche Beziehung besteht dann aber zwischen den physischen Zuständen des Gehirns auf der einen Seite und seinen mentalen Zuständen auf der anderen? Es ist eine Kausalbeziehung, sagt Searle. Mentale Zustände sind nicht identisch mit physischen Gehirnzuständen, wie der Reduktionismus annimmt, vielmehr verursachen die physischen Phänomene des Gehirns die mentalen und vice versa. Das zentrale Ziel einer wissenschaftlichen Theorie des Geistes sollte es daher sein, das besondere Wesen mentaler Phänomene verstehen zu lernen, beispielsweise ihre Eigenart, eine „Bedeutung" oder einen „Sinn" (*meaning*) zu besitzen. Sekundär sollte man nach Searle herausfinden, wie diese nichtphysischen Charakteristika des Gehirns kausal mit den rein physischen Merkmalen interagieren.

Das ist in Grundzügen Searles „konservativ-moderne" Position zum Status mentaler Phänomene. Sie ist konservativ, weil sie fest von der unabhängigen Existenz und dem metaphysisch unterschiedlichen Status mentaler Phänomene ausgeht. Und sie ist modern, weil sie diese den (nichtphysischen) Eigenschaften des Gehirns zuordnet, die mit naturwissenschaftlichen Methoden erforschbar sind.

Man kann nun argumentieren, daß Searle eine schwankende Position einnimmt, weil er versucht, beides in Einklang zu bringen. Dadurch setzt er sich zwischen die Stühle. Wenn man schon zugibt, daß alle mentalen Zustände Merkmale des physischen Gehirns sind und man diese mit den Methoden der Naturwissenschaft untersuchen kann, warum sollte man dann darauf bestehen, daß diese mentalen Phänomen trotzdem nichtphysisch sind, unterschieden von den physischen Zuständen des Gehirns und nicht auf diese reduzierbar?

Searle, so werden manche sagen, erinnert zu sehr an Pats Biologielehrer, dessen Worte uns noch in den Ohren klingen: „In der Tat sind die Eigenschaften, die mit dem Leben verbunden sind, alles Eigenschaften des physischen Körpers und damit auch der wissenschaftlichen Untersuchung zugänglich, aber trotzdem sind sie von den physikalischen und chemischen Phänomenen des Körpers verschieden und können nicht auf diese reduziert werden!"

Zur Vereinheitlichung des wissenschaftlichen Weltbildes kann John Searle nicht viel beitragen. Was also ist seine Motivation für diese Zwitterposition?

Searle beantwortet diese Frage direkt. Seiner Ansicht nach zeigen die Argumente von Nagel und Jackson, daß mentale Zustände nicht mit irgendwelchen physischen Zuständen des Gehirns identisch sein können. Es sind die beiden Positionen, die wir bereits zuvor hinsichtlich der Fledermaus und der farbenblinden Mary besprochen haben. Wir haben dabei festgestellt, daß diese Argumente nichts dergleichen beweisen. Sie zeigen nur, daß jeder von uns seine ihm eigene vorwissenschaftliche Art hat, Existenz und Charakter seiner eigenen internen Zustände wahrzunehmen. Sie beweisen durchaus nicht, ja deuten nicht einmal darauf hin, daß diese internen Zustände nichtphysisch sein müssen oder jenseits des naturwissenschaftlichen Verständnisses liegen.

Um die Möglichkeit zurückzuweisen, mentale Phänomene könnten mit physischen Zuständen des Gehirns gleichgesetzt werden, bietet Searle noch ein weiteres Argument an:

»Angenommen, wir wollten behaupten, daß Schmerz nichts anderes sei als das Feuern von Neuronen. Wenn wir eine solche ontologische Reduktion versuchten, dann würden wir essentielle Merkmale des Schmerzes unberücksichtigt lassen. Keine Beschreibung der objektiven, physiologischen Fakten durch jemand anderen würde dem subjektiven, individuellen Phänomen Schmerz auch nur nahe kommen, einfach deshalb, weil die objektiven Charakteristika nicht mit den subjektiven identisch sind.«

Diese Argumentation kommt jedoch einfach dadurch zu ihrer Schlußfolgerung, daß sie als Prämisse (nämlich: „die objektiven Charakteristika sind nicht mit den subjektiven identisch") eine leicht verkleidete Abwandlung dessen annimmt, was sie eigentlich beweisen will (nämlich: „der Schmerz und seine subjektiven Eigenschaften sind nicht identisch mit den physischen Gehirnzuständen und ihren objektiven Eigenschaften"). Searles kurzer Einschub darüber, was bestimmte Beschreibungen können oder nicht können, ist nur wieder eine Nagelsche oder Jacksonsche Nebelwand, die das Bild verschleiert. Übrig bleibt ein schönes Beispiel dafür, was lateinisch als *petitio principii* bezeichnet wird und was wir heute einen Zirkelschluß nennen würden: Man setzt voraus, was man beweisen will. Die zentrale Frage ist und bleibt, ob die mentalen Eigenschaften, die man durch subjektive oder autokonnektive Methoden erkennt, identisch mit objektiven Eigenschaften des Gehirns sind, die ihrerseits mit objektiven Methoden (also heterokonnektiv) erkannt werden können, oder nicht.

Warum aber, so mag man sich fragen, ist Searle so überzeugt davon, daß die qualitativen Eigenschaften seiner Gefühle nicht physischer Natur sein können? Seiner Ansicht nach besitzt man ein direktes und unmittelbares Wissen über den Charakter seiner Gefühle. Im Falle physischer Dinge, meint er, gibt es jedoch einen begründeten Unterschied zwischen Schein und Realität. Nur beim Mentalen verschwindet dieser Unterschied und läßt sich nicht aufzeigen. Im Geiste ist der Schein Realität und vice versa; man kann über das Wesen seiner eigenen mentalen Zustände keine falsche Vorstellung haben.

Diese Doktrin der Unfehlbarkeit der Introspektive ist den zeitgenössischen Philosophen wohlbekannt, ein Rudiment früherer Zeiten. Sie ist bis heute so vielfach entkräftet worden, daß es erstaunlich ist, wenn ein Philosoph von Searls' Rang ihr immer noch anhängt. Der Mythos ist leicht durchschaubar, und die Unterscheidung, was real ist und was man für real hält, ist einfach zu treffen, auch im Geiste.

Denken Sie zum Beispiel an Wünsche, Ängste und Eifersüchteleien. Wir sind nicht nur unzuverlässig in der Bewertung dieser Gefühle, sondern wir sind uns ihrer selbst unsicher. Man kann durchaus seine eigenen Wünsche und Ängste fehlinterpretieren. Sicherlich sind wir bei der Einschätzung aller unserer mentalen Zustände ebensowenig unfehlbar.

Selbst unsere eigenen Gefühle können wir aus vielen Gründen verwechseln oder fehlinterpretieren. Wenn unsere Aufmerksamkeit stark abgelenkt ist, dann wird unsere Urteilsfähigkeit hinsichtlich unserer eigenen Gefühle genauso beeinträchtigt wie die hinsichtlich anderer Dinge. Wenn man andererseits hohe Erwartungen in seine zukünftigen Gefühle setzt, dann wird man dazu tendieren, Gefühle falsch zu interpretieren, besonders dann, wenn sie den erwarteten Gefühlen ähneln. Oder anders gesagt, wenn wir bei Ihnen künstlich eine Reihe Empfindungen von immer kürzerer Dauer erzeugen – zum Beispiel kurze Farbreize in einem dunklen Raum –, dann wird die Verläßlichkeit, mit der Sie diese Reize identifizieren, umgekehrt proportional zur Dauer der Empfindung sein.

Schließlich, und das ist der wichtigste Punkt, können wir uns nicht nur gelegentlich, sondern systematisch falsche Vorstellungen über das Wesen unserer mentalen Phänomene machen. Wir können von Anfang an ein unrichtiges oder oberflächliches Konzept von ihrem grundsätzlichen Charakter haben. Wenn dem so ist, dann führen die Konzepte, die wir zur Interpretation dieser Phänomene anwenden, zwangsläufig zu Irrtümern. Das ist eine reale Möglichkeit, die Searle nicht einmal erwähnt. Aber genau das könnte passieren, wenn sich die Neurowissenschaft an die Erklärung von Bewußtseinsphänomenen macht.

Was letztlich die Entscheidung bringen wird, ist nicht die Frage, ob uns intuitiv das Subjektive, Mentale verschieden vom Physischen, Neuronalen erscheint. Wie uns Dinge erscheinen, spiegelt nur zu oft unsere eigene Unwissenheit oder fehlende Vorstellungskraft wider. Ob mentale Phänomene sich als physische Zustände des Gehirns erweisen werden oder nicht, hängt davon ab, ob die Suche der kognitiven Neurowissenschaft nach den neuronalen Analoga für alle intrinsischen und kausalen Eigenschaften des Mentalen letztlich erfolgreich sein wird oder nicht.

Erinnern Sie sich an den Fall des sichtbaren Lichts, um nur eines von vielen historischen Beispielen zu zitieren. Vom Gesichtspunkt des unwissenden gesunden Menschenverstandes erschien Licht mit seinen mannigfaltigen sensorischen Eigenschaften sicherlich als etwas ganz anderes als so etwas Abstraktes und Fremdes wie elektromagnetische Felder, die mit einer Frequenz von einer Million Hertz schwingen. Aber genau das ist Licht, obwohl es intuitiv einen ganz anderen Eindruck vermittelt! Mit dieser elektromagnetischen Theorie können wir alle intrinsischen und kausalen Eigenschaften des Lichts erklären, wie die Geschwindigkeit des Lichts von 300 000 km/s, seine Brechung, Reflexion und Polarisierbarkeit oder die spektrale Zusammensetzung.

So konnte man das sichtbare Licht und seine unsichtbaren Verwandten (Wärmestrahlung, Radiowellen, Gamma- und Röntgenstrahlung) erfolgreich als elektromagnetische Wellen unterschiedlicher Wellenlänge identifizieren (beziehungsweise es darauf reduzieren). Wer würde es wagen zu behaupten, daß den mentalen Phänomene kein ähnliches Schicksal bevorsteht, gerade jetzt, wo erste neurophysiologische Daten am Horizont auftauchen?

John Searle offensichtlich, und er ist nicht der einzige. Die Menschen haben häufig Schwierigkeiten damit, eine ungewöhnliche wissenschaftliche Erklärung auf ein Feld anzuwenden, das gewohnheitsmäßig bereits von einer eingefahrenen Vorstellung belegt ist, die unserem gesunden Menschenverstand entgegenkommt. Durch diese konzeptionelle Unbeweglichkeit wird oft ein neues, tieferes Verständnis behindert; das gilt sogar dann, wenn ein neues Modell, das dem alten Modell haushoch überlegen ist, bereits allgemein akzeptiert ist.

Vor einigen Jahren stolperte ich über ein wundervolles Beispiel für diesen Widerstand gegen die Änderung eines Erklärungskonzepts und zwar in der Einführung zu „Betty Crockers Mikrowellenkochbuch", das kurze Zeit, nachdem diese Geräte allgemein Eingang in die amerikanische Küche gefunden hatten, publiziert wurde. Vor den Rezepten lieferte der Autor eine kurze Erklärung, wie diese neumodischen Dinger das Essen erhitzen, das wir in sie hineinschieben.

»Das Magnetron verwandelt normale Elektrizität in Mikrowellen... Wenn die Mikrowellen auf irgendeine Substanz treffen, die Feuchtigkeit enthält – besonders Essen –, werden sie davon absorbiert.... Die Mikrowellen regen die Feuchtigkeitsmoleküle zur Vibration an, die so stark ist, daß Reibung entsteht. Diese Reibung wiederum erzeugt Hitze, und diese Hitze bringt das Essen zum Kochen.«

Das mangelnde Verständnis wird in der zweiten Hälfte des letzten Satzes klar. Anstelle der Erklärung, daß die von den Mikrowellen angeregte Bewegung der Wassermoleküle bereits die Hitze darstellt und die Erläuterungen damit zu beenden, fährt der Autor fort und diskutiert Hitze, als wäre sie eine ontologisch distinkte Eigenschaft. Das führt zu einem Problem: Wie soll er die Hitze mit den anderen Vorgängen verbinden? Jetzt fällt der Verfasser des Kochbuchs in sein vorwissenschaftliches Allgemeinwissen zurück und führt eines der vielen Beispiele an, die Temperaturerhöhung verursachen können, nämlich Reibung! So leitet er den harmlosen Leser, der nun den Eindruck hat, daß zwei Moleküle aneinander reiben und so Hitze entsteht, genau wie beim Händereiben, völlig in die Irre. In dieser Verwirrung geht das eigentliche Wesen der Hitze, nämlich die verstärkte Bewegung der Moleküle selbst, völlig unter. Hitze wird nicht von Molekülbewegungen hervorgerufen, Hitze ist molekulare Bewegung.

Dieses Beispiel zeigt, wie unsere alltäglichen Konzepte selbst dann hartnäckig weiterbestehen können, wenn eine eindeutige und etablierte wissenschaftliche Erklärung existiert. Um wievieles hartnäckiger werden sie sein, wenn die wissenschaftliche Erklärung noch aussteht? Die Theorie Searles ist meiner Ansicht nach nicht allzu weit von „Betty Crockers Theorie des Geistes" entfernt. Was Searle wiederentdeckt, ist nicht der Geist selbst, sondern nur unser vorwissenschaftliches, volkspsychologisches Alltagskonzept von Geist. Das Ziel der Wissenschaft ist es dagegen, ein neues, tieferes Konzept zu entdecken. Wenden wir uns jetzt also endlich von den wiederholten Behauptungen, Bewußtsein sei naturwissenschaftlich nicht zu erklären, ab und der Jagd nach diesem wissenschaftlichen Ziel zu.

Inhalt und Wesen des Bewußtseins: erste Schritte

Wenn die Wissenschaft systematisch mentale auf physische Phänomene zurückführen will, so ist das eine wirklich anspruchsvolle Aufgabe. Idealerweise sollte sie in den Begriffen der Neuroinformatik alle uns bereits bekannten mentalen Phänomene erklären und technisch rekonstruieren können (plus oder minus einiger unserer früheren Fehlinterpretationen), und sie sollte uns auch Neues über mentale Phänomene lehren, Eigenschaften, die in den noch unbekannten Besonderheiten der Neuronen begründet sind.

Derartiges hat die Wissenschaft bereits in anderen Bereichen geleistet. Wir können sagen, daß Licht elektromagnetische Wellen sind, weil Maxwell und andere gezeigt haben, wie wir alle bekannten optischen Phänomene mit dieser Theorie erklären können, und weil Maxwells Theorie die Existenz von Radiowellen vorhersagte, die bald darauf von Hertz experimentell erzeugt wurden. Wir sagen, Wärme ist molekulare Bewegung, weil Joule, Kelvin, Maxwell und Boltzmann bewiesen haben, daß man (fast) alle bekannten Temperaturphänomene mit molekularkinetischen Begriffen erklären kann und weil diese neue Theorie so unerwartete Tatsachen, wie die statistische Verteilung von Rauchpartikeln in einem Gas, voraussagte, was von Perrin und Einstein später verifiziert wurde.

Wenn sich also eine allgemeinere und fundamentalere Theorie zur Erklärung eines Aspekts der Realität insgesamt als besser erweist als eine frühere Theorie oder Vorstellung, dann sagen wir, die frühere Vorstellung sei auf eine neue und allgemeinere Theorie reduziert worden; wir sagen, die Phänomene, die mit dem bisherigen Konzept erklärt wurden, hätten sich als Spezialfälle der neuen und grundlegenderen Theorie erwiesen.

Das läßt sich leicht an einem bekannten Beispiel illustrieren. Die folgende Liste enthält sieben hervorstechende Eigenschaften des Lichts, die wir gerne in einem einheitlichen Modell erklärt hätten.

1. Licht breitet sich linear aus.

2. Die Lichtgeschwindigkeit im Vakuum beträgt 300 000 Kilometer pro Sekunde.

3. Licht setzt sich aus Wellen zusammen.

4. Licht existiert in verschiedenen Farben.

5. Die Lichtgeschwindigkeit ist abhängig vom Medium (Luft, Glas, Wasser etc.), in dem sich das Licht ausbreitet, und ist im Vakuum am höchsten.

6. Licht wird beim Übertritt von Luft in Wasser oder allgemein von einem transparenten Medium in ein anderes mit anderer Dichte von seiner geraden Bahnen abgelenkt (gebrochen).

7. Licht ist polarisierbar. Polarisiertes Licht schwingt in einer Ebene senkrecht zu seiner Ausbreitungsrichtung und wird durch polarisiertes Glas blockiert, dessen Polarisationsrichtung rechtwinklig dazu orientiert ist.

Diese Punkte waren im 19. Jahrhundert bekannt, ließen sich aber nicht ausreichend erklären. Erst durch die brilliante und umfassende Theorie James Clark Maxwells konnten diese Eigenschaften des Lichts später als Charakteristika elektromagnetischer Felder gedeutet werden. Seine Theorie hatte auf den ersten Blick überhaupt nichts mit Licht zu tun. Erst nachdem Maxwell einige Gleichungen formuliert hatte, um Michael Faradays frühere Entdeckungen über die wechselseitigen Effekte elektrischer und magnetischer Felder mathematisch auszudrücken, bemerkte er, daß jede oszillierende magnetische oder elektrische Ladung eine elektromagnetische Welle erzeugen muß, die sich nach allen Seiten hin ausbreitet, genau wie die Wellen, die entstehen, wenn man einen Stein ins Wasser wirft. Von da an ging alles sehr rasch.

Maxwell fragte sich, wie schnell sich diese angenommenen elektromagnetischen Wellen ausbreiten würden. Seine eigenen allgemeinen Gleichungen führten sofort zu dem Schluß, daß die Geschwindigkeit einer elektromagnetischen Welle im Vakuum gleich $1/\sqrt{\mu_v \varepsilon_v}$ sein mußte, wobei μ_v und ε_v zwei Konstanten zur Beschreibung der magnetischen Durchlässigkeit und elektrischen Leitfähigkeit eines Mediums sind, in diesem Fall des Vakuums. Glücklicherweise waren diese beiden Größen durch viele Versuche an elektrischen und magnetischen Feldern für einige Substanzen bereits gut bekannt. Daher konnte Maxwell die Werte einfach in seine Gleichung einsetzen und daraus die Geschwindigkeit elektromagnetischer Wellen im Vakuum berechnen: 300 000 Kilometer pro Sekunde!

Er muß wohl fast vom Stuhl gefallen sein! Diese ungewöhnlich hohe Geschwindigkeit war der Wissenschaft bereits wohlbekannt und mehr als ein Jahrhundert vorher von Astronomen mit großem experimentellem Geschick bestimmt worden. Was Maxwell in seinen Gleichungen betrachtete, war eine sich mit einer Geschwindigkeit von 300 000 km/s von einem Punkt aus konzentrisch ausbreitende Wellenfront. Seine neue elektromagnetische Theorie erklärte damit sofort die ersten drei Punkte der sieben wichtigsten Eigenschaften des Lichts. Konnte Licht einfach eine Art elektromagnetischer Wellen sein? Sehen wir uns die nächsten vier Punkte daraufhin an, ob die Annahme elektromagnetischer Wellen auch sie erklären kann.

Elektromagnetische Wellen müssen, wie andere Wellen auch, eine Wellenlänge haben, die mit der Oszillationsfrequenz der Quelle und ihrer Ausbreitungsgeschwindigkeit im jeweiligen Medium variiert. Genau wie verschiedene Töne bei den Schallwellen sind auch die verschiedenen Farben des Lichtes nur elektromagnetische Wellen unterschiedlicher Wellenlänge. Das ist die vierte Eigenschaft des Lichts.

Da μ und ε bei den verschiedenen transparenten Stoffen variieren, muß das auch für die Lichtgeschwindigkeit in diesen Substanzen gelten, wie Maxwells Gleichung voraussagt. Wenn wir die verschiedenen Werte für μ und ε in die Gleichung einsetzen, können wir errechnen, daß sich elektromagnetische Wellen im Vakuum am schnellsten fortbewegen und in allen anderen Stoffen langsamer sind. Das ist die fünfte Eigenschaft des Lichts.

Außerdem entspricht der Bruchteil, um den elektromagnetische Wellen in den verschiedenen Substanzen langsamer sein müssen, genau dem Teil, der zur Erklärung des bekannten Brechungsindex nötig ist, einer Eigenschaft, die schon für viele verschiedene Stoffe bestimmt wurde. Die elektromagnetische Wellenfront wird wegen der aufgezwungenen Geschwindigkeitsveränderung beim Eintritt oder beim Verlassen eines dichteren Mediums gebrochen; das ist der sechste Punkt der Liste.

Schließlich sind elektromagnetische Wellen Transversalwellen. Sie verhalten sich wie Wellen auf dem Wasser oder solche, die über ein gespanntes Seil laufen: Der schwingende Anteil bewegt sich im rechten Winkel zur Ausbreitungsrichtung. Ihre Ausbreitung kann also durch ein geeignet ausgerichtetes Medium (polarisiertes Glas), das Schwingungen nur in einer Richtung passieren läßt, blockiert werden. Das ist die siebte Eigenschaft des Lichts.

So lassen sich alle bekannten Eigenschaften des Lichts – und auch viele weniger bekannten – als natürliche, unabdingbare Eigenschaften elektromagnetischer Wellen erklären/rekonstruieren. Die naheliegendste Hypothese ist also, daß Licht mit elektromagnetischen Wellen identisch ist. Licht zeigt alle Eigenschaften von elektromagnetischen Wellen, weil es aus elektromagnetischen Wellen besteht.

Könnte so etwas auch hier zutreffen? Könnte eine systematische Reduktion jemals den Geist erklären? Können wir alle bekannten mentalen Phänomene mit Hilfe der Neuroinformatik erklären? Nein, momentan können wir das nicht. Aber gibt es gute Gründe anzunehmen, daß so etwas jemals möglich sein wird? Ist diese Aufgabe unsere systematischen Bemühungen wert? In den Argumentationen von Nagel, Jackson und Searle haben wir einige der wichtigeren Gegenargumente kennengelernt. Sehen wir uns nun die andere Seite an. Was spricht dafür?

Die Tatsache, daß der Mensch das Ergebnis von 4,5 Milliarden Jahren rein chemischer und biologischer Evolution ist, spricht nach Ansicht der meisten Wissenschaftler und Philosophen stark für das Argument, daß auch mentale Phänomene nicht mehr als eine besondere Ausdrucksform von Materie und Energie sind. Das gilt für die Atome, aus denen Moleküle entstehen, und aus diesen entstehen Zellen und vielzellige Organismen. Warum nicht auch Geist?

Dieselben Theoretiker würden auch die allgemein bekannte Tatsache anführen, daß jedes Individuum am Anfang seines Lebens nur eine Kugel aus Wasser, Fetten und Proteinen ist, die einen Zellkern mit DNA einschließt, und daß sich der Organismus daraus in einem langen und komplizierten, aber eben rein physikalischen Prozeß entwickelt. Da unsere phylogenetische und ontogenetische Vergangenheit rein physisch ist, könnten wir doch erwarten, daß mentale Phänomene nur der systematische Ausdruck komplex organisierter physischer Phänomene sind. Es wäre, gelinde gesagt, erstaunlich, wenn dem nicht so wäre.

Aber Vorsicht, wir wurden schon öfter überrascht. Obwohl dies alles gewichtige Hinweise sind, bleiben es doch nur Annahmen; sie lassen einen reduktiven Ansatz untersuchenswert erscheinen, aber sie führen keine Entscheidung herbei. Etwas derartiges kann man nur durch die Untersuchung der verschiedenen mentalen Phänomene selbst erreichen. Gibt es irgendeinen Ansatzpunkt für die reduktionistischen Bestrebungen der Neurowissenschaften?

Sicherlich gibt es einige solche Ansatzpunkte. Maßgebliche Beispiele tauchten bereits in den vorhergehenden Kapiteln auf. In Kapitel 2 untersuchten wir die Theorie der Aktivitätsvektoren für einige unserer Sinnessysteme und sahen, wie wir verschiedene Geschmacksrichtungen in einem Merkmalsraum neuronaler Aktivität rekonstruieren können. Dasselbe Verfahren haben wir bei Farben, Gerüchen und Gesichtern angewandt. Im Fall der Farben, zum Beispiel, hat die Annahme eines Merkmalsraumes erfolgreich die offenkundige Ähnlichkeit verschiedener Farben, die vielen „Zwischentöne", unsere begrenzte Fähigkeit zur Farbunterscheidung und die Existenz dreier Hauptformen partieller Farbblindheit erklärt (abhängig davon, welcher der drei Zapfentypen auf der Retina nicht normal entwickelt ist.)

Anschließend sahen wir, wie Feedforward-Netzwerke die verschiedenen Phänomene rekonstruieren können, die mit komplexer Mustererkennungen zusammenhängen, zum Beispiel die Autoassoziation, die Toleranz gegenüber Störungen und Schädigungen des Netzwerks wie auch die Ausbildung von Konzepten in einer wohldefinierten, hierarchischen Struktur nach wiederholten Trainingsdurchgängen. Über die bloße Mustererkennung hinaus fanden wir eine neuronale Erklärung für unsere Fähigkeit zum Stereosehen.

Zudem haben wir auch kurz die Ressourcen beleuchtet, die für die sensomotorischen Kontrolle notwendig sind. Die Fähigkeit rekurrenter Netzwerke, kohärente Verhaltenssequenzen zu erzeugen, haben wir erwähnt, ebenso ihre Fähigkeit, zeitlich ausgedehnte Kausalvorgänge zu erkennen. Durch Rückgriff auf noch komplexere Eigenschaften rekurrenter Netze konnten wir unsere erstaunliche Fähigkeit verstehen, ein und dieselbe Sache auf mehrere unterschiedliche Arten wahrzunehmen, zu verstehen und zu interpretieren. Damit konnten wir sogar eine mögliche Erklärung für die Fortschritte der Wissenschaft skizzieren. Im sozialen Feld beschäftigten wir uns mit zwei Modellnetzwerken, die menschliche Emotionen und grammatikalische Sätze zu unterscheiden gelernt haben. Schließlich sahen wir, daß Menschen mit neuronalen Schädigungen oder Fehlfunktionen viele dieser kognitiven Kapazitäten teilweise oder vollständig fehlen.

Diese Rekonstruktionsversuche kognitiver Phänomene haben kognitive Neurowissenschaft und Neuroinformatik bereits geleistet, und es sind nur die wichtigsten Beispiele aus der Vielzahl derer, die wir schon in Händen halten. Teil I dieses Buches gibt dabei nur einen groben und unvollständigen Überblick über ein großes und ehrgeiziges wissenschaftliches Unternehmen, das bereits in vollem Gange ist. Die ersten Ergebnisse sind dabei so ermutigend, daß man daraus den Schluß ziehen kann: Mentale Phänomene sind rein physiologische Phänomene.

Aber nicht jeder sieht das so. Skeptische Stimmen über die Aussichten des neurophysiologischen Reduktionismus sind immer noch weit verbreitet und konzentrieren sich auf ein Phänomen, das in dieser Liste noch gar nicht erwähnt worden ist: das Bewußtsein. Das ist die Festung, die es zu erobern gilt, die wahre Essenz des Geistes, so werden viele argumentieren, und das entzog sich bisher jeder plausiblen Erklärung durch die Neurowissenschaften. Alle anderen oben beschriebenen kognitiven Phänomene könnten ja erfolgreich von einem rein physikalischen oder elektronischen Netzwerk nachgeahmt werden. Aber trotz seiner ausgefeilten Fähigkeiten ist immer noch nicht klar, daß ein solches Netzwerk Bewußtsein besitzen muß. Wir sollten also vorsichtig sein und nicht allzu beeindruckt von den vielen Rekonstruktionserfolgen der kognitiven Neurowissenschaften und der Neuroinformatik, zumindest solange nicht, bis auch das Bewußtsein selbst verständlich wird. Die anderen Erfolge bedeuten gar nichts, so wird argumentiert, solange wir nicht dieses zentrale Geheimnis rein physikalisch erklären und nachbilden können.

Man kann darüber diskutieren, ob man dem Bewußtsein eine so zentrale und priviligierte Stellung einräumen sollte, und ich werde diese Frage auf den folgenden Seiten weiterverfolgen. Das Bewußtsein ist aber zumindest ein reales und wichtiges mentales Phänomen, dessen Erklärung die Neurowissenschaftler durchaus als ein zentrales Ziel ihrer Forschungen ansehen sollten. Es ist besser, wenn wir uns dieser Aufgabe stellen und uns nicht aus prinzipiellen Gründen davor drücken. Früher oder später werden wir uns sicher damit beschäftigen müssen; sehen wir uns also unsere Erfolgsaussichten einmal an.

Wenn wir das Bewußtsein erforschen wollen, dann lassen Sie uns versuchen, seine wichtigsten Eigenschaften aufzuzählen, damit wir uns darüber klar werden, was die Neurowissenschaft versuchen muß zu rekonstruieren. Wir müssen dabei keine allgemeingültige Definition für Bewußtsein liefern; das wäre in diesem frühen Stadium ein Fehler. Definitionen formuliert man am besten erst dann, wenn wir genau wissen, was wir definieren müssen, und das wird solange nicht der Fall sein, bis wir eine wissenschaftlich haltbare Theorie des Bewußtseins haben. In der Zwischenzeit jedoch können wir dieses Phänomen dadurch ein wenig eingrenzen, daß wir uns einige offenkundige und wichtige Eigenschaften des menschlichen Bewußtseins klarmachen:

1. Bewußtsein ist mit Gedächtnis verbunden.

Typischerweise ermöglicht uns Bewußtsein wahrzunehmen, wie sich der eigene psychische und physische Zustand im Laufe der Zeit entwickelt. Ein derartiger Sinn erfordert wenigsten eine gewisse kognitive Erfassung der unmittelbar vorangegangenen Geschehnisse und damit eine Form von Gedächtnis, wenigstens ein Kurzzeitgedächtnis.

2. Bewußtsein ist unabhängig von sensorischen Wahrnehmungen.

Man kann seine Augen und Ohren verschließen und auch sonst alle Sinneswahrnehmungen ausschließen, aber das Bewußtsein bleibt bestehen. Man kann seine Tagträume in die Zukunft schweifen lassen oder seine Gedanken in die Vergangenheit, oder man kann in seiner Vorstellung einem komplexen Problem nachgehen, alles ohne Informationen von den Sinnesorganen. Zweifellos wird das Bewußtsein verändert oder unzusammenhängend, wenn man jemanden über längere Zeit von allen Sinneswahrnehmungen ausschließt (sensorische Deprivation); das haben Experimente gezeigt. Die Existenz von Bewußtsein hängt aber kurzzeitig

offenbar nicht vom Vorhandensein irgendwelcher Sinneseindrücke ab.

3. Bewußtsein beinhaltet steuerbare Aufmerksamkeit.
   Bewußtsein ist etwas, das man steuern und konzentrieren kann –
   auf diesen Punkt anstatt auf jenen, auf dieses Objekt oder auf ein
   anderes, auf eine Sinneswahrnehmung oder auf eine andere, sogar
   wenn die externe Perspektive der Wahrnehmung gleich bleibt.

4. Bewußtsein beinhaltet die Fähigkeit, komplizierte oder uneindeutige Fakten auf mehrere Arten interpretieren zu können.
   Richtet man seine Aufmerksamkeit auf irgendetwas, dann kann
   man das Gesehene oder Gehörte auf unterschiedliche Weise
   wahrnehmen, interpretieren und durchdenken, besonders, wenn
   die Situation verwirrend oder problematisch ist.

5. Bewußtsein verschwindet im Tiefschlaf.
   Tief zu schlafen ist sogar der üblichste Weg, das Bewußtsein zu
   verlieren. Es wäre sehr interessant zu erfahren, warum das der
   Fall ist und was dann passiert.

6. Bewußtsein taucht beim Träumen wieder auf, wenigstens in veränderter oder ungeordneter Form.
   Die Form des Bewußtseins während des Träumens ist sicherlich
   nicht die übliche, aber sie scheint nur ein anderes Beispiel desselben Phänomens zu sein. Auch hier wäre interessant zu wissen, wo
   die Unterschiede liegen und wozu es überhaupt Träume gibt.

7. Bewußtsein umfaßt die Inhalte mehrerer sensorischer Modalitäten
   innerhalb einer einzigen gemeinsamen Erfahrung.
   Ein Organismus mit Bewußtsein hat offenbar nicht mehrere
   unterschiedliche Bewußtseinsformen, eine für jeden der Sinne,
   sondern vielmehr ein einziges Bewußtsein, zu dem jeder Sinn seinen Teil beiträgt, der vollständig integriert wird. Wie und wozu
   diese Teile zusammengesetzt werden – auch das würden wir gerne verstehen.

Mit dieser Liste möchte ich dem Phänomen, um das es nun geht,
eine provisorische Struktur und Substanz geben. Jetzt müssen wir

alle diese sieben Phänomene einheitlich und sinnvoll mit den Konzepten der Neuroinformatik erklären. In letzter Zeit fügten sich theoretische Netzwerkmodelle und experimentelle neurowissenschaftliche Daten zu einem gemeinsamen Bild zusammen und zeigten völlig unerwartet, wie so etwas geschehen könnte. Es scheint, als könne ein rekurrentes Netzwerk durchaus kognitive Funktionen zeigen, die diesen sieben Eigenschaften des Bewußtseins entsprechen.

Nachbildung von Bewußtsein durch neuronale Netzwerke

Die Modelle, die für das Bewußtsein relevant sind, sind einerseits die speziellen Eigenschaften rekurrenter Netzwerke und andererseits – auf Ebene der experimentellen Forschung – die verschiedenen funktionellen Aspekte eines Systems neuronaler Bahnen. Diese Bahnen verbinden fast alle Gebiete des Großhirns und auch tieferliegende Gebiete mit einem zentralen Areal des Thalamus, den sogenannten intralaminären Kernen. Der Thalamus und seine Strukturen sind stammesgeschichtlich sehr alt; sie entwickelten sich lange bevor die Evolution die Möglichkeiten entdeckte, die sich durch die beiden Großhirnhemisphären boten. Heute senden die Thalamuskerne beim Menschen und bei Tieren viele Axone in alle Gebiete der beiden Großhirnhälften. Interessanterweise empfängt der Thalamus auch systematisch aus all diesen Gebieten neuronale Verbindungen, wobei diese in tieferen Cortexschichten entspringen (Abbildung 8.5). (Die dünne und in sich gefaltete Großhirnrinde ist in Schichten aufgebaut.) Dieses Arrangement neuronaler Bahnen bildet also ein großes rekurrentes Netzwerk, das die ganze Großhirnrinde umfaßt und in den intralaminären Kernen zusammenläuft.

Wir haben bereits erfahren, was rekurrente Netze alles leisten können, aber lassen Sie uns kurz zu einem der einfachsten Beispiele zurückkehren, um uns einige der Hauptpunkte wieder ins Gedächtnis zu rufen; danach werden wir uns wieder dem Gehirn

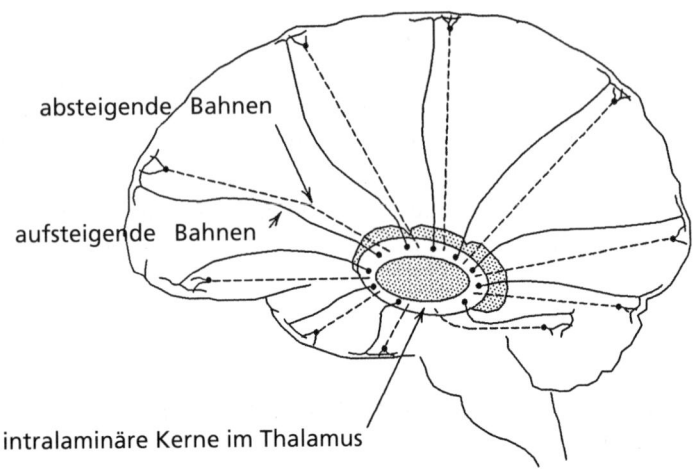

8.5 Die auf- und absteigenden Bahnen, die alle Gebiete der Großhirnrinde mit den intralaminären Kernen im Thalamus verbinden. Die absteigenden Verbindungen sind gestrichelt dargestellt. (Verändert nach Rodolfo Llinás.)

zuwenden. Sehen Sie sich das rekurrente Netzwerk in Abbildung 8.6 an. Seine rekurrenten Bahnen liefern ununterbrochen Informationen auf die zweite Ebene zurück, die aus früheren Verarbeitungsschritten genau dieser Ebene stammen. Dieses System enthält somit eine primitive Form von Kurzzeitgedächtnis, und es ist dabei nicht nur auf einen einzelnen Netzwerkzyklus limitiert. Ein Teil der Information, die im Aktivitätsvektor der zweiten Ebene zwei oder drei Zyklen vorher vorhanden war, kann in der Aktivität, die über die rekurrenten Bahnen dort gerade ankommt, immer noch implizit vorhanden sein. Solche Informationen nehmen kontinuierlich über mehrere Zyklen ab und sind nicht bereits nach einem Zyklus schon vollständig verschwunden. Wie schnell oder wie langsam sie abnehmen, hängt von den Eigenarten ab, die für jedes Netzwerk typisch sind, wie zum Beispiel von dem Verhältnis von sensorischen zu rekurrenten Eingängen auf der zweiten Ebene und von den spezifischen Verbindungsstärken der Synapsen. Außerdem ist diese Abnahme auch nicht uniform; einige Informationen verschwinden schnell,

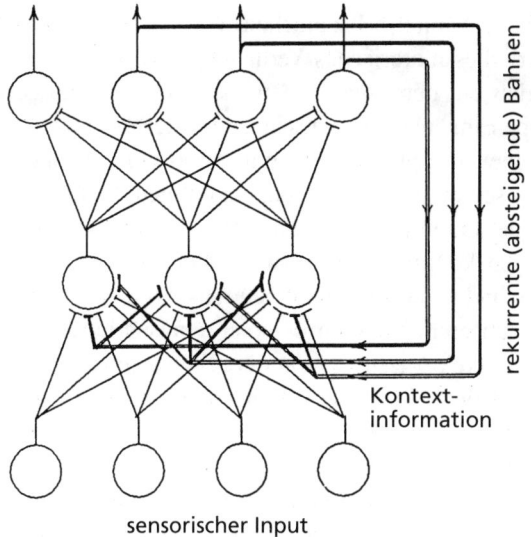

rekurrente (absteigende) Bahnen

Kontext-
information

sensorischer Input

8.6 Ein einfaches rekurrentes Netzwerk.

während andere Arten über viele Zyklen hindurch stabil bleiben. Diese Eigenart, selektiv Informationen zu behalten, war ja, wie Sie sich erinnern werden, entscheidend für die erfolgreiche Codierung grammatikalischer Informationen bei Elmans Sprachverarbeitungsnetzwerk in Kapitel 6. Diese Fähigkeit ist eine automatische und zwangsläufige Eigenschaft aller rekurrenten Netzwerke. Bei zunehmend größeren Netzwerken mit mehrstufigen rekurrenten Schleifen reicht das Kurzzeitgedächtnis zunehmend weiter in die Vergangenheit zurück.

Eine antrainierbare Form von Kurzzeitgedächtnis, die sowohl objektbezogen ist als auch eine „Vergeßlichkeit" variabler Dauer zeigt, folgt damit einfach aus der Struktur und Dynamik rekurrenter Netze; sie ist eine immanente Eigenschaft solcher Systeme. Ob ein solcher Prozeß tatsächlich auch unserem Kurzzeitgedächtnis zugrunde liegt, ist immer noch eine offene Frage, aber es wäre sicherlich eine schöne Erklärungsmöglichkeit. Wenden wir uns nun dem zweiten Merkmal von Bewußtsein zu.

Als wir in Kapitel 5 besprachen, wie ein rekurrentes Netzwerk kontinuierliches motorisches Verhalten hervorrufen kann, bemerkten wir, daß ein derartiges Netzwerk nicht notwendigerweise auf sensorische Eingänge angewiesen ist, wenigstens nicht für die Kontinuität seiner Aktivität. Die Aktivitätsvektoren, die über rekurrente Bahnen an seiner zweiten Schicht ankommen, können diese Kontinuität im gesamten Netzwerk garantieren, und das typische Ergebnis sind sich kontinuierlich entwickelnde Vektorsequenzen in der zweiten Schicht, die definierte Spuren durch den Merkmalsraum legen. Bei unserem früheren Beispiel repräsentierten die betreffenden Aktivitätsvektoren die Gesamtkonfigurationen der Muskelspannungen des Körpers, und die Vektorsequenz stellte die Körperbewegungen dar.

Aber rekurrente neuronale Aktivität kann nicht nur motorische Vektoren erzeugen, sondern alle Arten von Aktivitätsvektoren können auf diese Weise generiert werden, auch sensorische Vektoren oder Vektoren, die etwas beschreiben, zum Beispiel eine Vorstellung beinhalten. Wenn periphere Sinneswahrnehmungen fehlen, dann müssen wir diese intern generierten Vektorbahnen ehrlicherweise als Tagträume, Phantasien oder spontane Gedanken bezeichnen, und das ist auch, wenn wir es recht überlegen, völlig berechtigt. Die kontinuierliche kognitive Aktivität in einem rekurrenten Netzwerk ist also – ebenso wie unser Bewußtsein – nicht auf den ununterbrochenen Strom externer Sinnesreize angewiesen; sie kann selbstgeneriert sein. Nun wollen wir uns der dritten Eigenschaft des Bewußtseins zuwenden.

Aufmerksamkeit ist naturgemäß selektiv; man richtet sie auf bestimmte Möglichkeiten und läßt andere unbeachtet. Der Torwart beobachtet das Verhalten des Elfmeterschützen, um abschätzen zu können, auf welche Ecke er zielt. Alle anderen Sinneswahrnehmungen unterdrückt er. Die besorgte Mutter achtet auf jeden Ton ihres kranken Kindes im Nebenraum, um nötigenfalls sofort zur Stelle zu sein. Andere Geräusche – das Rumpeln eines vorbeidonnernden Lastwagens, das Signal eines entfernten Zuges – nimmt sie kaum wahr. In beiden Fällen wird ein mentaler Rahmen geschaffen, durch den die einströmenden sensorischen Informationen permanent gefiltert werden: Man versucht, bestimmte Wahrnehmungen auf Kosten anderer zu optimieren. Der dafür gezahlte Preis ist ganz real: Während man einem Aspekt einer Situation viel Aufmerksamkeit schenkt, kann man sehr leicht Vorgänge und Merkmale übersehen, die man normalerweise bemerkt hätte. Aber die Vorteile liegen auch auf der Hand: Die gebündelte Aufmerksamkeit steigert die kognitive Leistungsfähigkeit zumindest lokal, was das Objekt des momentanen Interesses angeht.

Um die Chance für eine spezifische Erkennung zu verbessern, muß man in einem neuronalen Netzwerk die Wahrscheinlichkeit erhöhen, daß ein geeigneter Prototypvektor von den sensorischen Eingängen aktiviert wird. Rekurrente Bahnen sind dazu in der Lage und beeinflussen solche Aktivierungswahrscheinlichkeiten, indem sie die betreffenden neuronalen Schichten in Richtung auf den einen oder anderen Prototypvektor leicht voraktivieren (zum Beispiel rechtes unteres Eck im Falle des Torwarts oder Husten im Falle der besorgten Mutter). Dieser so favorisierte Prototyp wird damit zum momentanen Brennpunkt der Aufmerksamkeit des Netzwerks, zumindest in dem funktionalen Sinn, den wir im vorhergehenden Abschnitt skizziert haben. Und diese Aufmerksamkeit ist durch die eigene kognitive Aktivität des Netzwerks steuerbar, denn je nachdem, wie die rekurrenten Bahnen die jeweilige Schicht beeinflussen, rufen sie verschiedene partielle Voraktivierungen hervor. Wieder einmal finden wir in einem Modell der Neuroinformatik etwas, das funktionell einer Eigenschaft des Bewußtseins analog ist, nämlich der steuerbaren Aufmerksamkeit.

Wenden wir uns nun unserer Fähigkeit zu, bei ein und demselben wahrgenommenen Phänomen bewußt nach verschiedenen Interpretationen suchen und über diese nachdenken zu können, besonders dann, wenn uns das, was wir sehen/hören, irgendwie verwirrend oder uneindeutig vorkommt. Wir können uns hier kurz fassen, weil wir diesen Punkt in der zweiten Hälfte des 5. Kapitels schon ausführlich behandelt haben, und zwar sowohl auf Ebene realer Wahrnehmungen (denken Sie an die mehrdeutigen Bilder in Abbildung 5.5 bis 5.7) wie auf Ebene der wissenschaftlichen Theorienbildung (Abbildungen 5.8 bis 5.11; Interpretationen des Firmaments). Ein rekurrentes Netzwerk kann durch die Beeinflussung seiner eigenen kognitiven Prozesse verschiedene Interpretationsmöglichkeiten auf ein und dieselbe Wahrnehmung anwenden.

Diese Fähigkeit ist übrigens komplementär zur steuerbaren Aufmerksamkeit. Bei letzterer wird ein spezielles und engfokussiertes Filter auf eine sich dauernd ändernde Situation angewandt, in der Hoffnung, man könne bestimmte, besonders wichtige Merkmale herausfiltern, sobald sie auftreten. Unsere Fähigkeit zu multiplen Interpretationsmöglichkeiten auf der anderen Seite ist ein mentales Filter, das wir andauernd ändern, wobei das Objekt der Betrachtung konstant bleibt. Interessanterweise entstehen beide kognitiven Phänomen ganz von selbst in rekurrenten Netzwerken.

Der nächste Punkt unserer Liste ist das Verschwinden von Bewußtsein. Warum verlieren wir unser Bewußtsein im tiefen oder traumlosen Schlaf? Und warum erscheint es wieder, wenn wir träumen, also in den sogenannten REM-Schlafperioden? (Als REM, *rapid eye movement*, bezeichnet man eine Periode des Schlafes, in der sich die Augäpfel sehr schnell bewegen.) Hier müssen wir uns mit den interessanten Ergebnissen einiger Untersuchungen von Rodolfo Llinás beschäftigen, dem Leiter der Abteilung für Neurophysiologie und Biophysik an der Universität von New York. Die Daten wurden am menschlichen Gehirn gewonnen und führen uns zu dem rekurrenten Netzwerk, das Abbildung 8.5 zeigt.

Die anatomische Grobstruktur der hier dargestellten Verschaltung ist aus *post mortem*-Untersuchungen an menschlichen und anderen Säugerhirnen abgeleitet. Neu sind einige funktionelle Aspekte, die Llinás Forschungen enthüllt haben. Er entwickelte eine hochsensitive Methode, um die gemeinsame Aktivität der Milliarden von Neuronen im Cortex ohne operativen Eingriff belauschen zu können: die Magnetoenzephalographie (MEG). Einzelne Zellen lassen sich mit dieser Technik nicht untersuchen; man hört vielmehr dem Chor der Neuronen unter einem bestimmten Bereich der Schädeldecke zu. Das ist genauso, als höre man das Gröhlen und Pfeifen der Menge in der Südkurve eines Fußballstadions. Der an- und abschwellende Geräuschpegel ist gut vernehmbar, aber einzelne Stimmen kann man aus dem Lärm nicht heraushören.

Die erste wichtige Beobachtung war eine kleine, aber stetige Oszillation der neuronalen Aktivität mit einer Frequenz von etwa 40 Hertz (Hz). Llinás fand diese sanften 40-Hz-Oszillationen in allen Bereichen der Großhirnrinde; und sie standen in den verschiedenen Gehirnregionen in konstanter zeitlicher Relation zueinander, das heißt, sie schlugen im Takt, wie von einem Orchesterdirigenten geleitet. Diese geordnete Aktivität deutet darauf hin, daß diese Oszillationen in der einen oder anderen Weise alle zu einem einzigen System gehören, das dieses Verhalten hervorruft. Der Hauptkandidat für diese gemeinsame verbindende Struktur sind die rekurrenten Verbindungen, die Abbildung 8.5 zeigt. Davon unabhängige Versuche hatten nämlich bereits gezeigt, daß die Neuronen des intralaminären Kerns im Thalamus, wenn sie überhaupt aktiv sind, die Tendenz haben, mit einer Frequenz von 40 Hz zu feuern (das heißt, sie geben Salven von Aktionspotentialen ab, sogenannte Bursts).

Nun aber zum interessanten Teil. Erstens wird diese konstante 40-Hz-Hintergrundoszillation während der normalen Wachperioden durch die große, unregelmäßig variierende allgemeine Neuronenaktivität überlagert (Abbildung 8.7a). Diese spiegelt die starke Codierungsaktivität im Gehirn wider, die im Gegensatz zu den 40-Hz-Oszillationen in jedem Gehirngebiet anders aussieht. Inhalt und Bedeutung dieser kollektiven Aktivitäten sind durch das MEG natürlich nicht entschlüsselbar, denn wir hören einer großen Zahl von Zellen gleichzeitig zu. Aber genau wie bei der Menge im Fußballstadion bemerken wir zumindest, wenn ein Tor gefallen ist, also irgendetwas Wichtiges passiert. Und tatsächlich ändern sich diese Aktivitätsbursts im wachen Zustand deutlich, wenn zum Beispiel das Licht ausgeht oder Geräusche zu hören sind, wenn der Versuchsperson also Reize dargeboten werden. Die kognitive Aktivität, die man mit Hilfe der MEG in der Großhirnrinde registrieren kann, korreliert also wenigstens teilweise mit den Wahrnehmungsvorgängen im Gehirn.

Zweitens kann man die nicht invasive MEG-Technik auch benutzen, um dieselben kognitiven Systeme zu belauschen, wenn die Versuchsperson im Tiefschlaf kein Bewußtsein hat. Was Llinás hierbei fand, zeigt Abbildung 8.5b. Während des tiefen, sogenannten delta-Schlafs sind die 40-Hz-Oszillationen über den ganzen Cortex immer noch vorhanden, wenn die Amplitude der Schwingungen auch sehr klein ist. Die darüberliegenden Bursts der neuronalen Aktivität fehlen jetzt jedoch; die heftige Codierungsaktivität, die dieses gehirnweite rekurrente Repräsentationssystems im Wachzustand zeigt, ist vollständig verschwunden. Es sieht so aus, als ob dieses große Teilsystem des Gehins nichts mehr codiert; es ist „vorübergehend stillgelegt". Interessanterweise sind auch die Neuronen im intralaminären Kern des Thalamus während des Tiefschlafs inaktiv.

Drittens tritt diese heftige Aktivität auf, wenn die Versuchsperson in die Phasen des REM-Schlafs kommt – wenn sie also träumt. Wieder werden die 40-Hz-Oszillationen deutlich durch die nichtperiodische kollektive Neuronenaktivität überlagert. Auf dem MEG sieht es so aus, als habe die Versuchsperson ihr Bewußtsein wiedererlangt (Abbildung 8.7c). Es gibt jedoch einen deutlichen Unterschied: Während des REM-Schlafs ist die Aktivität des Gehirns nicht mit Änderungen in der Umgebung der Testperson korreliert. Schwächere Lichter können an- und ausgehen, Geräusche können hörbar sein, aber all das wird im Fluß der neuronalen Aktivität nicht so registriert wie im Wachzustand. Welche „Geschichte" auch immer im träumenden Gehirn erzählt wird, sie wird intern erzeugt, nicht durch externe Wahrnehmung. Ort und Grundcharakter dieser Aktivität sehen im MEG aber fast genauso aus wie im Wachzustand.

Unsere Diskussion der ersten vier Haupteigenschaften des Bewußtseins hat uns bereits entscheidende Argumente dafür geliefert, daß rekurrente Netzwerke zur Generierung typischer Bewußtseinsphänomene in der Lage sind. Die Ergebnisse Llinás lenken unsere Aufmerksamkeit auf ein gehirnumspannendes rekurrentes Netzwerk, das strahlenförmig vom intralaminären Kern ausgeht und zu diesem zurückläuft. Außerdem liefern sie uns modellhafte Vorstellungen von den Unterschieden und Gemeinsamkeiten von wachem Bewußtsein, Bewußtsein während des Träumens und Tiefschlaf.

Man sollte zudem erwähnen, daß die einseitige Schädigung des Thalamus, sowohl bei Versuchstieren als auch bei Patienten, einen

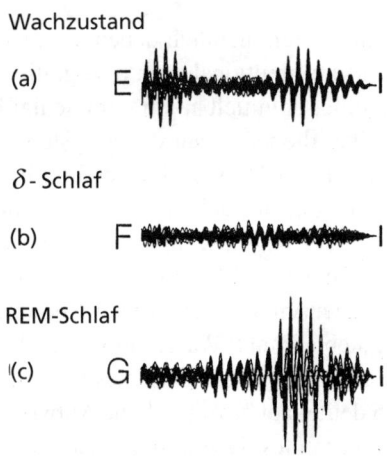

8.7 Neuronale Aktivität des Cortex im Wachzustand (a). Aktivität beim Tiefschlaf (b). Aktivität während der REM-Schlafperioden (c). (Mit freundlicher Genehmigung von Rodolfo Llinás).

halbseitigen Neglekt verursacht, bei dem alle sensorischen wie motorischen Systeme auf der damit verbundenen Körperhälfte ausfallen – eine umfassende Agnosie und damit einhergehende Apraxie, wie wir sie bereits im letzten Kapitel kennengelernt haben. Eine beidseitige Schädigung des intralaminären Kerns ruft ein tiefes und unwiderrufliches Koma hervor; das Bewußtsein erlischt vollständig. Obwohl der intralaminäre Kern weit unterhalb des Cortex liegt, mit dem er rekurrent verbunden ist, ist er offensichtlich für bewußte kognitive Aktivität essentiell. Wir fangen langsam an zu verstehen, warum: Das ganze rekurrente System kann seine komplexe Aktivität nicht aufrechterhalten, wenn dieser Knotenpunkt ausfällt, an dem alles zusammenläuft.

Das hier angedeutete Modell könnte auch erklären, warum die Aktionen und Episoden in unseren Träumen normalerweise einen so realistischen und prototypischen Charakter haben. Fehlen die üblichen Kontrollen des rekurrenten Netzwerks durch seine sensorischen Eingänge, dann bewegen sich die Vektoren offenbar hauptsächlich auf den Bahnen durch die Merkmalsräume, die schon vorher „ausgetreten" waren, nämlich denen der Prototypen. Hierzu gehören zweifellos die emotionalen und kognitiven Zustände, in denen sich der Träumer unmittelbar vor dem Schlaf befand, und die geringe Ruheaktivität, die jedes neuronale System zeigt, wie Allan Hobson, Psychiater an der Harvard Universität, in seinem lehrreichen und revolutionierenden Buch *Sleep and Dreaming* (vergleiche *Schlaf*, Spektrum der Wissenschaft, 1990) darlegt. Insgesamt erklären sich auch Schlaf und Traum recht selbstverständlich aus den dynamischen Eigenschaften rekurrenter Netzwerke.

Schließlich der siebte Punkt: Warum gibt es mehrere verschiedene Sinnesorgane, aber nur ein gemeinsames Bewußtsein? Ein Blick auf Abbildung 8.5 deutet auf eine mögliche Antwort hin. Es gibt ein weitverzweigtes rekurrentes System mit einem zentralen Punkt, an dem alle Informationen zusammenlaufen, dem intralaminären Kern. Dieses rekurrente System wird mit Informationen aus allen sensorischen Cortexarealen gefüttert, die kollektiv in den Aktivitätsvektoren des Thalamus repräsentiert und dann von den dort ausstrahlenden Axonen wieder zurückgesandt werden. Die Repräsentationen in diesem rekurrenten System müssen folglich einen polymodalen Charakter besitzen. Dieses Arrangement ist auch mit der Beobachtung vereinbar, daß man bei Sauerstoffmangel oder in Narkose das visuelle Bewußtsein verlieren kann, während man das auditorische oder somatosensorische noch kurze Zeit behält. In einem solchen Fall, könnte man spekulieren, ist das rekurrente System in Abbildung 8.5 noch funktionstüchtig, aber die Schleife zum visuellen Cortex hat ihre Funktion kurz vor den anderen Schleifen eingestellt.

Lassen Sie uns das bisher Besprochene kurz zusammenfassen. Wir haben ein spezielles rekurrentes Netzwerk charakterisiert, das folgende Eigenschaften und Fähigkeiten besitzen sollte: (1) objektbezogen, variable Abklingzeit, Kurzzeitgedächtnis, (2) steuerbare Aufmerksamkeit, (3) variable Interpretationsfähigkeit, (4) eine von sensorischen Eingängen unabhängige kognitive Aktivität, (5) Tiefschlaf, (6) Träumen und (7) kollektive, polymodale kognitive Aktivität. In den Begriffen der Neuroinformatik können wir beschreiben, wie jede einzelne dieser Eigenschaften generiert wird, und es ist denkbar, daß die physischen Strukturen unseres Gehirns sie ebenfalls derart erzeugen. Unsere Hypothese sieht also folgendermaßen aus: Eine kognitive Aktivität taucht dann und nur dann in unserem Bewußtsein auf, wenn sie als Vektor oder Vektorsequenz innerhalb des weiträumigen rekurrenten Systems von Abbildung 8.5 repräsentiert wird. Natürlich zeigt unser Gehirn viele andere Aktivitäten, aber nach unserem Modell sind diese nicht Teil unseres aktiven Bewußtseins.

Wir können diese Theorie testen, denn sie enthält etwas, das wir noch nicht über das Bewußtsein wußten und das vielleicht falsch ist. Sobald zum Beispiel die vom intralaminären Kern ausstrahlenden oder auf ihn zulaufenden Bahnen durchtrennt werden, sollte das Bewußtsein in diesem Organismus erlöschen. Eine teilweise Unterbrechung dieser Verbindungen zum einen oder anderen Areal der primären sensorischen Cortices sollte zum Verschwinden genau dieser Dimension der bewußten Wahrnehmung führen.

Ich weiß nicht, ob dieses Modell die richtige Erklärung für Bewußtsein ist, und Sie müssen es auch nicht glauben. Es besteht zwar eine gewisse Chance, daß dies der Fall ist, viel wahrscheinlicher, ist es jedoch nur ein kleiner und noch unausgereifter Teil der ganzen Wahrheit. Und höchstwahrscheinlich liegt dieses Modell bei der Identifizierung der zentralen neurofunktionalen Strukturen, die für das Bewußtsein verantwortlich sind, völlig daneben. Das ändert aber nichts an dem Grund, den ich hatte, dieses Modell hier zu skizzieren. Ich wollte damit nämlich nur klarmachen, daß das vorgestellte Modell ein logisch mögliches neuroinformatisches Modell für Bewußtseinsphänomene darstellt. Es ist ein reales Beispiel dafür, wie man die beobachteten Phänomene des Bewußtseins systematisch und einheitlich rekonstruieren könnte. Das muß jedes Erklärungsmodell versuchen; die Frage, ob es wahr ist, ist dann eigentlich zweitrangig. Aber das Modell könnte richtig sein, und ob es bestätigt oder verworfen wird, wird davon abhängen, wie sich die empirische Forschung weiterentwickelt, und nicht davon, mit welchen Gemeinplätzen, Vorurteilen oder schlecht getarnter Dogmatik man das Thema beurteilt. Die vielen Facetten des Bewußtseins zu erklären, ist sicherlich eine entmutigende Aufgabe, aber es ist eine wissenschaftliche Fragestellung, bei der wir bereits erkennen können, wie sie anzugehen ist.

Die Theorie, die ich gerade skizziert habe, ist nicht die einzig naheliegende Möglichkeit. Wenn sie die empirischen Daten nicht einheitlich erklären kann, so gibt es andere, die dazu vielleicht in der Lage sind. Francis Crick und Christof Koch haben eine ähnliche Theorie des Bewußtseins entwickelt, die sich primär auf die engeren Phänomene der visuellen Aufmerksamkeit konzentriert. Sie gehen davon aus, daß die Grundvoraussetzung für visuelles Bewußtsein eine koordinierte, mit 40 Hz getaktete Neuronenaktivität in den Schichten fünf und sechs des visuellen Cortex ist. Tatsächlich sind es genau diese Schichten, die mit den rekurrenten Schleifen des Intralaminärsystems interagieren, eine Tatsache, die beide Wissenschaftler für bedeutsam halten.

Antonio Damasio vertritt eine ähnliche Ansicht, wobei er sich auf den rechten Parietallappen konzentriert. Aus Läsionsuntersuchungen weiß man, daß dieses Gebiet der Großhirnrinde für die kontinuierliche Selbstwahrnehmung des Menschen wichtig ist. Auch dieses Gebiet ist mit dem Thalamus und anderen subcortikalen Strukturen rekurrent verbunden.

Rodolfo Llinás schließlich vertritt, wenn ich ihn richtig verstanden habe, genau das Modell, das ich auf den vorhergehenden Seiten umrissen habe. Allerdings würde er die Bewußtseinsinhalte vermutlich innerhalb der Schichten der miteinander verschalteten primär sensorischen Rindengebiete selbst lokalisieren und nicht innerhalb der viel dünneren und zerstreuteren Bahnen der großen rekurrenten Schleifen, die den Cortex mit dem Thalamus verbinden, wie ich es spekulativ getan habe.

Tatsächlich könnte ein Problem meines Vorschlags darin liegen, daß die weiträumigen rekurrenten Schleifen von der Großhirnrinde zum intralaminären Kern zu dünn und nicht zahlreich genug sind, um die umfangreiche Informationslast zu bewältigen, die das Bewußtsein wohl erfordern würde; sie fungieren möglicherweise nur als reine Zeitgeber. Vielleicht sollte ich mich nach anderen großen Schleifen umsehen, die mehr Axone enthalten, um den entwicklungsbiologisch alten und zentral gelegenen Thalamus mit der umgebenden Großhirnrinde zu verbinden. Das Entscheidende bei meinem Erklärungsmodell für Bewußtsein sind jedoch die dynamischen Eigenschaften rekurrenter Netzwerke. Diese Eigenschaften erklären die meisten Phänomene. Wo genau die Netzwerke liegen, die im Gehirn das Bewußtsein hervorrufen, kann ich nur vermuten. Ich möchte auch nicht versuchen, eine dieser verschiedenen Hypothesen über das Bewußtsein zu bewerten; für einen Philosophen ist nur wichtig, daß sie existieren und daß jede einzelne wahr sein könnte.

Lassen Sie uns nochmal auf die alte Streitfrage über die essentiell objektive Natur physischer Phänomene und das essentiell subjektive Wesen mentaler Phänomene zurückkommen. Wir erkennen jetzt, daß physische Phänome nichts exklusiv Objektives an sich haben, da sie gelegentlich auch subjektiv erfaßt werden können, besonders via „autokonnektiver" Wahrnehmung. Die physischen Zustände des Gehirns sind nicht immanent objektiver als die Materie des Körpers intrinsisch und immanent tot ist. Das hängt in beiden Fällen ganz davon ab, wie die physischen Strukturen organisiert sind und wie sie funktionieren.

Mentale Zustände haben auch nichts ausschließlich Subjektives an sich. Obwohl man sie in der Regel natürlich über die eigenen autokonnektive Bahnen wahrnimmt, kann man sie durchaus auch auf anderen Wegen erfahren. Tatsächlich nehmen wir ständig von außen mentale Zustände anderer wahr: Meine Mitmenschen ziehen anhand meiner Worte, meines Gesichtsausdrucks und meines Verhaltens Rückschlüsse auf meinen Mentalzustand. Der zentrale Punkt hierbei ist, daß es einfach keinen Widerspruch zwischen einer objektiven und einer subjektiven Betrachtungsweise gibt; ein und derselbe Zustand kann beides – subjektiv und objektiv – sein.

Ich schließe dieses Kapitel wie ich es begonnen habe, indem ich an die Ansichten des Astronomen Ptolemäus und des Philosophen Comte erinnere. Die Ironie lag in beiden Fällen darin, daß der „unerreichbare" Schlüssel zum Verständnis der großen Geheimnisse, vor denen sie standen, in Wirklichkeit ein zentraler und logischer Teil ihres alltäglichen Erfahrungsschatzes war: die Schwerkraft bei Ptolemäus und das Sonnenlicht bei Comte. Aber wie alltäglich diese Phänomene auch waren, sie blieben in ihrer Bedeutung unerkannt und unbeachtet, weil man nicht über das konzeptionelle oder theoretische Rüstzeug verfügte, um die richtigen Schlußfolgerungen zu ziehen.

Vermutlich ergeht es uns mit dem Bewußtsein und anderen mentalen Phänomenen nicht anders. Das „unerreichbare Wesen" des Bewußtseins ist klar im Alphabet neuronaler Aktivität beschrieben, die sich in unserem Gehirn und Nervensystem abspielt. Auch wir haben über unsere autokonnektiven Bahnen und kraft unserer Fähigkeit zur Selbstwahrnehmung dauernd Zugang zu großen Teilen dieser neuronalen Aktivität. Trotzdem erkennen wir das Bewußtsein nicht als das an, was es ist; eine Meisterleistung neuronaler Netzwerke! Denn noch fehlen uns die Konzepte und theoretischen Voraussetzungen, um das zu erkennen, was direkt vor unserer Nase liegt – oder vielmehr direkt hinter unserer Stirn.

Aus dieser Unkenntnis erwächst die populäre Annahme eines mysteriösen Dualismus oder, schlimmer noch, die Behauptung, Bewußtsein sei überhaupt niemals verstehbar. Aber während unsere derzeitige Lage ähnlich der von Ptolemäus oder Comte ist, muß es unsere Einstellung nicht sein. Wir können versuchen, das Gedankengebäude zu schaffen, das uns noch fehlt. Wir können hoffen, das verschwommene Verständnis von unserer internen Realität in ein scharfes Bild zu verwandeln. Die dafür notwendigen Methoden bietet, wie so oft, die empirische Naturwissenschaft, und das notwendige theoretische Rüstzeug liegt vermutlich bereits in unseren Händen: Es sind die Aktivitätsvektoren und die parallel verteilte Verarbeitung in einem umfangreichen rekurrenten neuronalen Netzwerk.

9. Ist künstliches Bewußtsein möglich?

Der Turing-Test auf unterhaltsame Art

Im Dezember 1993 wurde in San Diego der jährliche „Turing-Test-Wettbewerb" ausgetragen, organisiert von der Elektronikabteilung der *General Dynamics Corporation*. In diesem Wettbewerb geht es um den berühmten Test für Maschinenintelligenz, den der britische Mathematiker und Informatiker Alan Turing 1951 entwickelt hat. Turing war aufgrund theoretisch-mathematischer Überlegungen zu der Auffassung gelangt, daß man ein elektronisches Gerät mit echtem Bewußtsein konstruieren könne. In der britischen Zeitschrift für Philosophie *Mind* erörterte er diese Möglichkeit allgemeinverständlich und ging detailliert auf die Frage ein, wie wir herausfinden könnten, ob es uns gelungen ist, einen solchen Computer zu bauen.

Turings Antwort entsprach dem Sinne nach der fast sprichwörtlichen Aussage: „Wenn es läuft wie eine Ente, quackt wie eine Ente, schwimmt wie eine Ente, dann ist es eine Ente." In diesem Falle muß ein Computer jedoch *intelligentes* Verhalten zeigen, will man ihm Geist zusprechen. Das leise Summen seiner Ventilatoren, das Rattern seiner Laufwerke, sein Aussehen oder die Tatsache, daß er 1500 Watt Strom verbraucht, sagt nichts darüber aus, ob er Bewußtsein besitzt oder nicht. Um echtes Bewußtsein nachzuweisen, schlug Turing folgenden Test vor:

Man setze die Maschine zusammen mit einem Menschen (als Vergleich) in einen Raum ohne optischen und akustischen Kontakt zu den Schiedsrichtern im anderen Raum, die nur per Schreibcomputer mit Mensch und Maschine kommunizieren können. Nur dieser eingeschränkte Informationsweg – ein Computer pro Kandidat – steht den Schiedsrichtern zur Verfügung; sie erhalten keine Informatinen über die Tonlage, Mimik oder Körpersprache. Sie müssen allein anhand einer langen, geschriebenen Konversation aus Fragen und Antworten mit den unsichtbaren „Gesprächspartnern" entscheiden, wer Mensch und wer Maschine ist.

Die Fragen der Schiedsrichter können das Wissen der Kandidaten, ihr emotionales Profil, ihre sozialen Fähigkeiten, politischen Ansichten und so weiter testen, um konkrete Aspekte zu finden, in denen der Computer dem Menschen in kognitiver Hinsicht unterlegen ist. Wenn es durchschnittlichen Schiedsrichtern nicht gelingt, auf diese Weise Mensch und Maschine auseinanderzuhalten, dann, so Turing, haben wir keinen rationalen Grund mehr, einem Menschen Intelligenz und Bewußtsein zuzuschreiben, der Maschine derartiges jedoch abzusprechen. Wenn eine Maschine also den Turing-Test besteht, dann besitzt sie nach Turings Ansicht Bewußtsein.

Wir werden später besprechen, ob der Turing-Test zur Beurteilung intelligenten Bewußtseins geeignet ist; zunächst wollen wir aber in die Laboratorien von General Dynamics zurückkehren und uns die Durchführung einen solchen Tests „live" ansehen. Das Zentrum für Verhaltensstudien in Cambridge, Massachusetts, führt alljährlich an einem anderen Ort eine Version des Turing-Tests durch, den „Loebnerpreis-Wettbewerb in künstlicher Intelligenz". Jedermann mit einem entsprechend programmierten Computer kann gegen andere Geräte antreten, um die Richter davon zu überzeugen, daß sein Computer ein Mensch ist. Wie Turing es fordert, dient auch eine Reihe von Versuchspersonen als Kontrollgruppe; sie sollen die Fragen der Schiedsrichter auf möglichst menschenähnliche Weise beantworten. Die Regeln verbieten also ausdrücklich, daß die Versuchspersonen absichtlich einen schlecht programmierten oder schlecht funktionierenden Computer vortäuschen. Der Test sollte für die Geräte so schwierig wie möglich sein, weswegen die Kontrollpersonen möglichst intelligent reagieren müssen. Diesem hohen Standard sollen die Maschinen gleichkommen; erst dann kann Erfolg etwas bedeuten.

Der Loebner-Wettbewerb unterscheidet sich vom Turing-Test in zwei wichtigen Punkten. Erstens ist jede „online"-Konversation auf ein bestimmtes, lange im voraus festgelegtes Thema begrenzt, zum Beispiel Baseball, Kochen oder Politik. Das macht es für die Programmierer einfacher, möglichst realistische Bedingungen zu schaffen. Sie müssen den Computern keine Datenbank mitgeben, die das gesamte Wissen eines Menschen umfaßt. Sie können mit einem begrenzten Teil dieses Wissens auskommen, solange sie ihre Programme so gestalten, daß diese mit der begrenzten Information genauso umgehen wie ein Mensch.

Eine entsprechende Einschränkung gilt auch für die Schiedsrichter und für die Kontrollpersonen; beide müssen ihre Testfragen beziehungsweise Antworten auf das festgesetzte Thema beschränken. Die Versuchspersonen dürfen sich also nicht dadurch als Menschen offenbaren, daß sie Wissen demonstrieren, das außerhalb des engen Testgebiets liegt.

Der zweite Unterschied zum Turing-Test besteht in der Kriterien, mit denen der Sieger bestimmt wird. In diesem Jahr (1993) gab es acht Teilnehmer, vier Computer und vier Kontrollpersonen; ein Gerät wurde jedoch im letzten Augenblick zurückgezogen, so daß jemand von der Warteliste diesen Platz einnahm. Letztlich traten also drei Computer und fünf Menschen an. Jedes der acht Terminals im Kandidatenraum war mit einen bestimmten Terminal im Schiedsrichterraum verbunden, und jedes hatte sein eigenes Thema, das über dem Bildschirm stand.

Die Schiedsrichter agierten einzeln und unabhängig voneinander; jeder von ihnen hatte genau 15 Minuten Zeit, mit seinem Kandidaten am anderen Ende der Leitung per Terminal zu kommunizieren. Nach einer Runde gingen sie zum nächsten Terminal mit dem nächsten Kandidaten und dem nächsten Thema über und begannen die Befragung von neuem. Sie wußten nicht, wie viele der Kandidaten Menschen und wieviele Computer waren; das sollten sie unter anderem herausfinden. Acht Runden und etwa zweieinhalb Stunden später verteilten die Richter Punkte für jeden ihrer acht unbekannten „Gesprächspartner" nach der Rangfolge der „Menschenähnlichkeit". Die „beste Maschine" und damit der Gewinner war ganz einfach diejenige mit der höchsten Gesamtpunktzahl.

Um Testsieger zu werden, mußte ein Computer keinen der Schiedsrichter davon überzeugen, er sei ein Mensch, und auch keine der Kontrollpersonen übertreffen; er mußte lediglich besser sein als die anderen Geräte. Für den Gewinn des Preisgeldes stellten nur die anderen Maschinen eine Konkurrenz dar. Dennoch wurden die Richter interessehalber gebeten, eine Grenze anzugeben, oberhalb derer sie die Menschen und unterhalb derer sie die Maschinen vermuteten. In vergangenen Wettbewerben gelang es einigen Geräten, mehrere der Richter zu täuschen und diese annehmen zu lassen, am anderen Ende der Leitung befände sich ein Mensch.

In diesem Jahr suchten die Organisatoren eine Gruppe von Schiedsrichtern aus, die es den Computern mit „künstlicher Intelligenz" schwerer machen sollte, den Test zu bestehen. Man wählte acht Wissenschaftsjournalisten von verschiedenen Magazinen, Zeitungen und Fernsehanstalten als Richter aus, alles professionelle Interviewer, erfahrene Tester, gerissen genug, um für die Geräte eine Herausforderung darzustellen. Und auch gerissen genug, um die zuvor beschriebenen Regeln zu brechen oder zu umgehen, wenn man kein wachsames Auge auf sie hatte. Eine Handvoll Akademiker und Techniker, die auf dem Gebiet der künstlichen Intelligenz und verwandten Feldern arbeiteten, wurden daher dazu bestimmt, die Richter bei ihren Fragen und die Kandidaten bei ihren Antworten zu überwachen, denn die Regeln verboten es ja, Themen außerhalb des vorher zugewiesenen Fachgebietes anzusprechen.

Bei einem Treffen vor dem eigentlichen Test erklärte Daniel Dennett, Professor für Philosophie an der Tufts Universität und Vorsitzender des Preiskomitees, das Reglement, dem Richter und Kandidaten folgen mußten. (Dan trägt durch seine Mithilfe schon seit mehreren Jahren entscheidend zum Erfolg des Tests bei.) Die Einsatzgebiete von uns Beobachtern wurden per Los bestimmt, und ich zog zusammen mit George Lowe, einem Programmierer von „Expertensystemen", den Raum der Kandidaten; wir sollten die menschliche Kontrollgruppe beaufsichtigen. Die anderen Beobachter wurden im großen, schönen Schiedsrichterraum stationiert. Wir gingen entäuscht auf unseren Platz, da wir dachten, wir würden die eigentliche „Action" in der Arena der Richter verpassen. In Wahrheit aber hatten George und ich Glück, denn im Raum der Kandidaten ging es wirklich hoch her!

Beim Eintreten waren wir entsetzt. Im Gegensatz zum noblen und geräumigen Saal der Richter fanden wir uns in einem Heizungsraum wieder, einer Waschküche, einer vollgepfropften Rumpelkammer mit kaum genug Platz für die acht Computerterminals, die dicht an dicht an den Wänden standen und den acht Stühlen davor. Aber die Leute! Fünf lebhafte „Jungs" zwischen 19 und 37 Jahren, alles Angestellte von *General Dynamics* und alle ganz unterschiedlich. Jeder von ihnen hatte sich freiwillig gemeldet, um zweieinhalb Stunden lang an einem Computerterminal zu sitzen und irgendeinen naiven Zeitungsschreiberling von seinem „Menschsein" zu überzeugen.

Aber nicht zu vergessen, es gab auch drei unbemannte Terminals, die über Modem mit den wirklichen Kandidaten verbunden waren: mit den aufwendig programmierten Geräten der drei Aspiranten auf den Loebnerpreis. Auch diese drei Computer standen in Reih und Glied mit den anderen fünf, nur mit dem Unterschied, daß die Stühle vor ihnen leer waren. George und ich konnten alle acht Terminals fast gleichzeitig im Auge behalten. Wir verpaßten auch nicht, wie befürchtet, die Fragen der Richter an die Kandidaten. Die gesamte Konversation auf jedem der acht Terminals im Richterzimmer lief auch über die acht Bildschirme vor unseren Augen. George und ich waren die einzigen im ganzen Gebäude, die alle acht Gespräche gleichzeitig verfolgen konnten!

Sobald der Wettbewerb begann, fing es im Raum an zu brodeln. Ich fühlte mich wie der kleine Zwerg in Leibniz' Gedankenexperiment, der sich innerhalb eines zimmergroßen künstlichen Gehirns befand, und sah zu, wie Fragen und Antworten über die acht Bildschirme flimmerten. Jede der Versuchspersonen ging bald völlig in ihrer Aufgabe auf, und auch die drei Computerkandidaten gaben ununterbrochen tackernd ihre Antworten auf die Fragen der Richter. Permanent klapperten die Tastaturen, und ab und zu hörte man den einen oder anderen kichern oder stöhnen, weil einer der Schiedsrichter wieder eine besonders dumme Frage gestellt hatte. Als es Mittag wurde, brachte jemand Sandwiches; jeder griff danach und aß es, ohne den Blick vom Bildschirm abzuwenden; dazu flossen Ströme von Cola. Währenddessen füllten die Schiedsrichter die Bildschirme mit Fragen und versuchten angestrengt, die fünf grinsenden Kandidaten von den drei summenden Computern zu unterscheiden.

Nach einiger Zeit lernten George und ich den Fragestil mehrerer der Schiedsrichter zu erkennen, die nach jeder Runde zum nächsten

Terminal weiterwanderten. Außerdem fielen uns die deutlich unterschiedlichen Stile und Strategien auf, mit denen die drei programmierten Computer im Wettbewerb arbeiteten. Einer von ihnen hatte
das Thema „Eheprobleme" und verhielt sich ziemlich einfallslos
nach Art eines Therapeuten, indem er dem Schiedsrichter dauernd
öde Fragen stellte, als ob er substantielle Antworten auf bereits
gestellte Fragen vermeiden wolle.

Diese Strategie haben Programmierer bei diesem Wettbewerb oft
benutzt, denn je länger die Richter damit beschäftigt sind, die Fragen der Maschine zu beantworten, desto weniger Zeit haben sie
selbst, unangenehme und möglicherweise entlarvende Fragen zu
stellen. Ein zweiter Computer, dessen Thema „Politik" war, verwendete eine ziemlich aggressive Variante dieser Taktik und versuchte, die Richter mit politischen Beschimpfungen zu provozieren.
Der dritte teilnehmende Computer mit dem Thema „Haustiere"
schien über eine ungewöhnlich große Datenbank zu verfügen, aber
seine Fähigkeit, eine plausible Diskussion aufrechtzuerhalten, war
sehr beschränkt. In Wahrheit war keiner der Teilnehmer als Beispiel
für künstliche Intelligenz auch nur einen Pfifferling wert. George
und ich als Professionelle mit Insider-Wissen konnten nur den Kopf
schütteln, so offensichtlich plump waren die Programme der Wett-
bewerbsteilnehmer.

Auch die Versuchspersonen hatten sehr unterschiedliche Charaktere – in ihrem Fall natürlich spontan. Ein junger Mann mit dem
Thema „Abtreibung" war vorsichtig, logisch und präzise, ein Mann
weniger, aber wohlüberlegter Worte. Der Kandidat neben ihm hatte
das Thema „Autos"; er gab langatmige Statements voller unver-
ständlichem technischem Kauderwelsch ab. Seine Antworten waren
häufig zehnmal so lang wie die seines Nachbarn. Der bemerkte den
Redefluß seines Kollegen und flüsterte mir neidvoll zu: „Ich
befürchte, die Schiedsrichter werden mich wohl nur für einen Computer halten." „Machen Sie sich keine Sorgen", flüsterte ich zurück,
„Ihr Thema erfordert echtes Verständnis für die Fragen und Einwände der Richter, und Sie müssen wirklich wohlüberlegte und ausge-
wogene Antworten liefern. Ihre Antworten sind die offensichtlichst
menschlichen in diesem Raum." Wenig überzeugt tippte er weiter;

ich werde später noch auf ihn zurückkommen. Die anderen drei hatten die Themen „Kochen", „Militär" und „Baseball". Wir mußten uns nicht um die Ehrlichkeit der Kontrollpersonen kümmern, damit gab es keine Probleme. Sie blieben bei ihren jeweiligen Themen und beantworteten die häufigen Ablenkungsversuche der Journalisten mit einem kurzen: „Bitte bleiben Sie beim Thema!".

Die acht Richter hingegen, ob Mann oder Frau, waren ziemliche Halunken; sie versuchten wiederholt, die Grenzen des jeweiligen Gebietes zu überschreiten. All die unzulässigen Fragen, die die Beobachter im Richterzimmer nicht bemerkten, mußten die Versuchskandidaten, George und ich im Kandidatenraum abfangen. Die Grenzen waren jedoch nicht sehr scharf definiert und die Richter Profis, die so etwas auszunutzen verstanden. Insgesamt verlief der Austausch jedoch recht fair.

Was kam dabei heraus? Der Computer mit dem politischen Thema übertraf die beiden anderen Geräte, aber nicht sehr deutlich. Trotzdem gewann er natürlich, denn die Regeln sahen ja nur Programme als Gewinner vor. Interessanter ist, daß keine der drei Maschinen von irgendeinem der Richter für einen Menschen gehalten wurde. In diesem Punkt tippten die Richter also alle hundertprozentig richtig, und die Computer versagten vollständig. Selbst mit der hilfreichen Einschränkung auf nur ein Gesprächsthema fielen die Computer bei dieser Turing-Test-Variante durch.

Ziemlich gute Richter, könnte man denken, aber wir haben noch nicht die ganze Geschichte gehört. Zwar hielt keiner der Richter eine Maschine für einen Menschen, aber fünf der acht Richter hielten eine der Versuchspersonen für einen Computer! Zwei der Richter identifizierten sogar zwei der Menschen fälschlicherweise als Computer. Genau wie er befürchtet hatte, wurde der junge Mann, der das Thema „Abtreibung" so überlegt behandelt hatte, von der Mehrzahl der Richter als Computer abgeschrieben, ja einer von ihnen wies ihm sogar eine niedrigere Punktzahl zu als einem der Computer. Das sagt jedoch mehr über den Richter aus als über diesen jungen Mann. Dessen persönlicher Stil – kurze, einfache Sätze, klare Logik – trifft eher das, was sich die Öffentlichkeit unter dem „typischen Verhalten" eines Computers vorstellt. Und dieses oberflächliche Bild über-

273

wog offenbar bei der Mehrzahl der Richter, wenn auch nicht bei allen. Eine der beiden Richterinnen, zum Beispiel, gab gerade diesem jungen Mann als dem offensichtlichst menschlichen Kandidaten die höchste Punktzahl. Und ein Schiedsrichter, der Psychologie studiert hatte, gab ihm die zweithöchste.

Die andere, fälschlich für eine Maschine gehaltene Versuchsperson war diejenigen mit dem Thema „Militär". Ich vermute, daß keiner der Richter von diesem Thema etwas verstand, daher keine konkreten Fragen stellen konnte und von den oft mit Fachtermini gespickten Antworten eingeschüchtert wurde, aber das ist nur eine Vermutung.

Aus dieser Geschichte sollten wir zwei Lehren ziehen. Erstens: Obwohl eine florierende Industrie mit klassischer Programmierung immer neue erstaunliche und sehr nützliche Beispiele für künstliche Intelligenz liefert, ist immer noch nichts in Sicht, was menschlicher Intelligenz auch nur nahe kommt – jedenfalls nicht bei unseren Wettbewerbsteilnehmern. Diese Programme waren alle offensichtlich mit dem Ziel geschrieben, lange genug intelligent zu *erscheinen*, um den Loebnerpreis einzuheimsen, und nicht dazu, menschliche Intelligenz wirklich nachzuahmen.

Zweitens fällt es sogar intelligenten Leuten schwer, menschliche Intelligenz zuverlässig von künstlicher zu unterscheiden, wenigstens dann, wenn der Test nur *online* durchgeführt wird. Und Menschen urteilen sogar dann unzuverlässig, wenn die künstlichen Simulationen ziemlich schlecht sind. Das wirft unsere frühere Frage wieder auf, ob der von Turing vorgeschlagene Test geeignet ist. Ist es wirklich ein signifikanter Test? Ich werde noch klarmachen, daß dies nicht der Fall ist und ein wirklich aussagekräftiger Test anders aussehen muß.

Die Mängel des Turing-Tests und die Notwendigkeit einer stichhaltigen Theorie

Turings Test hat zwei Vorzüge. Erstens konzentriert er sich ausschließlich auf empirisch nachprüfbare Daten, nämlich die schriftlichen Äußerungen der untersuchten Systeme. Schlecht faßbare metaphysische, neuronale oder verarbeitungstechnische Aspekte werden bewußt ausgeklammert. Zweitens werden diese Daten anhand des Vergleichs mit einem definitionsgemäß intelligenten Wesen beurteilt – dem Menschen. Die schriftlichen Äußerungen des untersuchten Systems dürfen von denen eines Menschen nicht zu unterscheiden sein.

Es gibt jedoch auch viele Kritikpunkte. Die meisten Kritiker halten den Turing-Test im einen oder anderen Punkt für zu einfach und werfen ihm vor, er lasse Dinge als intelligente Kreaturen durchgehen, die überhaupt nicht intelligent sind. Dahinter steckt die Ansicht, daß eine verbale Ausdrucksweise auf einem Terminal in vieler Hinsicht überzeugend wirken kann, ohne zwangsläufig etwas mit bewußter Intelligenz zu tun zu haben. Sie drängen daher darauf, den Test zu erweitern, zum Beispiel ein breiteres Spektrum von Verhaltenstypen miteinzubeziehen und so die Zugangsvoraussetzungen zu verschärfen. Unklar bleibt jedoch, wie man ihn erweitern sollte, denn es ist umstritten, unter welchen Voraussetzungen man von bewußter Intelligenz sprechen kann.

Andere Kritiker weisen darauf hin, daß der Turing-Test in seiner derzeitigen Form zu eng gefaßt sei, weil intelligente Kreaturen ohne Sprachfähigkeiten zwangsläufig ausgeschlossen bleiben. Dazu gehören Kleinkinder, die noch nicht sprechen können, Erwachsene mit lokaler Aphasie, die meisten höheren Tiere auf unserem Planeten und alle intelligenten Außerirdischen, die sich nicht mit einer menschenähnlichen Sprache verständigen. Nun, vielleicht hätten wir den Turing-Test nicht so interpretieren dürfen, als stelle er primär eine notwendige Bedingung für bewußte Intelligenz dar. Aber wenn er keine notwendige, ja noch nicht einmal eine ausreichende Bedingung, für Intelligenz ist, warum diskutieren wir ihn dann überhaupt?

Was auch immer seine Vor- und Nachteile bei der Beurteilung von Intelligenz sind, sicher ist, daß wir uns nur solange auf Verhaltensvergleiche mit intelligenten Lebewesen beschränken müssen, wie wir keine passende Theorie dafür haben, was Intelligenz eigentlich ist und wie sie sich künstlich realisieren läßt. Hätten wir eine solche

Theorie, dann müßten wir weder mit den Restriktionen des Turing-Tests vorliebnehmen noch darüber streiten, wie aussagekräftig er ist. Eine stichhaltige Theorie der Intelligenz würde von selbst klarmachen, welche Eigenschaften, Verhaltensweisen, Techniken oder Mechanismen für Intelligenz charakteristisch sind.

Dann könnten wir diese Eigenschaften direkt untersuchen, vielleicht, indem wir uns ansehen, was in dem zu untersuchenden System vorgeht, oder vielleicht, indem wir das Verhalten des Systems unter viel komplexeren und anspruchsvolleren Bedingungen beobachten als bisher. Der Turing-Test ist eben eine Notlösung, auf die wir zurückgreifen müssen, solange wir keine passende Theorie dafür haben, was Intelligenz ist, zumindest keine, die über das bescheidene Gerüst hinausgeht, das uns unser gesunder Menschenverstand anbietet. Alan Turing war in genau derselben Lage, und daher ist es auch nicht verwunderlich, daß er auf ein Ausschlußkriterium zurückgreifen mußte. Wir können heute jedoch versuchen, darüber hinauszugehen: Wir müssen eine Theorie der Kognition und der bewußten Intelligenz schaffen, die allen beobachtbaren Phänomenen wirklich gerecht wird.

Das paradigmatische Beispiel für Intelligenz – der Mensch oder das höhere Tier – erscheint uns heute nicht mehr so mysteriös wie 1950, und die internen Strukturen und Aktivitäten intelligenter Lebewesen sind experimentell nicht mehr so unzugänglich wie damals. Wie in den vorangegangenen Kapiteln schon gesagt, haben uns die Kognitionswissenschaften den theoretischen und experimentellen Hintergrund geliefert, der potentiell ausreichen sollte, um eine Theorie der Kognition zu entwickeln. Eine solche Theorie muß viel mehr erklären, als die Fähigkeit zu einer kohärenten schriftlichen Konversation (obwohl dieser Punkt nicht trivial ist), und die empirischen Anforderungen an sie sind auch entsprechend größer. Sie muß den gesamten Bereich des tierischen und menschlichen Verhalten umfassen und vor allem die internen Verarbeitungsmechanismen dieser Lebewesen berücksichtigen. Die Theorie muß mit den internen Aktivitäten und Funktionen des Gehirns in Einklang stehen und die Grundeigenschaften der Kognition, wie Lernen, Sinneswahrnehmung und Flexibilität, erklären können.

Erst wenn wir über eine solche, umfassende Theorie verfügen, könnten wir uns mit einiger Erfolgsaussicht der Frage zuwenden, ob irgendein natürliches oder artifizielles System wirklich intelligent ist. Dieser Ansatz unterscheidet sich deutlich von dem Turings. Er konzentriert sich primär auf die *Ursachen* intelligenten Verhaltens, anstatt nur die beobachtbaren Konsequenzen der Intelligenz zu untersuchen. Anstatt „schlecht faßbare metaphysische, neuronale oder verarbeitungstechnische Aspekte" bewußt auszuklammern, versucht er genau diese jetzt zugänglichen Probleme zu verstehen. Und damit versucht dieser Ansatz eine Antwort auf die Frage zu finden: Könnte eine Maschine denken?

Wir bauen ein künstliches Gehirn

Lassen Sie uns nur der Diskussion halber etwas annehmen, was wir noch nicht wissen. Lassen Sie uns annehmen, daß die bewußte Intelligenz des Menschen innerhalb solcher mit Aktivitätsvektoren arbeitenden Netzwerke entsteht, wie wir sie in den vorangehenden Kapiteln untersucht haben. Dazu gehören rekurrente Netzwerke und Kombinationen solcher Netzwerke. Lassen Sie uns weiterhin annehmen, daß die verschiedenen Formen kognitiver Fähigkeiten durch das Anpassen synaptischer Verbindungsstärken entstehen, die unsere verschiedenen neuronalen Merkmalsräume in Hierarchien prototypischer Kategorien und Vektorsequenzen einteilen, und daß sich dadurch ein Gerüst aus Konzepten bildet, das es erlaubt, auf Wahrnehmungen zu reagieren, Alternativen zu erforschen und Verhalten zu steuern.

Wenn wir Menschen auf diese Weise Intelligenz erwerben, könnte ein Computer dann ebenfalls dazu in der Lage sein? Die Antwort lautet „ja", wenigstens im Prinzip. Denn es ist eindeutig möglich, ein Gerät zu konstruieren, das die Vorgänge nachahmt, die in unseren eigenen Netzwerken neurophysiologisch und neurochemisch ablaufen. Einige Schritte in diese Richtung wurden sogar schon unternommen.

Ein berühmtes Beispiel dafür ist die Silizium-Retina von Carver Mead und seiner Doktorandin Misha Mahowald, die beide am California Institute of Technology in Pasadena arbeiten. In den sechziger Jahren war Mead einer der Pioniere bei der Entwicklung integrierter Schaltkreise. Mit dieser Technik lassen sich mikroskopisch kleine Schaltkreise für klassische Digitalcomputer auf winzige Siliziumchips ätzen. Sie werden mir zustimmen, daß diese Technologie unsere Welt entscheidend verändert hat; vielleicht ist diese Revolution aber noch gar nicht zu Ende, ja hat noch nicht einmal richtig begonnen. Mead und seine Mitarbeiter nutzten nämlich dieselbe Technik, um auf kleine Siliziumchips elektronische Nachahmungen von biologischen neuronalen Netzwerken zu ätzen. Eine Nachahmung der menschlichen Netzhaut war einer ihrer ersten Erfolge (Abbildung 9.1).

Man könnte nun annehmen, daß dieser Schritt bereits vor ein paar Jahrzehnten mit der Erfindung der Fernsehkamera gelungen ist. Schließlich erzeugt diese Technologie durch elektronisches Abtasten einer lichtsensitiven Fläche eine Folge von Bildern. Das ist wahr, aber die Retina des Auges leistet noch wesentlich mehr als das. Die Retina ist nicht bloß ein Photosensor, sondern auch ein vielschichtiger datenverarbeitender Rechner. Wie wir bereits am Ende des Kapitels zum Stereosehen kurz erwähnt haben, muß die Information aus den Photozellen erst mehrere komplexe Verarbeitungsstufen durchlaufen, bevor sie die Ganglienzellen erreicht, die sie zu den seitlichen Kniehöckern weiterleiten. Daher unterscheiden sich die Daten, die von der Retina kommen, sehr stark von denen einer Fernsehkamera. Mead ist es gelungen, diese interne Verrechnungsarbeit der Retina auf einem Halbleiter nachzubilden.

Wie sieht so etwas aus, und wie funktioniert es? Vielleicht sollte man zuerst erwähnen, daß die Sensitivität der primären sensorischen Elemente (der Analoga der Stäbchen und der Zapfen) durch einen rekurrenten Schaltkreis kontinuierlich angepaßt wird, um den weiten Bereich der Lichtintensitäten rund um uns herum abzudecken. Deshalb funktioniert die Siliziumretina sowohl im fahlen Mondlicht als auch im gleißenden Sonnenlicht gleich gut, genau wie das menschliche Auge.

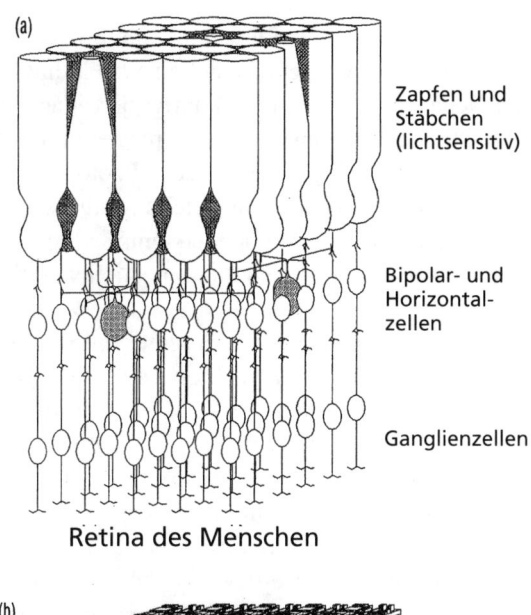

(a)

Zapfen und Stäbchen (lichtsensitiv)

Bipolar- und Horizontal- zellen

Ganglienzellen

Retina des Menschen

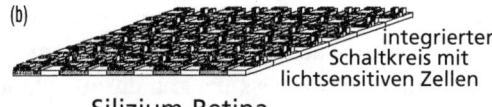

(b)

integrierter Schaltkreis mit lichtsensitiven Zellen

Silizium-Retina

9.1 Die Retina des menschlichen Auges bildet ein mehrschichtiges neuronales Netzwerk (a). Elektronische Nachbildung auf einem mehrschichtigen Siliziumchip; sie enthält 50 × 50 Zapfennachbildungen (b). (Verändert nach Carver Mead.)

Die Analoga der Bipolarzellen, einer Zellschicht direkt unter den lichtsensitiven Zellen, scheren sich ebenfalls nicht viel um absolute Lichtintensitäten. Sie reagieren auf den Unterschied zwischen der Lichtintensität, die am Rezeptor genau über ihnen herrscht, und der durchschnittlichen Lichtintensität an den unmittelbar benachbarten Rezeptoren, die von den Analoga der Horizontalzellen berechnet und weitergeleitet wird. Sowohl bei der realen als auch bei der künstlichen Retina berechnen die Bipolarzellen Helligkeitsunterschiede über der Retinaoberfläche und geben diese Information anschließend weiter. Im Endeffekt suchen die Bipolarzellen gemeinsam im Bild, das auf der Retina ankommt, aktiv nach Strukturen, Grenzlinien oder Umrissen, die auf ein Objekt hindeuten.

Das Netzwerk ist zudem so konfiguriert, daß die Bipolarzellen auf zeitliche Veränderungen sensitiv reagieren; das gilt sowohl für Änderungen der Helligkeit an einem Photorezeptor als auch für Änderungen in der Helligkeitsverteilung, die sie bereits entdeckt haben. Sie reagieren also besonders empfindlich auf Bewegungen der bereits wahrgenommenen und potentiell wichtigen Ränder und Umrisse.

Vor mehreren Jahren, kurz nach seiner Entwicklung, hatte ich die Möglichkeit, mit dem Siliziumnetzwerk ein bißchen zu spielen (Abbildung 9.2). Mead hatte es zu einem interdisziplinären Treffen an unserer Universität mitgebracht. Er montierte die briefmarkengroße Retina hinter eine Linse, um ein Auge zu simulieren, und verband ihren Ausgang mit einem Videomonitor, so daß man das Ergebnis der Verrechnungsschritte direkt beobachten konnte. Sobald ich meine Hand vor der Linse bewegte, bewegte sich ein helles Bild meiner Hand auf dem Videoschirm, aber sobald ich sie still hielt, verblaßte das Bild zusehends, bis der Videoschirm schließlich wieder gleichmäßig grau war. Das liegt an der Adaptation der Helligkeitssensoren auf eine sich nicht verändernde Szene. Immobilisiert

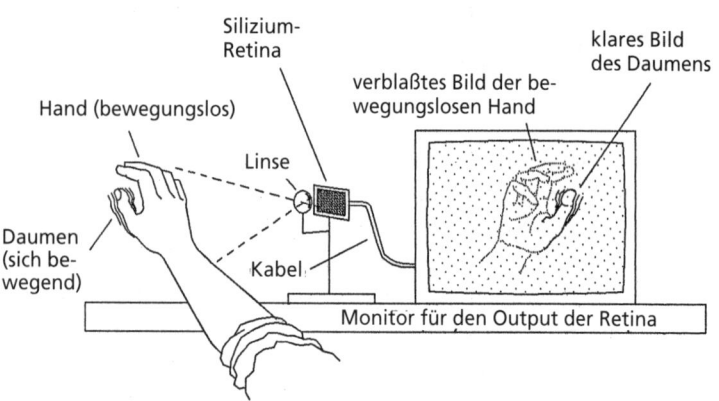

9.2 Carver Meads künstliche Retina nimmt die Struktur und Bewegung von Objekten wahr.

man den Augapfel eines Menschen künstlich, so daß das Auge längere Zeit eine statische Szene fixiert, dann beobachtet man ein ähnliches Ausbleichen. Unter realen Umständen ist dies nicht zu bemerken, denn die Rezeptoren oder „Pixel" im Auge sind sehr winzig, kaum ein Tausendstel Millimeter im Durchmesser, so daß selbst geringste Bewegungen ausreichen, um dieser Adaptation entgegenzuwirken. Im Gegensatz dazu sind die lichtsensitiven Strukturen auf Meads Retina zwar klein, aber immer noch 4000mal größer als ein Rezeptor im Auge. Daher verblaßt das Bild auf dem Monitor allmählich, wenn es feststeht.

Es verblaßt, weil die Helligkeitssensoren sich spezifisch an dieses Bild adaptieren, das jetzt auf den Photorezeptoren stillsteht. Ihre Antwortprofile haben sich vorübergehend so verändert, als würde kein reich strukturiertes Bild auf die Retina fallen. Daher ist der Bildschirm gleichförmig grau. Doch wir können diese bildspezifische Adaptation sofort sichtbar machen, wenn wir der Retina nun ein wirklich uniformes Bild zeigen.

Hält man ein leeres Blatt Papier plötzlich zwischen Retina und Hand, dann erscheint sofort ein klares Negativbild der Hand auf dem Schirm, das wiederum nach einiger Zeit verblaßt, ganz analog dem Vorgang, den wir beim menschlichen Auge ein „Nachbild" nennen. Damit auf der künstlichen Retina ein negatives Nachbild entsteht, muß das dazwischengeschobene Blatt völlig uniform sein. Gleichgültig, ob es schwarz, weiß oder grau ist, es muß nur gleichmäßig gefärbt sein, denn nur dann werden die lokalen Adaptationen der künstlichen Retina deutlich sichtbar.

Ich kann Ihnen Meads Retina leider nicht vorführen, aber Sie können dasselbe Phänomen an Ihrer eigenen Retina beobachten. Wenn Sie 30 Sekunden lang ein Bild mit sehr hohem Kontrast (zum Beispiel einen dunklen Fleck auf hellem Grund) fixieren und dann die Augen schließen, sehen Sie ein negatives Nachbild gegen die Dunkelheit. Anstatt die Augen zu schließen, können Sie auch schnell auf eine gleichmäßig gefärbte Fläche blicken. Dabei ist es gleichgültig, welche Farbe sie hat und wie hell sie ist, sie muß nur uniform sein. Das Nachbild wird vor diesem Hintergrund ebenso deutlich erscheinen wie bei geschlossenen Augen vor der Innenseite Ihres

9.3 Das Porträt Lincolns, das man der künstlichen Retina präsentierte (a). Das Ergebnis, das die künstliche Retina auf dem Monitor liefert (b). Das Bild auf dem Monitor verblaßt nach einiger Zeit, wenn es nicht bewegt wird (c). Durch die zeitliche Adaptation der Retina entsteht ein negatives Nachbild, das sich sichtbar machen läßt, wenn man der Retina plötzlich eine gleichmäßig getönte Fläche zeigt (d). (Mit freundlicher Genehmigung von Carver Mead und *Scientific American*.)

Lides. Eine Zusammenfassung der Eigenschaften von Meads künstlicher Retina zeigt Abbildung 9.3.

Wenden wir uns noch mal dem Bild meiner Hand auf Meads Videomonitor zu. Wenn das Bild der bewegungslosen Hand schon fast verblaßt war und ich nur meinen Daumen bewegte, erschien sofort ein Bild meines Daumens auf dem Schirm, das langsam verschwand, sobald ich ihn stillhielt. Bewegte ich meine ganze Hand, erschien sie sofort wieder auf dem Bildschirm. Die künstliche Retina war wirklich ein äußerst schneller und *selektiver Bewegungsdetektor.* Unabhängig von Helligkeitswerten erkennt sie Strukturen im jeweiligen Bildausschnitt und repräsentiert sehr selektiv die Objekte in der Umgebung, die sich relativ zur Blickrichtung bewegen. All das wird bereits in den ersten drei Neuronenschichten bewerkstelligt, noch bevor die Information in eine übergeordnete Struktur, wie zum Beispiel ins Gehirn, gelangt.

Es ist nicht überraschend, daß die Netzhaut des Auges sehr empfindlich auf Bewegungen reagiert. Vor 600 Millionen Jahren, als zum ersten mal in der Evolution komplexe Gehirne auftauchten, war die Bewegungswahrnehmung sicherlich eine der wichtigsten Aufgaben der Augen. Erstaunlicher ist, daß Meads exakte Halbleiterrekonstruktion der Retina einige ihrer wichtigen funktionellen Eigenschaften so naturgetreu nachahmt, denn die Liste ist noch nicht zu Ende. Die künstliche Retina unterliegt mehreren optischen Täuschungen, die wir auch beim Menschen beobachten. Das ist zu erwarten, wenn das Modell wirklich funktionell dieselben Strategien anwendet wie eine biologische Retina. Eine vollständige Beschreibung ihrer Eigenschaften würde uns allerdings von unserem eigentlichen Vorhaben ablenken, aber Sie können eine davon in Abbildung 9.4 sehen.

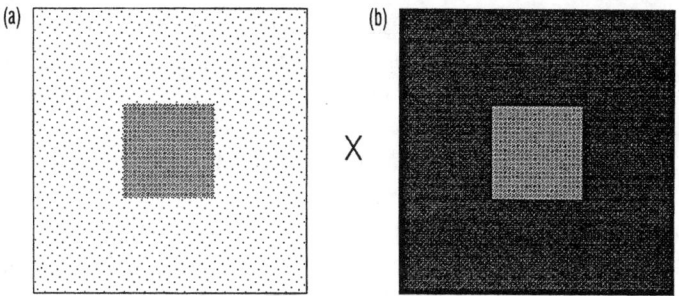

9.4 Eine bekannte optische Täuschung. Das innere Quadrat erscheint in (a) dunkler als in (b), obwohl es in beiden Fällen genau denselben Grauwert hat. Man sieht den Effekt am deutlichsten, wenn man das Kreuz dazwischen fixiert.

Erinnern Sie sich daran, daß die Bipolarzellen *Veränderungen* der Helligkeit auf einem Bild erkennen und weniger die *absolute* Helligkeit an jedem Punkt des Bildes berücksichtigen. Aus genau diesem Grund bereitet es unserer Retina Probleme, ein und dieselbe Helligkeit auf verschieden hellen Hintergründen abzuschätzen. Wie Abbildung 9.4 zeigt, erscheint das graue Quadrat gegen einen hellen Hintergrund in 9.4a etwas dunkler als auf einem dunklen Hintergrund in 9.4b. Diese optische Täuschung fällt praktisch kaum ins Gewicht, denn nur dank dieser Verschaltung können wir eine Szene unabhängig davon erkennen, ob sie sich im Dämmerlicht oder im hellen Sonnenschein abspielt, und das wiegt diesen kleinen Nachteil bei weitem auf.

Ich habe mich solange mit Meads künstlicher Retina aufgehalten, weil sie so verständlich ist und ein so typisches Beispiel für die Art Netzwerke darstellt, denen wir in Zukunft häufiger begegnen werden. Einige derartige Netzwerke gibt es bereits; so hat Mead zum Beispiel eine funktionierende künstliche Cochlea entwickelt, aber seine Retina soll als Beispiel genügen. Wir wollen jetzt die Frage untersuchen, ob man auch neuroanatomische (also strukturelle) oder neurophysiologische (also funktionelle) Aspekte anderer Teile des Gehirns oder des Nervensystems elektronisch simulieren könnte – oder vielleicht sogar das Gehirn als Ganzes.

Mead selbst gibt darauf eine optimistische Antwort: „Mitte der 80er Jahre hatten die Neurophysiologen genug über die Funktion von Neuronen und Synapsen gelernt, um zu wissen, daß ihr Verhalten kein Geheimnis birgt. Es gibt bei neuronalen Funktionen nichts, das man im Prinzip nicht elektronisch nachahmen könnte." Meads Standpunkt mag ein wenig übertrieben erscheinen, denn Biochemie neuronaler Aktivität ist sehr komplex, wie wir bereits in Kapitel 7 diskutiert haben. Sie vollständig elektronisch nachzuahmen, wird ein langer und schwieriger Prozeß sein.

Aber wie lang und komplex dieses Vorhaben auch sein mag, ist nicht das eigentliche Problem, vielmehr geht es um die Frage, ob es *grundsätzlich möglich* ist, die kognitiven Funktionen des gesamten menschlichen Nervensystems elektronisch nachzuahmen. Daß Mead mit der Retina und der Cochlea Erfolg hatte, zeigt nur, daß dieses Verfahren bei Sinnesorganen in gewissem Umfang funktioniert, und die Ergebnisse an Netzwerken, die wir in früheren Kapiteln besprochen haben – Netzwerke für das Erkennen von Gesichtern und Gesichtsausdrücken, für räumliches Sehen, Grammatik und so weiter – lassen vermuten, daß etwas Ähnliches vielleicht auch bei vielen der höheren Gehirnzentren gelingen könnte.

Zweifellos ist es möglich, die oben besprochenen künstlichen Netzwerke auf Halbleiterchips zu realisieren. Es ist sogar extrem wichtig, solche funktionierenden Netzwerke nicht mehr nur in plumpen Computerprogrammen (also als bloße Netzwerksimulationen in klassischen seriellen Digitalcomputern), sondern direkt in der Hardware als parallel verschaltete Netzwerke zu realisieren, wie es bei Meads Retina der Fall ist. Denn nur so können sich die eigentlichen Vorteile der parallel verteilten Verarbeitung, Geschwindigkeit und Fehlertoleranz wirklich entfalten. Programmierte Simulationen von Netzwerken sind leicht herzustellen und sehr instruktiv, aber sie laufen zäh wie Brei und sind nicht verläßlicher als die Computer, auf denen sie simuliert werden.

Die reale parallele Ausführung auf Hardware-Ebene ist auch deshalb wichtig, weil den Werten aller Netzwerkvariablen – wie die Aktivität der Neuronen und ihrer Verbindungen, die Stärke jeder synaptischen Verbindung – nur dann jeder Punkt im mathematischen Kontinuum offen steht. Die sogenannten „digitalen" Computer, die nur in diskreten Schritten rechnen, sind naturgemäß auf die Darstellung und Berechnung mathematischer Funktionen beschränkt, die innerhalb des pythagoräischen *rationalen* Zahlenraums liegen, das heißt, auf mathematische Funktionen, deren Input und Output sich in Bruchteilen ganzer Zahlen ausdrücken läßt.

Das ist möglicherweise eine ernstzunehmende Begrenzung der Fähigkeiten eines Digitalcomputers, denn die rationalen Zahlen bilden nur eine winzige und spezielle Untergruppe innerhalb der reellen Zahlen. Funktionen reeller Zahlen können also strenggenommen mit einem digitalen Rechner weder exakt berechnet noch dargestellt, sondern höchstens approximiert werden. Jede Funktionsbeziehung, die über die fest vorgegebene Darstellungsgenauigkeit eines Rechners (sagen wir, 10 oder 20 Dezimalstellen) hinausgeht, übersteigt also dessen Möglichkeiten. Ein reales Neuralnetzwerk dagegen hat diese

Limitierung nicht; seine nicht-klassischen Verrechnungen umfassen den gesamten Bereich reeller Zahlen, nicht nur den der rationalen.

Insgesamt gesehen bringt die reale Umsetzung von Neuralnetzwerken in Hardware und in wirklich parallele Form viel mehr Vorteile als Probleme mit sich. Reale Neuronalnetze zeichnen sich durch Geschwindigkeit und Fehlertoleranz aus und ermöglichen Berechnungen über das gesamte mathematische Kontinuum. Sie leisten aber auch noch etwas anderes. Die künstliche Retina, zum Beispiel, ist ein Rechner, der in Echtzeit auf Licht reagiert. Damit stellt sie ein System dar, das mit seiner Umwelt in kausalem Zusammenhang steht und nicht nur sporadisch und künstlich über eine Tastatur oder ein Diskettenlaufwerk mit dieser verbunden ist.

Aber hätte ein derartiges elektronisches Gehirn, eingebaut in einen Roboter, wirklich Bewußtsein? Die Antwort auf diese Frage hängt sowohl vom detaillierten Aufbau dieses elektronischen Gehirns wie von der umfassenden Theorie des Bewußtseins ab, die wir hoffentlich in den nächsten zehn oder zwanzig Jahren entwickeln werden. Zum gegenwärtigen Zeitpunkt kann diese Antwort bestenfalls vorläufig sein, aber sie ist eindeutig: Wenn die Theorie des Bewußtseins in etwa so aussieht, wie wir es im vorherigen Kapitel umrissen haben, und wenn Meads Vertrauen in die Möglichkeiten der Elektronik begründet ist, dann könnte es durchaus möglich sein, Bewußtsein, wie Sie und ich es besitzen, elektronisch nachzubauen. Bis jetzt ist diese aufregende Zukunftsperspektive noch ganz offen.

Aber diese Meinung wird nicht von jedermann geteilt. Mehrere prominente Wissenschaftler erheben grundsätzliche Einwände, und bevor wir fortfahren, sollten wir darauf eingehen.

Einige prinzipielle Einwände gegen künstliche Intelligenz

In den letzten Jahren konzentrierten sich die skeptischen Stimmen hinsichtlich künstlicher Intelligenz hauptsächlich auf drei Einwände: Der erste betrifft die immanente Bedeutung oder den semantischen Inhalt der verschiedenen mentalen Phänomene, wie Gedanken, Glauben und Wünsche. Der zweite ist die Frage, ob ein Computer jemals die vollen mathematischen und logischen Fähigkeiten des Menschen nachbilden kann. Und der dritte ist unser alter Bekannter, nämlich das Problem des qualitativen Charakters bewußter Erfahrung. Lassen Sie uns diese Punkte nacheinander besprechen.

John Searles Ansicht über den Sinnbegriff oder den semantischen Inhalt mentaler Zustände ist viel diskutiert worden. Er vertritt die Auffassung, daß wirklicher Sinn oder Bedeutung nur der bewußten Kognition des Menschen zu eigen ist, den Verarbeitungsprozessen eines elektronischen Computers hingegen fehlen muß. Dieser habe bestenfalls eine sekundäre, sozusagen eine aufgesetzte „als ob"-Form von Sinn, die nur daraus entsteht, daß wir Menschen es praktisch oder bequem finden, die Vorgänge in einem Computer so zu interpretieren, daß für uns ein Sinn daraus entsteht. Seine Zustände haben keine immanente Bedeutung, argumentiert Searle, genausowenig, wie die verschiedenen Muster der Kugeln auf einem Abakus eine immanente Bedeutung haben. Auch alle Veränderungen dieser Kugeln führen nicht zu Stellungen mit immanenter Bedeutung, was auch immer sonst entstehen mag. Ebensowenig verleiht eine wie auch immer geartete Manipulation der Funktionen eines Computers dieser eine immanente Bedeutung, was auch immer sonst damit erreicht wird. Die Programmierung physikalischer Strukturen, folgert er, kann nie wirkliche oder immanente Bedeutung generieren.

Mit dem Wesen dieser immanenten Bedeutung könnte Searle durchaus recht haben, aber seine semantische Theorie ist nur eine von vielen derartigen Theorien und nicht einmal die überzeugendste. Aber selbst wenn seine semantische Theorie zutreffend ist, dann ist nicht sicher, daß ein massiv parallel arbeitendes elektronisches Gehirn wirklich wie der Abakus dazu verdammt ist, keine Zustände immanenter Bedeutung zu besitzen. Wenn multidimensionale Aktivitätsvektoren in neuronalen Strukturen eine immanente Bedeutung besitzen, warum sollte das nicht auch für ihre Analoga in einer elektronischen Nachbildung dieser Neuronenarchitektur gelten?

Darauf hat Searle keine überzeugende Erwiderung. Ich glaube sogar, er ist bereit, die Möglichkeit zu überdenken, daß die elektronischen Analoga immanente Bedeutung besitzen, wenn nur das elektronische Gehirn dem menschlichen ausreichend ähnlich ist. Sein Hauptargument gegen immanente Bedeutung in Computern ist gegen klassisch programmierbare Rechner gerichtet. Dieses Argument ist in unserem Fall nicht zugkräftig, weil es hier um wirklich parallel verschaltete Computer geht und diese nicht Symbole aufgrund gespeicherter Regeln manipulieren.

Searles semantische Theorie ist auf jeden Fall angreifbar. Es ist zweifelhaft, ob es überhaupt so etwas wie eine „immanente Bedeutung" gibt, also eine Bedeutung, die ein Zustand vollkommen unabhängig von den Beziehungen hat, die er zu seiner Umwelt oder internen Zuständen ausbildet beziehungsweise nicht ausbildet. Wenn Bedeutung so losgelöst und immanent sein könnte, dann sollte es einem physikalischen System möglich sein, genau einen internen Zustand mit einer ihm innewohnenden Bedeutung zu haben – zum Beispiel „In Bosnien herrscht Ungerechtigkeit" – aber sonst keinen anderen bedeutungsvollen Zustand. Obwohl möglich, ist das nicht sehr plausibel.

Ein anderer vielversprechender und weniger verschwommener Ansatz zur semantischen Theorie lokalisiert die Bedeutung in den kausalen, auf Schlußfolgerungen beruhenden Beziehungen, die ein kognitiver Zustand mit den anderen Zuständen in dieser Person und mit der externen Umwelt unterhält. Dieser „bezügliche" Ansatz umfaßt viele ziemlich unterschiedliche semantische Theorien. Sie unterscheiden sich darin, welche Beziehungen sie jeweils als die vom semantischen Standpunkt aus essentiellen ansehen. Aber alle sind zumindest vereinbar mit der Vorstellung, daß die physikalischen Zustände eines künstlichen neuronalen Netzes wirkliche immanente Bedeutung beinhalten können, denn diese Theorien lassen die Möglichkeit zu, daß auch physikalische Zustände die semantisch für notwendig erachteten Beziehungen besitzen.

Parallele Netzwerke und ihre besondere Art kognitiver Aktivität könnten sogar dazu beitragen, das Wesen von Bedeutung besser zu verstehen. Bedeutung in ihrem ursprünglichen Sinn ist eine Eigenschaft von Worten, Sätzen und vielleicht auch Gedanken und Ansichten. Es ist jedoch möglich, daß diese Fälle von Bedeutung nur die Spitze eines Eisbergs sind, nur besonders hochrangige Beispiele eines allgemeineren Phänomens, das schon weit unterhalb der üblichen linguistischen Ebene existiert. Im ersten Kapitel dieses Buches haben wir gesehen, wie das Training eines Netzwerks an vielen Beispielen eine organisierte Struktur von Konzepten oder Kategorien innerhalb von Merkmalsräumen bildet und wie diese Kategorien eine aktive Rolle bei komplexen Entscheidungsaufgaben spielen. Man kann sich dem Eindruck kaum entziehen, daß wir damals schon die frühesten Formen von semantischer Bedeutung oder Sinn kennengelernt haben. Statt die neuroinformatische Anschauung der Kognition zu bekämpfen, sollte man das Phänomen der Bedeutung eher mit ihr erklären. Hieraus läßt sich kein überzeugendes Argument gegen künstliche Intelligenz ableiten.

In dem kürzlich erschienenen Buch *Computerdenken: des Kaisers neue Kleider oder die Debatte um künstliche Intelligenz, Bewußtsein und die Gesetze der Physik* vertritt der Mathematiker Roger Penrose von der Universität Cambridge die zweite der angesprochenen Thesen. Können die Algorithmen, die von einem herkömmlichen Computerprogramm ausgeführt werden, das gesamte Spektrum der mathematischen Kenntnisse und Fähigkeiten des Menschen erklären? Penrose verneint dies, und ich würde ihm zustimmen, wenn auch nicht aus denselben Gründen. Penrose zitiert, wie viele andere, Gödels Theorem über die Unvollständigkeit jedes arithmetischen Systems. Gödels berühmtes Theorem sagt aus, daß es nicht möglich ist, mit einem endlichen Satz algorithmischer Regeln alle arithmetischen Sätze zu beweisen. Es wird immer arithmetische Sätze geben, die nur mit Methoden bewiesen werden können, die außerhalb des jeweiligen arithmetischen Systems liegen, Axiome, die aus demselben axiomatischen System heraus nicht beweisbar sind. Daher kann keine Maschine, die sich auf dieses arithmetische System gründet, alle die arithmetischen Grundsätze bilden, die wir Menschen bilden können. Wie viele andere auch zieht Penrose daraus den Schluß, daß die menschliche Kenntnis mathematischer Sätze nicht vollständig dadurch erklärt werden kann, daß wir Algorithmen anwenden.

Nur wenige stimmen jedoch mit Penrose Interpretation von Gödels Theorem überein. Die übliche und weithin akzeptierte Entgegnung darauf lautet: Wenn Gödel recht hat, dann müssen auch Menschen vergleichbaren Limitationen unterliegen, dann muß es also auch arithmetische Sätze geben, die wir nicht mehr beweisen können, da dies über unserer eigenes algorithmisches Repertoire hinausgeht; Sätze, die ein uns überlegenes Wesen mit einem noch größeren Repertoire an Algorithmen beweisen könnte, wo wir versagen. Es ist daher nicht überraschend, daß wir mehr beweisen können als eine Maschine, deren mathematisches Rüstzeug auf Peanos klassische Axiome und eine Handvoll Regeln beschränkt ist. Die Schlußfolgerungen Gödels zeigen, daß das mathematische Wissen des Menschen nicht nur auf *eine* Gruppe algorithmischer Prozeduren beschränkt ist. Aber das ist immer noch mit der Annahme vereinbar, daß algorithmische Prozeduren der einen oder anderen Art unserem gesamten mathematischen Wissen zugrunde liegen.

Diese Standarderwiderung ist wohl korrekt. Nach allem, was Gödels Theorem zeigt, ist es immer noch möglich, daß die menschliche Kenntnis mathematischer Sätze auf Algorithmen beruht. Die Anhänger der orthodoxen Lehre können sich also wieder beruhigt zurücklehnen. Aber die orthodoxe Annahme von Algorithmen ist nur eine Erklärungsmöglichkeit für unsere mathematischen Kenntnisse, und sie wirkt in jeden Fall allmählich dünn. Es wäre durchaus wert, sie zu überprüfen, selbst wenn Gödel seinen Beweis nie aufgestellt hätte. Penrose verteidigt die konkurrierende Hypothese, daß Menschen die nichtalgorithmische Fähigkeit besitzen, mathematische Wahrheiten mit einer Art „Einsicht" zu erkennen, die nicht auf der regelgebundenen Manipulation physikalischer Symbole in diskreten Schritten beruht. In diesem Punkt, denke ich, hat Penrose recht; lassen Sie mich das erläutern.

Zuerst einmal möchte ich mich von Penroses Ansicht distanzieren, diese nichtalgorithmischen Fähigkeiten seien im Bereich der Quantenmechanik zu suchen, oder genauer, in einem noch hypothetischen Bereich schwerkraftbedingter Quanteneffekte, die in unserem Kopf stattfinden sollen. Dabei geht es ihm, um die ungewöhnli-

chen Eigenschaften der Wellenüberlagerung und Wellenauslöschung, wie sie von der Quantentheorie beschrieben werden. Jeder
wird zustimmen, daß der Vorgang der Wellenüberlagerung und der
nachfolgenden Wellenauslöschung in einen klassischen Zustand ein
nichtalgorithmischer Vorgang ist. Penrose vertritt nun die Ansicht,
daß ein solcher Vorgang nichtklassische Berechnungen beinhaltet,
und zwar genau die Berechnungen, die wir zur Erklärung unserer
mathematischen „Einsicht" brauchen.

Ich halte diese Vorstellung für extravagant. Obgleich diese Quan-
tenvorgänge sicherlich nichtalgorithmisch sind, sehe ich keinen speziellen Grund anzunehmen, sie würden nachvollziehbare *Berechnungen* durchführen. Es gibt keine nachvollziehbare Bahn, auf der
Informationen über irgendein makroskopisches mathematisches
Problem – zum Beispiel eine komplexe quadratische Gleichung –
nach unten auf die Ebene sich überlagernder Quantenzustände,
durch den Flaschenhals einer Wellenauslöschung und dann wieder
zurück auf die klassische Ebene gelangen können; und zwar in einer
Weise, die mir hilft, eine vorher unverständliche Gleichung nur als
ein weiteres Beispiel für eine bekannte quadratische Gleichung zu
erkennen. Schließlich finden solche Vorgänge, die wir auch experimentell mit der Informationsverarbeitung in Verbindung bringen
können, im Gehirn alle in einem Bereich von Energie-Masse-
Umwandlungen statt, der weit oberhalb des Quantenniveaus, mitten
in der klassischen Domäne, liegt.

Daher meine Ablehnung von Penroses Auffassung nichtalgorithmischer Prozesse. Es gibt hierfür jedoch noch einen weiteren, letzten Grund. Man muß nicht in die Ferne der Quantentheorie schweifen, um ein reiches Feld nichtalgorithmischer Prozesse zu finden.
Die Vorgänge, die in der Hardware eines neuronalen Netzwerks
stattfinden, sind typischerweise nichtalgorithmisch, und sie bilden
den Großteil der Verrechnungsvorgänge, die in unserem Kopf ablaufen. Sie sind einfach deshalb nichtalgorithmisch, weil sie nicht aus
einer Reihe diskreter physikalischer Zustände bestehen, die nacheinander ablaufen, indem sie Anweisungen eines gespeicherten
Regelwerks zur Manipulation von Symbolen folgen. Es ist auch
nicht notwendig, daß alle diese Verrechnungsvorgänge von irgend-

einem physikalisch realen algorithmischen Mechanismus approximiert werden können. Vielmehr handelt es sich um analoge Vorgänge; ihre Elemente und Funktionen besitzen reale Werte, die sich parallel entfalten und nach natürlichen Gesetzen richten, nicht nach irgendwelchen gespeicherten Regeln. Was Penrose für die mathematischen Fähigkeiten des Menschen als essentiell erachtet, ist bereits eine Grundeigenschaft neuronaler Netzwerke, von künstlichen wie natürlichen.

Die Annahme, daß irgendeine nicht weiter spezifizierte Form von „Einsicht", die nichtalgorithmischen Vorgängen entspringt, für manche Punkte unserer mathematischen Fähigkeiten verantwortlich sein könnte, wird fast jeder von uns mit Sicherheit zunächst einmal sehr skeptisch betrachten. Aber wir können die Art dieser „Einsicht" definieren und die nichtklassischen Vorgänge leicht identifizieren. Lassen Sie mich ein Beispiel anführen, um beide Aspekte dieser Annahme zu entmystifizieren.

Als langjähriger Lehrer von Kursen in formaler Logik sehe ich auf einen Blick, daß die Formel

$$(A \& B) \to ((C \lor \sim D) \to (A \& B))$$

eine Tautologie darstellt, eine logisch wahre Aussage, ein Theorem der Aussagenlogik. Es gibt nun algorithmische Prozeduren, um zu entscheiden, ob eine gegebene Formel eine Tautologie ist oder nicht; das erfordert nur geringen Rechenaufwand. Aber das ist nicht die Art und Weise, auf die ich erkenne, daß es sich hierbei um eine Tautologie handelt. Ich erkenne das auf den ersten Blick, denn ich sehe, daß es sich um ein Beispiel des allgemeinen Musters

$$\mathbf{P} \to (\mathbf{Q} \to \mathbf{P})$$

handelt, das eines der drei Grundaxiome der Aussagenlogik ist. Auch Sie können das sehen: $(A + B)$ entspricht $\mathbf{P}$ und $(C \lor \sim D)$ $\mathbf{Q}$; das ist alles. Für mich und Tausende anderer Lehrer der Logik ist die fettgedruckte Formel ein bekannter Prototyp, ein Grundmuster mit vielen verschiedenen möglichen Abwandlungen, die sich um einen bestimmten Repräsentanten in meinem Merkmalsraum scharen, und auf die ich durch langjährige Erfahrung trainiert bin.

Diese Fähigkeit der Mustererkennung ist für einen erfolgreichen Logiklehrer oder auch für den Studenten in diesem Gebiet entscheidend. Wenn ich das nicht könnte und jedes Mal einen arbeitsaufwendigen Algorithmus anwenden müßte, um herauszufinden, ob eine Formel an der Tafel eine Tautologie darstellt, dann hätten mich meine Studenten schon vor Jahren gelyncht. Glücklicherweise muß man sich dank dieser schnellen und einfachen Auffassungsgabe für logische Strukturen, das heißt, der Fähigkeit, die jeweils richtigen Prototyp-Vektoren zu aktivieren, meistens nicht mehr mit Algorithmen herumschlagen; das gilt zumindest bei den meisten einfacheren logischen Problemen. Erst wenn die Fähigkeiten zur Mustererkennung nicht mehr ausreichen, ein komplexes Problem zu erfassen, greift man auf effektive algorithmische Prozeduren zurück. Dieses Zurückgreifen auf Regeln ist häufig notwendig, bei mir jedenfalls, aber es ist offensichtlich, daß logisches Verständnis nicht mit Algorithmen beginnt oder aufhört.

Dasselbe gilt sicher auch für die Schwester der Logik, die Mathematik. Muß man verschiedene Gleichungen integrieren oder differenzieren oder sucht man die Lösungen von Polynomen und Differentialgleichungen, dann wird man mit ähnlichen kognitiven Aufgaben konfrontiert und verwendet ähnliche Methoden. Ein Mathematiklehrer an der Tafel erkennt ebenfalls auf diese Weise nichtalgorithmische Muster, auch wenn er immer wieder auf Regeln zurückgreift. Dieses zusätzliche Talent ist von entscheidender Bedeutung. Die Aktivierung von Prototypen ist höchstwahrscheinlich auch für die mathematische Forschung auf noch unbekannten Gebieten außerordentlich wichtig. Hier sucht man nach neuen Abwandlungen bereits bekannter mathematischer Prototypen oder versucht, neue Prototypen zu entwickeln, nachdem man wiederholt auf neuartige Probleme gestoßen ist, oder beides. Nur über bereits bekannte Algorithmen zu grübeln, ist nicht die einzige Methode und sicherlich auch nicht die vielversprechendste, um in der Mathematik entscheidende Fortschritte zu erzielen.

Man sollte am Rande erwähnen, daß wir Menschen gewöhnlich nicht sehr gut in Mathematik sind und besonders schlecht mit ihren arithmetischen oder algorithmischen Aspekten umgehen können.

Sollen wir zum Beispiel 30 vierstellige Zahlen addieren, brauchen wir dazu zehn Minuten und erhalten mindestens in der Hälfte der Fälle ein falsches Ergebnis. Ein Taschenrechner für 7,95 DM dagegen schafft das in wenigen Millisekunden und immer mit dem richtigen Ergebnis.

Betrachtet man jedoch die Entwicklung neuer mathematischer Konzepte oder das Erlangen fundamentaler mathematischer Einsichten, dann schneiden wir Menschen offenbar viel besser ab und der klassische Computer bleibt auf der Strecke. Das sollten wir auch erwarten, wenn der Mensch massiv parallel verarbeitet und prototypische Aktivitätsmuster aktiviert, während der klassische Computer mit hoher Geschwindigkeit seriell Algorithmen ausführt. Die Fähigkeiten von Mensch und Maschine überlappen sich zwar, aber unsere Stärken liegen auf jeweils anderem Gebiet. Sie sind dazu ausgelegt, verschiedene, aber komplementäre Aspekte der Mathematik zu erfassen.

Ich habe das Problemfeld Mathematik hier einfacher erscheinen lassen, als es ist, und ich hoffe, daß meine Vereinfachungen das Ergebnis nicht verfälschen. Ich wollte jedoch keine neue Epistemologie für die Mathematik verbreiten, wenn auch sicherlich deutlich geworden ist, daß ich mir eine solche wünsche. Vielmehr war mein Ziel einzuschätzen, welche Aussichten Netzwerkcomputer mit ihrer Art von Intelligenz haben, auf dem schwierigen Gebiet mathematischer Fähigkeiten zu bestehen. Interessanterweise richten sich die Haupteinwände in diesem Bereich doch alle gegen klassische serielle Computer, nicht gegen Netzwerke. Zudem könnten die besonderen kognitiven Kapazitäten neuronaler Netzwerke uns helfen, realistische Ansätze zur Lösung einiger der Probleme zu entwickeln, die beim klassischen, algorithmischen Modell mathematischer Fähigkeiten des Menschen auftreten, jedenfalls realistischere als Penroses quantenmechanische Gravitationshypothese. Auch in diesem Fall gibt es kein überzeugendes Argument gegen künstliche Intelligenz.

Der dritte prinzipielle Einwand gegen die Möglichkeit echter Intelligenz bei einer Maschine betrifft die sensorischen Qualitäten. Das Problem besteht hier darin, ihnen einen plausiblen Platz in unserem rein materialistischen Erklärungsrahmen zuzuordnen. Wir haben die Gegenargumente von Nagel und Jackson bereits widerlegt und müssen das hier nicht noch einmal wiederholen. Ein weiteres Argument sollte jedoch noch behandelt werden.

Dieses Gegenargument wurde vor etwa 15 Jahren von Ned Block, einem Philosophen am Massachusetts Institute for Technology, formuliert. Block mußte nicht zum dualistischen Hammer greifen, um seine Argumentation darzulegen. Er machte sich lediglich über ein offensichtliches Problem mit einer Schule des Materialismus Gedanken, die zu dieser Zeit vorherrschte, dem sogenannten Funktionalismus. Nach Ansicht der Funktionalisten liegt die Essenz bewußter Intelligenz in der „Software", in einer Art abstraktem Computerprogramm, einer Anzahl algorithmischer Prozeduren, die in der „Hardware" eines jeden Menschen vorhanden sind. Diese Auffassung war unter den Philosophen wie unter den Wissenschaftlern, die an künstlicher Intelligenz arbeiteten, damals fast allgemein verbreitet. Um eine Maschine mit künstlicher Intelligenz zu versehen, so ihre Ansicht, müßte man nur das Programm, das Menschen benutzen, ausformulieren, oder, wenn das nicht möglich ist, wenigstens ein Programm, das dieselben Input-Output-Aufgaben erfüllt. Welche Maschinen mit diesem Programm liefen, sollte dann nur von untergeordneter Bedeutung sein. Sie sehen schon, das ist genau die klassische Ansicht, die ich in diesem Buch zu widerlegen versuche.

Blocks Einwand war einfach. Man könnte eine ziemlich ungewöhnliche Umsetzung des menschlichen Programms herstellen oder sich wenigstens vorstellen, sie herzustellen. (Lassen Sie uns für einen Moment von der Existenz eines solchen Programms ausgehen.) Es wäre zum Beispiel vorstellbar, daß die gesamte Bevölkerung Chinas dieses Programm ausführt, indem alle Leute spezielle Karteikarten besitzen, bestimmten Regeln folgen, miteinander interagieren und so einen Roboter kollektiv steuern. Das wäre zwar eine außerordentlich langsame Umsetzung dieses Programms, gibt Block zu, aber es könnte genaugenommen dieselben Input-Output-Funktionen erfüllen wie das des Menschen. Dennoch, so Block weiter, hätte diese Ansammlung von Menschen, die wir hier als Einheit betrachten, bei diesem Vorgang keinerlei Empfindungen, die den unsrigen qualitativ ähnlich sind. Obwohl alle algorithmischen

Anforderungen zutreffen mögen, wären in diesem System keine sensorischen Qualitäten vorhanden. Der Funktionalismus muß also etwas Entscheidendes im Wesen bewußter Intelligenz unberücksichtigt lassen.

Das ist sicherlich richtig; er berücksichtigt die Vorgänge nicht ausreichend, die innerhalb einer kognitiven Kreatur wie dem Menschen stattfinden. Der Funktionalismus scherte sich relativ wenig darum, was genau in uns passiert, solange nur das Input-Output-Verhalten stimmt. Und selbst dann sind seine Annahmen über das Wesen dieser Vorgänge falsch, denn er definiert sie als im Kern algorithmisch.

Glücklicherweise ist der Funktionalismus ein Bürde, die die Materialisten nicht mehr belastet. Wir haben gelernt, daß die in uns stattfindenden Vorgänge wichtig sind und daß dort nicht nur Programme ausgeführt werden. Die meisten und wichtigsten Charakteristika der menschlichen und tierischen Kognition stammen nicht aus irgendwelchen Programmen, die in uns ablaufen; sie rühren von der besonderen physischen Organisation des Nervensystems her, aus der besonderen Art, mit der Informationen codiert werden und aus der parallel verteilten Informationsverarbeitung.

Wieder einmal, das dritte Mal in diesem Kapitel, hat sich ein Argument gegen den Materialismus bestenfalls als Argument gegen eine ganz spezielle Form von Materialismus erwiesen: gegen die Schule, die kognitive Aktivität als auf Regeln beruhende Manipulation diskreter physikalischer Symbole interpretiert.

Wieder einmal verspricht der neurophysiologische Ansatz Antworten zu liefern, wo die ältere Theorie nur Fragen aufwirft. Wie wir bereits gesehen haben, ermöglichen uns die sensorischen Aktivitätsvektoren und die Organisation eines gegebenen sensorischen Merkmalsraums einen ersten Zugang zu diesem Problem und helfen uns dabei, die verbleibenden Fragen anzugehen.

Meads künstliche Retina zeigt, daß unsere gegenwärtigen Theorien der sensorischen Codierung und Verarbeitung in der menschlichen Netzhaut im großen und ganzen stimmen. Die elektronische Nachahmung nimmt Bilder in vieler Hinsicht so wahr wie wir.

Niemand wird freilich behaupten, die künstliche Retina habe Bewußtsein. Ihre Wahrnehmungen sind weder Teil noch Ziel irgendeines Bewußtseins, solange sie nicht in ein umfassenderes kognitives System eingebettet ist und solange sie diese Wahrnehmungen nicht an ein rekurrentes System weitergibt, wie zum Beispiel an das System, das die Großhirnrinde mit dem Thalamus verbindet. Dasselbe gilt aber auch für die biologische Retina; auch sie hat für sich allein genommen kein Bewußtsein, und ihre Wahrnehmungen können nur bewußt werden, wenn das Gehirn gleichzeitig Bewußtsein zeigt.

Könnte also ein elektronisches Gehirn Bewußtsein besitzen? Es sieht ziemlich danach aus. Wird es bald soweit sein? Vermutlich nicht, wenn es auch sicher immer wieder kleine Fortschritte gibt. Wird eine derartige Technik irgendetwas grundlegend verändern, wenigstens langfristig betrachtet? Höchstwahrscheinlich, aber dieses Thema sparen wir uns für das letzte Kapitel auf.

10. Sprache, Wissenschaft, Politik und Kunst

Intelligenzunterschiede

In Teil I dieses Buches ging es unter anderem um die große Anzahl und Vielfalt kognitiver Fähigkeiten, die zusammen genommen die Intelligenz eines Menschen ausmachen. Wir sahen dies in der Vielfalt künstlicher Netzwerke, die zur Nachahmung des einen oder anderen Teilaspekts menschlicher Kognition konstruiert wurden, wie der Fähigkeit Gesichter zu erkennen, Texte zu lesen, räumlich zu sehen, Bewegungen zu erzeugen, Töne oder Emotionen zu unterscheiden und grammatikalische Strukturen zu erkennen. Wir sahen dies aber auch an der Vielfalt eng umgrenzter, doch oft schwerwiegender kognitiver Ausfälle nach Schädigungen verschiedener Teile des menschlichen Gehirns.

Diese Vielfalt zeigt bereits, daß Intelligenz nichts Einheitliches ist und daß es dabei nicht nur auf quantitative Unterschiede ankommt. Vielmehr kann sich die Intelligenz des Menschen auf vielfältige Weise ausdrücken, und die Verteilung dieser Fähigkeiten wird innerhalb einer Population von Menschen erheblich schwanken. Die Intelligenz ist, um einen uns jetzt geläufigen Begriff zu verwenden, selbst ein Vektor. Man kann die Intelligenz eines Individuums nicht definieren, ohne das jeweils charakteristische Muster von Fähigkeiten zu spezifizieren, das alle Einzelaspekte dieses Phänomens abdeckt. Intelligenz kommt also – wie Geschmack, Geruch und Farbe – in vielen Formen vor und ist nicht nur dann interessant, wenn sie besonders brillant ist. Nein, auch die verschiedenen eigentümlichen, ungewöhnlichen, kreativen oder spezialisierten Ausprägungsformen von Intelligenz sind durchaus wertvoll.

Was führt zu dieser Diversität? Warum können manche Menschen zum Beispiel besser als andere Emotionen in der Mimik erkennen oder räumliche Bezüge? Was genau ist an ihrer mimischen oder räumlichen Wahrnehmung, das die Unterschiede in ihren kognitiven Leistungen erklären könnte?

Zumindest in künstlichen Netzwerken verstehen wir einige der daran beteiligten Faktoren bereits sehr gut. Wenn ein Netzwerk auf einer seiner Schichten zuwenig Neuronen hat, um alle notwendigen Informationen zu codieren, dann leidet seine Leistungsfähigkeit entsprechend darunter. Wenn ein Netzwerk zuwenig synaptische Verbindungen besitzt, um die erwünschte Vektor-Vektor-Umwandlung mit der erforderlichen Genauigkeit ausführen zu können, dann wird es von einem stärker verknüpften Netzwerk übertroffen werden. Und wenn schließlich ein Netzwerk mit einer ungeeigneten oder ineffizienten Lernmethode trainiert wurde, dann wird seine Leistungsfähigkeit anderen Netzwerken unterlegen sein, ganz unabhängig davon, wie zahlreich seine Neurone und wie gut seine Verbindungen sind.

Auch in der Natur finden wir extreme Fälle für die ersten beiden Defizittypen. Die Alzheimer-Krankheit zum Beispiel, unter der besonders alte Menschen leiden, ist mit der langsamen Abnahme und schließlich mit dem beinahe vollständigen Verlust fast aller kognitiver Funktionen verbunden, also von Wahrnehmung, Denken und Handeln. Untersucht man das Gehirn von Alzheimer-Patienten nach ihrem Tod, findet man es vollständig durchsetzt mit Ablagerungen, sogenannten Plaques. Bei genauerer Untersuchung zeigt sich, daß die Neuronen weiträumig abgestorben und die synaptischen Verbindungen zerstört sind. Auch das Korsakow-Syndrom, Folge chronischen Alkoholmißbrauchs, geht mit einem dramatischen Abbau kognitiver Funktionen einher, besonders des Gedächtnisses. Bei Autopsien findet man in den Gehirnen Alkoholkranker einen engumgrenzten Neuronenverlust im Thalamus und auch an anderen Stellen eine verminderte Anzahl synaptischer Verbindungen. Natürlich sind das pathologische Fälle, aber sie machen deutlich, daß ein Verlust von Neuronen und/oder neuronalen Verbindungen zu Lasten der kognitiven Leistungsfähigkeit geht.

Über die Effizienz von Lernvorgängen läßt sich an dieser Stelle wenig sagen, denn wir verstehen davon immer noch nicht genug.

Das wenige aber, das bekannt ist, deutet darauf hin, daß beim Lernen synaptische Modifikationen unterschiedlicher Art beteiligt sind. Die Neueinstellung vorhandener Synapsen oder die Ausbildung neuer Verbindungen könnten zum Erlernen verschiedener kognitiver Fähigkeiten oder vielleicht auch zum Training bestimmter Netzwerke im Gehirn insgesamt führen. Dadurch könnten sich unsere ursprüngliche Vielfalt an Intelligenzniveaus nochmals erhöhen.

Schließlich herrscht innerhalb jedes Gehirns auch noch ein permanenter Konkurrenzkampf; das gilt sowohl für die Entwicklungsphase im Uterus und in der frühen Kindheit als auch für die Lernprozesse im späteren Leben. Während sich pränatal Neurone bilden und differenzieren, während sie an ihre Bestimmungsorte wandern und ihre wachsenden Axone die Zielgebiete suchen und dort Tausende von Synapsen ausbilden, wieder lösen und erneut bilden, stehen sie untereinander in ständigem Wettstreit um Nährstoffe, Raum, synaptische Verbindungen und Information, also elektrische Erregung. Da die vorhandenen Ressourcen begrenzt sind, muß der Erfolg einer Neuronengruppe zu Lasten einer anderen gehen. Auch bei einer völlig normalen Gehirnentwicklung führt bereits der natürliche neuronale Wettstreit automatisch dazu, daß die kognitiven Fähigkeiten in der Bevölkerung erheblich variieren. Schließlich gleicht kein Gehirn mehr dem anderen.

Wenn wir uns also den offensichtlichen Unterschieden in der Intelligenz von Menschen und Tieren zuwenden, dann sollten wir immer im Gedächtnis behalten, daß Intelligenz ein multidimensionaler Vektor ist und nicht eine eindimensionale Größe. Das sehen wir besonders deutlich daran, daß andere Lebewesen in bestimmten kognitiven Bereichen wesentlich leistungsfähiger sind als wir selbst. So kann eine Fledermaus viel besser als wir mit Hilfe von Echos die räumliche Verteilung von Objekten oder Hindernissen wahrnehmen. (Auch wir besitzen gewisse Fähigkeiten zur Echoorientierung. Stellen Sie sich vor, Sie laufen blind durch ein Schloß mit Marmorfußböden. Art, Richtung und Verzögerung des Echos ihrer Fußtritte würden Sie vermutlich davor bewahren, gegen eine Wand zu laufen.) Die Überlegenheit der Fledermaus in diesem Punkt könnte man als rein sensorischen, nicht kognitiven Vorteil ansehen, aber das würde einer genaueren Überprüfung nicht standhalten. Die grundsätzliche Überlegenheit der Fledermaus betrifft genauso die Intelligenz wie die bloße Wahrnehmung, denn die Gehörorgane von Mensch und Fledermaus unterscheiden sich in ihrem Aufbau nur wenig; beide Arten haben typische Säugerohren. Der kognitive Vorsprung der Fledermaus liegt vielmehr weiter oben in der Hierarchie der Informationsverarbeitung, bei der Vektorumwandlung. Das Gehirn der Fledermaus zeigt Intelligenz bei der Verarbeitung seiner akustischen Wahrnehmungen, denn es übertifft uns kognitiv darin, diese sensorischen Informationen räumlich zu deuten.

Fledermäuse sind uns auch kognitiv überlegen, wenn es ums Fliegen geht. Diese Fähigkeit nur als Überlegenheit in der motorischen Kontrolle abzutun, trifft wiederum nicht den Punkt. Fliegen ist ein mindestens so komplexes Verhalten wie Gehen auf zwei Beinen oder irgendwelche Handfertigkeiten. Alle diese Fähigkeiten werden erlernt, und alle sind ein Teil unseres praktischen Denkens. Von Frühjahr bis Spätherbst beobachte ich hier in La Jolla täglich waghalsige junge Leute, wie sie sich von den Klippen am Ozean stürzen. Selbst nach langem Üben kommt das fliegerische Können dieser Drachenflieger nicht einmal entfernt an das der Fledermäuse heran. Ich nehme an, es macht Spaß, so den Flug von Fledermäusen zu imitieren, aber uns Menschen fehlt einfach die angeborene Ausstattung dafür. Die Kunst zu Fliegen ist in der Tat eine Form von Intelligenz, und auch darin sind uns Fledermäuse überlegen.

Das gilt auch für die Koordination der komplexen auditorischen Wahrnehmungen mit den komplizierten Bewegungen beim Fliegen. Auch das ist eine hochrangige kognitive Leistung, die zwar die dümmste Fledermaus beherrscht, die uns Menschen aber vollständig fehlt, es sei denn, den Drachenflieger ist es inzwischen gelungen, im Stockdunkel durch Schlösser mit Marmorfußböden zu fliegen und dabei Ultraschallaute auszustoßen. Das ist ganz offenkundig eine kognitive Fähigkeit, die bei Fledermäusen viel besser entwickelt ist als bei Vögeln, und die uns völlig fehlt.

Suchen Sie sich irgendein Tier aus, und Sie finden wahrscheinlich eine kognitive Fähigkeit, in der es uns überlegen ist. In Kapitel 2 haben wir über den Geruchssinn von Hunden gesprochen. Hunde und viele andere Tiere können der Welt der Gerüche viel mehr Informationen entnehmen als wir, zum Beispiel zeitliche oder kausale, und auch diese Welt bleibt uns Menschen weitgehend verschlossen. Bestimmte Fische haben elektrische Organe, mit denen sie im Sand versteckte Beute elektrisch orten können, und auch das tun sie mit einer uns fremden Form von Intelligenz.

Ich habe diese Beispiele aus dem sensorischen Bereich gewählt, weil diese Fähigkeit uns Menschen so offensichtlich fremd sind und niemand bestreiten wird, daß wir sie nicht besitzen. Aber neben diesen eindeutigen Fällen können wir bei Tieren auf allen Ebenen der Verarbeitungshierarchie kognitive Spezialisierungen finden, die uns entweder fehlen oder die wir nur vergleichsweise marginal besitzen. Auf jeden Fall sind uns Tiere in manchen Punkten kognitiv weit überlegen. Wenn wir unsere Intelligenz also mit der irgendeiner Tierart vergleichen, dann müssen wir zwei Vektoren kognitiver Fähigkeiten vergleichen, die für beide charakteristisch sind. Wir müssen zwei komplexe Muster oder Profile vergleichen, die in gewissem Umfang, aber nie vollständig, überlappen können. Und wir sollten bescheiden sein, wenn wir sie vergleichen, und daran denken, daß viele Tiere über Fähigkeiten verfügen, die uns fehlen.

Haben nur Menschen eine Sprache?

Menschen besitzen natürlich eigene kognitive Spezialisierungen, und eine davon ist eindeutig die Sprache; hier müssen wir uns nicht verstecken. In der Sprachbegabung sind wir das erfolgreichste Lebewesen der Erde, ja viele Psychologen und Linguisten sind sogar der Ansicht, daß wir die einzige Art mit Sprache sind.

Das darf man jedoch aus zweierlei Gründen bezweifeln. Erstens zeigen fast alle Tierarten offensichtlich eine systematische und artspezifische Kommunikation. Unter den höheren Tieren zählen hierzu Wale, Delphine und verschiedene Affenarten, wie die Meerkatzen. Die Meeressäuger benutzen ein akustisches System, bei dem

Töne ganz anders erzeugt und wahrgenommen werden als bei uns Menschen. Die sonderbar geformten Vorderköpfe vieler Wal- und Delphinarten bilden zum Beispiel vermutlich akustische Linsen zum Sammeln und Fokussieren von Schallwellen. Es besteht kein Zweifel, daß Delphine Schall zur Kommunikation nutzen, wenn uns der Inhalt dieser Kommunikation auch verborgen bleibt. Außer zur Verständigung nutzen Delphine ihre akustischen Fähigkeiten zur Echoortung und „Echoabtastung" und nehmen leichte Phasenverschiebungen und andere Charakteristika der Signale wahr, für die wir taub sind. Unterwasserakustik unterscheidet sich von atmosphärischer Akustik in vielen Punkten. Schall breitet sich im Wasser viel schneller aus und seine Wellenlänge ist größer als in Luft. Das Gehör der Delphine nutzt die spezifischen physikalischen Eigenschaften der Schallausbreitung im Wasser, und gleiches gilt für seine lauterzeugenden Organe, was es für uns schwierig macht, semantische oder grammatikalische Strukturen in der Delphin-Sprache zu erkennen, falls es etwas derartiges geben sollte.

Vervetmeerkatzen dagegen sind in jeder Beziehung viel näher mit uns verwandt. Feldstudien haben gezeigt, daß sie etwa ein Dutzend verschiedener Laute mit einer bestimmten Bedeutung benutzen, die sich im Benutzungskontext nicht ändert. Diese Meerkatzen leben in der Baumkronenschicht tropischer Regenwälder, weswegen es auch bei ihnen schwierig ist, sie in ihrer natürlichen Umgebung zu beobachten. Vervetmeerkatzen leben sozial, aber wir Menschen können an ihrem Sozialleben weder teilhaben noch dessen Feinheiten verstehen. Solange uns aber das Sozialleben dieser Tiere in seinem Wesen und seiner Komplexität verschlossen bleibt, können wir nicht sicher sein, ob sich ihre Sprache von der menschlichen prinzipiell oder nur quantitativ unterscheidet.

Weiterhin stellt sich die Frage, ob unsere nächsten Verwandten, die Menschenaffen, eine Form menschlicher Sprache erlernen könnten. Schimpansen, Bonobos, Orang-Utans und Gorillas fehlen jedoch die anatomischen Voraussetzungen dafür, Laute der menschlichen Sprache zu artikulieren. Unabhängig von ihren kognitiven Fähigkeiten werden sie daher nie so sprechen können wie wir. Daher wurde versucht, Schimpansen die Taubstummensprache (*American Sign Language,* ASL) beizubringen, bei der man sich mit Handzeichen unterhält. Diese Sprache ist genauso komplex wie unsere gesprochene Sprache und daher für diesen Zweck bestens geeignet. Außerdem haben alle Affen sehr ausgeprägte manuelle Fähigkeiten, so daß es eher an kognitiven als an anatomischen Problemen liegen würde, wenn sie die Taubstummensprache nicht erlernen könnten.

Die ersten Ergebnisse schienen durchaus positiv. Washoe, ein junges Schimpansenweibchen, lebte zusammen mit den Psychologen Alan und Trixie Gardener in einer bewußt ungezwungenen häuslichen Umgebung. Das Tier lernte ein Vokabular aus über 100 Zeichen und kombinierte diese manchmal zu Sätzen mit zwei oder drei Worten, wobei sie auch völlig neue Sätze schuf. Für Kritiker des Experiments war jedoch nicht eindeutig, ob Washoe die Zeichen wirklich im semantischen Kontext gebrauchte oder ob es sich dabei nur um rein antrainierte Reaktionen auf bestimmte Reize handelte. Außerdem waren sie von den grammatikalischen Fähigkeiten des Affen nicht überzeugt. Washoe beherrschte kaum grammatikalische Regeln und benutzte nur sehr selten passende Wortkombinationen. Ihr Sprachgebrauch reichte nie an das muntere Plappern eines Kindes heran.

Ein weiterer Schimpanse wurde in der Zeichensprache trainiert, ein junges Männchen namens „Nim Chimpsky" (eine Verballhornung des Namens von Noam Chomsky, dem Linguisten vom Massachusetts Institute of Technology, dessen Theorie wir besprochen haben). Sein Lehrer war der Behaviorist Herb Terrace, der für das Training besser zu kontrollierende Laborbedingungen wählte. Auch Nim erwarb einen umfangreichen Wortschatz und erreichte mehr oder weniger das Niveau von Washoe. Aber auch er stieß an dieselben Grenzen wie die Äffin und bestätigte damit die Einwände der Skeptiker. Nim zeigte kein Verhalten, das sich nicht ganz konventionell erklären ließ, nichts deutete auf die wirkliche Kreativität hin, wie sie vermutlich den grammatikalischen und semantischen Fähigkeiten des Menschen zugrunde liegt. Aus diesen und noch anderen Gründen geriet die anfängliche Behauptung, Menschenaffen besäßen Sprachbegabung, allmählich in Verruf.

Und das ist auch heute noch so, obwohl eine neue Generation von Linguisten am Yerkes National Laboratory in Atlanta die Debatte wiederbelebt hat. Ihre Forschung konzentriert sich auf die zierlichen Zwergschimpansen oder Bonobos, und sie verwenden als Sprache ein künstliches System verschiedener und leicht manipulierbarer Symbole. Etwa 200 dieser kleinen Symbole in unterschiedlichen Farben und Formen sind auf einem großen Gitter auf einer Art tragbaren elektronischen Tafel fixiert. Das Versuchstier kann ein beliebiges Symbol aktiveren, indem es einfach darauf drückt. Dadurch vermeidet man die häufige Zweideutigkeit von beiläufig oder schlecht ausgeführten Handzeichen. Welche Kombinationen das Tier produziert und welche nicht, ist objektiv leicht festzustellen. Wie in den früheren Studien werden die Tiere darauf trainiert, diese Sprache in ihrem täglichen Leben anzuwenden; die Tafeln sind immer bei ihnen.

Diese Experimente sind hauptsächlich von Sue Savage Rumbaugh und Duane Rumbaugh mit ihren Mitarbeitern durchgeführt worden. Nach zehn Jahren Arbeit konnten sie bei den Zwergschimpansen sprachähnliches Verhalten nachweisen, das sowohl im Wortschatz als auch in der Grammatik weit über das von Washoe und Nim hinausgeht. Eines ihrer besten Versuchstiere, ein älteres Männchen namens „Kanzi", zeigt nicht nur bemerkenswerte Fähigkeiten beim Gebrauch der Symbole, sondern versteht auch gesprochenes Englisch überraschend gut. Daß Kanzi auch komplizierte gesprochene Kommandos versteht, liegt unter anderem sicher daran, daß Schimpansen genauso hören wie wir. Außerdem wuchs Kanzi in einer englischsprachigen Umgebung auf. Er versteht auch völlig neue Anweisungen, die er nie vorher gehört hat. Einmal befahl man ihm: „Kanzi, geh, hol den Ball draußen und bring ihn Margret!" und Kanzi tat genau das. Er lief dabei an einem Ball vorbei, der im Zimmer lag. Sue Savage Rumbaugh nahm solche und ähnliche Episoden mit der Videokamera auf; Kanzis Reaktionen sind wirklich sehr beeindruckend.

Es wäre sicher interessant, auf Kanzis Fähigkeiten, gesprochene Sprache zu verstehen, näher einzugehen, aber das lenkt uns von den anderen und leichter zu kontrollierenden Forschungen mit der künstlichen Symbolsprache ab. Hier zeigen mehrere Tiere dieselben Resultate, wenn sich über deren Bedeutung auch streiten läßt. Besitzen Schimpansen eine elementare Fähigkeit, wie sie auch der menschlichen Sprachbegabung zugrunde liegt? Oder dehnen sie einfach nur ihre nichtlinguistischen kognitiven Fähigkeiten bis zur äußersten Grenze aus und „äffen" etwas nach, was nichts mit der wirklich systematischen Sprachfähigkeit des Menschen zu tun hat? Ich kann diese Frage nicht beantworten, und ich denke, niemand kann das.

Warum ist diese Frage überhaupt von Bedeutung? Was hängt davon ab, ob Schimpansen wirklich linguistische Fähigkeiten besitzen, wenn sie auch nur gering entwickelt sind? Der erste Punkt, der dabei auf dem Prüfstand steht, ist das Schicksal der gegenwärtig vorherrschenden Theorie der menschlichen Sprache. Es handelt sich dabei um Noam Chomskys bekannte Ansicht, daß das menschliche Gehirn – und nur unseres – ein besonderes „Sprachorgan" besitzt, ein neuronales Subsystem, das die einzigartige und genetisch vererbte Fähigkeit besitzt, die grammatikalischen Regeln und Strukturen zu beherrschen, die allen menschlichen Sprachen eigen sind. Daraus folgt, daß kein anderes Tier die linguistischen Fähigkeiten erlernen kann, über die wir verfügen. Fast jedes positive Ergebnis der Sprachforschung an Affen würde diese Ansicht in Frage stellen.

Ein zweiter, nah verwandter Punkt betrifft die Rolle, die sprachähnliche Verarbeitungsfähigkeiten für das Bewußtsein spielen. Einige Theoretiker, unter ihnen vor allem Dan Dennett, gehen davon aus, daß serielle kognitive Vorgänge, wie sie zum Beispiel das diskursive, logische Denken erfordert, charakteristisch für eine besondere Art von Bewußtsein sind, wie es ausschließlich Menschen besitzen. Für Dennett existiert ein tiefer Graben zwischen tierischem und menschlichen Bewußtsein, und der Unterschied soll in diesen sprachähnlichen kognitiven Leistungen liegen. Wenn Chomskys Auffassung richtig ist, daß nur Menschen Sprachbegabung besitzen, und Dennett damit recht hat, daß sprachähnliche Verarbeitungsvorgänge die Grundlage des menschlichen Bewußtseins bilden, dann muß sich das Bewußtsein der Tiere von unserem nicht nur quantitativ, sondern fundamental unterscheiden.

Ich möchte beide Grundannahmen in Frage stellen und zuerst auf Chomskys Argument eingehen, nämlich auf seine Behauptung, das menschliche Gehirn besitze ein „Sprachorgan", um abstrakte grammatikalische Regeln zu speichern und anzuwenden, und sei daher einzigartig. Eine Reihe empirischer Daten läßt sich mit dieser Behauptung nur schwer in Einklang bringen.

Man sollte erwarten, daß Läsionen oder andere Methoden zur Lokalisierung von Hirnfunktionen ein derartig spezialisiertes Sprachzentrum aufzeigen würden, und tatsächlich hielt man das Broca-Areal (Kapitel 7) zunächst für das gesuchte Sprachorgan. Weitere Forschungen ergaben aber ein anderes Bild. Wie das Ehepaar Damasio und andere zeigten, sind unsere linguistischen Fähigkeiten eher weiträumig über das ganze Gehirn verteilt. Für das grammatikalische Verständnis ist das Wernicke-Areal mindestens ebenso wichtig wie das Broca-Areal für die Spracherzeugung, und die beiden Regionen liegen etwa fünf Zentimeter voneinander entfernt auf zwei unterschiedlichen Lappen des Großhirns. Außerdem führen bestimmte Läsionen des Temporallappens zu ganz speziellen grammatikalischen Ausfällen. Dabei können diese Läsionen überall auf dem Temporallappen und sogar am Rand des Frontallappens liegen, wie Abbildung 7.4 zeigt. Das Broca-Areal ist hauptsächlich am Gebrauch von Verben beteiligt und weniger an der Grammatik im allgemeinen. Wenn es also tatsächlich ein spezielles Sprachorgan geben sollte, dann ist es fast über die gesamte Hirnoberfläche verteilt und liegt damit in Gebieten, die eindeutig auch bei vielen Tieren vorhanden sind. Wenn wir ein solches Organ besitzen und sie nicht, dann zeigt sich dieser Unterschied zumindest nicht in der Anatomie.

Kommen wir zu einem weiteren Problem der Sprachorgan-Hypothese. Es gibt Menschen, die zwei- oder mehrsprachig aufwachsen. Entwickeln solche Menschen zwei, drei oder noch mehr Sprachorgane? Für sich allein muß das kein schwerwiegender Einwand sein, denn dasselbe Sprachorgan kann natürlich mehrere verschiedene Sprachen steuern, wir müssen uns nur vorstellen, daß eine mehrsprachige Person eine komplexe Sprache mit mehreren sehr unterschiedlichen Sprechstilen besitzt, zum Beispiel einen für Englisch und einen für Französisch.

Das Problem multipler und unterschiedlicher Sprachorgane taucht jedoch wieder auf, wenn wir uns empirische Untersuchungen ansehen, bei denen eine „reversible Hirnläsion" bei einem zweisprachigen Patienten eine seiner Sprachen unbeeinflußt läßt, während er die andere völlig verliert. Solche Fälle gibt es tatsächlich. So verlor ein aus Griechenland eingewanderter Amerikaner seine griechische Muttersprache, als man während eines chirurgischen Eingriffs bestimmte Gebiete der linken Hemisphäre künstlich stilllegte; sein erlerntes Englisch blieb jedoch unbeeinträchtigt. Hemmte man dagegen ein nahe benachbartes Gebiet, erhielt man genau den gegenteiligen Effekt. Wenn es tatsächlich ein Sprachorgan gibt, dann müssen demnach zweisprachige Menschen mindestens zwei davon haben, die räumlich und funktionell getrennt sind und beide auf derselben Hemisphäre liegen.

Das Bild wird noch verwirrender, wenn wir eine weitere Tatsache betrachten. Wenn ein Kind eine linksseitige Gehirnschädigung erleidet und sich die normalerweise auf dieser Seite liegenden Sprachfähigkeiten nicht entwickeln können, dann übernehmen die entsprechenden Gebiete der rechten Großhirnrinde diese Aufgabe. Das Kind spricht normal, benutzt dafür aber die rechte Großhirnrinde anstelle der linken. Demnach enthält auch die rechte Seite des Gehirns ein – mindestens potentielles – Sprachorgan, das normalerweise für andere Aufgaben benutzt wird.

Besitzen wir also alle zwei Sprachorgane, eines in jeder Gehirnhälfte? In gewissem Sinne muß das der Fall sein, obwohl der ursprüngliche Begriff „Sprachorgan" inzwischen problematisch geworden ist, denn er definierte eine Gehirnregion, die für die Anwendung und Manipulation abstrakter grammatikalischer Regeln zuständig ist. Die Strukturen in der rechten Großhirnrinde sind jedoch sicherlich nicht darauf spezialisiert, denn bei der überwiegenden Mehrheit der Menschen nehmen diese Gebiete niemals linguistische Aufgaben wahr, sondern dienen vielen sehr unterschiedlichen kognitiven Funktionen. Der dem Broca-Areal entsprechende Bereich auf der rechten Großhirnrinde ist zum Beispiel üblicherweise an der Kontrolle der Feinmotorik der Hände beteiligt. Somit scheint das „Sprachorgan", das man als eine festverschaltete Struktur für grammatikalische Aufgaben betrachtet hat, funktional recht plastisch und anatomisch diffus zu sein.

Das gilt auch für die linke Großhirnhälfte. Es gibt nämlich viele linkshändige Menschen ohne irgendwelche Gehirnschädigungen auf der einen oder anderen Seite, bei denen die Sprachfähigkeiten auf der rechten und die manuellen auf der linken Hemisphäre liegen, also genau umgekehrt wie bei der großen Mehrheit der Bevölkerung. Sollte es also ein einzelnes, anatomisch umgrenztes und fest verschaltetes Sprachorgan geben, dann ist es sehr schwer faßbar.

Gegen Chomskys Behauptung, es liege eine unüberwindbare Kluft zwischen der neuronalen Ausstattung von Menschen und Menschenaffen, werden oft auch phylogenetischen Argumente ins Feld geführt. Ich will darauf nicht näher eingehen; das Argument verdient aber Erwähnung. Evolutionär betrachtet, erscheint es sehr unwahrscheinlich, daß sich ein voll ausgebildetes Sprachorgan plötzlich aus dem Nichts entwickelt hat, besonders dann, wenn man unsere enge genetische Verwandtschaft mit den Menschenaffen betrachtet und die vergleichsweise geringe Zeitspanne in Rechnung zieht, seitdem sich unsere Wege getrennt haben (nicht mehr als 5 Millionen Jahre). Es ist viel wahrscheinlicher, daß wir Menschen an irgendeinem Punkt gelernt haben, kognitive Fähigkeiten, die allen höheren Primaten wenigstens in gewissem Umfang gemein sind, besser oder in anderer Weise auszunutzen.

Diese alternative Theorie, nach der Sprache auf dem besonderen Gebrauch relativ allgemeiner kognitiver Fähigkeiten beruht, wird unabhängig davon auch von der Forschung an künstlichen neuronalen Netzwerken gestützt. Elmans Erfolg bei der Konstruktion eines Netzwerks mit grammatikalischen Fähigkeiten beweist, daß es dafür keiner speziellen oder besonderen neuronalen Architektur bedarf. Ein einfaches rekurrentes Netzwerk reicht aus, um wenigstens eine elementare Grammatik zu beherrschen. Diese erfolgreichen Modellnetzwerke sind nicht einmal sehr groß; sie bestehen nur aus etwa 200 Neuronen. Dennoch sind sie imstande, neben der primär erlernten auch andere Grammatiken zu lernen, und man könnte denselben Netzwerkaufbau ebensogut für viele andere Aufgaben benutzen, die sich von der ursprünglichen, eng umrissenen Aufgabe deutlich unterscheiden. Wenn man für grammatikalische Fähigkeiten wirklich hochspezifische, festverschaltete Verrechnungsstrukturen benötigen sollte, so läßt sich dies an den Modellen der künstlichen Netzwerke mit Sicherheit nicht ablesen. Sie beweisen vielmehr genau das Gegenteil: Sogar die einfachsten neuronalen Strukturen besitzen die notwendigen kreativen Fähigkeiten.

Sprache ist nicht die einzige kreative Fähigkeit des Menschen. Mit ausreichender Übung können Menschen lernen zu musizieren. Sie lernen nicht nur Noten zu lesen, sondern können auch improvisieren, also einem Grundthema passende, zusammenhängende Motive von beliebiger Länge anzufügen. Menschen können Geometrie lernen, und sie können lernen, sich ad infinitum Beweise auszudenken, Beweise für immer noch komplexere geometrische Probleme und Beziehungen. Menschen lernen Arithmetik, sie lernen Additionen, Multiplikationen und Divisionen beliebiger Länge. Tiere besitzen diese Fähigkeiten genausowenig wie die Sprache. Sollten wir also folgern, wir besäßen, genau wie das „Sprachorgan", auch ein angeborenes und nur uns eigenes „Musikorgan", ein „Geometrieorgan" oder ein „Arithmetikorgan"?

Wenn das nicht der Fall ist, welche besonderen Ansprüche hätte dann die Sprache auf ein eigenes Verarbeitungszentrum? Vielleicht entspringt diese Vorstellung der Tatsache, daß jedes Kind sprechen lernt, wenn es in einer sozialen Umgebung aufwächst. Aber genauso wird jeder Mensch auch Musik, Geometrie oder Arithmetik lernen, wenn er in einer Umgebung groß wird, in der die jeweilige Tätigkeit ausgeübt wird. Wenn es hier einen grundlegenden Unterschied geben sollte, dann ist er wieder einmal schwer zu fassen.

Nichts von alledem beweist, daß Chomskys These von der scharfen Trennung zwischen Mensch und Menschenaffe falsch sein muß, aber wenn Ihre Überzeugung darin jetzt erschüttert ist, dann stehen Sie damit nicht allein. Besonders zu denken geben uns die Beobachtungen von Sue Savage Rumbaugh, nach denen Zwergschimpansen systematische Kombinationsfähigkeiten zeigen und regelmäßig Sätze aus vier oder fünf Worten bilden, oder daß Kanzi auf unbekannte Anweisungen richtig reagiert, wie: „Kanzi, leg den Schlüssel in den Kühlschrank!", „Kanzi, zieh mir den Schuh aus!"

oder „Kanzi, gib dem Hund eine Spritze!" (der Hund war ein Stofftier, aber die Spritze war echt, und Kanzi entfernte sogar vorher die Schutzhülle). Die Hypothese, daß die menschliche Sprachfähigkeit zum Großteil in normalen Hirnstrukturen liegt und sich von ihrem tierischen Äquivalent nur quantitativ unterscheidet, bleibt eine sehr wahrscheinliche Theorie.

Kritik an Dennetts sprachzentrierter Theorie des Bewußtseins

Wir wenden uns nun Dennetts Theorie des menschlichen Bewußtseins zu, die sich grundsätzlich von den Theorien unterscheidet, die wir im letzten Kapitel kennengelernt hatten. Dennett weiß sehr genau, daß das Gehirn ein stark parallel verarbeitendes System ist. Es zeigt nicht den Aufbau eines klassischen Digitalcomputers, der programmierbar ist und seriell arbeitet, und meistens verhält es sich auch nicht wie ein solcher. Und dennoch ist das deutlich parallel organisierte menschliche Gehirn in der Lage, in gewissem Umfang das typische Verhalten eines seriellen Computers zu simulieren. So können wir zum Beispiel die komplexen Symbolreihen einer Sprache verstehen und erzeugen, wir können aus solchen Symbolreihen hinreichend leicht und zuverlässig Schlüsse ziehen, wir können addieren, multiplizieren, dividieren und so weiter. Bei diesen arithmetischen Operationen, so Dennett, bildet unsere parallel organisierte neuronale Architektur einen „virtuellen" Computer nach, der nun klassisch-seriell nach Regeln arbeitet.

Dennett spielt hier auf die allgemeinen Fähigkeiten an, über die Ihr normaler PC auch verfügt. Er wird eine Maschine zur Textverarbeitung, wenn Sie das Textprogramm laden, ein Flugsimulator, wenn Sie ein Flugsimulatorprogramm starten oder ein Steuerberater, wenn Sie Ihr Steuerprogramm laden. Je nachdem, welches Programm gerade läuft, wird Ihr PC eine spezifische „virtuelle Maschine" – eine Schreibmaschine, ein Flugsimulator oder was auch

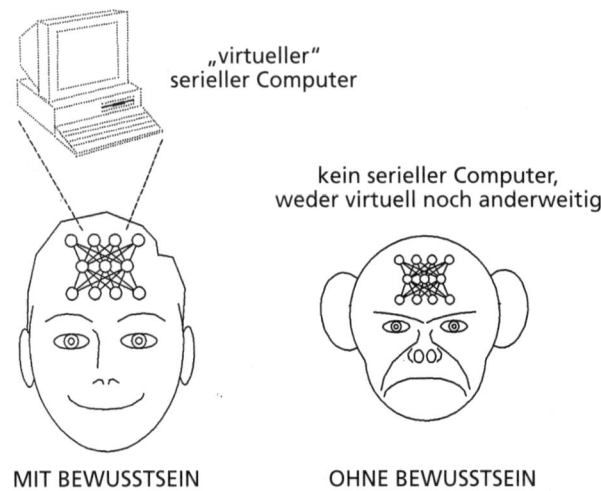

„virtueller"
serieller Computer

kein serieller Computer,
weder virtuell noch anderweitig

MIT BEWUSSTSEIN   OHNE BEWUSSTSEIN

10.1 Dan Dennetts Theorie des menschlichen Bewußtseins. Das massiv parallel verschaltete Gehirn des Menschen stellt seine Verbindungsstärken so ein, daß es einen seriell in diskreten Schritten arbeitenden Computer „virtuell" simulieren kann. Die Aktivität dieses Computers – die „James-Joyes-Maschine" – erzeugt dann das menschliche Bewußtsein. Die Gehirne von Schimpansen und anderen Tieren können keine derartigen seriellen Prozesse virtuell nachahmen und verfügen daher auch nicht über dieselbe Art von Bewußtsein wie der Mensch.

immer. Mit einem entsprechenden Programm kann er sogar das Verhalten eines parallelstrukturierten neuronalen Netzes simulieren, und so werden die meisten Forschungsarbeiten auf diesem Gebiet noch immer durchgeführt.

In ganz ähnlicher Weise kann ein paralleles neuronales Netzwerk mit der entsprechenden Einstellung seiner synaptischen Verbindungsstärken die Aktivität eines seriellen Digitalcomputer simulieren (Abbildung 10.1). Umgekehrt wie im eben beschriebenen Fall bildet dann ein paralleles Netz einen virtuellen seriellen Computer nach. Und genau das ist es, meint Dennett, was das menschliche Gehirn tut, wenn wir eine Sprache lernen. Das Gehirn erwirbt die bei Tieren nicht vorhandene Fähigkeit, Informationen nach bestimmten

Regeln sequentiell zu codieren und entsprechend ihrem zeitlichen Bezug zu verarbeiten.

Diese Sequenz der Informationscodierung, diese linguistisch strukturierte Aktivität macht, nach Dennetts Ansicht, das menschliche Bewußtsein aus. Es ist diese „virtuelle James-Joyes-Maschine", die von der parallel aufgebauten Hardware unseres Nervensystems angestoßen und in Gang gehalten wird. Sie generiert den Strom neuronaler Aktivitäten, den wir Menschen Bewußtsein nennen. Weil Tiere diese diskreten, seriellen, regelgebundenen und weitgehend linguistischen Aktivitäten nicht zeigen und wahrscheinlich auch nicht lernen können, haben sie vermutlich auch nicht die Art von Bewußtsein, die wir Menschen besitzen.

Soweit Dennetts Ansicht über das Bewußtsein, wie er sie in seinem letzten Buch *Consciousness Explained* (deutsch: „Philosophie des menschlichen Bewußtseins") entwickelt hat. Ich denke, er bringt hier einiges durcheinander, aber darauf will ich später noch eingehen; sein zentraler Fehler jedoch ist leicht zu finden und entbehrt nicht einer gewissen Komik.

Seit Aristoteles gingen alle Versuche, die menschliche Kognition zu beschreiben, davon aus, daß sie sprachähnlich strukturiert ist. Aber Sprachähnlichkeit ist auch beim Menschen der falsche Prototyp für Kognition. Heute, im letzten Jahrzehnt des 20. Jahrhunderts, haben wir endlich einen neuen, ganz anderen Prototyp entdeckt und beginnen, seine Stärken zu erforschen: die verteilte Vektorverarbeitung in einem parallelen rekurrenten Netzwerk. Es besteht heute kein ernstzunehmender Zweifel mehr daran, daß alle biologischen Gehirne im Prinzip so arbeiten, und wir können erstmals erahnen, wie die bekannten kognitiven Fähigkeiten mit diesem völlig neuen und hilfreichen Modell erklärt werden könnten.

Aber während wir gerade dabei sind, die klassische Anschauung durch diese neue, bessere Theorie zu ersetzen, versucht Dennett erstens, dieses alte ungeeignete Erklärungsmodell wieder ins Rampenlicht zu rücken, zweitens, es als Modell für menschliches Bewußtsein zu benutzen, lobt drittens die parallel verteilte Verrechnung, weil sie den alten linguistischen Prototyp„virtuell simulieren" kann, und spricht viertens den Tieren jedes menschliche Bewußtsein völlig ab, weil seine Theorie Bewußtsein bei nicht-sprachbegabten Lebewesen nicht erklären kann.

Das alles erscheint mir so, als hätte er nicht verstanden, welche eigenständigen Möglichkeiten das neue Modell der rekurrenten parallelverarbeitenden Netzwerke bietet, um die Eigenschaften der Kognition zu erklären. Genauso könnte man wieder den alten „Lebensgeist" als Erklärung für die Phänomene des Lebens heranziehen und dann als Unterstützung für diese Theorie anführen, die DNA-Moleküle besäßen die Fähigkeit, einen „virtuellen Lebensgeist" zu simulieren.

Das ist natürlich eine vorurteilsbeladene Darstellung. Möglicherweise hat Dennett in allen vier Punkten recht, und mein polemischer Vergleich ist unpassend. Sehen wir uns das an.

Wenn wir auf einem entsprechend programmierten seriellen Rechner ein paralleles neuronales Netzwerk simulieren, dann erhalten wir als Ergebnis natürlich nur das abstrakte Input-Output-Verhalten des simulierten Netzwerks. Der serielle Computer führt niemals irgendeine echte verteilte Codierung oder parallele Verarbeitung durch; er bleibt seiner seriellen, in diskreten Schritten arbeitenden Methode durch und durch treu. (Aus diesem Grund sind solche Simulationen neuronaler Netzwerke auch so schrecklich langsam.)

Man kann allgemeiner formulieren: Wenn ein Computer **M** so programmiert wurde, daß er irgendeine spezielle Maschine **V** virtuell simuliert, dann sagt das nichts über die internen Verarbeitungsvorgänge in **M** aus und nichts darüber, inwieweit diese den internen Vorgängen der simulierten Maschine entsprechen, sondern es besagt lediglich, daß sie irgendwie dasselbe Input-Output-Verhalten produzieren.

Dasselbe Argument gilt, wenn wir die Simulation in umgekehrter Richtung durchführen, also die Fähigkeit eines parallel arbeitenden Rechners betrachten, einen seriellen Computer virtuell zu realisieren. Auch hier zeigt eine erfolgreiche Simulation nur, daß das richtige Input-Output-Verhalten nachgeahmt wurde; es sagt aber nichts über die internen Verarbeitungsschritte des parallelen Rechners aus, der die Simulation durchführt. Insbesondere zeigt es nicht, daß der

Parallelcomputer jetzt nach irgendwelchen Regeln, seriell und in diskreten Schritten arbeitet.

Dennetts Erklärung für Bewußtsein setzt jedoch offenbar das gesamte System voraus, nicht nur seine oberflächliche Input-Output-Simulation. Die parallelen Nervennetze im Gehirn müssen wirklich seriell arbeiten, denn sonst gäbe es keinen „James-Joyes-Strom" des Bewußtseins. Dennetts Diskussion über „virtuelle Maschinen" und „Simulation" geht daher am Thema vorbei. Um die Anforderungen seiner zentralen These zu erfüllen, müßte er echte *serielle* Vorgänge im biologischen Gehirn finden.

Eine der Motivationen, die vermutlich hinter Dennetts Bewußtseinsmodell steht, basiert auf seiner Annahme, daß menschliches Bewußtsein normalerweise mit zeitlich aufeinanderfolgenden kognitiven Aktivitäten verbunden ist. Hierin stimme ich ihm völlig zu, aber Dennett ist offensichtlich immer noch in der Überzeugung gefangen, daß klassische, sprachähnliche Verrechnungsvorgänge diese zeitliche Struktur am besten erklären könnten. Daher versucht er zwanghaft, ein klassisch serielles Kaninchen aus dem Zylinder des massiv parallel organisierten Gehirns zu zaubern.

Es gibt jedoch noch eine andere, viel natürlichere und effektivere Erklärungsmöglichkeit für die wohlgeordnete zeitliche Struktur von Bewußtsein, und sie hat nichts mit seriellen Computern oder sprachähnlicher Verarbeitung zu tun. Diese Alternative liegt im dynamischen Verhalten realer (nicht virtueller) rekurrenter Netzwerke und in ihren beeindruckenden Fähigkeiten, kontinuierliche, komplexe Repräsentationen in der Zeit zu generieren. Wir müssen keine klassisch seriellen Prozesse bemühen, um dieses Phänomen zu erklären; die dynamischen Vorgänge in rekurrenten parallelen Netzwerken liefern uns in jedem Fall viel bessere Hilfsmittel dafür. Wie Elmans Grammatik-Netzwerke illustrieren, könnten diese Netzwerkeigenschaften eine begrenzte sprachähnliche Verarbeitung durchaus erklären, wenn denn irgendein Lebewesen eine solche tatsächlich besäße. Aber sprachähnliche Fähigkeiten zu erzeugen ist nicht die primäre Aufgabe von Netzwerken. Sie können eine Vielzahl anderer, ganz unterschiedlicher kognitiver Fähigkeiten produzieren, zum Beispiel verschiedene Formen motorischer Kontrolle oder die Fähigkeit, kausale Vorgänge zu verstehen beziehungsweise sich vorzustellen.

Dennett diskutiert rekurrente Netzwerke und ihre speziellen Eigenschaften in seinem Buch nicht, ja sie werden nicht einmal im Index erwähnt (Nur in einer Fußnote werden Gerald Edelman und rekurrente Bahnen erwähnt.) Möglicherweise war er sich deren anatomischer und funktioneller Bedeutung nicht bewußt, besonders, was die zeitliche Dimension angeht.

Jedenfalls benötigen wir keine klassisch serielle Erklärung für die zeitlich strukturierte Qualität des menschlichen Bewußtseins. Zeitlich strukturierte Aktivität ist die natürliche Eigenschaft eines jeden rekurrenten Netzwerks, unabhängig davon, ob es linguistische Fähigkeiten erlernt hat oder nicht. Diese Fähigkeit von Netzwerken zu chronologisch strukturierten Prozessen liefert uns sogar eine einheitliche Erklärung für Bewußtsein bei allen höheren Tieren, ob sie nun sprachbegabt sind oder nicht. Alle unsere verschiedenen neuroinformativen Erklärungsmodelle für Bewußtsein in Kapitel 9 deuten darauf hin, daß höhere Tiere genauso Bewußtsein haben wie wir, zumindest im Wachzustand. Denn die meisten Tiere verfügen über eine mehrschichtige Großhirnrinde und breitgestreute rekurrente Verbindungen zwischen Cortex und Thalamus, genau wie wir Menschen (Abbildung 10.2).

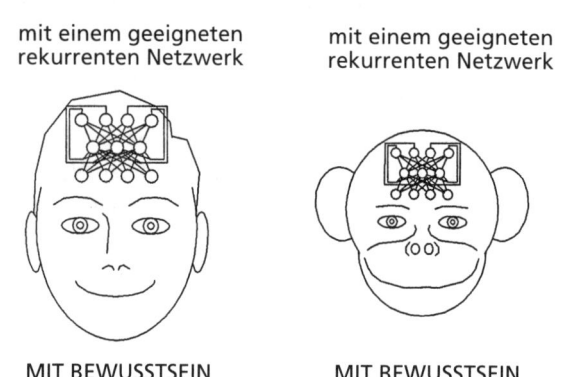

mit einem geeigneten
rekurrenten Netzwerk

mit einem geeigneten
rekurrenten Netzwerk

MIT BEWUSSTSEIN

MIT BEWUSSTSEIN

10.2 Menschen und höhere Tiere besitzen gleichermaßen Bewußtsein.

Dennetts Erklärung für Bewußtsein ist nicht nur den Tieren gegenüber unfair, sie ist auch für das Phänomen Bewußtsein beim Menschen ungeeignet. In Kapitel 9 haben wir sieben entscheidende Aspekte des menschlichen Bewußtseins aufgezählt, die man im Rahmen einer Theorie erklären müßte. Dennetts Theorie, Bewußtsein sei ein „virtueller serieller Vorgang", bietet für keinen dieser Aspekte eine Erklärung, geschweige denn für alle sieben. Sie ist nicht nur falsch motiviert, wie die vorhergehenden Seiten zeigen, sie ist auch ungeeignet, weil sie keine Erklärungen liefert.

Schließlich ist Dennetts Erklärung von Bewußtsein unausgewogen, weil sie sich nur auf den kleinen, weitgehend sprachähnlichen Teil des Bewußtseins konzentriert. Das menschliche Bewußtsein enthält jedoch darüber hinaus auch sensorische, motorische oder soziale Aspekte. Ein virtuelles serielles System liefert keine besonders einleuchtenden Erklärungen für irgendeine dieser Eigenschaften, ein rekurrentes paralleles Netzwerk hingegen schon.

Die Rolle der Sprache für Denken und Bewußtsein

Wie ich gerade angedeutet habe, ist Bewußtsein eher ein biologisches Phänomen als ein soziales. Das soziale Phänomen Sprache hat mit der Entstehung von Bewußtsein nichts zu tun.

Auf der anderen Seite wird der Inhalt des Bewußtseins stark von der sozialen Umgebung beeinflußt, in der das Bewußtsein heranreift, und dazu gehört beim Menschen vor allem die Sprache. Jedes Kind muß mit den Wahrnehmungen und den sozialen und kausalen Faktoren umzugehen lernen, die in seiner Umwelt allgemein akzeptiert sind. Diese Faktoren spiegeln sich in der Sprache einer Kultur wider, und jedes Kind verinnerlicht sie, wenn es sprechen lernt.

Schließlich besitzt das Kind ein Arsenal von Prototypen, das wenigstens partiell die kumulative Erfahrung der jeweiligen Kultur enthält, eine Erfahrung, die Tausende von Jahren zurückreichen kann. Ein Kind muß nicht jedesmal ganz von vorn anfangen, denn vieles von dem, was seine Vorfahren an wichtigen Konzepten,

Beziehungen und Vorgängen gelernt haben, überlebt wenigstens in groben Grundzügen im Vokabular der Sprache. Das Kind muß natürlich die notwendigen Konzepte und Prototypen erlernen, und dazu reicht es nicht aus, nur Wörter auswendig zu lernen; es braucht dafür vielmehr den ständigen Austausch mit seiner Umgebung. Das vorhandene und beim Denken verwendete Vokabular bietet jedoch eine abstrakte Schablone, die die Gehirnentwicklung des Kindes während des Lernens auf ihren Rahmen begrenzt.

Sprache stellt somit eine Form von körperlosem Gedächtnis dar, ein Medium der Informationsspeicherung, das unabhängig von irgendeinem einzelnen Gehirn existiert und dessen Tod überdauert. Mit dem Auftreten von Sprache ist der Lernprozeß nicht länger nur auf die Lebenszeit eines Individuums beschränkt; Informationen werden effektiv von einer Generation zur nächsten weitergegeben und dabei entsprechend der Erfahrungen modifiziert, die jede Generation zu diesem kollektiven Bewußtsein beisteuert. Durch die Erfindung der Schrift sind dauerhafte Aufzeichnungen möglich, was diesen Prozeß weiter verbessert, denn jetzt haben wir endlich direkten Zugang zu den Gedanken und Worten unserer Vorfahren und nicht nur zu dem abstrakten Gedankengebäude, in dem sie einst formuliert wurden.

Der letzte Satz deutet bereits einen weiteren Weg an, auf dem die Sprache Inhalt und Qualität menschlicher Kognition entscheidend beeinflußt. Sprache ermöglicht auch in der Gegenwart die *Kollektivierung menschlichen Denkens*. Durch Sprache können mehrere Menschen gemeinsam Probleme angehen und lösen, die für jeden Einzelnen unlösbar wären. Die Problemlösung hängt nicht länger vom Einzelnen ab, von seinem Gedächtnis, seiner Vorstellungskraft, seiner Intelligenz oder seiner Perspektive. Die Sprache ermöglicht uns, die kognitiven Schwächen jedes Einzelnen zu überwinden und unsere individuellen Stärken zu bündeln. Mathematisch gesprochen, transformiert eine lebhafte Diskussion jede Gruppe aus n Menschen zeitweilig in ein einziges Gehirn mit 2n Hemisphären. Diese temporäre mentale Allianz ist zumindest für spezielle Aufgaben ein viel effektiveres kognitives System, als es das eine Paar Hemisphären eines Individuums jemals sein kann.

Zusammengenommen haben uns diese beiden Konsequenzen der Sprache – die Kollektivierung des Denkens und seine Expansion weit über die Lebenspanne eines Individuums hinaus – einen nicht zu unterschätzenden Vorteil gegenüber nicht-sprachbegabten Arten gebracht. Ein relativ geringer kognitiver Bonus wird durch die Vorteile des Sprachgebrauchs und den kumulativen Effekt von 50 oder 100 Jahrhunderten Zivilisation potenziert.

Zweifellos hat diese Tatsache auch auf unser Bewußtsein abgefärbt. Wir sind uns Dingen bewußt, von denen andere Lebewesen keine Ahnung haben, wir denken in Begriffen, die ihnen niemals zugänglich sein werden. Der Inhalt des menschlichen Bewußtseins übertrifft die Vorstellungskraft eines jeden Tieres, das sollte man betonen und nicht negieren.

Dennoch muß sich das Bewußtsein selbst bei Mensch und Tier nicht unterscheiden; es ist nur eine besondere, sehr spezielle Form kognitiver Aktivität, die vor allem die sieben im letzten Kapitel besprochenen Eigenschaften zeigt: Gedächtnis, Wahrnehmungsunabhängigkeit, steuerbare Aufmerksamkeit, flexible Interpretationsmöglichkeit, das Fehlen im Schlaf, das Wiedererscheinen beim Träumen und die Einheit aller Sinnesmodalitäten. In diesen Punkten unterscheiden wir uns nicht oder kaum von den Tieren. Die Sprache führte beim Menschen lediglich zu einer deutlichen Veränderung der Inhalte des Bewußtseins, und dieser Prozeß ist, wie wir bald sehen werden, noch lange nicht abgeschlossen. Das Phänomen Bewußtsein haben wir aber mit vielen Tieren gemeinsam, denn nach allen bisherigen Hinweisen und theoretischen Überlegungen haben höhere Tierarten genauso Bewußtsein wie wir.

Theoretische Wissenschaften, Kreativität und der Blick hinter die Kulissen

Nachdem wir betont haben, daß im Bewußtsein eine Kontinuität zwischen uns und dem Tierreich besteht, sollten wir uns nun den spezifischen Errungenschaften und Techniken zuwenden, die uns Menschen eine Sonderstellung verleihen. Von den Tieren trennen uns zum Beispiel die theoretischen und empirischen Wissenschaften. Denken Sie nur an die theoretischen und praktischen Ergebnisse der modernen Physik, Chemie oder Biologie. Durch sie erhielt der Mensch Macht über den Atomkern, kann ein entferntes Sternensystem untersuchen, künstlich ein neues Material schaffen und eine Krankheit nach der anderen unter seine Kontrolle bringen. Wie können wir derart umfassende und potente Konzepte entwickeln? Wie kann der Mensch zum Kern der Dinge vordringen, wie sieht er hinter die Kulissen der Realität? Wie erlangt er ein so tiefes Verständnis?

Es gibt in diesem Bereich viele Mythen, und mit jeder Stellungnahme zu diesem Thema läuft man Gefahr, noch einen weiteren Mythos hinzuzufügen. Aber selbst wenn dem so ist – vielleicht besteht ja die Chance, daß der neue Mythos nützlich ist und mir daher verziehen wird.

Als Einführung möchte ich den Leser in das Jahr 1962 zurückversetzen, als Thomas Kuhn sein berühmtes Buch *Die Struktur wissenschaftlicher Revolutionen* veröffentlichte. Kuhn war von Hause aus Physiker, fand seine Passion aber in der Wissenschaftsgeschichte und hatte auf die Wissenschaftsphilosophie großen Einfluß. Sein dünnes Büchlein voller historischer Beispiele brauchte ein paar Jahre für den Durchbruch, ließ die philosophische Welt dann aber aufhorchen, und mit Sicherheit krempelte es meine eigene Sicht vom Ablauf logischer Entwicklungen und der Wissenschaftsgeschichte völlig um.

Das hatte zwei Gründe: Der erste war Kuhns umfangreich dokumentierte Behauptung, daß die bisherigen wissenschaftlichen Revolutionen nicht eindeutig auf rein logischen und experimentellen Faktoren beruhten, die methodisch wohl definiert sind. Vielmehr basierten sie auf einer Vielzahl zusätzlicher, nichtlogischer Faktoren, auf sozialen, psychologischen, metaphysischen, technologischen, ästhetischen und individuellen. Die Logik spielte zwar eine essentielle und nicht abstreitbare Rolle bei der Entscheidung revolutionärer wissenschaftlicher Konflikte, aber, so Kuhn, nur eine geringe, meist stark übertriebene Rolle, die in den sich anschließenden wissenschaftsgeschichtlichen Erörterungen stark übertrieben wurde. (Denn diese heroischen, logischen Geschichten wurden stets von den Gewinnern eines wissenschaftlichen Streites oder deren intellektuellen Nachfolgern geschrieben.) Nach Kuhns These lassen sich die Faktoren, die zu einer wissenschaftlichen Umwälzung führen, nicht im Nachhinein mit Begriffen wie „Induktion", „Verifikation", „Falsifikation" und anderen rein logischen Termini erfassen; all das sind Begriffe, die wir erst bei unseren nachträglichen Erklärungsversuchen bemühen.

Der zweite Grund für die auf dieses Buch folgende Kontroverse war seine ebenfalls gut dokumentierte Behauptung, der zentrale Begriff des wissenschaftlichen Verständnisses sei nicht der Satz (sentence) oder eine Reihe von Sätzen, sondern vielmehr das sogenannte Paradigma oder eine Familie von Paradigmen. Kuhn benutzte den Begriff „Paradigma" im Sinne eines konkreten Modells zum Verständnis eines Problems. Ein Paradigma ist ein exemplarisches oder prototypisches Modell, auf das alle anderen Erklärungen in einem bestimmten Bereich hinauslaufen wie die Variationen eines Grundthemas. Lernt man eine wissenschaftliche Theorie, dann lernt man zunächst die prototypischen Eigenschaften eines zentralen Beispiels kennen und anschließend, dieses Verständnis entsprechend modifiziert auf andere Beispiele anzuwenden. Was Kuhn damit meinte, läßt sich anhand der Beispiele in Abbildung 10.3 veranschaulichen.

Abbildung 10.3a zeigt einen Körper im freien Fall, einen Versuch, den Oberstufenschüler im Fach Physik in klassischer Mechanik kennenlernen. Der Ball fällt mit zunehmender Geschwindigkeit senkrecht nach unten. Die Fallstrecken, die er nacheinander in gleichlangen Zeiträumen zurücklegt, stehen im gleichen Verhältnis zueinander wie die ungeraden Zahlen daneben (eine Entdeckung Galileis).

Abbildung 10.3b zeigt eine Kugel, die nicht frei fällt, sondern eine schiefe Ebene hinunterrollt. Auch hier stehen die pro Zeiteinheit zurückgelegten Strecken im gleichen Verhältnis zueinander wie die ungeraden Zahlen, sind aber jeweils um den Faktor 0,7 kürzer als die entsprechenden Strecken im freien Fall in Abbildung 10.3a. Der Faktor 0,7 resultiert dabei aus dem Cosinus des Neigungswinkels der Rampe von 45 Grad. Die letzte Abbildung 10.3c zeigt einen

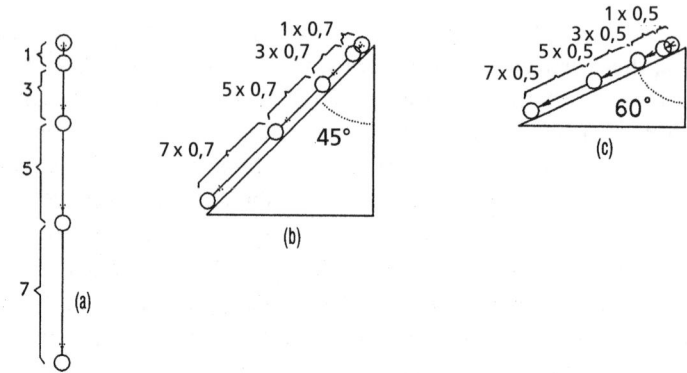

10.3 Ein Körper im freien Fall (a). Ein Körper, der eine Rampe mit einem Neigungswinkel von 45 Grad hinunterrollt (b). In diesem Fall beträgt der Neigungswinkel 60 Grad (c).

noch stärker verlangsamten Fall. Der Neigungswinkel der Rampe beträgt jetzt 60 Grad, und die daraus resultierenden Fallstrecken pro Zeiteinheit betragen nur die Hälfte der entsprechenden Fallstrecken in Abbildung 10.3a (weil der Cosinus von 60 Grad 0,5 ist). Jetzt sieht Abbildung 10.3a genau wie die beiden anderen Abbildungen aus, abgesehen davon, daß hier die (nicht vorhandene) Rampe einen Winkel von 0 Grad hat.

Betrachten wir nun eine Variation dieses Themas. Abbildung 10.4a zeigt nochmals den freien Fall, Abbildung 10.4b prinzipiell dieselbe Situation, nur daß der freifallende Körper diesmal auch eine gleichmäßig horizontale Bewegungskomponente aufweist. Die Kombination beider Bewegungen – einer uniformen horizontalen und einer freifallenden vertikalen – ergibt eine gleichmäßig parabolische Bahn. Wie breit sie ist, hängt davon ab, wie groß die anfänglich horizontale Bewegungskomponente des fallenden Körpers war (Abbildung 10.4c). Wiederum sieht die erste Abbildung jetzt genauso aus wie die beiden anderen, abgesehen davon, daß die Horizontalgeschwindigkeit im ersten Fall Null ist.

Im Anschluß daran würde man den Schülern eine aufwärtsgerichtete Bewegung mit konstanter Abnahme der Geschwindigkeit

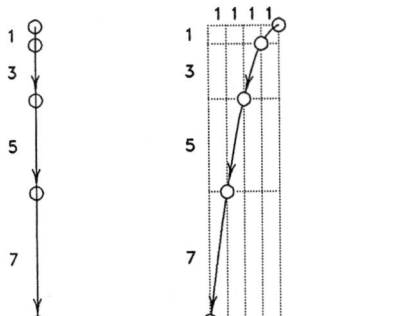
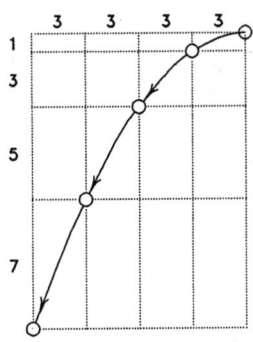

10.4 Ein Körper im freien Fall (a). Ein Körper im freien Fall mit geringer horizontaler Bewegungskomponente (b). Ein Körper im freien Fall mit größerer horizontaler Bewegungskomponente (c).

vorführen. Stellen Sie sich einige Schemata wie die in Abbildungen 10.3 und 10.4 vor, nur daß die Pfeile jetzt nach oben anstatt nach unten zeigen. Man könnte noch andere Abwandlungen besprechen, beispielsweise den freien Fall in nicht uniformen Schwerkraftfeldern, wie sie bei verschiedenen Planeten unseres Sonnensystems auftreten (Abbildung 10.5).

Sie sehen schon, auf was das alles hinausläuft. Das Lernen einer Theorie besteht weniger darin, sich eine Anzahl von Sätzen zu merken, sondern eher im Vertrautwerden mit einer Reihe von Paradigmen oder prototypischen Kausalzusammenhängen, die diese Theorie enthält. Ich hätte auch unter jeden dieser sechs Fälle Formeln oder mathematische Gleichungen schreiben können, und die Schüler lernen solche Formeln auch, aber ich habe sie absichtlich weggelassen. Nach Kuhns Ansicht ist es für das erfolgreiche Lernen und Verstehen wichtiger, solche graphischen Darstellungen und die davon abgeleiteten Beispiele zu verstehen als eine Liste von Gleichungen.

Damit hat er wohl recht. Wir kennen alle die nachlässigen Schüler, die am Abend vor der Prüfung noch verzweifelt die fünf wichtigsten Formeln pauken oder vielleicht auf einen „Spickzettel" schreiben. Schüler, die sich so vorbereiten, versagen normalerweise in Prüfungen, in denen sie mit Aufgaben konfrontiert werden, bei

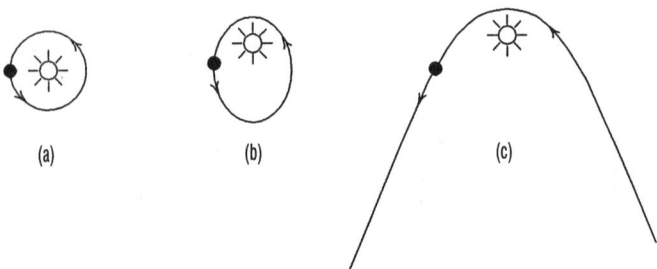

(a)   (b)   (c)

10.5 Frei fallende Körper in einem nichtuniformen Schwerkraftfeld. Kreisförmige Bahn: die zur Sonne gerichtete Kraft ist gleichförmig (a). Elliptische Bahn: die zur Sonne gerichtete Kraft ist nicht gleichförmig, aber zyklisch (b). Hyperbolische Bahn: die zur Sonne gerichtete Kraft ist nicht gleichförmig und nicht zyklisch (c).

denen man diese Formeln dem jeweiligen Problem anpassen muß. Es ist kein Wunder, daß sie dabei so schlecht abschneiden. Viel besser wäre es, wenn sie sich die graphischen Darstellungen und die Variablen darin merken würden, denn diese lassen sich viel einfacher auf neue Problemsituationen übertragen, und man kann in jedem Fall die dazugehörigen Gleichungen aus einem entsprechenden Diagramm ableiten.

Wir lernen aus diesem Beispiel der klassischen Mechanik, daß das Verstehen einer Theorie nicht primär in einer Reihe expliziter Regeln, Gesetze oder Gleichungen besteht, sondern vielmehr im Begreifen der beispielhaften oder paradigmatischen Situationen und Vorgänge und der möglichen Abwandlungen dieses Grundthemas. Nach Kuhns Ansicht gilt dies ganz allgemein für alle wissenschaftlichen Theorien und wissenschaftliches Verständnis. Bei anderen Theorien auf anderen Gebieten wird es andere Paradigmen geben, die aber demselben Zweck dienen, nämlich als Grundbeispiele, mit deren Hilfe man die anderen Phänomene der jeweiligen Theorie erfassen kann. Gleichungen und andere Arten expliziter Lehrsätze sind häufig sehr wichtig, aber Kompetenz beim Gebrauch von Formeln ist nur ein Aspekt innerhalb eines breiten Spektrums von Fähigkeiten – wie Wahrnehmung, Interpretation, Analogiebildung, Modifikation und Manipulation. Diese Fähigkeiten sind die Grundlage wahren Verständnisses und sie konzentrieren sich, meint Kuhn, immer um ein Zentrum paradigmatischer Beispiele.

Nach Kuhns Ansicht besteht wissenschaftliches Verständnis also im Begreifen eines Paradigmas und der Fähigkeit, dieses zu benutzen und abzuwandeln, und nicht so sehr im Verstehen einer Anzahl von Gesetzen. Es ist daher nicht verwunderlich, daß er auch eine sehr unorthodoxe Ansicht darüber vertritt, wie wissenschaftliche Theorien bewertet werden. Damit stieß er auf großen Widerstand.

Nach der bis dahin üblichen Ansicht unter Wissenschaftsphilosophen wird eine Theorie beurteilt, indem man sie auf ihre logische Konsistenz mit experimentellen Beobachtungen überprüft, sie von derartigen Beobachtungen ableitet oder sie dadurch bestätigt – kurz, durch gesetzmäßiges und logisches Vorgehen. Dagegen vertrat Kuhn die Ansicht eines „Leistungsprinzips" in der Bewertung von Theorien, einem eher pragmatischen als logischen Konzept. Eine Theorie ist ein Hilfsmittel, und ihre Stärke liegt in ihren vielfältigen Gebrauchsmöglichkeiten; man kann mit ihr etwas erklären, voraussagen, auf ein gemeinsames Prinzip zurückführen oder durch die neuen Techniken manipulieren, die sie ermöglicht.

Nach diesem Konzept ist es einleuchtend, daß die Bewertung einer Theorie durch einen Wissenschaftler wenigstens teilweise davon abhängt, welche Ziele er bei den gerade aufgelisteten Möglichkeiten verfolgt, was er als das gegenwärtig dringlichste Problem erachtet und welche allgemeinen Lösungsansätze er am ehesten für sinnvoll, nützlich oder plausibel hält. Logischerweise unterscheiden sich die Menschen in diesen Punkten, und damit besteht die Bewertung einer Theorie durch die akademische Gemeinde fast immer in einer komplexen sozialen und intellektuellen Auseinandersetzung und nur selten, wenn überhaupt, in einem rein logischen Disput.

In weiten Kreisen stieß Kuhns Ansicht auf heftigen Widerstand; es hieß, sie würde die Wissenschaft verunglimpfen, in den Relativismus abgleiten lassen und dem Zusammenbruch wissenschaftlicher Standards Tür und Tor öffnen. Ob das nun wahr ist oder nicht, so etwas lag bestimmt nicht in Kuhns Absicht. Denn eigentlich folgt Kuhn methodologisch althergebrachten Wegen; wenn er Politiker wäre, dann zählte Kuhn zu den Stockkonservativen und nicht etwa zu den Radikalen.

Kuhn hat tatsächlich nicht die wissenschaftlichen Standards angegriffen, vielmehr griff er eine falsche Theorie über das Wesen wissenschaftlicher Standards an, die alte und bedeutende philosophische Theorie des „logischen Empirismus", die all diese Standards in wohldefinierte logische Begriffe fassen will. Wenn man diese orthodoxe, aber nicht auf Fakten beruhende Theorie akzeptiert, was die meisten Philosophen taten, dann muß man einen Angriff darauf zwangsläufig als Angriff auf die wissenschaftlichen Standards generell werten.

Das muß aber nicht so sein. Wenn wir einmal einräumen, daß eine wissenschaftliche Theorie aus viel mehr besteht als einer Reihe von Gesetzen, dann können wir auch akzeptieren, daß zu ihrer Bewertung viel mehr erforderlich ist als die rein logischen Beziehungen zwischen Gesetzen. Sobald wir uns dem Griff dieses orthodoxen philosophischen Modells entzogen haben, können wir uns der Frage, wie Theorien beurteilt werden, ganz unvoreingenommen widmen. Wir können dabei zum Beispiel auf unser inzwischen etabliertes Wissen zurückgreifen, wie neuronale Netzwerke ihre Hierarchie aus Konzepten entwerfen und wie sie diese bei negativen Erfahrungen ändern oder bei neu auftretenden Möglichkeiten modifizieren. Das wird im Endeffekt hoffentlich zu besseren wissenschaftlichen Standards führen, die sich auf ein tieferes Verständnis dessen gründen, was wissenschaftliche Theorien in Wirklichkeit sind und wie sie funktionieren.

Das bringt uns zu den neuronalen Netzwerken zurück und damit zum eigentlichen Ziel meines kleinen Exkurses in die Wissenschaftsphilosophie. Ein Paradigma ist für Kuhn der objektive Gegenpart zu oder die objektivierte Version dessen, was wir einen prototypischen Aktivitätsvektor genannt haben. Und die problemlösenden Fähigkeiten, also das Begreifen einer Familie von Paradigmen, sind genau die Fähigkeiten, die beim Training eines neuronalen Netzwerkes aus der Hierarchie interner Prototypvektoren entstehen. Danach besteht das Verstehen einer wissenschaftlichen Theorie nicht darin, eine Anzahl von Gesetzen zu akzeptieren und handzuhaben, sondern es besteht in einer Anzahl von Fähigkeiten, die in den Verbindungsgewichten der Synapsen im Gehirn des Wissen-

schaftlers begründet sind. Diese Kenntnisse liegen als eine Hierarchie von Prototypen und prototypischen Vektorsequenzen in den
neuronalen Merkmalsräumen seines Gehirns vor.

Überraschenderweise stimmt diese unabhängige, neuroinformatische Beschreibung von Kognition erstaunlich gut mit einer der
umstrittensten Theorien über das wissenschaftliche Denken überein,
die in den letzten 50 Jahren entwickelt wurde. Von unserer heutigen
konnektionistischen Perspektive aus betrachtet lag Kuhn 1962 mit
seiner These ziemlich richtig. Unsere Beschreibung der aufeinanderfolgenden kosmischen Theorien in Kapitel 5 von Aristoteles über
Descartes und Newton bis zu Einstein hätte Kuhn so ähnlich schreiben können. Aber unsere heutige Perspektive läßt uns das Thema ein
gutes Stück weiter führen, als Kuhn dies konnte, denn wir können
uns auf das gebündelte Wissen der Neuroanatomie, Neurophysiologie, der kognitiven Neurowissenschaft und der Neuroinformatik
stützen.

Wir erkennen nun klar, daß sich wissenschaftliches Denken nicht
prinzipiell von unserem normalen alltäglichen Denken unterscheidet.
Es unterscheidet sich nur insofern, als daß es sich auf völlig neue Fragestellungen bezieht, anderen Antrieben gehorcht, durch institutiona-
lisierte Verfahren bewertet wird und manchmal einschneidende praktische Auswirkungen hat. Dieses interessante Ergebnis vereinheit-
licht nicht nur das philosophische Bild, indem es Wissenschaft als
Fortführung des alltäglichen Denkens darstellt, sondern es läßt auch
hoffen, daß die gesamten Gesellschaft zu einer kognitiven Weiterent-
wicklung fähig ist. Lassen Sie mich das erläutern.

Wenn wir alle unsere unwissenschaftlichen Alltagskonzepte
systematisch durch bessere, wissenschaftlich fundierte Konzepte
ersetzt würden – sowohl im praktischen Leben als auch in unserem
Denken –, dann würde jeder von uns die Welt weit besser als heute
verstehen und beherrschen können. Im Prinzip könnten wir alle wissenschaftlich „Wissende" werden. Bei entsprechender Sozialisation
könnten wir alle mit thermischen Gradienten, Spannungsabfällen,
spektraler Emission, gekoppelten Oszillatoren, Phasenübergängen,
Halbleitern, Milchsäuremetabolismus, Wasserstoffionenüberschuß,
Serotonindefizit oder einer hyperaktiven Amygdala genauso ver-

traut sein wie mit irgendetwas anderem. Denn ob wir es wollen oder nicht, all diese Dinge sind bereits Teil unseres täglichen Lebens. Wir könnten sie genausogut als das verstehen, was sie wirklich sind, und aus diesem Wissen praktischen Nutzen ziehen. Was gestern noch einer wissenschaftlichen Elite vorbehalten war, könnte morgen schon in jedermanns Wissensschatz Eingang finden. Was heute noch abgehobene Theorie ist, kann morgen schon bodenständiges Alltagswissen sein, und was heute noch gängige Ansicht ist, kann morgen bereits ein vergessener Mythos sein. Wissenschaftlicher Forschungsdrang dient also nicht der Befriedigung einer überneugierigen Elite, sondern ist vielmehr die oberste Sprosse einer Leiter, die die ganze Menschheit erklimmt.

Die Netzwerktheorie erlaubt uns, an einem weiteren Punkt tiefer als je zuvor in die kognitiven Vorgänge einzudringen, nämlich bei der wissenschaftlichen Kreativität. Kreativität ist genauso wie Intelligenz wahrscheinlich keine einheitliche Eigenschaft, kein eindimensionales Phänomen, aber eine ihrer herausragenden Eigenarten wird am Beispiel bedeutender wissenschaftlicher Entdeckungen deutlich. Es ist die Fähigkeit, ein verwirrendes Phänomen als unerwarteten oder ungewöhnlichen Spezialfall eines Prototyps zu erkennen oder zu interpretieren, den man bereits in seinem Repertoire an Konzepten hat. Aristoteles sah den Sternenhimmel als rotierende Kugel, Descartes sah das Sonnensystem als Wirbel transparenter Materie, Newton betrachtete den Mond und die Planeten als frei fallende Körper mit einer tangentialen Trägheitsbewegung, und Einstein erkannte die Planetenbahnen als reine Trägheitsbewegungen entlang einer Geraden im vierdimensionalen Raum. Mit diesen Fällen verhält es sich genauso wie mit der Zeichnung einer Ente, die sich nach einiger Zeit in ein Kaninchen umwandelte, oder mit dem Nachdenken über ein wirres Durcheinander von Strichen und Punkten, aus denen plötzlich ein Mann auf einem Pferd herausritt.

Alle vier Forscher benutzten ihre rekurrenten Bahnen, um verschiedene mögliche Aktivierungsmuster auszuloten. Diese Möglichkeiten, diese vielen zur Auswahl stehenden Prototypen, waren bei ihnen bereits in den hierarchisch strukturierten Partitionen vorhanden. Aber als Prototypen waren sie in einen Merkmalsraum eingebettet, in dem auch viele untypischen Möglichkeiten codiert sind, die sich jeweils um einen zentralen Prototyp scharen. Rekurrente Aktivität, die bei einer solchen Neuronenpopulation ankommt, kann deren Antwort auf einen unverständlichen Input (den Nachthimmel, die Planetenbewegungen usw.) auf die eine oder andere Seite kippen lassen, um irgendetwas in der Nähe eines vertrauten Prototyps zu aktiveren. Dadurch entdeckt man plötzlich ein bekanntes Muster in dem Phänomen, mit dem man konfrontiert ist.

So etwas kann jedes normale Gehirn leisten. Wir alle haben Imaginationskraft, denn wir sind fähig, unserer Wahrnehmungen mental mit Hilfe unserer rekurrenten Bahnen zu modulieren. Die überdurchschnittlich Kreativen unter uns sind diejenigen, die in dieser rekurrenten Manipulation besonders geschickt sind, denen so etwas Befriedigung und Freude bereitet, die gut ausgebildet sind und ein ausreichend großes Repertoire an Prototypen entwickelt haben, die sie für die jeweilige Aufgabe heranziehen können (hier ist ein reiferer, etwas älterer Mensch sicherlich im Vorteil) und die ausreichend kritisch sind, um eine an den Haaren herbeigezogene Metapher von einer wirklich fundamentalen und sinnvollen neuen Einsicht unterscheiden zu können. Weniger kreative Menschen dagegen sind demnach solche, die in dem einen oder anderen Punkt weniger erfolgreich sind, vor allem darin, ihre kognitive Aktivität rekurrent zu modulieren. Zusammenfassend lautet meine Hypothese also folgendermaßen: Wissenschaftliche Kreativität ist die Fähigkeit, einen im Merkmalsraum bereits existenten Prototyp auf ein unbekanntes Phänomen neu anzuwenden oder auszudehnen, indem man die Autoassoziation und die rekurrente Modulation ausnutzt.

Diese Hypothese zum Wesen wissenschaftlicher Entdeckungen und theoretischer Durchbrüche erlaubt uns auch, die grundsätzliche Frage vom Beginn dieses Abschnittes anzugehen. Wie kann der Mensch kognitiv zum Kern der Dinge vordringen? Wie erkennen wir zum Beispiel, daß Licht aus elektromagnetischen Wellen besteht und Gas aus submikroskopischen, beweglichen Partikeln oder daß Röntgenstrahlen nur eine ungewöhnliche (unsichtbare) Form von Licht sind? Alle diese Dinge können wir nicht direkt wahrnehmen, nicht einmal mit Instrumenten. Wie kann dann ein Wissenschaftler, dessen neuronale Netze doch auch nur an der wahrnehmbaren Realität trainiert worden sind, von nicht beobachtbaren Phänomenen Konzepte oder Prototypen ausbilden und diese Konzepte so erfolgreich auf Fragestellungen anwenden, die außerhalb seiner direkten Wahrnehmung liegen?

In erster Näherung lautet die Antwort darauf, daß wir tatsächlich alle Prototypen ausschließlich im wahrnehmbaren Bereich bilden. Unsere Konzepte formen sich relativ langsam, während sich das globale Muster der synaptischen Verbindungsstärken nach und nach aufgrund der eingehenden sensorischen Informationen neu einstellt. Sobald diese Prototypen aber einmal vorhanden sind, kann man neue und überraschende Anwendungen für sie finden, indem man die interne Autoassoziation nutzt und damit die fehlenden Lücken auffüllt. Diese neuen Anwendungen können dann auch in Bereichen liegen, die der unmittelbaren Wahrnehmung unzugänglich sind.

Aus Kapitel 3 (in dem wir die Reaktionen von Feedforward-Netzwerken auf unvollständige Reize besprochen haben) werden Sie sich erinnern, daß ein Netzwerk, das man auf die Ausgabe eines bestimmten Prototypvektors trainiert hat, diesen oder zumindest einen sehr ähnlichen Vektor auch dann produziert, wenn große Teile der notwendigen Information fehlen. Das trainierte Netzwerk kann den partiellen oder gestörten Eingangsvektor vervollständigen, solange er noch genügend Unterscheidungsmerkmale enthält.

Diese Fähigkeit, „auf Verdacht" Informationen anzufügen, die strenggenommen nicht vorhanden sind, besitzen schon die einfachsten Feedforward-Netzwerke. (So zum Beispiel Cottrells Gesichtserkennungsnetzwerk, das Jane auch erkannte, als ihre Augen mit einem Balken verdeckt waren.) Rekurrente Netzwerke verfügen aber in noch größerem Umfang über diese Eigenschaft, da sie der entscheidenden Neuronenschicht potentielle Hintergrundinformationen liefern, die im Input gar nicht oder nicht so vorhanden waren. Dabei geht das Netzwerk natürlich von Vermutungen aus, tappt aber nicht vollständig im Dunkeln. Manchmal sind seine Vermutungen richtig, und dann kann es die kausalen Folgen von Vorgängen vorwegnehmen, bevor es sie wirklich beobachtet hat.

Wir können diesen Vorgang, mit dem die Autoassoziation Informationen über nichtbeobachtbare Dinge liefert, am Beispiel des Lichts illustrieren. Abbildung 10.6 zeigt ein Schema eines bekannten optischen Experiments, des sogenannten Doppelspaltexperiments. Eine punktförmige Lichtquelle steht vor einer Maske mit zwei sehr engen Schlitzen, hinter der sich ein Schirm befindet. Wenn Licht aus winzigen Partikeln bestünde oder aus sich geradlinig ausbreitenden „Lichtstrahlen", dann sollten auf dem Schirm genau zwei helle Streifen sichtbar sein, nämlich die Projektionen der beiden Schlitze, durch die das Licht fällt.

Überraschenderweise ist das bei sehr dünnen Schlitzen aber nicht der Fall. Anstelle von zwei hellen Streifen sehen wir auf dem Schirm mehrere Linien, die hellste in der Mitte und die schwächeren auf beiden Seiten. Keiner dieser Streifen liegt jedoch an den Stellen, die der genauen Projektion der Schlitze entsprächen. Das Strichmuster, das wir auf dem Schirm sehen, ist vielmehr ziemlich verwirrend. Was in aller Welt könnte ein solches Muster hervorrufen?

Vieles, fast unendlich vieles, zumindest zuviel, um danach zu suchen. Wenn wir uns aber das unerwartete Ergebnis in Abbildung 10.6 ansehen, dann könnte uns eine ganz bestimmte Möglichkeit ins Auge springen, zumindest dann, wenn man mit dem Verhalten von Wasserwellen vertraut ist. Überlegen Sie sich folgendes (Abbildung 10.7): Parallele Wasserwellen treffen auf eine Wand mit zwei Öff-

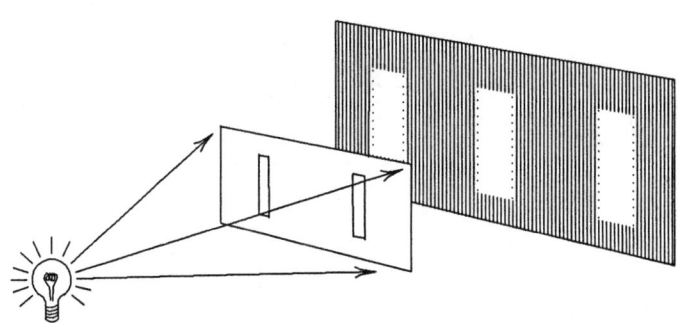

10. 6 Das optische Doppelspaltexperiment und sein Ergebnis.

nungen. Nach dem Durchtritt durch diese beiden Öffnungen breiten sich die Wellenberge halbkreisförmig aus. Diese beiden halbkreisförmigen Wellen überlagern sich gegenseitig und bilden ein sogenanntes Interferenzmuster. Wenn zwei Wellenberge aufeinandertreffen, werden sie verstärkt, trifft aber ein Wellenberg auf ein Wellental, dann heben sie sich gegenseitig auf. Das Ergebnis an der dahinterliegenden Wand ist eine stehende Welle, das heißt, an einigen Stellen schwappt das Wasser heftig auf und ab, während es an den Stellen dazwischen ruhig bleibt. Sie können dieses kleine Experiment leicht selbst mit ein paar Brettchen in einer mit Wasser gefüllten Wanne durchführen; es funktioniert sehr gut.

Da Wasserwellen sichtbar sind, kann man nicht nur das Endresultat an der zweiten Wand leicht beobachten, sondern auch die Interaktion der Wellen, die dieses Muster erzeugt. Bei diesem exemplarischen Prototyp sind alle für das Endergebnis wichtigen Vorgänge offen zugänglich. Nichts bleibt verborgen, daher können wir ihn ohne Probleme verstehen.

Sobald dieser Prototyp aber fest im Gehirn irgendeines Wissenschaftlers verankert ist, kann er aktiviert werden, sobald der Wissenschaftler die Phänomene des optischen Experiments in Abbildung 10.6 beobachtet. Hier ist nicht alles offenkundig; die Natur und

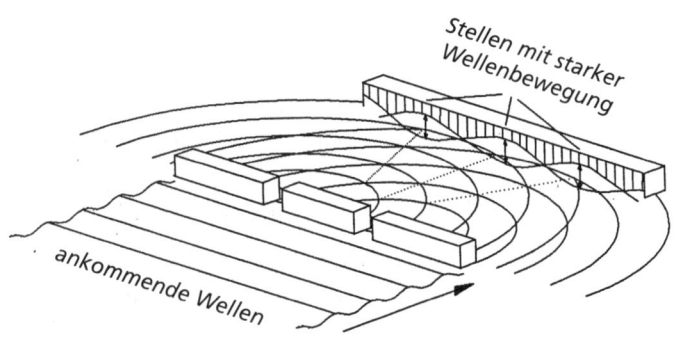

10.7 Wellenmuster an einer Wand, das aus der Überlagerung zweier halbkreisförmiger Wellen entsteht. Drei Bereiche starker Wellenbewegung sind von zwei Stillwasserzonen getrennt.

Zusammensetzung des Lichts sind für uns nicht wahrnehmbar. Wir sehen nur den experimentellen Aufbau und das Ergebnis, nämlich das Streifenmuster auf dem Schirm.

Der experimentelle Aufbau ist mit der Situation bei den Wasserwellen identisch, nur etwas kleiner, und auch das sichtbare Endresultat ist in beiden Fällen sehr ähnlich. Man findet konstante Bereiche mit intensiverer Beleuchtung, die von dunklen Bereichen getrennt sind.

Das alles vor Augen, müßten wir schon ein Brett vor dem Kopf haben, wenn uns jetzt nicht der Gedanke kommt, daß das Muster in Abbildung 10.6 darauf hindeutet, daß Licht vielleicht auch aus Wellen besteht! Wellen, die hinter den Schlitzen interferieren, viel kleiner sind als Wasserwellen und aus einem unbekannten Medium bestehen, aber eben doch Wellen sind.

Sobald der prototypische Aktivitätsvektor für Wasserwellen einmal mehr oder minder zufällig aktiviert ist, kann er in Aktion treten. Jemand, der diesen Prototyp kennt, weiß auch, welche Variationsmöglichkeiten es dabei gibt. So ändern sich zum Beispiel Abstand und Lage der Wellenberge auf der hinteren Wand in völlig vorhersagbarer Art und Weise, wenn man den Abstand der beiden Öffnungen in der ersten Wand verändert. Auch eine Veränderung der Distanz der beiden Wände zueinander hat ähnliche, vorhersagbare Konsequenzen. Das ist alles bekannt und Teil des Hintergrundwissens.

Wenn der Prototyp mit den Wasserwellen also wirklich zu unserem optischen Experiment paßt, wenn Licht also wirklich Wellennatur besitzt, dann sollten Veränderungen der experimentellen Bedingungen beim optischen Experiment ähnliche Folgen haben wie beim Experiment mit den Wasserwellen. So sollte sich das Lichtstreifenmuster auf dem Schirm in ähnlicher Weise wie die Wellenmuster im Wasserexperiment ändern, wenn man die Distanz der beiden Schlitze oder den Abstand zwischen Maske und Schirm verändert.

Und genau das beobachtet man auch. Die Anwendung des Prototyps auf ein neues Gebiet, die Optik, regt ein Experiment an, durch das er systematisch bewiesen wird. Die hellen und dunklen Linien im Lichtexperiment verteilen sich genauso wie die Stellen mit und ohne Wellenbewegungen im Wasserexperiment. Was zunächst nur ein Analogieschluß war, hat sich schnell zu einer auf festem Boden stehenden Theorie entwickelt. Wenn alle Variationsmöglichkeiten des bereits bekannten Prototyps auch auf das unbekannte Phänomen zutreffen, dann kann man daraus nur schließen, daß Licht tatsächlich eine Wellennatur hat.

Das zweite historische Beispiel für einen solchen Analogieschluß ist sogar noch leichter zu fassen und zeigt uns noch mehr vom verborgenen Wesen der Dinge. Es beweist nämlich, daß jedes Gas nur ein Schwarm submikroskopischer physikalischer Partikel ist. Es zeigt also, daß der griechische Philosoph Demokrit mit seiner Atomtheorie recht hatte und daß die Temperatur eines Gases nichts anderes ist als die dauernde Bewegung der Teilchen, aus denen es besteht. Je schneller sie sich bewegen, desto höher ist die Temperatur. Man kann diese beiden Eigenschaften an einem bekannten Phänomen, der Brownschen Molekularbewegung, buchstäblich sehen.

Das Phänomen selbst ist zunächst einmal verwirrend, und mit Sicherheit verblüffte es Robert Brown, den englischen Naturforscher, der es im 19. Jahrhundert entdeckte. Wir können es sehr einfach sehen, wenn wir Rauch in eine durchsichtige Flasche blasen und die winzigen Rauchpartikel unter einem Mikroskop mit hoher Vergrößerung betrachten (Abbildung 10.8). Wenn man die Flasche einige Zeit hat ruhen lassen und sich alles Schwere abgesetzt hat, werden die kleinsten Rauchpartikel sichtbar, die sich unablässig zittrig bewegen, als würden sie ständig von unsichtbaren Kontrahenten herumgestoßen.

Das ist genau das, was tatsächlich passiert, und eine einfache Analogie soll dies illustrieren. Stellen Sie sich vor, Sie fliegen mit einem Zeppelin in 300 m Höhe über ein Stadion und sehen aufs Spielfeld hinunter. In der Mitte des Stadions befindet sich ein Billardtisch, auf dem ein schnelles Spiel mit vielen Billardkugeln abläuft. Die grüne Oberfläche des Billardtisches können Sie von oben leicht sehen, aber die Kugeln selbst sind viel zu klein; wie genau Sie auch hinsehen, sie bleiben unsichtbar für Sie (Abbildung 10.9).

Auf dem Billardtisch befindet sich jedoch auch ein Volleyball. Vom Zeppelin aus können Sie den weißen Ball gegen den grünen

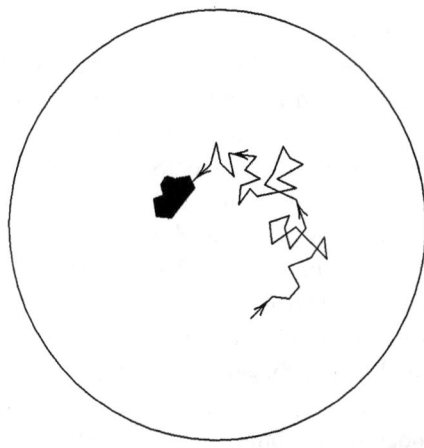

10.8 Die Brownsche Molekularbewegung mit einem stark vergrößernden „Mikroskop" betrachtet. Die Rauchpartikel in einem Gas bewegen sich unregelmäßig zitternd, da sie von den Gasmolekülen angestoßen werden.

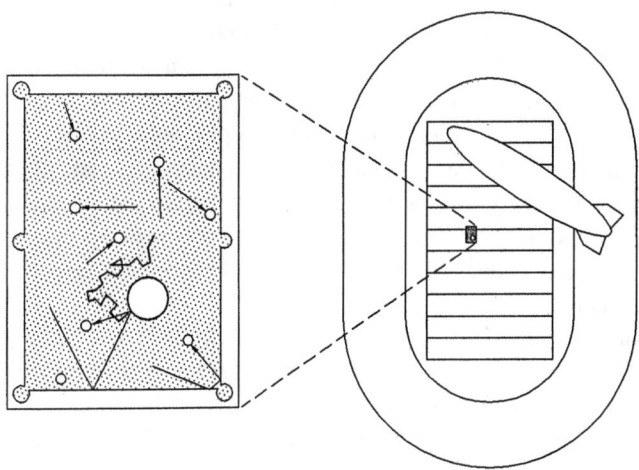

10.9 Ein makroskopisches Analogon der Brownschen Molekularbewegung. Ein weißer Volleyball zeigt eine unregelmäßige Bewegung, wenn er auf einem Tisch von vielen Billardkugeln angestoßen wird. Von einem Zeppelin in 300 Metern Höhe erkennt man zwar die Bewegungen des Balls, sieht aber nicht die Billardkugeln, die sie verursachen.

Hintergrund gerade noch wahrnehmen, wenn Sie sich sehr anstrengen. Da sich der Volleyball mitten unter den herumschießenden Billardkugeln befindet, wird er häufig von diesen getroffen und mal hierhin, mal dorthin gestoßen. Diese dauernden, ungerichteten Bewegungen des Volleyballs können Sie von oben sehen, die kleineren Billardkugeln, die sie verursachen, jedoch nicht.

Im Gas entspricht das gerade noch sichtbare Rauchpartikel dem Volleyball auf dem Billardtisch. Der Schwarm herumfliegender Moleküle ist auch mit dem Mikroskop nicht sichtbar, denn jedes der Moleküle ist viel kleiner als die Wellenlänge des sichtbaren Lichts und kann daher Licht nicht ablenken. Das Rauchpartikel hat für unser Experiment genau die richtige Größe: Es ist groß genug, damit wir es gerade noch sehen können, aber so klein, daß es sich sichtbar bewegt, wenn es von den herumfliegenden Gasmolekülen getroffen wird.

Um zu sehen, daß das tanzende, mikroskopisch kleine Rauchpartikel dem makroskopischen Volleyball auf dem Billardtisch entspricht, braucht man wieder die Autoassoziation und die Kreativität, einen bekannten Prototyp in einem unerwarteten Bereich neu anzuwenden. Genau wie beim Experiment mit den beiden Schlitzen sind auch hier die Hauptakteure des mikroskopischen Schauspiels (die molekularen Teilchen) unsichtbar, ihre Wirkungen auf sichtbare Objekte (Rauchpartikel) jedoch so charakteristisch, daß man auf den Gedanken kommt, ein größeres Objekte treibe in einem Meer sich schnell bewegender Teilchen dahin, die dauernd mit ihm zusammenstoßen.

Und wie beim Beispiel mit den Wellen können wir aus diesem Modell einige Prognosen ableiten. Wenn das Rauchpartikel wirklich in einem Meer winziger, sich schnell bewegender molekularer Teilchen schwebt, dann sollte die Erhöhung der durchschnittlichen Geschwindigkeit dieser Teilchen (das heißt das Erhitzen des Gases) die Bewegungen des Rauchpartikels sichtbar verstärken. Da die schnelleren molekularen Teilchen auch an den Wänden des Gefäßes anstoßen (wie die Billardkugeln an den Banden des Tisches), sollte sich zusätzlich der Druck auf die Glaswände erhöhen. Und genau diese beiden Effekte beobachtet man, wenn man Gas erhitzt;

Abkühlen des Gases hat die umgekehrte Wirkung. Wieder einmal hat sich eine anfangs nur aus der Analogie gezogene Vermutung zu einer auf festem Boden stehenden Theorie entwickelt. Und wenn wir die verschiedenen Variationsmöglichkeiten des ursprünglichen Prototyps erfolgreich auf den neuen Bereich übertragen können, dann kann uns nichts mehr von unserer Überzeugung abbringen, daß Gas ein Schwarm herumfliegender Moleküle ist.

Anhand dieser beiden Beispiele läßt sich nachvollziehen, wie wir einen irgendwann zufällig gelernten Prototyp benutzen können, um damit neue Phänomene zu verstehen und zu manipulieren, die zu klein oder zu unzugänglich sind, um direkt wahrgenommen zu werden. Menschen können tatsächlich mit einiger Zuverlässigkeit zum Kern von Phänomenen vorstoßen. Die Möglichkeit dazu liefern ihnen Neuanwendung und Ausdehnung bereits vorhandener Prototypen durch rekurrente Verrechnung, Autoassoziation und nachfolgende experimentelle Überprüfung des Modells. Wir können verstehen lernen, was Licht ist, was Gas und was Hitze ist und noch vieles mehr. Wir müssen nur zuerst über ein Repertoire potentiell nützlicher Prototypen verfügen und andauernd testen, ob diese auf neue Bereiche anwendbar sind. Die Autoassoziation und die nachfolgende experimentelle Überprüfung des Modells komplettieren dann das Bild.

Kognition in Politik und Ethik

Nach allgemeiner, meist nicht weiter hinterfragter Überzeugung unterscheidet sich Wissenschaft völlig vom ethischen und politischen Bereich. Wissenschaftliche Prinzipien drücken, so wird oft behauptet, objektive Fakten aus, was bei moralischen und politischen Prinzipien nicht der Fall ist; sie drücken lediglich subjektive Empfindungen, Ideen, Hoffnungen oder zufällige Regeln aus, oder sie beruhen gar auf Willkür.

Im Gegensatz dazu habe ich am Schluß des 6. Kapitels einen moralischen Realismus vertreten und behauptet, daß ethisches Wissen tatsächlich auch eine Art echtes Wissen darstellt und die Beurteilung komplexer, aber objektiver und realer Situationen erfordert. Ich will versuchen, diesen Punkt jetzt weiter auszuführen und möchte insbesondere die Gemeinsamkeiten untersuchen, die unser wissenschaftliches Denken auf der einen Seite und unser moralisches beziehungsweise politisches Denken auf der anderen Seite eher verbinden als trennen.

Die Wissenschaft hat im Laufe der Geschichte dramatische Fortschritte gemacht. Immer wieder werden falsche Theorien widerlegt und durch wahre oder wenigstens bessere Theorien ersetzt. Mit Experimenten können wir eine Theorie überprüfen, und die letzte Instanz ist die Natur selbst. Seit Jahrhunderten existieren Institutionen und Mechanismen, die eine lange Tradition bei der Bewertung wissenschaftlicher Theorien haben: Akademische Gesellschaften, jährliche Kongresse mit öffentlichen Präsentationen und kritischer Diskussion, die Gutachter wissenschaftlicher Journale, die unabhängige Reproduktion von Versuchsergebnissen, Wettstreit und Zusammenarbeit verschiedener Arbeitsgruppen, Lehrpläne und eine Reihe rigoroser Auswahlverfahren und Prüfungen für akademische Grade, Positionen und Rangordnungen samt der damit einhergehenden Rechte und Pflichten. Die Wissenschaft als internationale Institution existiert länger als jeder Einzelne, der sie betreibt; sie führt als Ganzes zu einem immer tieferen Verständnis und hilft uns dabei, unser Schicksal mehr und mehr in die Hand zu nehmen.

Unser Wissen über „richtig" und „falsch" im sozialen und moralischen Bereich erscheint im Vergleich dazu vage und subjektiv. Moralische und politische Überzeugungen liefern oft Anlaß zu Streitigkeiten und endlosen Diskussionen; sie werden oft von Ignoranz, Vorurteilen, Eigen- oder Gruppeninteressen, unkontrollierten Emotionen oder religiösem Eifer gelenkt. Deswegen erscheint uns moralisches „Wissen" weniger objektiv und real als wissenschaftliche Erkenntnis.

Dieser Gegensatz ist jedoch unbegründet und hält einer genaueren Überprüfung nicht stand. Das entsprechende Analogon zu den zugegebenermaßen konfusen, engstirnigen und willkürlichen moralischen und sozialen Ansichten des Durchschnittsmenschen ist nämlich nicht das logische und fundierte Urteil der Wissenschaft, sondern eher die genauso konfuse, engstirnige und obskure Meinung des „Otto Normalverbraucher" zu einem wissenschaftlichen Thema. Es ist eine Tatsache, daß die wissenschaftlichen Kenntnisse vieler Menschen genauso beschränkt sind wie ihre moralischen oder sozialen. Man denke nur an die Ansichten beziehungsweise die weitgehende Unkenntnis eines Großteils der Bevölkerung über verschiedene wissenschaftliche Themen, wie den Ursprung des Lebens, die Natur des Geistes, die Menschheitsgeschichte, den Status eines ungeborenen Kindes, den Ursprung des Universums oder das Leben nach dem Tod. Auch zu diesen Themen gibt es unterschiedlichste Auffassungen, und sie bieten Anlaß zu endlosen Diskussionen, denn auch hier beherrschen vielfach Ignoranz, mangelnde Bildung, aufwallende Emotionen oder religiöser Fanatismus das Denken. Wenn überhaupt, dann weist der Durchschnittsmensch in moralischer Hinsicht nur ein geringfügig höheres Kognitionsniveau auf als auf wissenschaftlichem Gebiet. Wenn wir moralische Kognition nicht als eine Form von Wissen ansehen wollen, dann müssen wir andere Gegenargumente anführen.

Genauso wie die moralische Kognition des Individuums real ist, so ist sie es auch auf der Ebene langlebiger sozialer Institutionen. Staaten wie die USA oder Großbritannien können eine konstitutionelle Regierungszeit vorweisen, die schon drei oder vier Jahrhunderte zurückreicht. Bei anderen Ländern hat es Unterbrechungen gegeben, aber das Muster ist dasselbe. Die jeweiligen Legislativen haben ständig soziale Gesetze neu formuliert, bestimmte Verhaltensweisen verboten, andere beschränkt und wieder andere gefördert, wobei sie immer auf veränderte Umweltbedingungen und die Auswirkungen ihrer bisherigen Politik reagiert haben.

Diese kontinuierliche Anpassung der Sozialpolitik findet auf vielen Ebenen statt, von der staatlichen bis zu den einfachsten Problemen auf kommunaler Ebene, aber fast alles wird im Lichte bisheriger Erfahrungen entschieden. Man beschließt Verfahrensweisen und erläßt Gesetze, die das Leben der Allgemeinheit weitgehend bestimmen. Das gesellschaftliche Zusammenleben kann sich dadurch verbessern, aber es können auch unbeabsichtigte Benachteiligungen, unerwartete Kosten, nicht vorhersehbare Konflikte mit anderen bereits etablierten Verfahrensweisen oder sonstige Nachteile erwachsen. Außerdem kann eine Politik, die auf einer Stufe unserer ökonomischen, technologischen oder geistigen Entwicklung gut funktioniert, für eine spätere Stufe ungeeignet sein. Was unter den einen Umständen angemessen und nützlich war, mag unter anderen Verhältnissen unklug und ungerecht sein. Unsere politischen Institutionen sind dazu da, permanent auf neu auftretende Probleme und Ungerechtigkeiten mit veränderten oder völlig neuen Ansätzen in Politik und Gesetzgebung zu reagieren.

Im Verlauf der Jahrzehnte und Jahrhunderte unterliegen diese Legislativen einem Lernprozeß. Die gültige Gesetzgebung ist das Ergebnis langwieriger Erfahrung und ständiger Anpassungsprozesse, und sie regelt soziale und administrative Maßnahmen, die dauernd pragmatisch bewertet werden. Sicherlich ist dieser Lernprozeß nicht unfehlbar, genausowenig wie die Entwicklungen in den institutionalisierten Wissenschaften. Beiden verrennen sich häufig in Sackgassen und müssen sich immer wieder an den realen, objektiven Gegebenheiten orientieren – im ersten Fall an der Gesellschaft, im zweiten Fall an der Natur. Aber in beiden Fällen weiß man am Ende wenigstens etwas besser, wie alles funktioniert und wie man sich richtig verhält.

Natürlich liegt darin eine starke Vereinfachung der Situation. Es gibt nicht nur Fortschritt in der Geschichte: Rom wurde zerstört, die Ermächtigungsgesetze erlassen, Kennedy ermodet, ganze Gesellschaften fielen auf primitivere Stufen zurück, und Krieg und Völkermord sind auch heute noch an der Tagesordnung. Der moralische Fortschritt kennt Rückschläge, aber das gilt auch für den wissenschaftlichen Bereich; die dunkle Ära des Mittelalters in Europa ist dafür ein beredtes Beispiel.

Die Parallelen werden noch deutlicher, wenn wir hinter die Kulissen der erklärten Sozialpolitik und der geschriebenen Gesetze sehen und die Institutionen betrachten, die dafür verantwortlich sind, insbesondere den juristischen Bereich auf allen Ebenen. Wenn die Gesetzgebung in der Politik der Theorienbildung in der Wissenschaft entspricht, dann entsprechen die Juristen vielleicht den Ingenieuren. Beide haben die Aufgabe, das momentane theoretische Wissen nach und nach auf die reale Welt anzuwenden – die Juristen auf die Gesellschaft und die Ingenieure auf die Technik.

Und genau wie die Ingenieure benötigen auch die Juristen eine Form von Wissen und Know-how, die über das Wissen der Lehrbücher und der geschriebenen Gesetze hinausgeht. Denn weder wissenschaftlich noch juristisch läßt sich in ein paar geschriebenen Gesetzen formulieren, wie man das gegenwärtige abstrakte Wissen am besten interpretiert und auf die endlose Vielfalt neuer Fälle anwendet. Daher müssen auch Juristen ständig neu auftretende Probleme flexibel interpretieren; und dabei tauchen wieder alte Bekannte auf: Prototypen oder Paradigmen.

Bei den Juristen heißen sie Präzedenzfälle, aber sie spielen eine ähnliche Rolle wie die Paradigmen oder prototypischen Beispiele in der Wissenschaft. Ein Präzedenzfall ist eine frühere Entscheidung zu einem bestimmten juristischen Problem, das vom betreffenden Richter aufgezeichnet und in gerichtliche Entscheidungssammlungen aufgenommen wird, die Jahrhunderte zurückreichen und Hunderttausende von Fällen enthalten.

Der Fall „Roe gegen Wade" ist ein in den Vereinigten Staaten sehr bekannter Präzedenzfall der jüngeren Rechtsgeschichte. Es war der Richterspruch, der das Recht einer Frau auf Abtreibung begründet hat und der später vom obersten Gericht der Vereinigten Staaten bestätigt wurde. Der Fall „Brown gegen die Schulbehörde" ist ein anderer bekannter Fall, der zur Aufhebung der Rassentrennung an den öffentlichen Schulen der Vereinigten Staaten führte. Diese und ähnliche Entscheidungen sind Anwendungen des Gesetzes, an denen sich dann Richter in ähnlich gelagerten Fällen orientieren.

Eine solche Fallsammlung ist in vieler Hinsicht sinnvoll, aber für unser Thema sind besonders zwei Punkte bedeutsam. Erstens wird dadurch Kontinuität und Beständigkeit in der Rechtsprechung über die Einzelfallentscheidung und über längere Zeiträume hinaus gewährleistet. Wenn nicht besondere Umstände vorliegen, muß jeder Fall in Übereinstimmung mit Präzedenzentscheidungen über im wesentlichen vergleichbare Sachverhalte entschieden werden. Hier sehen wir wieder kognitive Lebewesen – Richter und Anwälte nämlich – beim Versuch, eine Vielfalt von realen Fällen als Beispiele bestehender Prototypen zu verstehen, wobei die einzelnen Fälle den Prototypen in bestimmten Bereichen ähneln, sich in anderen hingegen unterscheiden und demgemäß behandelt werden.

Wir beobachten auch etwas, das wir schon in der Wissenschaft gesehen haben: Gelegentlich werden bestimmte Prototypen angezweifelt und dann modifiziert oder durch einen neuen Prototyp ersetzt. Wenn ein Richter in einem Präzedenzfall irgendeine Ungereimtheit entdeckt, weil der von ihm gerade behandelte Fall vielleicht ein neues Licht auf irgendeinen Punkt wirft, dann kann er sich bewußt über diesen Präzedenzfall hinwegsetzen. Der Richter fällt ein Urteil, das die übliche Gesetzesinterpretation ändert oder ausdehnt. Der Richter kann nun diesen neuen Präzedenzfall in die Fallsammlung aufnehmen, und andere Richter können ihn bei ihren Entscheidungen heranziehen oder ihn ignorieren, wie es dem neuen Fall oder ihrer juristischen Einschätzung entspricht.

Langfristig führt dieser Prozeß zu einer zusätzlichen Entwicklung unterhalb der legislativen Ebene. Diese Ebene umfaßt das sich akkumulierende und sich selbst modifizierende Wissen der institutionalisierten Rechtsprechung, das wesentlich älter und erfahrener ist als jeder einzelne Richter. Und auch in diesem Fall lernt das juristische System den richtigen Umgang mit der Welt, in diesem speziellen Fall mit der Welt des sozial nicht akzeptablen Verhaltens.

Beides, Gesetzgebung und juristische Präzedenzfälle, liefert einen sozialen Rahmen, der individuellen Entscheidungen breiten Raum läßt. Die öffentlichen Gesetze regeln nur die ernstesten Verstöße gegen das nach unserer kollektiven Ansicht richtige Verhalten. Daneben gibt es noch die allgemein akzeptierten Grundsätze des sozialen Denkens und Handelns, die wir bei unseren Mitmenschen erwarten. Und es gibt vermutlich allgemeine positive und negative Prototypen, nach denen normalerweise jeder beurteilt wird: jemand zu sein, auf den man zählen kann, ausgleichend zu wirken, nicht unfair gegenüber anderen zu sein, momentane oder dauernde Schwächen anderer nicht auszunutzen, ihre legitimen Ansprüche anzuerkennen, mit ihnen zum Nutzen aller zu kooperieren und so weiter.

Das ist die Domäne gesellschaftlicher Moralvorstellungen, und auch hier findet im Lauf der Zeit eine Entwicklung statt, die in ihrem Verlauf und ihren Mechanismen jedoch wenig mit der sorgfältigen und überlegten Art zu tun hat, die für das Rechtswesen charakteristisch ist. Dennoch gibt es einen gewissen sozialen Fortschritt – manchmal nur deshalb, weil die öffentliche Moral dem sich entwickelnden Recht folgt, mitunter aber auch, weil sich die Moral der Gesellschaft mit ihrer umfassenderen und vielschichtigeren Erfahrung schneller ändert als die Gesetzgebung, die den Entwicklungen manchmal hinterherhinkt.

Mancher mag an dieser Stelle fragen: „Was aber ist mit den großen Weltreligionen? Sind nicht auch sie historische Institutionen, die Prinzipien richtigen und falschen Verhaltens aufstellen – Prinzipien, die unser Leben entsprechend formen können?" Das sind sie tatsächlich und sehr mächtige obendrein. Und die Vertreter dieser Institutionen werden mir zweifellos zustimmen, daß moralisches Wissen reales Wissen ist. Hierbei stehen sie jedoch auf ganz anderen Fundamenten als ich. Nach meiner Argumentation ist moralisches Wissen deshalb echtes Wissen, weil es entsteht, indem wir unsere Überzeugungen und Handlungen entsprechend unserer Erfahrungen dauernd anpassen. Diese Anpassungsvorgänge sind auf Dauer gesehen für die Gesellschaft wie auch für den Einzelnen von Vorteil. Ich habe auf diesen Seiten versucht, dies zu untermauern, indem ich die Vorgänge beleuchtet habe, durch die wir aus unseren Fehlern lernen. Wenn man die weitgehende Objektivität moralischen Wissens mit diesem Lernprozeß begründen möchte, dann helfen einem die großen Weltreligionen, zumindest die der westlichen Welt, jedoch nur wenig.

Der Grund dafür ist einfach, und entbehrt nicht einer gewissen Ironie. Christentum, Islam und Judentum führen ihre moralische Autorität durchweg auf einen göttlichen Ursprung zurück, um ihren jeweiligen Katechismen Autorität zu verleihen. Ihre ethischen Regeln präsentieren sie uns als die Offenbarungen oder unbestreitbaren Gebote eines Gottes. Ganz abgesehen vom schrecklichen Dünkel derjenigen, die von sich behaupten, an Gottes Stelle zu sprechen, wirkt sich der taktische Schachzug, sich auf eine göttliche

Autorität zu berufen, letztendlich fatal aus, da er eine Änderung des Regelwerks unmöglich macht. Ihr zweifelhafter Autoritätsanspruch holt diese Institutionen schließlich selbst ein, da sie zu inflexibel oder gar völlig unfähig werden, aus den moralischen und sozialen Entwicklungen der Menschheit zu lernen und darauf zu reagieren. Denn wenn Gott selbst diesen Religionen seine göttliche Weisheit gegeben hat, wie könnten sie dann später behaupten, es gebe etwas daran zu verbessern?

Ich halte diese Situation nicht für komisch, sondern eher für tragisch; es ist eigentlich ein Drama. Einige der mächtigsten Institutionen der Welt, die die Jahrtausende alten moralischen Wahrheiten der Menschheit lehren und bewahren sollten, sind nun die wichtigsten Barrieren für den gänzlich natürlichen Prozeß geworden, durch den sich die Menschheit zu höheren Ebenen des Moralverständnisses erheben könnte.

Aber meine Bemerkungen zur Religion weichen vom Thema ab, obwohl ich sie für wichtig halte, denn ich wollte eine viel unscheinbarere moralische Autorität vorstellen: die nicht perfekte, aber sehr reale Autorität unserer kollektiven sozialen Erfahrungen. Ich werde zum Schluß dieses Kapitels noch einmal darauf zurückkommen. Konzentrieren wir uns jetzt auf ein Individuum, das innerhalb einer Gesellschaft mit festgefügten Normen und Verhaltensregeln aufwächst. Um in diese funktionierende Gemeinschaft aufgenommen zu werden, braucht ein Kind Zeit, um die vielfältigen prototypischen sozialen Situationen kennenzulernen und zu lernen, mit ihnen umzugehen. Es braucht Zeit, sie zu verstehen und zu lernen, wie man widersprüchliche Wahrnehmungen und Anforderungen umgeht. Und es braucht genügend Zeit, um die Geduld und Selbstkontrolle zu erlangen, die man von einem reifen Menschen in jeder Lebenssituation erwartet. Im Grunde liegt nichts spezifisch Moralisches darin zu lernen, seinen momentanen Vorteil zu Gunsten eines späteren oder abstrakteren Nutzens zurückzustellen.

Betrachtet man die Gehirnentwicklung eines Kindes, dann unterscheidet sich diese Form von Lernen – neuronale Repräsentation und Anwendung bereits vorhandener Prototypen – nicht von den Mechanismen, die beim Erlernen anderer Fähigkeiten eine Rolle spielen. Auch moralisches Verhalten produziert reale Erfolge, Rückschläge, Verirrungen und langfristig eine Steigerung der Lebensqualität. Ein Mensch, der ethisches Wissen verinnerlicht, kann dadurch genauso einfluß- und erfolgreich werden wie durch wissenschaftliche Kenntnisse. Ich zeichne hier die Parallelen nach, um zu betonen, daß sowohl wissenschaftliche als auch überwiegend normative, ethische Kenntnisse praktisch und pragmatisch wertvoll sind. Ich möchte betonen, daß beide unterschiedliche Arten von Know-how darstellen: Im einen Fall, wie man die physische Welt kontrolliert, im anderen, wie die soziale.

Dieses Bild einer moralischen Person als jemand, der bestimmte Denk- und Verhaltensmuster, also *Fähigkeiten*, gelernt hat, steht in deutlichem Gegensatz zu der traditionelleren Anschauung, die einen solchen Menschen als jemanden sieht, der bewußt einer Reihe von *Regeln* folgt (wie „Halte immer deine Versprechen"), oder alternativ, der bestimmte sehnliche *Wünsche* hat (zum Beispiel die Mitmenschen glücklich zu machen). Diese traditionelleren Ansichten gehen aber beide völlig an der Realität vorbei.

Erstens ist es unmöglich, aus einer Anzahl expliziter, imperativer Gesetze und Regeln mehr als nur einen kleinen Teil des praktischen Wissens abzuleiten, über das ein Erwachsener verfügt. Das gilt für die Ethik genauso wie für jede andere Art von Erfahrung auch, sei es im wissenschaftlichen, sportlichen, technischen, künstlerischen oder politischen Bereich. Allein die riesige Menge an Information, die in einem gut trainierten Netzwerk von der Größe des menschlichen Gehirns gespeichert werden kann, und die weiträumige verteilte und hervorragend kontextbezogene Art, in der die Information darin gespeichert ist, schließen völlig aus, daß dieses Wissen in einer Handvoll oder auch in einem ganzen Buch voller Gesetze vollständig ausgedrückt werden kann. Formulierbare Regeln sind nicht die Basis für das ethische Verhalten des Menschen, sondern lediglich sein blasser und unvollständiger Widerhall auf der vergleichsweise unzulänglichen Sprachebene.

Wie Regeln ungeeignet sind, so bietet auch eine richtig gelenkte Motivation keine wirkliche Basis für den moralischen Charakter einer Person; zumindest ist sie nicht ausreichend. Jemand mag ein unstillbares Verlangen verspüren, seine Mitmenschen glücklich zu machen, aber wenn er keine Ahnung hat, was dazu langfristig notwendig ist, die Gefühle, Wünsche und Pläne anderer nicht einschätzen kann, nicht kooperativ sein kann und überhaupt keine Fähigkeiten besitzt, diesen sehnlichen Wunsch zu erfüllen, dann wird dieser Mensch sicher kein Heiliger sein. Er ist höchstens ein romantischer Wirrkopf, ein hoffnungsloser Gschaftlhuber oder vielleicht sogar eine ernsthafte Bedrohung für die Gesellschaft.

Derartige fromme Wünsche sind auch gar nicht notwendig. Betrachten wir den entgegengesetzten Fall. Angenommen, der sehnlichste Wunsch im Leben eines Menschen ist es, seine Kinder gut aufwachsen und gedeihen zu sehen; alles andere ist für ihn zweitrangig. Auch ein solcher Mensch kann sich immer noch sehr moralisch verhalten, solange er sein persönliches Ziel anderen gegenüber in fairer Weise verfolgt und die allgemeinen moralischen Grundsätze beachtet.

Der Versuch, akzeptierte Regeln oder persönliche Vorstellungen als Grundlage für einen moralischen Charakter darzustellen, hat noch einen weiteren Nachteil. Er lädt nämlich Skeptiker zu den kritischen Fragen ein: „Warum sollte ich solchen Regeln folgen?" im ersten Fall, und im zweiten: „Was ist, wenn ich solche Wünsche nicht habe?" Wenn wir jedoch einen moralischen Charakter als den Besitz umfassender sozialer *Fähigkeiten* (in Wahrnehmung, Denken und Handeln) definieren, dann müßte die Frage des Skeptikers lauten: „Warum sollte ich diese Fähigkeiten erlernen?" Und die ehrliche Antwort darauf lautet: „Weil es mit Sicherheit die wichtigsten Fähigkeiten sind, die Sie je lernen werden."

Neuronale Repräsentationen und Kunst

Auch das kreative Denken und die schöpferischen Fähigkeiten des Künstlers werden oft dem „kalten, nüchternen" Denken des Naturwissenschaftlers gegenübergestellt. Ein solches Klischee läßt aber erstens die Spannung und die Kreativität bei wissenschaftlichen Höchstleistungen außer acht und erkennt zweitens das scharfsinnige Denken und die sehr spezifischen Fähigkeiten eines hervorragenden Künstlers nicht an. Vom Standpunkt der Hirnfunktion aus sind diese herausragenden Aktivitäten des Menschen bei weitem nicht so unterschiedlich, wie allgemein angenommen. Lassen Sie mich erläutern, warum wir dieses alte Vorurteil revidieren sollten.

Musiker oder Komponist, Maler oder Grafiker, Schriftsteller oder Dramaturg, Tänzer oder Choreograph – das alles sind Berufe, die viel Lernen und Übung erfordern. Künstler müssen zunächst ihr „Handwerk" erlernen, also ein System prototypischer Aktivitäten, auf denen ihr künstlerisches Schaffen fast vollständig beruht. Diese Prototypen bilden den fruchtbaren Boden, auf dem die nachfolgenden Arbeiten mit ihren möglichen Kombinationen und Variationen gedeihen können.

Man sieht dies sehr deutlich in der Musik, zum Beispiel, wenn ein Teenager hoffnungsvoll darangeht, moderne Gitarre zu lernen. Die berüchtigten drei Akkorde – C, F und G7 – stellen sehr häufig das einzige Repertoire dieser „Jungbeatles" dar. Sie können jedoch in einer Vielzahl von unterschiedlichen Sequenzen kombiniert werden; die berühmteste von ihnen ist vielleicht der sogenannte Zwölfer-Blues – C,F,C,C7; F,F,C,C; G7,F,C,G7 – eine Akkordsequenz aus zwölf Takten, die wieder und wieder als Hintergrund für eine gesungene Melodie wiederholt werden kann. Jeder Blues besteht aus irgendeiner Zwölf-Takt-Sequenz, die immer mit den variierenden Akkorden im Hintergrund harmoniert.

Trotz der Einfachheit des Blues existieren Zehntausende von Kompositionen, alles Abwandlungen dieses musikalischen Prototyps. Das Zwölf-Takt-Muster bildet die Grundlage vieler Rock'n-Roll-Klassiker, wie Bill Haleys *Rock Around the Clock, Shake, Rattle, and Roll* und Tausender anderer Songs. Es liegt auch Tausenden von Klassikern des traditionellen und modernen Jazz zugrunde, wie *Billies Bounce* von Charlie Parker, *Swingin' Shepherd's Blues* von Moe Koffman und *Blues and the Abstract Truth* von Oliver Nelson. Im Jazz enthält die Zwölf-Takt-Akkordsequenz jedoch typischerweise mehr Moll- als Dur-Akkorde. Der stets erniedrigte dritte

Moll-Akkord gibt dem Blues seinen typischen Charakter. Beide Formen sind beliebig abwandelbar.

Der Anfänger lernt auch, daß dasselbe Muster in jeder Tonlage gespielt werden kann; daher muß er die Harmonie eines Blues in F, in B, in G und so weiter beherrschen. (Der allgemeinere Prototyp ist daher 1,4,1,1; 4,4,1,1; 5,4,1,5, wobei die Zahl für die Stellung des Akkords in der Tonleiter steht.) Dieselben Muster übt ein Anfänger beim Klavierspielen oder bei jedem Melodie-Instrument, wenn er das Improvisieren im Jazz lernen will. In diesem Fall produziert ein fähiger Musiker mit jedem Zwölf-Takt-Zyklus ein neues Beispiel dieses Prototyps; er komponiert spontan, „ohne Netz und doppelten Boden".

Es gibt noch viele andere prototypische Akkordfolgen, und jede davon bildet die Grundlage für viele Kompositionen, von denen einige schon seit mehreren Jahrhunderten benutzt werden. Die Akkordsequenz der sanften mittelalterlichen Ballade *Greensleeves*, zum Beispiel, und der christliche Choral *What Child is it* sind überraschenderweise auch die Grundlage für den Hit der Dire Straits *Sultans of Swing*.

Harmonie und Tonlage bilden zwei wichtige Dimensionen im musikalischen Raum, aber es gibt noch viele andere Dimensionen von ähnlicher Bedeutung. Rhythmus ist eine dritte, und sie enthält einige bekannte Prototypen. Wenn wir nur die moderne Musik betrachten, dann unterscheiden wir Marsch, Foxtrott, Walzer, Polka, Swing, Samba, Rumba, Bossa Nova, Reggae und viele andere.

Die vierte Dimension ist die Satzstruktur. Nicht alle Kompositionen bestehen aus einer wiederholten Zwölf-Takt-Einheit. Es gibt auch viele 16-Takt-Stücke, wie Gershwins *Summertime*, die aus 4 zu 4 und nicht aus 3 zu 4 Takten bestehen. Und es gibt diesen abgetretenen Favoriten der legendären Komponisten von *Tin Pan Alley*, das 32-Takt-Stück. Dieses längere Format besteht normalerweise aus vier 8-Takt-Einheiten, die alle identisch sind, bis auf die dritte Einheit, die acht Takte Pause vom wiederkehrenden Hauptthema bietet (denken Sie zum Beispiel an Harold Arlens *Stormy Weather*). Fast die Hälfte der Hits in den dreißiger und vierziger Jahren hatten dieses Vier-zu-acht-Schema; um in dieser Zeit ein erfolgreicher Komponist zu sein, mußte man es beherrschen. Es war in der Musik ein Beispiel dafür, was Thomas Kuhn ein dominantes Paradigma genannt hat; es definierte, was die Menschen damals von einem populären Song erwarteten, und in kompetenten Händen war es fast gleichbedeutend mit einem Hit.

Dies kurze Liste umfaßt bei weitem nicht den gesamten Bereich der modernen Musik, aber gemeinsam liefern diese vier Dimensionen ein weites Feld bekannter musikalischer Kombinationen und Raum für noch viele mehr. Einige Kompositionen treten übrigens gerade deswegen hervor, weil sie das prototypische Muster subtil, aber in einer raffinierten Art und Weise systematisch verletzen. *Yesterday* von den Beatles zum Beispiel wandelt das alte 8/8/8/8-Format aus *Tin Pan Alley* ab und verwendet statt dessen ein seltsam wirksames 7/7/8/7-Format. Und Paul Desmonds rhythmisch herausragendes Werk *Take Five*, das er mit Dave Brubeck aufgenommen hat, sticht durch einem einprägsamen Fünffünfteltakt hervor, einer Art Walzertakt, bei dem die beiden letzten Takte härter geschlagen werden.

Sicherlich haben andere Zeitalter und Kulturen ihre eigenen musikalischen Prototypen. Die angeführten Beispiele sind historisch wie stilistisch aus einem ganz engen Bereich gewählt, aber sie illustrieren meine Behauptungen im Prinzip sehr gut. Erstens erfordert Kompetenz beim Musizieren und Komponieren genau wie die Anwendung einer wissenschaftlichen Theorie die Verwendung von Prototypen. Vermutlich werden diese Prototypen im Gehirn eines gut ausgebildeten Musikers von geeigneten Regionen oder Partitionen seines neuronalen Merkmalsraumes repräsentiert oder, wahrscheinlicher noch, durch entsprechende Vektorbahnen in diesem Raum. Wie die Sprache hat auch die Musik eine zeitliche Dimension, weswegen hier rekurrente Netzwerke am Werk sein müssen.

Interessanterweise können Menschen eine bekannte Melodie vervollständigen, wenn man ihnen nur einige wenige Takte vorspielt, genauso wie wir ein bekanntes, aber teilweise verdecktes Gesicht erkennen können. Offensichtlich beinhaltet das Üben musikalischer Fähigkeiten, sei es nun durch Musizieren oder durch Zuhören, die passende Aktivierung interner Prototypen, und das Ausmaß der jeweiligen musikalischen Fähigkeiten wird durch das Repertoire an einzelnen Prototypen bestimmt, die jemand beherrscht. Diese Fähigkeit ist keineswegs trivial. In der Musik wie in der Wissenschaft kann ein entsprechend gebildeter Mensch Töne spielen und Dinge wahrnehmen, die für ungeübte Hände und Ohren schlicht unmöglich sind. Und genau wie in der Wissenschaft besteht auch in der Musik die Kreativität darin, neue und erfolgreiche Beispiele alter Prototypen zu finden oder vollständig neue Prototypen zu produzieren.

Sicher haben Musik und Wissenschaft nicht dieselben Ziele; wahrscheinlich sind sie sogar ganz unterschiedlich. So dient uns die Musik hauptsächlich zu Unterhaltung und Entspannung, während die Naturwissenschaft mehr praktischen Nutzen hat. Und dennoch sind die erforderlichen neuronalen Mechanismen, die dabei verwendeten Codierungsstrategien und die dabei gezeigten Umformungsaufgaben in beiden Fällen identisch.

Diese Parallelen zwischen Musik und Wissenschaft lassen sich auch über das Gehirn hinaus in den sozialen Bereich ausdehnen: Neue Formen von Musik entstehen, werden abgewandelt, allgemein akzeptiert, werden wieder unmodern, – plötzlich kommen neue revolutionäre Ideen auf, und der Zyklus beginnt von neuem. Wir können uns fragen, ob es bei modischen Zyklen wirklich einen „intellektuellen Fortschritt" gibt. Findet in der Musik tatsächlich eine ähnliche Entwicklung statt wie in der Wissenschaft? Ich will dieses Thema hier nicht weiter verfolgen, aber Fortschritte gibt es auch in der Musik, wenn auch nicht so deutlich wie in der Wissenschaft.

Wir haben am Anfang dieses Abschnitts die Unterschiede zwischen künstlerischem und wissenschaftlichen Denken betrachtet und festgestellt, daß sie vom neurokognitiven Standpunkt aus nur oberflächlicher Natur sind. Dieser Eindruck wird vermutlich noch verstärkt, wenn wir uns neben der Musik noch weitere künstlerische Ausdrucksformen ansehen.

Auch die Malerei läßt sich in einzelne Bereiche einteilen: Bleistiftzeichnung, Kohlezeichnung, Aquarell, Öl und Acryl. Zudem hat sie ihre eigenen prototypischen Themen: Landschaft, Porträt, Stilleben oder Stadtansichten. Und sie hat ihre eigenen standardisierten, aber abwandelbaren Techniken, Bilder zu strukturieren: mit Linien, Ebenen, Licht und Schatten, Farben, mit feinen Punkten, unscharfen Flecken. Auch hier haben wir wieder einen multidimensionalen Raum, in dem die Prototypen verteilt sind und in dem es noch unendlich viele Möglichkeiten zu erkunden gibt. Und wieder stoßen wir auf hochentwickelte Fähigkeiten bei der Anwendung dieser Techniken und auf Kreativität bei der Verwendung und Änderung der Prototypen. Auch die Autoassoziation spielt erneut eine bedeutende Rolle, besonders in der modernen Malerei. Denken Sie beispielsweise an Picassos Violinen und Gitarren, ein f-Loch hier, eine Andeutung paralleler Saiten da, ein Geigenhals dort und voilà: eine Violine! Und auch hier beobachten wir eine Entwicklung über die Jahrhunderte hinweg. Die künstlerische Darstellung unserer Welt hat seit der altsteinzeitlichen Höhlenmalerei und den ägyptischen Wandmalereien einen weiten Weg zurückgelegt.

Dasselbe Muster finden wir auch bei den verschiedenen erzählenden Künsten: Literatur, Theater und Film. Ein universales Thema, wie den Faustschen Pakt mit dem Teufel, kann man auf vielfältige Weise behandeln, angefangen von Esaus Linsengericht im Alten Testament über Dantes *Inferno* bis zum Broadway-Musical *Damn Yankees*. Neben dem Thema „Verkauf der Seele" existieren noch viele weitere thematische Prototypen: der tragische Irrtum, der Mißbrauch der Macht, der Aufstieg des armen verwahrlosten Kindes... aber ich will Ihnen weitere Auflistungen ersparen. Wir finden hier viele Parallelen zur Musik und Malerei, doch das können Ihnen Leute, die darin bewanderter sind als ich, besser erklären. Ich möchte nur darauf hinweisen, daß das selbstbewußte Ziel jeder Kunst die Darstellung allgemeiner Wahrheiten ist. Ein wirklich erfolgreiches Werk greift ein universal menschliches Thema anhand eines besonders eindrucksvollen oder bemerkenswerten Beispiels menschlichen Verhaltens auf und will uns dadurch zum Nachdenken bringen. Oder wie Bertold Brecht es formulierte: »Das Theater darf nicht danach beurteilt werden, ob es die Gewohnheiten seines Publikums befriedigt, sondern danach, ob es sie zu ändern vermag.« Die Methoden mögen verschieden sein, aber die Ziele von Kunst und Wissenschaft überlappen sich.

Mit diesem kurzen Ausflug wollte ich das künstlerische Schaffen des Menschen in das neurokonnektionistische Modell der menschlichen Kognition einbetten. Genau wie beim vorhergehenden Thema, dem moralischen Wissen, hoffe ich, daß diese Erklärungsperspektive ein neues Licht auf die Kunst wirft und dazu beiträgt, ihre verschiedenen Ziele besser zu verwirklichen. Wenn uns diese Theorie ein tieferes Verständnis für die Wahrnehmungs- und Interpretationsfähigkeit und die Kreativität des Menschen ermöglicht, dann sollte sie auch zum Fortschritt der Kunst beitragen.

11. Auswirkungen der Neurotechnologie auf unser Leben

Im abschließenden Kapitel geht es darum, welche möglichen Konsequenzen eine neue und umfassende Theorie des Gehirns und die daraus entstehenden Technologien für unser Leben haben werden. Was werden sie praktisch für uns bedeuten und was für die Gesellschaft? Welche Auswirkungen haben sie auf unsere persönlichen und spirituellen Vorstellungen, und wie werden sie die Entwicklung der Menschheit langfristig beeinflussen?

Medizinische Bereiche: Psychiatrie und Neurologie

Die ersten Effekte werden in der Psychiatrie und Neurologie zu spüren sein, beides sind Gebiete, die sich mit Schädigungen oder Fehlfunktionen des Gehirns beschäftigen. Wie bereits in Kapitel 7 diskutiert, sind diese Disziplinen schon heute stark durch unser theoretisches Wissen und die Technologien geprägt, mit denen wir die Gehirnaktivität untersuchen und im positiven Sinne beeinflussen können. Die momentanen Entwicklungen werden diesen Fortschritt vermutlich noch erheblich beschleunigen.

Eine neue Gehirnuntersuchungsmethode, die fMRT (funktionelle Magnetresonanz-Tomographie), wird sowohl der Hirnforschung als auch der klinischen Medizin einen gewaltigen Schub geben. Bei dieser Methode verwendet man die MRT-Technik, um die lokale *Aktivität* des Gehirns darzustellen; man untersucht also die Funktion, nicht die *Struktur* des Gehirns. fMRT macht – genau wie die PET – das momentane Ausmaß neuronaler Aktivität in verschiedenen Gebieten des wachen und denkenden Gehirns ohne direkten Eingriff sichtbar.

Allerdings hat die fMRT gegenüber der PET zwei große Vorteile. Erstens muß man keine radioaktiven Substanzen in den Blutkreislauf injizieren, und man benötigt kein viele Millionen DM teures Cyclotron (einen Teilchenbeschleuniger) zur Herstellung der kurzlebigen radioaktiven Isotope unmittelbar vor der Untersuchung. Die fMRT reagiert vielmehr auf den natürlichen Unterschied zwischen oxygeniertem (sauerstoffreichem) und deoxygeniertem (sauerstoffarmem) Hämoglobin im Blut und unterscheidet indirekt Bereiche hoher neuronaler Aktivität (und damit höherem Sauerstoffverbrauch) von solchen geringerer Aktivität. Genau wie beim PET wird also vom Stoffwechsel auf die neuronale Aktivität geschlossen, aber in diesem Fall sind dafür keine größeren Vorbereitungen notwendig, und die Untersuchungszeit ist auch nicht durch ein schnell zerfallendes Isotop begrenzt.

Der zweite wichtige Vorteil der fMRT ist ihre größere zeitliche Auflösung. Eine PET-Untersuchung nimmt eine lokale Erhöhung der Neuronenaktivität nicht wahr, wenn sie weniger als 30 Sekunden andauert. Die momentan gebräuchlichen fMR-Tomographen dagegen können selbst Änderungen von einer halben Sekunde Dauer erkennen, und die theoretischen Grenzen seiner zeitlichen Auflösung sind noch nicht erreicht. Gegenüber der PET entspricht dies bereits heute einer 100fachen Verbesserung, die sich in Zukunft möglicherweise auf eine 1000fache Verbesserung steigern läßt. Die meisten Aktivitäten rekurrenter neuronaler Netzwerke laufen im Millisekundenbereich ab. Mit einem bildgebenden Verfahren, das in diesen Bereich hineinreicht, werden wir also die neuronale Aktivität in Echtzeit beobachten können, die auftritt, während die Versuchsperson etwas wahrnimmt, denkt oder tut. Dadurch können wir die mentale und neuronale Aktivität in Zukunft noch besser korrelieren und noch feiner lokalisieren.

Neben der fMRT wurde (vor allem von Lloyd Kaufmann) vor kurzem noch eine weitere wichtige Technik entwickelt, die Magnetoenzephalographie oder MEG. Diese Technik hat auch Rodolfo Llinás bei seinen Forschungen zu Wachzustand, Traum und Delta-Schlaf verwendet, die wir bei der Diskussion über das Bewußtsein bereits angesprochen haben. Die Methode funktioniert folgendermaßen: An den Stellen, an denen die neuronale Aktivität erhöht ist, bewegen sich große Mengen elektrisch geladener Ionen und verursachen „Wellen" von Ladungsbewegungen, die an den Axonen entlanglaufen, wenn Informationen weitergeleitet werden. Elektrische Ladungen in Bewegung erzeugen aber zwangsläufig elektromagnetische Felder, die vom MEG registriert werden können.

Wie bei der fMRT muß man auch beim MEG keine Substanzen applizieren oder operative Eingriffe vornehmen; nur ein harmloses magnetisches Feld wirkt auf das Gehirn ein. Da aber das MEG die aktuelle „magnetische Spur" einer neuronalen Aktivität entdeckt und nicht die verzögerte Stoffwechselveränderung, ist ihre zeitliche Auflösung wesentlich besser. Sie reicht tatsächlich in den Bereich einer Millisekunde, weswegen Llinás 40-Hz-Schwingungen an verschiedenen Punkten des Cortex nachweisen konnte und feststellte, daß diese Schwingungen überall dieselbe Frequenz hatten, aber mit einer Phasenverschiebung von ein oder zwei Millisekunden auftraten.

Als Methode zur Hirnbeobachtung ist diese Technik hervorragend geeignet; ihre wirklichen Vorteile liegen jedoch möglicherweise woanders. Man kann mit MEG nämlich nicht nur die magnetischen Felder im Gehirn nachweisen, die mit der neuronalen Aktivität einhergehen, sondern sie läßt sich auch umgekehrt benutzen: Man kann im Gehirn lokale magnetische Felder der richtigen Stärke und Frequenz erzeugen, damit Millionen von Ionen anregen und so neuronale Aktivität in ausgewählten Regionen des Gehirns *produzieren*. Kurz, man kann die Methode sowohl zum Stimulieren wie zum Registrieren neuronaler Aktivität benutzen.

Freilich lassen sich Nervenzellen auch mit der klassischen Methode stimulieren und ableiten, indem man Mikroelektroden ins Gehirn einführt. Bei diesem Verfahren arbeitet man jedoch nur mit einer oder wenigen Zellen und muß die Schädeldecke öffnen, was teuer und sehr aufwendig ist; bei der MEG ist das nicht erforderlich, sie ist eine nichtinvasive Technik. Allerdings sind die aktivierten Bereiche bei der letztgenannten Methode recht weiträumig, etwa so, als ob man mit dem Unterarm Klavier spielt. Mit der MEG läßt sich eine Neuronenpopulation nicht hochspezifisch stimulieren, aber sie eröffnet uns einen Zugang zur bewußten neuronalen Aktivität, der uns bisher verwehrt war.

Die MEG-Technik bietet der Kognitionsforschung völlig neue Möglichkeiten, denn im Prinzip ermöglicht sie uns, bei einer wachen Versuchsperson beliebige Bereiche des Gehirns zu stimulieren – Bereiche, die für die Wahrnehmung zuständig sind, für Emotionen, Sprache, Bewegungen oder spezielle kognitive Areale – und sie dann zu fragen, was sie dabei empfindet. Um die funktionelle Organisation des Gehirns zu kartieren, ist diese Methode also optimal geeignet. Die ersten Versuche zur MEG-Registrier- und Stimulationstechnik finden bereits in Llinás Labor an der Universität von New York statt.

Diese neuen Methoden, neuronale Aktivität zu registrieren und zu manipulieren, werden – besonders in Verbindung mit pharmakologischen Verfahren – Psychiatern und Neurologen letztlich ein viel besseres Verständnis dafür vermitteln, wie das gesunde Gehirn funktioniert. Und das wiederum wird zwangsläufig zu besseren und sichereren Methoden führen, Fehler in der normalen Funktion zu entdecken, zu beheben – und ihnen vielleicht sogar eines Tages vorzubeugen.

Wie aber sieht die andere Seite der Medaille aus? Auch die wird es geben: Psychiater werden manchmal sicherlich gefährliche Psychopharmaka verschreiben, Neurologen wichtige Gehirnstrukturen schädigen, konfuse Theorien werden ineffektive und kontraindizierte Therapien legitimieren, Bürokraten werden mitunter versuchen, Probleme durch Pharmaka zu beheben, die nur im sozialen Umfeld gelöst werden können. Es wird sich erweisen, daß so manche scheinbar begrüßenswerte Therapie langfristig verheerende Nebenwirkungen hat. Der Schwarzmarkt mit psychoaktiven Drogen wird florieren, und eine Subkultur von Drogenabhängigen ist unvermeidlich. All das wird geschehen, es fragt sich nur, in welchem Ausmaß.

Angesichts dieser unvermeidlich drohenden Probleme könnten wir versucht sein, der Forschung und Technik in diesem Bereich einen Riegel vorzuschieben, aber auch das hätte natürlich Konsequenzen: Verantwortungsvolle Psychiater erhielten nicht die notwendigen Pharmaka zur Therapie, erfahrene Neurologen nicht die notwendigen Informationen zum exakten chirurgischen Eingriff, eine richtige Theorie würde niemals Eingang in die medizinische

Praxis finden, die Politik würde vergeblich versuchen, Probleme sozial zu lösen, die nur mit Medikamenten in den Griff zu bekommen sind, es gäbe überhaupt keine pharmakologischen Therapien, weder mit noch ohne Nebeneffekte, und schließlich existiert bereits ein üppig florierender Schwarzmarkt mit heimtückischen tödlichen Drogen. Ohne Neurowissenschaften und verbesserte Medizin werden wir sie auch in Zukunft weder durch gutartigere Wirkstoffe ersetzen können, noch Behandlungen finden, die Abhängigkeit zu heilen.

Seit der Entdeckung des Feuers standen wir schon viele Male vor einem derartigen Problem. Jede neue Technik birgt das Potential sorglos verursachter Unfälle und bewußten Mißbrauchs. In der Frühphase, wenn die Gesellschaft die neue Technologie noch kaum versteht, sind Ablehnung und Furcht natürliche Reaktionen. Aber mit zunehmendem Verständnis wird sich die Furcht in der Öffentlichkeit legen und der Zustimmung weichen; gesetzliche Regulierungen schaffen Vertrauen in die Anwendung, und der breitgefächerte Nutzen der neuen Technik für die Allgemeinheit verhilft ihr schließlich zu allgemeiner Akzeptanz. Genau wie bei jeder anderen Technologie müssen wir auch bei der Neurotechnologie lernen, sie verantwortungsvoll zu nutzen.

Neuronale Netze in Diagnose und Therapie

Bisher haben wir uns auf medizinische Probleme des Gehirns selbst konzentriert, aber diese machen nur einen kleinen Teil aller Krankheiten aus. Es wird nicht mehr lange dauern, bis die Neurotechnologie auf die allgemeine Medizin einen ebenso großen Einfluß hat, wie auf die Neurologie. Diagnose und Therapie bilden das Zentrum der Medizin, und künstliche neuronale Netze werden uns bald Diagnosen ermöglichen, die viel verläßlicher, schneller und logischer sind, als Menschen es jemals sein können. Derartige Netzwerke können in Zukunft auch rascher und umsichtiger Therapievorschläge ausarbeiten als jeder Arzt. Die Gründe dafür liegen auf der Hand.

Die meisten Ärzte sind auf ihrem eigenen Gebiet sehr erfahrene Diagnostiker. Die richtige Diagnose zu stellen, ist aber eine Fähigkeit von enormer Komplexität. Nicht jeder erreicht dabei dieselbe Geschwindigkeit, Zuverlässigkeit oder Erfahrung. Sogar die Besten sind bei weitem nicht perfekt. Jede Krankheit kommt in so vielen verschiedenen Formen vor – abhängig von Stadium der Krankheit, von Alter, Geschlecht, medizinischer Vorgeschichte und genetischem Hintergrund des Patienten, zusätzlichen Krankheiten sowie seiner physischen und psychischen Verfassung –, daß es keine definierte Liste notwendiger und hinreichender Symptome gibt, die zur Identifikation herangezogen werden kann, und oft zeigen verschiedene Krankheiten wenigstens in bestimmten Stadien ähnliche Symptome. Muß man also bei einem Krankheitsbild aus 10, 50 oder 200 variablen Symptomen eine von 1000 möglichen Diagnosen treffen, so ist das eine Mustererkennung auf sehr hohem Niveau.

Und das ist nicht nur eine Metapher! Die umfangreiche Liste von Merkmalen (Temperatur, Blutdruck, Zahl der Leukozyten, Aussehen der Haut, Muskeltonus, Pupillenerweiterung, Pulsfrequenz und -stärke, Blutzuckerspiegel und so weiter) bildet einen multidimensionalen Eingabevektor, und die Diagnose einer bestimmten Krankheit aus einem solchen Muster von Informationen erfordert wiederum die Aktivierung eines Prototypvektors („Spinale Meningitis"!), eines der vielen, die der Arzt gelernt hat. Eine Diagnose ist eine Schlußfolgerung, die für das beobachtete Muster an Symptomen die beste Erklärungsmöglichkeit darstellt, und das ist ein weiteres Beispiel für den kognitiven Vorgang, der Ihnen jetzt schon vertraut ist: Autoassoziation bei teilweise gestörtem oder fehlendem Input. Ein Arzt sieht die wirren Punkte und muß versuchen, den Hund zu finden, den bärtigen Mann oder den Reiter auf dem Pferd. Nur dann erkennt er, womit er konfrontiert ist, was er erwarten kann und wie er damit umgehen muß.

Schwierige Muster trotz gestörter oder fehlender Informationen zu erkennen, ist nun die natürliche Stärke künstlicher Netzwerke. Wir haben schon ein Netzwerk kennengelernt, das darin dem Menschen weit überlegen ist: Sejnowskys und Gormans Netzwerk, das die Sonarechos von Felsen und Minen unterscheiden konnte. Auch in der medizinischen Diagnose werden künstliche Netzwerke Einzug halten, die dem Menschen mit Sicherheit überlegen sind.

Das hat einen einfachen Grund. Die Symptome einer Krankheit zeigen eine außerordentliche Variabilität und überlappen sich dazu noch bei verschiedenen Krankheiten auf vielfältige Weise. Ein einzelner Mensch kann dieses riesige und verwirrend zufällige Profil unmöglich vollständig erfassen oder, selbst wenn er es könnte, mehr als nur einen kleinen Bruchteil davon auf den Patienten anwenden. Der Mensch kann hier dem Ideal nie nahekommen, ja nicht einmal das gesamte bereits vorhandene Wissen in Lehrbüchern, medizinischen Zeitschriften und Datenbanken speichern. Es gibt einfach zuviel, als daß wir alles erfassen könnten.

Ein umfangreiches künstliches Netzwerk kann jedoch auf jede Feinheit, jede Möglichkeit und jedes noch so mysteriöse Symptom trainiert werden. Wir trainieren es mit einer sehr großen Anzahl medizinischer Fälle: als Input alle Symptome der einzelnen Patienten und die Diagnose derselben Patienten als Output. Bei einem solchen Vorgehen und einem entsprechend großen Trainingsset kann ein Netzwerk die akkumulierte Erfahrung vieler Tausend Ärzte umfassen.

Viel wichtiger noch, das Netzwerk liefert all dieses Wissen fast augenblicklich, sobald wir es mit den Symptomen des Patienten füttern. Nehmen wir an, in Zukunft wird bei jedem neuen Patient einer Klinik automatisch eine Liste von vielleicht 50 persönlichen, diagnostischen und anamnetischen Daten aufgenommen. Damit verfügen die Ärzte über einen Vektor aus 50 Elementen, die sie einem Netzwerk eingeben können. Das Netzwerk seinerseits liefert als Ergebnis eine Zusammenfassung des Zustands des Patienten, eine Diagnose und eine Abschätzung ihrer Zuverlässigkeit. Wir können es auch so konstruieren, daß es bei zu geringer Zuverlässigkeit dem Arzt weiter notwendige Tests empfiehlt, um im Zweifel zwischen alternativen Diagnosen zu entscheiden.

Auch die Veränderungen der Symptome bei einem Patienten im Verlauf der Zeit sind wichtige Unterscheidungsmerkmale für verschiedene Krankheiten oder können auf bevorstehende Probleme hindeuten. Wenn das Netzwerk rekurrent aufgebaut ist, kann es solche zeitlichen Informationen ebenfalls verarbeiten und seine Diagnosen dementsprechend anpassen. Eine Krankheit verläuft dynamisch, und bei einer idealen Diagnose muß man den zeitlichen Verlauf der Krankheit durch wiederholte Untersuchungen in kurzen Abständen dokumentieren. Krankenhausärzte können nicht jedem Patienten soviel Aufmerksamkeit schenken, aber ein permanent arbeitendes Neuronalnetz, das mit einer Vielzahl von Sensoren verbunden ist, ist dazu ohne weiteres in der Lage. Als rekurrentes Netzwerk kann es auch sich entwickelnde Vorgänge analysieren, kontinuierlich seine Diagnosen anpassen und, wenn nötig, Alarm schlagen.

Schließlich muß man natürlich über eine geeignete Behandlung entscheiden, und auch das kann ein gut trainiertes Netzwerk leisten. Genau wie jede Krankheit nicht immer dieselben Symptome zeigt, gibt es auch nicht für jede Krankheit nur eine einzige mögliche Therapie; Tausende anderer Faktoren spielen zusätzlich eine Rolle. Auch hier können die Aufzeichnungen früherer Krankheitsgeschichten zukünftigen Patienten zugute kommen. Wenn wir dem Netzwerk während seiner Trainingsphase verläßliche Informationen früherer Krankheitsgeschichten liefern, und wenn es bei der tatsächlichen Diagnose eines Patienten verläßliche Zusatzinformationen erhält, dann kann es bei der Auswahl der Therapieform genauso erfolgreich sein wie vorher bei der Diagnose.

Werden die Ärzte zukünftig von solchen Netzwerken ersetzt? Natürlich nicht, die Netzwerke sind nur ein weiteres Werkzeug im Arsenal der Medizin. Die endgültige Entscheidung, wie sie benutzt werden sollten, wie sehr man auf sie vertrauen und wie man sich verhalten sollte, wenn Netzwerk und Ärzte unterschiedliche Diagnosen stellen, muß den Medizinern überlassen bleiben. Anfangs werden die Netzwerke zweifellos noch nicht perfekt sein, aber mit der Zeit werden sie besser werden und am Ende unersetzbar sein. Die Mediziner müssen entscheiden, wann sie eingeführt und wie sie angewendet werden sollen.

Auch nach heutigen Maßstäben muß diese Technologie nicht teuer sein. Ein parallel arbeitendes Netzwerk auf einem einzelnen

Mikrochip kann für ein ganzes Krankenhaus ausreichen. Die verschiedenen Sensoren, mit denen es verbunden ist, werden sicherlich viel teurer sein. Wir müssen auch nicht jedes Netzwerk einzeln trainieren; sobald wir ein Netzwerk trainiert haben, können wir seine synaptischen Verbindungsstärken ablesen und direkt auf andere Chips übertragen. Als weiteres medizinisches Werkzeug könnten diagnostische Netzwerke ebenso hilfreich wie preisgünstig sein.

Rechtliche Aspekte: Anfang und Ende des Lebens

Ein besseres Konzept über das Wesen und die Grundlagen unseres Selbst wird sicherlich auch die Gesetze und die Art ihrer Auslegung beeinflussen. Eigentlich ist das bereits der Fall. In den meisten Staaten gilt der „Gehirntod", also das Fehlen sämtlicher im EEG (Elektroenzephalogramm) nachweisbarer Gehirnaktivität, als gleichbedeutend mit dem Tod eines Menschen. Weitere Maßnahmen zum Erhalt der Körperfunktionen werden dann nicht mehr als notwendig erachtet; der Mensch ist tot.

Das ist sicherlich ein korrektes Vorgehen, denn mit dem Tod des Gehirns geht auch das *Selbst* in ihm vollständig und unwiederbringlich verloren. Man könnte allerdings versucht sein, dieses Prinzip des „Gehen-Lassens", das wir hier ganz zurecht anwenden, bald auch auf ähnliche Fälle auszudehnen. Nehmen wir zum Beispiel einen Fall, bei dem das Gehirn noch meßbare Aktivität zeigt, aber der Patient im Koma liegt, dieser tiefen Bewußtlosigkeit, aus der kein äußerer Reiz zum Erwachen führt. In einem solchen Fall ist das Selbst gewöhnlich nicht unrettbar verloren, und wir pflegen den Patienten daher entsprechend gut, in der Hoffnung, daß er wieder aus dem Koma erwacht.

In einigen solcher Fälle könnten wir aber mit den neuen bildgebenden Verfahren feststellen, daß der Patient mit Sicherheit nie wieder aus dem Koma erwachen wird, selbst wenn er noch geringe Gehirnaktivität zeigt. Liegt zum Beispiel ein Fall mit weiträumigem

Zelltod im Thalamus vor, besonders in den intralaminären Kernen, dann können wir davon ausgehen, daß der Patient unwiderruflich verloren ist, denn die Funktion der intralaminären Kerne ist offensichtlich für das Bewußtsein bei allen höheren Tierarten essentiell (Kapitel 8).

Medizinisch und ethisch entsprechen solche Fälle dem Hirntod; das Selbst, um das es hier geht, ist tot. Die momentan gültigen Gesetze machen es jedoch schwierig bis unmöglich, solche Fälle genauso wie den Hirntod zu behandeln, obwohl das berechtigt sein dürfte. Zwar zeigt das EEG noch eine gewisse Hirnaktivität, aber diese hat nichts mehr mit wirklichem oder möglichem Bewußtsein zu tun. Hier müssen die Gesetze möglicherweise angepaßt werden.

Ein anderes, viel häufigeres Beispiel ist die Alzheimer-Krankheit, wenn hier auch ein fließender Übergang die Sachlage problematisch macht. Die Alzheimer-Krankheit, die häufigste Form seniler Demenz, ist eine neurodegenerative Erkrankung, die etwa 20 Prozent der über Siebzigjährigen betrifft. In den fortgeschrittenen Stadien zerstört die Krankheit das Selbst der Patienten vollständig. Sie zerstört synaptische Verbindungen im gesamten Gehirn, die für das Wissen, die Erinnerungen und Fähigkeiten eines Menschen unabdingbar sind, und raubt ihm so die Möglichkeiten zur Wahrnehmung, zum Denken und Handeln. Das feinabgestimmte neuronale Netzwerk des Gehirns wird langsam zerstört. Im letzten Stadium der Krankheit verliert der Patient jegliches Gedächtnis, hört vollständig auf zu sprechen, zeigt keine physischen oder emotionalen Reaktionen auf seine Umgebung mehr, initiiert von sich aus keinerlei Aktivität und ist allein nicht mehr fähig, zu essen oder auf die Toilette zu gehen. Am Schluß sehen solche Patienten aus wie Statuen, die leer vor sich hin starren, nichts mehr verstehen und auf nichts mehr reagieren.

Das Selbst ist auch hier unwiderruflich verloren. Die Körperfunktionen bleiben bestehen, und auch das Gehirn bleibt strenggenommen am Leben, aber die Zahl seiner Synapsen hat sich drastisch reduziert, und die Hierarchie prototypischer Kategorien ist verschwunden. Obwohl einige aktive Nervenzellen überleben, ist das Gesamtsystem nicht mehr zu zusammenhängenden Vektorumformungen in der Lage. Das Selbst, das alles zusammenhielt, existiert nicht mehr.

Genau wie beim irreversiblen Koma sind auch hier die Parallelen zum Gehirntod offensichtlich, und eine vergleichbare Regelung, solchen Patienten einen humanen Tod zu gewähren, scheint angebracht. Solche „leeren menschlichen Hüllen" stellen für die Lebenden eine erhebliche finanzielle und psychische Belastung dar und verbrauchen medizinische Ressourcen, die für andere Menschen sinnvoller eingesetzt werden könnten.

In diesem Fall stehen wir aber vor einem moralischen Problem und einem Definitionsproblem, beides bleibt uns beim Hirntod oder beim permanenten Koma erspart: An welchem Punkt des langsamen Verfalls kann man das Selbst des Alzheimer-Patienten juristisch als nicht mehr vorhanden betrachten? Die Unfälle, die zu Hirntod oder Koma führen, finden normalerweise plötzlich statt. Wenn wir den gesunden Patienten von gestern so klar vor Augen haben, dann ist der Kontrast zur „leeren Hülle", die jetzt vor uns liegt, ganz augenscheinlich. Bei der Alzheimer-Krankheit ist das anders. Jeder Tag gleicht dem vorherigen, die umsorgende Familie des Patienten stuft ihre Erwartungen in unmerklichen Schritten herab, es gibt keine klare, gütige Grenzlinie, die den Angehörigen zeigt, daß jetzt der Augenblick wäre, Abschied zu nehmen, und viele von ihnen tun es nie.

Ich habe auch keine Patentlösung für dieses Problem. Wir brauchen ein objektives und verläßliches Maß dafür, wann die kognitiven Funktionen eines Alzheimer-Patienten das Niveau erreicht haben, das auch beim Hirntod und im terminalen Koma vorliegt. Das EEG allein wird dafür nicht ausreichen, denn es vermittelt ein fälschlich optimistisches Bild der kognitiven Aktivität eines Alzheimer-Patienten. Das alleinige Vorhandensein neuronaler Aktivität ist nicht ausreichend für ein denkendes Selbst, wenn die kohärente Form fehlt, die nur mit einem feinabgestimmten neuronalen Netzwerk möglich ist. Vielleicht können die neuen Techniken – fMRT und MEG – hier mehr leisten. Auch in diesem Fall müssen sicherlich die Gesetze nachgebessert werden, aber wie genau, bleibt noch zu klären. Dafür brauchen wir sowohl eine bessere Theorie als auch eine bessere Technologie.

In anderen Fällen bräuchten die Gesetze nicht verbessert zu werden, sondern es wären nur besserer Schutz und bessere Unterstützung nötig. Ich denke dabei an einen zweiten Fall, bei dem ein kontinuierlicher biologischer Vorgang ein juristisches Problem aufwirft: an den legalen Schwangerschaftsabbruch. Ein neugeborenes Baby zu töten, ist wohl für jeden unakzeptabel. Andererseits wird es wohl jeder hinnehmen, wenn unerwünschte Ei- oder Samenzellen vorsätzlich vernichtet werden. In der Zone zwischen diesen beiden Extremen herrscht allerdings große Uneinigkeit darüber, wo das Erlaubte aufhört und wo das Unerlaubte beginnt.

Das Gesetz selbst formuliert einen Kompromiß: in den Vereinigten Staaten ist Abtreibung in den ersten drei Monaten der Schwangerschaft Teil des verfassungsmäßigen Rechts der Frau auf Privatsphäre. Diese Entscheidung wird von einer nicht unbedeutenden Minderheit von Christen, besonders Mitgliedern der römisch-katholischen Kirche, kritisiert, die den Moment der Befruchtung als Grenze definiert sehen möchten. Ich will auf die Details dieser Debatte nicht weiter eingehen, wir haben sie bereits in Kapitel 6 kurz skizziert. Ich möchte die Aufmerksamkeit nur auf eine Tatsache richten, die man in die Überlegung einbeziehen sollte, welche Bedeutung man ihr dann auch immer beimessen mag.

Tatsache ist, daß Gehirn und Nervensystem des Foetus bis zum dritten Schwangerschaftsmonat, ja eigentlich bis zum sechsten Schwangerschaftsmonat, noch nicht vollständig ausgebildet sind. Viele neuronale Vorläuferzellen existieren natürlich bereits, aber sie sind winzig, unreif und noch nicht funktionstüchtig. Die meisten dieser neuronalen Vorläufer müssen bis zu ihren endgültigen Bestimmungsorten im späteren Gehirn noch weit wandern, und es dauert Monate, bis aus ihnen Axone wachsen, die mit anderen Zellen Synapsen bilden. Und es dauert noch länger, bis diese Synapsen durch Lernvorgänge so angepaßt sind, daß ihre Gesamtheit eine Form von Kognition ermöglicht. Während der ersten drei bis sechs Schwangerschaftsmonate existieren im Foetus keine neuronalen Netzwerke, und damit auch nicht die für Netzwerke charakteristische *Aktivität*.

Das hat folgende potentielle Bedeutung: Wenn das Gefühl, man müsse den Foetus vor Abtreibung schützen, darauf beruht, daß ein existierendes *Selbst* zu schützen und zu erhalten ist, dann erscheint mir diese Motivation objektiv falsch. Falls nämlich die aus der neurobiologischen Forschung gezogene Erklärung für Kognition, Bewußtsein und das Selbst auch nur annähernd richtig ist, dann kann es kein Selbst geben – nicht einmal ein unbewußtes –, solange der Foetus kein funktionierendes Nervensystem entwickelt und damit angefangen hat, die Milliarden synaptischer Verbindungen so zu konfigurieren, daß sie kontinuierliche kognitive Aktivität unterhalten können. Ohne das Vorhandensein neuronaler Netze kann es kein Selbst geben, keine Emotionen, keine Wahrnehmung, keine Absichten, und keine andere Form von Kognition. Ein drei bis sechs Monate alter Foetus hat vieles, aber er hat noch kein Selbst. Wenn wir Abtreibungen verbieten wollen, dann mit einem anderen Argument als dem, ein Selbst schützen zu müssen.

Rechtliche Aspekte: gesellschaftliche Probleme und deren Korrektur

Auf die Fragen nach einer gerechten und humanen Verfahrensweise am Beginn und am Ende des Lebens eines Menschen werden sich sicherlich bessere Antworten finden lassen, wenn man sie im Lichte eines tieferen neurowissenschaftlichen Verständnisses betrachtet. Am stärksten wird sich aber das menschliche Leben zwischen diesen beiden Eckpunkten verändern. Insbesondere wird unsere Gesellschaft in Zukunft wohl ganz anders mit vielen soziopathologischen Verhaltensweisen umgehen. Wenn sie die notwendigen Kenntnisse und Methoden besitzt, kann sie verläßlichere Urteile bilden und effektiver handeln als momentan. Genügend Beispiele belegen, daß uns das heute nur unvollkommen möglich ist.

Jedes Gericht steht vor der Frage, welchen intellektuellen, psychischen und sozialen Hintergrund ein Angeklagter hat und welche Motive, Absichten und Voraussetzungen zum Zeitpunkt der Tat eine Rolle spielten. Das Gesetz differenziert hier recht grob, aber für den Angeklagten folgenschwer, und berücksichtigt, ob der Angeklagte gesund oder krank ist, ob die Tat vorsätzlich, fahrlässig oder im Affekt geschah, und welche Motive für die Tat ausschlaggebend waren.

Die Schuldfrage sowie die Art und Schwere der Bestrafung hängen entscheidend davon ab, wie das Gericht diese Parameter einschätzt. Dieselbe Handlung kann für den einen zehn Jahre Gefängnis bedeuten, für den anderen zwei Jahre in einem psychiatrischen Krankenhaus und für den dritten 160 Stunden Sozialarbeit, je nach dem persönlichen Profil des Angeklagten und den Tatumständen.

Unser Sinn für Gerechtigkeit und der gesunde Menschenverstand verlangen, daß man bei der Schuldfrage und bei der Straffestlegung diese Aspekte berücksichtigt, aber die meisten werden zugeben, daß es für die Gerichte sehr schwer ist, die einzelnen intellektuellen, emotionalen und sozialen Charakteristika eines Angeklagten zu durchleuchten. Betrachtet man die hohe Zahl rückfälliger Straftäter, kann man kaum behaupten, daß unser gegenwärtiges Rechtssytem darin sehr erfolgreich ist. In unserem Land herrscht allgemein die Auffassung, daß man bei wiederholt gewalttätigen Straftätern alle Rehabilitationsversuche aufgeben und sie besser solange wie möglich hinter Gitter bringen sollte.

Während ich diese Zeilen schrieb, verabschiedete das Parlament in Kalifornien das sogenannte *three-strikes-and-you're-out*-Gesetz („drei Vergehen und du bist draußen" oder besser gesagt „bleibst drinnen"). Heute morgen nun meldet die Zeitung, daß in San Diego das erste Strafverfahren unter diesem Gesetz gegen einen der drei Männer eröffnet wurde, die sechs Stunden nach Inkrafttreten des Gesetzes den Supermarkt am Ende meiner Straße überfallen hatten. Die Räuber flohen in einem Auto, das sie einem geschockten Autofahrer eine Stunde zuvor abgenommen hatten. Rein zufällig wurde ihre Flucht von Beamten des FBI beobachtet. 20 Minuten später wurden die drei bewaffneten Straftäter zehn Meilen entfernt von der Polizei umzingelt und festgenommen. Den Kassiererinnen in meinem Supermarkt steckt der Schreck noch in den Gliedern. Unsere Diskussion ist also durchaus nicht realitätsfern.

Solche Gesetze – ich bezweifle, daß das kalifornische das letzte dieser Art sein wird – sind Ausdruck dafür, daß unsere Rechtsprechung und unser Strafvollzug völlig darin versagt haben, die Öffentlichkeit zu schützen. Dieses Versagen ist real spürbar, und daher sind auch die mitunter zu hörenden Forderungen, wie „Einsperren und die Schlüssel wegwerfen!" durchaus verständlich. Falls nötig, sollten wir sie vielleicht gar vehement unterstützen, aber die Verschwendung an Steuergeldern wie an menschlichen Ressourcen (Wächter und Gefangene) ist riesig. Man darf sich fragen, ob uns die nächsten fünfzig Jahre ein gerechteres, effektiveres und weniger kostenintensives System bescheren werden, um mit kriminellem Verhalten umzugehen.

Die Möglichkeiten hierfür sind vage und unsicher; wir sollten also skeptisch bleiben. Auf der anderen Seite werden wir pathologische Mechanismen in Zukunft immer besser verstehen und sicher auch besser damit umgehen können. Es wäre also sinnvoll, wenigstens teilweise darauf vorbereitet zu sein. Diese Unwägbarkeiten immer im Hinterkopf, wollen wir also etwas in die Zukunft blicken.

Sicherlich hat kriminelles Verhalten keine singuläre Ursache oder ist im Gehirn an einem bestimmten Ort lokalisiert. Die Gründe dafür können vielfältig sein: chronisches Versagen der sozialen Wahrnehmung, Unfähigkeit, für andere etwas zu empfinden, ein gestörtes emotionales Profil, Perversion oder Sucht, chronische Defizite, fehlende oder gestörte Sozialisation, Verzweiflung, Dummheit oder jede beliebige Kombination dieser Möglichkeiten und hundert andere dazu, die wir noch gar nicht kennen. In gewissem Umfang berücksichtigt das Gesetz diese Faktoren, indem es auf die intellektuellen, emotionalen und psychologischen Voraussetzungen der Täter Rücksicht nimmt.

Wie schon erwähnt, muß das Rechtssystem diese Aspekte jedoch viel verläßlicher als bisher beurteilen können, wenn es auf dieser Grundlage sinnvolle Entscheidungen treffen soll. Auch hierbei könnte die Neurotechnologie helfen. Dazu müssen drei Dinge entwickelt und miteinander kombiniert werden: Erstens müssen die nichtinvasiven Methoden, um lokale Hirnaktivität zu messen, sehr präzise und bequem anwendbar sein. MRT und MEG sind hier die wahrscheinlichsten Kandidaten. Zweitens müssen wir die vielen Facetten von Kognition, Emotion und Bewußtsein besser verstehen oder vielleicht sogar völlig neu definieren. Nur dann können wir die

Daten und Resultate richtig deuten, die uns diese neuen Techniken über gesunde, kranke, geschädigte oder vielleicht wirklich pathologische Gehirne liefern. Drittens brauchen wir künstliche Netzwerke zur Diagnose – nicht nur für die Krankheiten des Körpers, wie oben besprochen, sondern auch für die Störungen im Gehirn.

Die neuen bildgebenden Verfahren werden uns große Datensammlungen liefern, die individuelle Profile der Hirnfunktion von normalen Menschen bis zu gefährlichen Psychopathen umfassen. Solche Profile könnten zum Beispiel aufgezeichnet werden, während man der Versuchsperson Testsituationen mit sozialem, moralischem oder praktischem Inhalt auf einem Bildschirm vorspielt. Diese gespeicherten Hirnprofile können dann mit einer unabhängigen Diagnose des allgemein mentalen Zustandes des Probanden und mit seinem tatsächlichen sozialen oder kriminellen Verhaltensprofil kombiniert werden. Eine große Anzahl solcher Profilpaare stellt das Trainingsset für das erforderliche Netzwerk dar, mit dem wir dann bestimmte Fehlfunktionen des Gehirns diagnostizieren und sozial problematisches Verhalten präzise vorhersagen können. Genau wie das oben diskutierte Netzwerk zur medizinischen Diagnose kann dieses psychosoziale Netzwerk viel mehr Erfahrung ansammeln als jeder einzelne Mensch und seine ganze Erfahrung konsistent auf jeden einzelnen Fall anwenden.

Eine derartige Technik würde uns nichts Neues ermöglichen. Angeklagte in Strafprozessen werden seit fast hundert Jahren durch Psychiater beurteilt, wenn das Gericht dies für notwendig hält, aber wir könnten diese Aufgabe in Zukunft viel genauer und damit auch fairer als heute durchführen.

Damit könnten wir die wirklichen Problemfälle von den anderen unterscheiden, die mehr zufällig und einmalig mit dem Gesetz in Konflikt geraten sind. Allein das wäre schon von Vorteil genug; die Justiz könnte letztere nach einer angemessenen Strafe zügig wieder in die Gesellschaft zurückführen. Der wahre Vorteil liegt jedoch darin, daß man mit dieser „High-tech-Methode" bei den wirklichen Problemfälle die wahre *Ursache* ihres psychosozialen Defekts herausfinden und diesen vielleicht mildern, beheben oder langfristig unterdrücken kann.

Bei diesem letzten Satz müßten Sie eigentlich eine Gänsehaut bekommen haben, oder Sie haben nicht richtig aufgepaßt. Die heutige Gesellschaft hat eine grundlegende Furcht davor, daß eine diktatorische oder unverantwortliche Regierung die Kontrolle über unsere intimsten Gedanken, Wünsche und Charakterzüge gewinnt – Orwells *1984* und Burgess' *A Clockwork Orange* sind dafür beredte Beispiele. Auch ich bin der Meinung, daß dies eine erschreckende Aussicht ist, die man so entschieden wie möglich bekämpfen sollte. Wenn die Neurotechnologie jemals für solche Zwecke eingesetzt werden könnte, dann muß diese Technik permanent unter strikter öffentlicher Kontrolle und Regulierung bleiben. Diese Einschränkung dürfen wir im folgenden nicht aus den Augen verlieren.

Dennoch benötigen wir Perspektiven. Der Staat hat es schon immer als seine Aufgabe angesehen, wenigstens die grundlegenden Überzeugungen seiner jungen Mitbürger durch eine ehrliche und umfassende Erziehung formen zu helfen. Hierin liegt keine Gefahr, solange die dafür Verantwortlichen ihrem Ziel treu bleiben. Auch Psychiater und Neurologen wollen stets die normalen kognitiven und emotionalen Funktionen ihrer Patienten wiederherstellen, die die Patienten durch Krankheit, Verletzung oder andere Ursachen eingebüßt haben. Auch hieran ist nichts Negatives.

Einem Patienten einen Hirntumor zu entfernen, der unkontrollierbare Wutausbrüche hervorruft, ist nichts anderes, als eine Kugel herauszuoperieren, die unerträgliche Schmerzen verursacht. Einem an starken Depressionen leidenden Patienten Pharmaka zu geben, die den Serotoninspiegel anheben, ist das gleiche, wie einem Diabetiker Insulin zu spritzen. Einem Patienten Fluoxetin zu verabreichen, um Zwangsneurosen zu unterdrücken (bei solchen Störungen wiederholt der Patient zwanghaft alltägliche Handlungen, wie das Händewaschen oder das Überprüfen, ob eine Tür geschlossen ist), ist nichts anderes als die Anwendung eines Antihistaminikums, um die gelegentliche Überreaktion des Immunsystems (wie bei Hautentzündungen oder gereizten Atemwegen) zu unterdrücken. Das Gehirn ist ein Organ wie jedes andere, und es bedarf mitunter eines regulierenden Eingriffs, wie jedes andere Organ auch.

In der Medizin gilt jedoch allgemein das Prinzip der Freiwilligkeit; niemand darf gegen seinen Willen zu einer Behandlung gezwungen werden. Dieses Prinzip wird nur dann verletzt, wenn der Patient zu einer solchen Entscheidung nachweislich nicht fähig ist und in den seltenen Fällen, in denen die Krankheit infektiös ist und für die Allgemeinheit ein unzumutbares Risiko darstellt. Aber sogar im letztgenannten Fall wird der Patient normalerweise nur in Zwangsquarantäne genommen. Die meisten Menschen sind verantwortungsbewußt und lassen die notwendigen medizinischen Schritte durchführen; kaum jemand will andere absichtlich gefährden.

Ein ähnliches Prinzip sollte auch für die Psychiatrie und Neurologie gelten: Niemand darf gegen seinen Willen behandelt werden. Dieses Prinzip sollte nur dann verletzt werden können, wenn der Patient geistig nicht zu einer solchen Entscheidung in der Lage ist oder eine unakzeptable Gefahr für die Allgemeinheit darstellt. Und auch hier ist eine Einweisung in eine geschlossene Anstalt eigentlich alles, was zwangsweise durchzusetzen ist. Wenn der Patient rationale Entscheidungen treffen kann, dann sollte man es ihm überlassen, ob er medizinisch behandelt oder eingewiesen werden möchte. Wenn er darauf besteht, seine für die Gesellschaft gefährliche Krankheit nicht behandeln zu lassen, dann sollte man es ihm freistellen, diese Entscheidung unbehandelt hinter Gittern zu überdenken.

Das bringt uns wieder zum Strafrecht zurück. Stellen wir noch einmal klar, von welcher Art Technologie wir sprechen. Der erste Schritt wäre eine nichtinvasive Darstellung der Gehirnaktivität des Straftäters während verschiedener sozial relevanter Wahrnehmungen und Tätigkeiten. Zweitens müßte dieses neurofunktionale Profil durch ein erprobtes Netzwerk ausgewertet werden, das an einer großen Datenbank solcher Profile trainiert wurde, um eine detaillierte soziopathologische Diagnose zu erhalten und damit sein zukünftiges Verhalten abschätzen und mögliche Behandlungsmethoden in Erwägung ziehen zu können. Genau wie die allgemein diagnostischen Netzwerke müßte dieses Netzwerk ebenfalls eine Zuverlässigkeitsabschätzung liefern. Über eine solche Technologie sprechen wir.

Trotzdem werden psychiatrische Beurteilungen von Angeklagten in Strafprozessen nicht deswegen überflüssig werden, weil wir durch die neuen Technologien das zukünftige Verhalten genauer beurteilen und sicherer vorhersagen können; auch die Entscheidungen der Gerichte zum Strafmaß werden nicht allein dadurch besser. Wenn alles andere gleich bleibt, werden sie nur ein wenig gerechter.

Mit Hilfe solcher „High-Tech-Gutachten" könnten aber die Gerichte die Öffentlichkeit effektiver schützen. Zuerst einmal durch die Identifizierung der wirklich problematischen Straftäter, auch wenn es nur dazu dient, sie einzusperren. Aber wenn auch die diagnostischen und therapeutischen Methoden erwartungsgemäß besser werden, dann könnte es möglich sein, durch gezielte neurologische oder pharmakologische Eingriffe einen Menschen mit gefährlichen Fehlfunktionen fast augenblicklich in eine sozial und psychisch gesunde Person zu verwandeln, die keine Gefahr mehr für die Allgemeinheit darstellt. So könnte sie ohne Gefängnis wieder zu einem normalen Leben zurückkehren. Die Vorteile auf menschlicher Seite oder – pragmatischer – durch die Einsparung von Steuergeldern wären nicht abschätzbar. Wenn wir nur die Hälfte aller Strafgefangenen aus der Haft entlassen könnten, zum Beispiel durch freiwillige Behandlung mit preiswerten Arzneimittelimplantaten, dann könnten wir jedes Jahr allein an direkten Kosten viele Milliarden DM einsparen. Gegenwärtig bezahlt der amerikanische Steuerzahler jährlich etwa 40 000 Dollar für einen einzigen Strafgefangenen. Zusammengenommen wenden Bundes- und Staatsregierungen jährlich mehr für Gefängnisse auf, als für alle öffentlichen höheren Schulen und Universitäten zusammen. Hier besteht wahrlich ein Ungleichgewicht, das behoben werden müßte.

Nichts von dem hier Diskutierten steht unmittelbar bevor, Neurowissenschaftler wie Juristen werden noch Jahrzehnte benötigen, um derartiges umzusetzen. Aber solche Entwicklungen werden irgendwann kommen, wenn vielleicht auch nur allmählich. Die Neurotechnologie muß sich erst als anwendbar erweisen, und die Gesellschaft braucht Zeit, um die neuen Entwicklungen und Perspektiven zu verstehen und richtig einschätzen zu können. Zur gegebenen Zeit muß die Öffentlichkeit jedoch über das weitere Vorgehen selbst entscheiden, wenn die Initiativen dazu wohl auch von den Juristen, Medizinern und Kriminologen ausgehen werden. Aber ich möchte am Schluß dieses Abschnittes die These aufstellen, daß wir von diesen Entwicklungen mehr erhoffen können, als wir zu befürchten haben – solange wir gut informiert sind.

Wissenschaftlicher Fortschritt: neuronale Netzwerke in der Forschung

Ich kann dieses Thema hier ziemlich schnell abhandeln, denn die beiden vorangehenden Kapitel enthalten bereits ausführliche Beispiele für die verschiedenen Techniken, die auch an dieser Stelle von Bedeutung sind. Die Kürze dieses Abschnitts sagt aber nichts über die Wichtigkeit des Themas aus, denn Wissenschaft hat die Macht, die Welt zu verändern, und neuronale Netze werden die Wissenschaft verändern.

Neuronale Netze werden in der Forschung zuerst einmal und vor allem für komplexe Mustererkennung eingesetzt werden, also als Sensoren, Detektoren sowie als Meß- und Klassifikationsgeräte. Wenn wir an ein Meßinstrument denken, dann haben wir normalerweise so etwas wie ein Thermometer oder Voltmeter vor Augen, also etwas, das einen einfachen numerischen Wert, wie Temperatur oder Spannung, mißt und anzeigt. Diese Geräte bilden jedoch nur das untere Ende des Meßgerätespektrums. Neuronale Netze werden am oberen Ende dieses Spektrums stehen, nicht mit Voltmetern, sondern eher mit den Wahrnehmungsfähigkeiten intelligenter Lebewesen vergleichbar. Sie werden uns ermöglichen, genaue Profile mit mehrdimensionalen Variablen zu analysieren und theoretisch interessante oder dynamisch wandelbare Faktoren in sehr komplexen Situationen zu erkennen. Anders als unsere Sinnesorgane sind sie dabei nicht auf den engen Bereich unserer Wahrnehmung beschränkt, den die Evolution zufällig für interessant und wichtig erachtet hat. Vielmehr werden sie das ganze Spektrum natürlicher und künstlicher Vorgänge erfassen können.

Bescheidene Ansätze dafür existieren bereits. Im CERN, dem größten Teilchenbeschleuniger Europas, und in ähnlichen Anlagen der Vereinigten Staaten stehen neuronale Netze, die darauf trainiert wurden, die chaotischen Spuren auszuwerten, die subatomare Zerfallsprodukte hinterlassen, wenn zwei Teilchen zusammenstoßen. Die Netzwerke finden zuverlässig die Spur heraus, die von dem gesuchten hypothetischen Teilchen erzeugt wurde, falls es bei der Kollision entstanden ist. Sucht man also nach einem bestimmten subatomaren Teilchen, dann kann man sich die Mühe sparen, selbst Tausende von experimentellen Daten zu überprüfen. Dafür kann man ein trainiertes neuronales Netz verwenden, das unermüdlich und zuverlässig jedes Experiment durchmustert, das selten auftretende, gesuchte Teilchen herausfindet und alles andere unberücksichtigt läßt. Das beschleunigt das Testen einer Theorie um ein Vielfaches.

Netzwerke können auch Muster erkennen, für die unser Nervensystem einfach nicht geschaffen ist. Das Netzwerk zur Echoortung von Minen aus Kapitel 4 ist dafür ein Beispiel, und die sensorischen Fähigkeiten der Millionen Tierarten liefern weitere. Der Geruchssinn der Hunde, das Sonar der Delphine, die Elektroortung elektrischer Fische und andere uns fremde Fenster zur Welt können sich dem Menschen mit Hilfe künstlicher Netzwerke erschließen. Man konstruiert einfach einen künstlichen Sensor, der dasselbe Wahrnehmungsspektrum und dieselbe Empfindlichkeit besitzt wie das jeweilige Sinnesorgan und gibt die von ihm gelieferten Daten einem geeigneten künstlichen Netzwerk ein. Dann trainiert man das Netzwerk an der Reizumgebung des betreffenden Tieres und erhält so Zugang zu dieser uns fremden Wahrnehmung.

Tierische Wahrnehmungssysteme zu imitieren, wird aber nicht das Hauptziel dieser Forschungen sein. Auch die Sinnesorgane der Tiere sind auf einen engumgrenzten Bereich der Realität beschränkt. Darüber hinaus existieren noch zahllose Möglichkeiten, die in der Evolution nicht ausgeschöpft wurden, und einige davon könnten sich für uns Menschen als nützlich erweisen.

Stellen Sie sich zum Beispiel eine Anzahl Sensoren vor, die folgende Informationen empfangen: die momentanen Erschütterungen, die von tausenden Seismographen in ganz Südkalifornien aufgezeichnet werden, die gegenwärtigen Positionen von Sonne und Mond, Meßdaten von den Grabenbrüchen im ganzen Land, die momentanen Konzentrationen seltener Gase auf der Erdoberfläche, die normalerweise im Felsgestein gelöst sind, die gegenwärtige Anzahl der Sonnenflecke, die momentanen Voraussagen der Parapsychologen in Los Angeles (manches habe ich mir ausgedacht). Mit all diesen Informationen füttert man ständig ein rekurrentes Netzwerk, das man allmählich an den vielen Erdbeben in Südkalifornien trainiert. Es könnte sein, daß ein solches Netzwerk irgendwann ein bevorstehendes Erdbeben voraussagen kann, indem es ein komplexes Muster in seinen hochgradig unterschiedlichen Eingängen entdeckt. (Die Vorhersagen der Parapsychologen in L. A. und vielleicht auch die Sonnenflecke wird das Netzwerk vermutlich sehr schnell bei seinen Berechnungen unberücksichtigt lassen, da sie für die Voraussagen von Erdbeben statistisch irrelevant sind. Andernfalls wäre es überraschend; auf jeden Fall aber würden wir etwas lernen.)

Diese Idee könnte falsch sein, denn das Verhalten der Erdkruste ist möglicherweise vollständig chaotisch und damit unvorhersagbar, aber die Taktik ist prinzipiell logisch. Netzwerke sind bereits darauf trainiert worden, die auditorischen und elektrophysiologischen Eigenarten des menschlichen Herzschlags zu verarbeiten und so Patienten herauszufinden, die für Herzinfarkt, Herzklappenfehler oder Herzrhythmusstörungen potentiell anfällig sind. Erfahrene Ärzte können derartiges in begrenztem Umfang mit dem Stethoskop hören oder am EKG erkennen, aber ein speziell für diesen Zweck hergestelltes rekurrentes Netzwerk kann aus solchen Profilen Informationen ziehen, die uns verschlossen bleiben. Diese Informationen können nicht nur in eine aktuelle medizinische Behandlung einfließen, sondern letztlich auch neue wissenschaftliche Theorien zur Herzdynamik anregen.

Derartige komplexen und verborgenen Muster zu erkennen ist deshalb wichtig, weil wir damit interessante Vorgänge vorhersagen und vielleicht auch kontrollieren können. Nur durch komplexe Mustererkennung lernen wir, die Ursachen und Kausalbeziehungen in unserer Umwelt zu verstehen. In vielen Fällen sind solche kausalen Beziehungen so verflochten, daß unser Gehirn sie ohne Hilfsmittel überhaupt nicht mehr begreifen kann. Einem künstlichen Neuronalnetz müssen sie aber nicht unbedingt verschlossen bleiben.

Ein momentan aktuelles Beispiel dafür ist das menschliche Genom, die gesamte genetische Information, die uns zum Menschen macht. Die Sprache des Genoms ist der genetische Code, die Aufeinanderfolge von vier Buchstaben, den Nukleinsäurebausteinen. Aneinandergereiht zu einem fadenförmigen Molekül ergeben diese Bausteine die DNA. Unser Genom umfaßt etwa zwei Milliarden solcher „Buchstaben" in einer Handvoll DNA-Moleküle. Würde man die DNA-Moleküle des menschlichen Genoms hintereinander aufspannen, ergäbe das einen unsichtbar dünnen Faden von etwa zwei Metern Länge. Außer den roten Blutkörperchen hat jede Zelle unseres Körpers ihre eigene Kopie dieses Fadens, sorgfältig im Zellkern aufgeknäult. Die Information, die auf der DNA codiert ist, steuert die Aktivitäten der Zelle, die Herstellung von Proteinen und den Stoffwechsel, und gelegentlich verdoppelt sie sich selbst. Außerdem enthält sie die genetischen Informationen, die uns überhaupt erst entstehen lassen, Informationen für eine lange Abfolge sorgfältig aufeinander abgestimmter Zellverdoppelungen und -spezialisierungen, durch die sich die mikroskopisch kleine Eizelle zunächst in sieben Pfund Baby und dieses schließlich in 70 Kilogramm Erwachsenen verwandelt.

Und hier wird es interessant, denn diese DNA-Sequenz bestimmt, ob Sie ein Mensch werden oder ein Schimpansen, eine Fliege oder ein Schleimpilz. Diese Sequenz legt fest, ob Sie ein Mann oder eine Frau werden, ein „Klotz" oder ein „Strich in der Landschaft", blaue oder braune Augen haben. Die DNA-Sequenz weist gelegentlich kleine Fehler auf, sogenannte Mutationen, die genetisch bedingte Krankheiten hervorrufen: ein fehlendes oder mutiertes Protein, ein fehlendes Stoffwechselprodukt, ein Immundefizit und so weiter. Das kann dann zu Erbkrankheiten, wie dem Tay-Sachs-Syndrom, der Sichelzellanämie, Chorea Huntington, cystischer Fibrose oder zu Veranlagungen für bestimmte Krebsarten führen.

Auch um solche Probleme verhindern oder ihre Folgen korrigieren zu können, würden wir gerne die funktionelle Beziehung kennen, die zwischen dem Genom eines Individuums (dem Genotyp) und dem Individuum selbst mit all seinen Eigenheiten (dem Phäno-typ) besteht. Diese Beziehung ist jedoch wohl eine der kompliziertesten in der Natur. Wir sprechen zum Beispiel häufig schwammig vom „Gen für braune Augen" oder vom „Gen für Großwuchs", als ob zwischen jedem Charakteristikum eines Menschen und irgendeinem Gen eine Eins-zu-eins-Beziehung bestünde. Das aber ist nicht der Fall; das Genom enthält die Instruktionen für einen sorgfältig regulierten *Prozeß*, eine zeitliche abgestimmte Aufeinanderfolge von Entwicklungsschritten, deren einzelne Elemente vom biologischen Kontext abhängig sind, der von den umgebenden Zellen geliefert wird. Ihr Genom ist weniger ein „Bild" von Ihnen, sondern ähnelt eher einem Satz von „Instruktionen", der angibt, wie Sie aufgebaut werden sollen, wobei diese Aufgabe mindestens so komplex ist wie der Bau eines Wolkenkratzers.

Diese genetische Gebrauchsanleitung ist leider in einer Sprache geschrieben, die wir nicht gut verstehen: GACTAAGACATCTAA-CACT....., molekularer Kauderwelsch, zwei Milliarden Buchstaben lang. Wie können wir hoffen, so etwas jemals begreifen zu können? Wie können wir soviel Wissen erwerben, daß wir ein Genom ansehen und voraussagen können, was daraus schließlich entstehen wird – Schleimpilz oder Fliege, Schimpanse oder Mensch, Kraftprotz oder Grazie?

Ein unvollkommenes, aber dennoch instruktives Beispiel für eine ähnliche Aufgabe ist NETtalk, das lesende Netzwerk aus Kapitel 4. Um die richtige Aussprache zu finden, mußte NETtalk die Bedeutung der drei Buchstaben vor und hinter dem gelesenen Buchstaben als Kontext lernen. Die richtige Aussprache konnte es nur aus diesem Kontext erschließen. Könnte ein sehr großes neuronales Netzwerk so trainiert werden, daß es verläßlich phänotypische Merkmale liefert, wenn man es mit einer DNA-Sequenz füttert? Die funktionelle Beziehung zwischen der DNA-Sequenz des Genoms und dem Phänotyp ist statistisch so komplex, daß das Problem für den menschlichen Geist wohl nicht lösbar ist. Ein künstliches Netzwerk, nennen wir es GENtalk, könnte es hingegen vielleicht schaffen.

All dies ist jedoch noch Zukunftsmusik. Zuerst einmal muß man die riesigen Informationsmengen sammeln, die man zum Training eines solchen Netzwerks braucht. Das „Human-Genom-Project" will die gesamte Erbinformation des Menschen entschlüsseln, aber diese Vorhaben wird noch Jahre dauern, und für sich allein betrachtet wird uns dieses Projekt auch nicht weiterhelfen. Wir müssen die Genome vieler Lebewesen entschlüsseln, bevor wir das vorgeschlagene Projekt der zweiten Generation angehen können.

Dennoch ist die Idee spannend. Zu verstehen, wie bestimmte Genome bestimmte Lebewesen erzeugen, versetzt uns in die Lage, die Eigenschaften solcher Organismen zu kontrollieren. Genau wie die Neurotechnologie erfordert diese Technik von uns eine größere Reife, als wir sie gegenwärtig besitzen. Lassen Sie uns dafür sorgen, daß wir sie noch entwickeln.

Auswirkungen auf unsere Selbstwahrnehmung

Alle Vorteile der Neurotechnologie werden aber vermutlich verblassen im Vergleich zu etwas völlig Nichttechnologischem, nämlich dem tieferen *Verständnis*, das uns die Fortschritte der Neurowissenschaften ermöglichen, wenn wir uns nur darauf einlassen. Natürlich müssen wir dieses neue Konzept zuerst vollständig entwickeln, denn es steckt noch in den Kinderschuhen, aber die zehn Kapitel, die jetzt hinter Ihnen liegen, liefern bereits einen ersten Einblick, wie es aussehen könnte – zumindest genügend, um die alte philosophische Frage anzugehen: Woher weiß der Geist, daß er ist?

Spätestens seit Descartes lautet die traditionelle Antwort darauf, daß der Geist sich seiner selbst direkt und unzweifelhaft bewußt ist, und zwar sowohl, was sein prinzipielles Wesen angeht, als auch, was seinen momentanen Zustand betrifft. Der Geist, so wird oft gesagt, ist "transparent" für sich selbst; vielleicht muß er sich bemühen, die Außenwelt wahrzunehmen, so die klassische Ansicht, aber er weiß unmittelbar und sicher um seine verschiedenen Bewußtseinszustände.

Nach allem, was wir in den letzten zehn Kapiteln besprochen haben, ist diese traditionelle Ansicht sehr problematisch, ja sie kann eigentlich unmöglich richtig sein. Daraus würde nämlich folgen, daß neuronale Netzwerke ein automatisches und sicheres Wissen ihrer eigenen kognitiven Aktivitäten besitzen, und diese Behauptung ist einfach falsch. Ein neuronales Netzwerk hat kein direktes oder automatischen Wissen von irgendetwas, schon gar nicht von seinen eigenen kognitiven Aktivitäten. Rekapitulieren wir rasch noch einmal, wie Netzwerke arbeiten.

Damit ein Netzwerk Kenntnisse auf irgendeinem Gebiet erwirbt, muß es bestimmte relevante und immer wiederkehrende Eigenschaften in diesem Gebiet unterscheiden lernen und darauf entsprechend reagieren. Dazu müssen die synaptischen Verbindungsstärken entsprechend eingestellt werden, was den Merkmalsraum des Netzwerk in eine Reihe sinnvoller Kategorien unterteilt (vergleiche Abbildungen 3.8, 4.19, 4.22 und 4.23). Sobald diese Kategorien ausgebildet sind, kann man sagen, das Netzwerk habe ein allgemeines oder grundlegendes Wissen auf dem fraglichen Gebiet erarbeitet. Und sobald es diese Kategorien bei der richtigen Gelegenheit anwendet, kann man sagen, es habe ein spezielles Verständnis für die sich entwickelnden Prozesse in diesem Bereich erlangt.

So weit, so gut, aber dieses Verständnis entsteht bei einem Netzwerk nicht und nirgendwo automatisch; dafür ist immer noch die passende Einstellung der synaptischen Verbindungsgewichte notwendig. Netzwerke können zwar tatsächlich einige ihrer eigenen kognitiven Zustände und Vorgänge wahrnehmen, wenn sie darauf trainiert werden, aber diese Fähigkeit unterscheidet sich nicht prinzipiell von Fähigkeiten in irgendeinem anderen Bereich. Es ist stets lediglich das Ergebnis eines manchmal langwierigen Lernvorganges.

Und selbst wenn das Netzwerk die erworbenen kognitiven Fähigkeiten ausübt, wird es niemals ein „sicheres" Wissen erlangen, wie es die traditionelle Ansicht fordert. Nichts garantiert, daß die Kategorie oder der Prototyp, der zu einer bestimmten Gelegenheit aktiviert wird, wirklich die korrekte und genaue Darstellung der Realität ist, die zu seiner Aktivierung geführt hat. Netzwerke sind stets von

Fehlern gefährdet. Das Labyrinth jedes realen Netzwerkes ist voller Rauschen; trainierte Netzwerke können dieses Rauschen zwar wegfiltern, aber niemals vollständig. Außerdem zeigen reale Netzwerke typischerweise ein nichtlineares dynamisches Verhalten, weswegen sich winzige Fehler auf der Eingabeschicht manchmal zu großen Fehlern in der Ausgabeschicht verstärken. Außerdem können Netzwerke gelegentlich Situationen falsch einschätzen, die zwar oberflächlich irgendeinem bekannten Prototyp ähneln, sich aber in Wirklichkeit unterscheiden. (Denken Sie an die starke Tendenz aller Netzwerke, die Welt in ihre eigenen, erlernten Kategorien zu „pressen".) Weiterhin kann sich ein Netzwerk über seine rekurrenten Bahnen versehentlich selbst täuschen. Eine vorübergehende Fehlinterpretation der Wahrnehmung, die durch den jeweiligen Kontext oder durch Erwartungseffekte bedingt sein kann, können das Netzwerk auch dann zu falschen Entscheidungen verleiten, wenn es sonst richtig entscheiden würde.

Vor allem aber besteht keine Garantie, daß das vom Netzwerk verwendete System aus Prototypen oder Kategorien wirklich eine genaue Wiedergabe der Realität darstellt, die es zu erfassen versucht. Ein mäßiger Erfolg bei der jeweiligen Aufgabe ist noch kein Beweis für die Richtigkeit eines Erklärungskonzepts. Vierzehn Jahrhunderte lang konnte Ptolemäus' geozentrisches Weltbild die Bewegungen der Sterne und Planeten ausreichend gut vorhersagen, obwohl es der Realität keineswegs entsprach. Sicherlich betrachten wir zu Recht die Erfolge eines Netzwerks als Hinweis darauf, daß die von ihm gelernten Konzepte ausreichend genau sind, aber alles natürlich ohne Gewähr. Es könnte durchaus neue Inputs im jeweiligen Bereich geben, die die bereits feststehenden Prototypen umwerfen, oder ein anderes, an denselben Mustern trainiertes Netzwerk könnte andere, bessere Prototypen ausbilden.

Man kann also von einem neuronalen Netzwerk kein unmittelbares und absolut sicheres Wissen erwarten. Neben den vielen kleineren Problemen, die auftreten, wenn ein bestimmter Satz von Konzepten auf eine Aufgabe angewandt wird, droht permanent das grundsätzliche Problem, daß der ganze zugrundeliegende Erklärungsrahmen von Anfang an falsch, unpassend oder nicht optimal

ist. Das gilt für jedes neuronale Netzwerk. Wenn wir also davon ausgehen, daß auch wir sehr komplexe Netzwerke sind, ist es unwahrscheinlich, daß wir ein derartig a-priori-Wissen über uns selbst
besitzen.

Man könnte nun vielleicht annehmen, daß uns eine Form von
Selbstrepräsentation angeboren ist. Das wäre möglich, aber es würde
nichts ändern. Ob der Rahmen angeboren ist oder nicht, seine Anwendung würde alle oben erwähnten Probleme aufwerfen. Und wenn er
angeboren wäre, würde das nur bedeuten, daß er sich im Laufe der
Evolution als sinnvoll erwiesen hat und nicht, daß er ein genaues Porträt der kognitiven Realität darstellt. Die Annahme, er sei angeboren,
bringt uns also in der gegenwärtigen Diskussion nicht weiter.

Außerdem ist diese Annahme in jedem Fall sehr zweifelhaft. Die
genetische Festsetzung synaptischer Verbindungsstärken ist zwar
möglich – das Kleinkind zum Beispiel hat einige angeborenen
kognitive Fähigkeiten (wie das Suchen der mütterlichen Brustwarze
mit Hilfe olfaktorischer und taktiler Reize) –, aber es ist schwierig,
sehr viele unserer kognitiven Fähigkeiten im Genom zu verschlüs-
seln. Das Gehirn eines Erwachsenen hat mindestens 10^{14} einzelne
Synapsen, wohingegen das Genom nur etwa 2×10^9 „Buchstaben"
enthält. Ganz offensichtlich muß der Großteil der synaptischen Konfiguration beim Menschen postnatal durch Erfahrungen mit der
Außenwelt gebildet werden. Außerdem dient der restliche, genetisch
determinierte Anteil sehr wahrscheinlich eher grundlegenden biologischen Funktionen (wie dem Saugen) als irgendwelchen hochtra-
benden Konzepten (wie dem Verständnis komplexer Kognition).
Schließlich verfügt das Neugeborene in den ersten paar Monate
sowieso nicht über eine komplexe Kognition.

Einleuchtender ist es, unser Selbstverständnis und unsere konstante Selbstwahrnehmung als allmählich erworben zu betrachten,
wobei deren Inhalt kulturell beeinflußt ist. Das „Trainingsset", das
unser endgültiges Konzept als kognitive Kreaturen formt, bilden
dabei natürlich überwiegend unsere Mitmenschen, die bereits ein
reifes Konzept und eine gemeinsame Sprache besitzen. Wir erlernen
unser Konzept von Kognition, Emotion und bewußtem Verhalten
primär dadurch, daß wir es auf andere anwenden, um Verhalten zu

verstehen und vorherzusehen. Den reichen Erfahrungsschatz, den wir so erwerben, können wir dann darauf anwenden, uns selbst zu verstehen, und je größer das Trainingsset ist, desto besser und tiefer wird unser Selbstverständnis.

Viel zutreffender wäre es also, das „Sich-Selbst-Kennen" als etwas zu betrachten, das mit zunehmender Zeit und Erfahrung wächst und immer wieder durch neue Informationen abgewandelt werden kann. Gerade im Moment werden wir mit unglaublich vielen neuen Informationen über das Gehirn und seine Funktionen konfrontiert, und wir haben in Zukunft noch weit mehr zu erwarten. Könnten diese neuen Informationen die Art und Weise verändern, in der wir über uns selbst oder übereinander denken und in der wir miteinander umgehen?

Natürlich können sie das, und das werden sie wohl auch. Wenn Sie bis zu diesem Punkt des Buches vorgedrungen sind, dann hat dieser Prozeß bei Ihnen schon angefangen. Als Sie dieses Buch zum ersten Mal in die Hand nahmen, dachten Sie, daß die Grundeinheiten menschlicher Kognition Phänomene sind, wie Gedanken, Glauben, Wahrnehmungen, Wünsche und Vorlieben. Diese Vorstellung ist ganz normal, sie ist Bestandteil des Wortschatzes jeder menschlichen Sprache und drückt sich in Sätzen aus wie: Man glaubt, daß X oder man hofft, daß Y, wobei X und Y Sätze sind. Für den gesunden Menschenverstand ist Denken das Ziehen logischer Schlußfolgerungen aus satzartigen (propositionalen) Zuständen.

Diese Annahmen stellen die zentralen Elemente unseres bisherigen allgemeinen Konzepts über die menschliche Kognition dar, ein Konzept, das häufig als „Völkerpsychologie" bezeichnet wird, um anzudeuten, daß es ein allgemeines Gedankengut aller Menschen ist. Trotz ihrer allgemeinen Verbreitung sind diese fundamentalen Annahmen vermutlich falsch. Bei Menschen wie Tieren kann man heute davon ausgehen, daß die Grundeinheit der Kognition der neuronale Aktivitätsvektor, daß die Grundeinheit der Denkprozesse die Vektorumwandlung und die Grundeinheit des Gedächtnisses die Einstellung synaptischer Gewichte ist. Nichts von alledem hat notwendigerweise etwas mit satzartigen Prozessen oder mit induktiven Kausalbeziehungen zwischen ihnen zu tun. Unser traditionell sprachzentriertes Konzept von Kognition wird von einem ganz neuen, „gehirnzentrierten" Konzept herausgefordert, das der Sprache keinerlei Sonderrolle einräumt.

Es wird einige Zeit dauern, bevor wir diese neue Perspektive annehmen und noch länger, bevor diese neue Theorie in unsere Alltagssprache und in unser praktisches Leben Eingang finden wird. Es könnte aber schneller geschehen als manch einer glaubt – aus einfachem Grund. Diese neuen Modelle und noch viele weitere, die uns die kognitiven Neurowissenschaften liefern, werden sehr bald in Medizin, Psychiatrie, Pädagogik, in Rechtsprechung und Strafvollzug, Wissenschaft und Technik Einzug halten. Ihr Einfluß auf diese Gebiete wird dramatisch sein, und da sie auf all diesen Feldern unser aller Leben beeinflussen werden, müssen wir zwangsläufig die notwendigen Begriffe lernen und darüber diskutieren. So wird das neue Gedankengebäude, wie alle anderen vor ihm, langsam in das öffentliche Bewußtsein einsickern und nach und nach zu Allgemeinwissen werden. Die neuen Modelle werden in eine „Völkerpsychologie" einfließen oder gar etwas völlig Neues begründen, das dann aber fest in einer stimmigen Theorie des Gehirns verwurzelt ist.

Einige meiner Kollegen halten das für unwahrscheinlich; sie zweifeln daran, daß die Terminologie einer so komplexen wissenschaftlichen Disziplin jemals in den allgemeinen Wortschatz aufgenommen werden könnte. Ich glaube nicht, daß sie recht haben, und dabei stütze ich mich auf historische Beispiele. Im zweiten Drittel des 20. Jahrhunderts fegte das Vokabular und die Thesen der Freudschen Psychoanalyse wie ein Buschbrand durch die gebildeteren Bevölkerungsschichten. Begriffe wie „anale Phase", „Ödipuskomplex", „Penisneid" und Hunderte anderer fanden Eingang in den alltäglichen Wortschatz. Bei Partys oder anderen Gelegenheiten konnte man sich damit „produzieren" und sein eigenes Verhalten wie das der anderen rationalisieren, kritisieren oder „analysieren". Diese gesellschaftliche Brauchbarkeit machte die Psychoanalyse populär, ganz unabhängig von ihrem therapeutischen Nutzen beziehungsweise dem Fehlen eines solchen.

Das Freudsche Gedankengut verschwand allmählich fast vollständig und wurde seit Anfang der siebziger Jahre durch das Psychologiegeschwätz der „New Age"-Generation ersetzt, ein Mischmasch aus „Urschrei", „Innerem Licht", „Selbsterfahrung" und „transzendenten Wellen". Als Therapieform lag das noch um Klassen unter der Freudschen Psychoanalyse, aber wieder durchdrang dieses Vokabular den allgemeinen Sprachschatz, weil man es genauso wie vorher die Freudschen Begriffe verwenden konnte.

Offensichtlich ist es nicht besonders schwierig, eine neue Form von Psychotamtam zu etablieren; die Massen lechzen so sehr danach, daß sie diesen Unsinn jahrzehntelang benutzen. Was aber würde geschehen, wenn ein derartiges Gedankengebäude nicht ganz aus der Luft gegriffen wäre, wenn es wirklich etwas über unser Denken und Fühlen und dessen Entstehung aussagen könnte? Es könnte aus denselben oberflächlichen Gründen wie die beiden vorigen Beispiele von der Öffentlichkeit angenommen werden, aber anders als seine hohlen Vorläufer würde es ein wirkliches Verständnis für das Wesen der Kognition liefern und daher vielleicht auf Dauer bestehen. Und es könnte am Ende von großem praktischen Nutzen sein, der den oberflächlichen Nutzen weit übersteigt, aufgrund dessen dieses Konzept ursprünglich Eingang in das öffentliche Bewußtsein gefunden hat.

Praktischer Nutzen ist das Einzige, was im Endeffekt wirklich zählt. Der Mensch wird das Wesen seines Denkens und Fühlens sicherlich nicht deshalb völlig neu definieren, weil es spannend ist. Ein neues Gedankengebäude muß sich seine Lorbeeren erst verdienen. Es muß uns dazu verhelfen, unsere soziale und persönliche Situation besser verstehen zu lernen. Es muß unseren Handlungsspielraum in schwierigen oder problematischen Situationen erweitern, uns ermöglichen, unser persönliches Potential besser zu nutzen und das gegenseitige Verständnis der Menschen fördern und vertiefen.

Anfänglich werden uns Vokabular und Gerüst einer allgemeinen neuroinformatischen Theorie des Gehirns wahrscheinlich fremd und kalt erscheinen, aber das wird nicht von Dauer sein, wenn sie uns so beschreibt, wie wir wirklich sind. Und dieses neue Modell wird auch nicht kalt bleiben, wenn es all den humanistischen Zielen dient, die ich gerade aufgezählt habe. Mit meinen Bemerkungen möchte ich also nicht die Menschlichkeit unseres Denkens und Fühlens negieren, sondern ich möchte, daß ihr besser gedient wird als je zuvor. Um dieses Ziel zu erreichen, müssen wir uns aber mit dem Gehirn auseinandersetzen, denn es ist so ungemein wichtig, das Gehirn zu verstehen: Es ist der Motor des Denkens und der Sitz der Seele.

Ausgewählte Literatur

Die angegebenen Artikel bieten dem näher interessierten Leser einen Zugang zu den Originalarbeiten, die in diesem Buch besprochen wurden. Für den allgemein interessierten Leser habe ich einige Bücher aufgelistet, die wissenschaftlich oder philosophisch wichtige Beiträge zu unserem Thema geleistet haben und allgemein verständlich sind. Ich stimme mit ihren Aussagen nicht immer überein, aber sie sind auf jeden Fall für das behandelte Thema von Bedeutung.

Künstliche Netzwerke

Churchland, P. S. und Sejnowski, T. J. *The Computational Brain.* Cambridge, Mass. (MIT Press) 1992.

Cottrell, G. *Extracting features from faces using compression networks: Face, identity, emotions and gender recognition using holons.* In: Touretzky, D.; Elman, J.; Sejnowski, T. und Hinton, G. (Hrsg.) *Connectionist Models: Proceedings of the 1990 Summer School,* San Mateo (Morgan Kaufmann) 1991.

Cottrell, G. und Metcalfe, J. *EMPATH: Face, Emotion, and Gender Recognition Using Holons.* In: Lippman, R.; Moody, J. und Touretzky, D. (Hrsg.) *Advances in Neural Information Processing Systems.* Bd. 3. San Mateo (Morgan Kaufmann) 1991.

Gorman, R. P. und Sejnowski, T. J. *Analysis of Hidden Units in a Layered Network Trained to Classify Sonar Targets. In: Neural Networks.* Bd. 1. (1988).

Rosenberg, C. R. und Sejnowski, T. J. *Parallel Networks that Learn to Pronounce English Text.* In: *Complex Systems.* Bd. 1. (1987).

Psychologie und Physiologie des Sehens

Clark, A. *Sensory Qualities.* Oxford (Oxford University Press) 1993.

Gregory, R. *Eye and Brain: The Psychology of Seeing.* London (Weidenfeld und Nicolson) 1977.

Hubel, D. *Auge und Gehirn. Neurobiologie des Sehens.* Heidelberg (Spektrum Akademischer Verlag) 1989.

Julesz, B. *Foundations of Cyclopean Perception.* Chicago (University of Chicago Press) 1971.

Mead, C. und Mahowald, M. *Die Silicium-Netzhaut.* In: *Spektrum der Wissenschaft* (Juli 1991) S. 64–71.

Pettigrew, J. D. *Is there a single, most efficient algorithm for stereopsis?* In: Blakemore, C. (Hrsg.) *Vision: Coding and Efficiency.* Cambridge (Cambridge University Press) 1990.

Sprache

Elman, J. L. *Grammatical Structure and Distributed Representations.* In: Davis, S. (Hrsg.) *Connectionism: Theory and Practice.* Bd. 3. Vancouver Studies in Cognitive Science (Oxford University Press) 1992.

Lakoff, G. *Women, Fire, and Dangerous Things: What Categories Reveal About the Human Mind.* Chicago (University of Chicago Press) 1987.

Pinker, S. *Der Sprachinstinkt.* München (Kindler) 1996.

Savage-Rumbaugh, E. S.; Sevcik, R.; Rumbaugh, D. M. und Rubert, E. *Symbol acquisition and use by* Pan troglodytes, Pan paniscus, *and* Homo sapiens. In: Heltne, P. G. und Marquardt, L. A. (Hrsg.) *Understanding Chimpanzee.* Harvard (Harvard University Press) 1989.

Savage-Rumbaugh, E. S. und Rubert, E. *Language Comprehension in Ape and Child: Evolutionary Implications.* In: Christen, Y. und

Churchland, P. S. (Hrsg.) *Neurophilosophy and Alzheimer's Disease.* Heidelberg (Springer) 1992.

Psychologie und Moral

Damasio, A. *Descartes' Irrtum: Fühlen, Denken und das menschliche Gehirn.* München (List) 1995.

Flanagan, O. *The Varieties of Moral Personality.* Harvard (Harvard University Press) 1991.

Johnson, M. *Moral Imagination: Implications of Cognitive Science for Ethics.* Chicago (University of Chicago Press) 1993.

Kramer, P. D. Glück auf Rezept: *Der unheimliche Erfolg der Glückspille Fluctin.* München (Kösel) 1995.

LeVay, S. *Keimzellen der Lust: Die Natur der menschlichen Sexualität.* Heidelberg (Spektrum Akademischer Verlag) 1994.

Styron, W. *Sturz in die Nacht: Die Geschichte einer Depression.* Köln (Kiepenheuer und Witsch) 1991.

Wissenschaftsphilosophie

Churchland, P. M. *A Neurocomputational Perspective: The Nature of Mind and the Structure of Science.* Cambridge, Mass. (MIT Press) 1989. (Besonders: Kapitel 9: *On the Nature of Theories: A Neurocomputational Perspective und Kapitel 10: On the Nature of Explanation: A PDP Approach.*)

Giere, R. N. *The Cognitive Structure of Scientific Theories.* In: *Philosophy of Science,* Bd. 61/2 (Juni 1994).

Kuhn, T. S. *Die Struktur wissenschaftlicher Revolutionen.* Frankfurt (Suhrkamp) 1991.

Bewußtsein

Block, N. *Troubles with Functionalism.* In: Savage, C. W.(Hrsg.) *Perception and Cognition: Issues in the Foundations of Psychology* 9, Minnesota Studies in the Philosophy of Science (University of Minnesota Press) 1978.

Churchland, P. S. *Neurophilosophy: Toward a Unified Science of the Mind-Brain.* Cambridge, Mass (MIT Press) 1986.

Churchland, P. M. *Matter and Consciousness.* Cambridge, Mass. (MIT Press) 1988.

Churchland, P. M. *Reduction, Qualia, and the Direct Introspection of Brain States.* In: *Journal of Philosophy 82* (Januar 1985). Nachgedruckt in: Churchland, P. M. A *Neurocomputational Perspective.* Cambridge, Mass (MIT Press) 1989.

Crick, F. *Was die Seele wirklich ist: die naturwissenschaftliche Erforschung des Bewußtseins.* München (Artemis und Winkler) 1994.

Damasio, A. *Descartes' Irrtum: Fühlen, Denken und das menschliche Gehirn.* München (List) 1995.

Dennett, D. *Philosophie des menschlichen Bewußtseins.* Hamburg (Hoffmann und Campe) 1994.

Flanagan, O. *Consciousness Reconsidered.* Cambridge, Mass. (MIT Press) 1992.

Jackson, F. *Epiphenomenal Qualia.* In: *Philosophical Quarterly 32* (April 1982).

Llinás, R. und Ribary, U. *Coherent 40-Hz oscillation characterizes dream state in humans.* In: *Proceedings of the National Academy of Sciences* (USA) 90 (1993).

Nagel, Th. *„What Is It Like to Be a Bat?".* In: *Philosophical Review* 83/4 (1974).

Penrose, R. *Computerdenken. Die Debatte um künstliche Intelligenz, Bewußtsein und die Gesetze der Physik.* Heidelberg (Spektrum Akademischer Verlag) 1991.

Penrose, R. *Schattenbilder des Geistes: Wege zu einer neuen Physik des Bewußtseins.* Heidelberg (Spektrum Akademischer Verlag) 1995.

Roth, G. *Das Gehirn und seine Wirklichkeit.* Frankfurt (Suhrkamp) 1994.

Searle, J. D*ie Wiederentdeckung des Geistes.* München (Artemis) 1993.

Spitzer, M. *Geist im Netz. Modelle für Lernen, Denken und Handeln.* Heidelberg (Spektrum Akademischer Verlag) 1996.

Turing, A. *Computing Machinery and Intelligence.* In: *Mind* 59 (1950).

Index